国家科学技术学术著作出版基金资助出版

技术创新联盟管理理论与实证

周　青　著

国家自然科学基金重点项目“面向‘一带一路’的企业技术标准联盟创新发展与管理研究”（71932005）
国家社会科学基金重大项目“互联网融合产业经济理论与政策研究”（17ZDA054）
国家自然科学基金面上项目“‘互联网+’协同创新生态系统的组织模式与运行机制研究”（71874046）
国家自然科学基金面上项目“协同创新生态系统的主体共演与运行模式研究”（71473067）
阶段性研究成果

科学出版社
北　京

内 容 简 介

本书以技术创新联盟管理与实践为逻辑主线，重点研究产学研协同创新、产业技术创新战略联盟、协同创新生态系统等联盟组织的管理理论与实践发展，系统分析了典型技术创新联盟发展的内在机理、创新机制和实现路径，剖析了联盟管理模式和运行机制，提出了优化和完善技术创新联盟管理的对策建议。本书是响应和服务国家创新发展战略需求的重要研究成果，有利于丰富和发展技术创新联盟管理理论体系，对指导技术创新联盟管理实践活动具有重要的借鉴作用，对制定技术创新联盟管理政策具有重要的参考价值。

本书可供技术创新联盟和创新生态系统管理领域的研究人员及相关专业博士、硕士研究生，企业管理者以及政府经信和科技部门管理者阅读参考。

图书在版编目（CIP）数据

技术创新联盟管理理论与实证 / 周青著. —北京：科学出版社，2020.12

ISBN 978-7-03-065061-0

Ⅰ. ①技… Ⅱ. ①周… Ⅲ. ①技术革新－产业联盟－经济联盟－研究－中国 Ⅳ. ①F124.3

中国版本图书馆 CIP 数据核字（2020）第 078078 号

责任编辑：魏如萍　王晓丽 / 责任校对：贾娜娜
责任印制：张　伟 / 封面设计：无极书装

科 学 出 版 社 出版
北京东黄城根北街 16 号
邮政编码：100717
http://www.sciencep.com
北京虎彩文化传播有限公司 印刷
科学出版社发行　各地新华书店经销
*
2020 年 12 月第　一　版　开本：720 × 1000　1/16
2020 年 12 月第一次印刷　印张：23 3/4
字数：480 000
定价：238.00 元
（如有印装质量问题，我社负责调换）

序　一

党的十九大报告明确“创新是引领发展的第一动力，是建设现代化经济体系的战略支撑”，强调要“建立以企业为主体、市场为导向、产学研深度融合的技术创新体系”。尽管现在我国技术创新活力明显增强、创新成果丰硕，但技术创新活动不平衡不充分、产学研用结合成效不显著等问题仍然存在，如何推进不同创新主体的研发合作与协同在实践中没有得到有效破解。近年来，科技部、教育部、工业和信息化部等均在积极探索有效的技术创新组织模式，产学研合作、产业技术创新战略联盟、协同创新中心等新型的创新组织方式不断推陈出新，为推动科研和经济紧密结合，解决科研经济“两张皮”问题积累了丰富的实践基础。该书从现实科学问题的分析和凝练入手，以技术创新联盟为逻辑主线，从产学研协同创新、产业技术创新战略联盟、协同创新生态系统等角度深入研究技术创新联盟的发展与管理，基于丰富的案例样本和严谨的实证研究验证与修正了相关理论成果，并结合“互联网+”战略和“一带一路”倡议论述了新时代技术创新联盟的发展与创新方向。

该书抓住了技术创新联盟的核心关键问题，通过理论和实证研究系统论述了技术创新联盟演化、发展和管理的科学问题，具有丰富的理论价值和实践意义。其学术价值在于厘清了技术创新联盟发展的内在机理、运行模式和创新机制，丰富和发展了技术创新联盟的管理模式和机制；提出的相关管理思考和建议为推动技术创新联盟在国家创新驱动发展战略中的有效实施提供了科学依据。同时，该书的理论研究成果与实践问题密切相关，所提炼的联盟管理方式和路径具有很强的创新性和实践性，对我国技术创新联盟实践活动，特别是产学研合作、产业技术创新战略联盟、协同创新中心的发展与管理具有重要指导作用，为破解中小企业等创新主体创新活动所存在的不平衡不充分现实问题提供了有效的途径和思路。

该书是作者长期学术研究的积累和结晶，围绕技术创新联盟的相关研究，作者已获得了一项国家自然科学基金重点项目和两项国家自然科学基金面上项目的研究资助。同时，该书也入选了国家科学技术学术著作出版基金资助项目，研究成果具有很强的科学性、创新性和实践指导性。是为序！

杨善林

合肥工业大学教授，中国工程院院士

序　二

习近平总书记在2016年网络安全和信息化工作座谈会上的讲话中指出，要想在互联网核心技术上取得突破，就要“推动强强联合、协同攻关”，“关于组建产学研用联盟的建议很好。比如，可以组建‘互联网+’联盟、高端芯片联盟等，加强战略、技术、标准、市场等沟通协作，协同创新攻关”。近年来，我国经济增长的质量齐升，但一些“卡脖子”技术仍然受制于人，技术创新战略联盟为我国关键核心技术的突破提供了良好的思路。该书以技术创新战略联盟为逻辑主线，系统分析多种典型联盟模式的内在运行机理、创新机制和实现路径，是基于当前现实问题的科学凝练，也是响应和服务国家创新发展战略需求的理论研究命题。

该书以产学研协同创新、产业技术创新战略联盟、协同创新生态系统为研究对象，融合管理学、经济学、数学和信息科学等多学科理论及实证方法深入研究了这些典型联盟形式的创新与发展机制，在产学研协同创新价值生态系统的构建、产业技术联盟利益分配的动力学分析、协同创新生态系统运行机制和科技成果转化模式的生态学定位等方面取得了创新性成果。该书在第五篇还结合“互联网+”战略和“一带一路”倡议详细阐述了新时期技术创新联盟的未来研究重点与关键科学问题，对于该领域的相关研究方向具有重要的引领作用。

该书是技术创新联盟管理研究领域的又一重要的著作，所取得的创新性成果有利于丰富和拓展技术创新联盟创新机制与管理模式理论体系，具有重要的学术价值。同时，研究成果对于推进技术创新联盟的实践应用具有重要的指导意义，能够为国家“卡脖子”技术的协同攻关提供有益的参考，为我国中小企业技术创新联盟活动的选择提供科学合理的路径与模式。

周青教授是技术创新与管理研究领域的青年学者，该书是其承担国家自然科学基金重点项目和面上项目所取得相关研究成果的集锦，也是国家科学技术学术著作出版基金资助项目，具有很高的学术价值和实践意义。受邀为该书作序，我欣然接受，相信该书的出版能够为他进一步拓展技术创新战略联盟管理领域的研究奠定坚实基础，期待周青以此为基础取得更好的研究成果。

清华大学教授，教育部长江学者特聘教授

前　言

受惠于互联网、云计算、大数据、物联网等技术，我国企业在技术联盟创新发展方面涌现出了令世人瞩目的成功实践，以华为为代表的技术/标准型技术联盟，以海尔为代表的平台型技术联盟，以小米社区为代表的用户社群技术联盟等卓有成效。综述我国企业技术创新联盟的发展历程，经历了产学研合作、合作创新、协作研发网络、产业技术创新战略联盟、协同创新中心等发展形式，当前许多学者更是提出协同创新生态系统等形式。但不管哪种具体的形式，其主线仍然紧紧围绕技术创新联盟这一核心主题。为了更加全面地研究技术联盟在我国创新实践过程中的发展和管理，本书以技术创新联盟管理理论和实践为逻辑主线，从产学研协同创新、产业技术创新战略联盟、协同创新生态系统等典型的技术创新联盟实践形式视角研究技术创新联盟的组织、发展和管理问题，研究有利于丰富和创新技术创新联盟管理的理论研究成果。

本书主要分为五篇 22 章，其中第一篇是总论共 2 章，第二篇是产学研协同创新的发展与管理共 4 章，第三篇是产业技术创新战略联盟的发展与管理共 7 章，第四篇是协同创新生态系统的发展与管理共 5 章，第五篇是新时期技术创新联盟的理论创新与发展共 4 章。第一篇主要对本书的写作背景和意义、研究对象与主要内容、研究思路与方法等进行概述，并对相关文献研究进行综述。第二篇主要研究产学研协同创新的发展与管理问题，主要是从价值创造角度，研究产学研协同创新的运行特征与模式，对产学研协同创新的典型案例进行分析，形成产学研协同创新运行模式的理论框架。第三篇研究产业技术创新战略联盟的发展与管理问题，分析产业技术联盟不同利益分配方式对企业创新绩效的影响路径，实证研究产业技术创新战略联盟的利益分配管理问题。在研究产业技术创新战略联盟冲突类型和影响因素的基础上，分析不同冲突类型对创新绩效的影响以及讨论冲突程度对联盟共性技术投资和成员收益的影响。第四篇研究协同创新生态系统的发展与管理问题，对产业类协同创新中心的运行进行多案例比较研究，构建协同创新生态系统运行图，探究协同创新生态系统科技成果转化参与主体的生态学功能定位，提炼协同创新生态系统视角下的科技成果转化模式。第五篇主要结合“互联网+”战略和“一带一路”倡议论述新时代技术创新联盟的发展与实践创新方向，分析“互联网+”协同创新生态系统和面向“一带一路”企业技术标准联盟的时代特征和重要价值，提出“互联网+”协同创新生态系统和面向“一带一路”企业技术标准联盟的研究方向与趋势。

本书基于技术创新联盟发展和演进过程的视角选择产学研协同创新、产业技术创新战略联盟、协同创新生态系统等典型组织形式作为对象，聚焦这几种模式发展所面临的关键问题进行深入研究，为掌握技术创新联盟的发展与管理问题提供理论支持。研究成果可以丰富和发展技术创新联盟的相关理论研究成果，也可以为推动技术创新联盟在创新驱动发展战略中的科学实践提供理论依据。通过对产学研协同创新、产业技术创新战略联盟、协同创新生态系统等的实证和案例研究，能够较好地发现、总结和归纳这些技术创新联盟组织形式在实践中所面临的关键问题，得到的研究结论和管理策略对推动产业技术创新战略联盟、协同创新中心的高效运行和发展具有重要的参考价值。

本书是国家自然科学基金重点项目“面向‘一带一路’的企业技术标准联盟创新发展与管理研究”（71932005），国家社会科学基金重大项目“互联网融合产业经济理论与政策研究”（17ZDA054），以及国家自然科学基金面上项目“‘互联网+’协同创新生态系统的组织模式与运行机制研究”（71874046）和“协同创新生态系统的主体共演与运行模式研究”（71473067）的阶段性研究成果。

在本书写作和出版过程中得到了许多人的帮助和支持，作者在此向他们表示衷心的感谢。特别感谢合肥工业大学杨善林院士、清华大学陈劲教授、杭州电子科技大学陈畴镛教授、湖南大学曾德明教授等专家学者在研究和工作过程中给予的关心、支持和帮助。当我邀请杨善林院士和陈劲教授为我的新书作序时，他们欣然应允，让我倍感鼓励和感动。感谢我的同事杭州电子科技大学杨伟、方刚、郑登攀、王东鹏、禹献云、李玲菲等团队成员的合作研究和共同努力，本书的完成得到了他们的鼎力支持和无私帮助。同时感谢我指导的研究生张文娟、何铮、王乃有、邹凡、颜盼盼、苏华锋、梁超、许倩、姚景辉、王燕灵、吴童祯、梁耀、刘瑶等在本书相关内容研究和写作过程中所做的工作与付出的劳动，部分内容也是他们学位论文的主要成果。最后，感谢科学出版社特别是经管分社马跃社长、魏如萍编辑等对本书出版给予的支持。

本书的出版获得了国家科学技术学术著作出版基金资助，在此诚挚地感谢评审专家和编审老师对本成果的充分肯定以及给予的完善优化建议。

周　青
于杭州电子科技大学力行楼
2019 年 12 月

目　　录

第一篇　总　　论

第二篇　产学研协同创新的发展与管理

第三篇　产业技术创新战略联盟的发展与管理

第四篇 协同创新生态系统的发展与管理

第五篇 新时期技术创新联盟的理论创新与发展

第一篇　总　　论

第1章　研究问题与思路

1.1　研究背景与意义

随着知识社会的发展，生产、运营等环节越来越复杂，技术创新成为必然之势。然而技术创新固有的高投入、高风险、高回报等特点，使得企业在实施技术创新时力不从心。与此同时，科研机构、高校等组织在发展过程中也存在较大问题，大量科研成果与市场脱节，同国家注重科研产品商业化之间的矛盾较为明显，成为阻碍其发展的关键。在这种形势下，越来越多的企业、高校、科研机构等为了实现创新发展这一共同目标而联结在一起，形成以企业为主体，以成员的共同利益为基础的产业技术创新战略联盟，成员之间联合开发、优势互补、利益共享、风险共担（李学勇，2010；李新男，2009；Muthusamy and White，2006）。

20 世纪 90 年代，作为传统产学研合作创新的延续和发展，技术创新联盟逐渐成为推动产业结构转型升级、提高创新绩效、实现自主创新能力提升的重要手段。技术创新联盟突出强调通过合作来实现技术的突破，并将科技成果商品化和产业化，其实质是联盟合作者发挥各自在技术创新过程中的比较优势，以推动其自主创新能力的提升（原长弘等，2006；王安宇和赵武阳，2008；李瑞琴，2005）。Hamel（1991）指出通过联盟进行知识和能力的积累已经成为实现组织创新最重要的途径之一。Lambe 和 Spekman（1997）论述了联盟对企业技术创新能力的影响，认为企业通过联盟可以获取合作伙伴的优势能力，提高自身技术创新的成功率。Kim 和 Song（2007）调查显示通过联盟创造新技术，有助于其在确保吸收能力的基础上发挥积极影响，从而避免消极影响。Antoncic 和 Prodan（2007）通过建立模型检验联盟驱动的企业技术创业对组织业绩的影响，表明参与战略联盟对于企业技术创新创业存在着明显的价值并由此产生了业绩的增长。Bierly 和 Coombs（2004）认为联盟创新是企业技术进步的最佳选择，也是后发企业进行赶超的最优路径选择。Verspagen 和 Duysters（2004）研究发现联盟创新是未来企业间技术进步的基本趋势，特别是在化工、食品和电信方面，技术联盟应该是主流，是这些行业赶超的最佳途径。生延超（2010）通过拓展的 A-J 模型，比较了联盟创新与自主创新等赶超方式的绩效。研究发现当企业的要素素质和企业技术能力均比较低时，企业应该采取联盟创新进行赶超；当企业的要素素质得到改善、技术能力得到提升时，企业应该选择自主创新进行赶超。沈灏和李垣（2010）认为许多战略联盟企业的核心目的就是要通过战略联盟获取创新所需的知识信息，为企业开展创新活动提供丰富的稀缺知识资源，以形成持续增长的创新绩效。

进入21世纪，在以互联网为代表的信息技术普及和快速发展的背景下，人类社会正在经历以智能化、信息化为核心的第四次工业革命（芮明杰，2016；Lioukas et al.，2016），技术创新联盟对企业创新的影响越来越明显，许多创新技术的开发只有通过联合研发才能更加有效地实现预期目标。技术创新联盟的模式多种多样，不同的创新主体表现出不同的合作方式，本书从产学研协同创新、产业技术创新战略联盟、协同创新生态系统三种典型的技术联盟形式来分析技术创新联盟的发展与管理理论，并通过模型构建、实证研究和案例研究分析其对创新绩效的影响。主要的研究意义体现在以下方面。

（1）以技术创新联盟为逻辑主线，从产学研协同创新、产业技术创新战略联盟、协同创新生态系统三种典型的形式来拓展研究技术创新联盟的发展与管理理论，丰富和发展相关理论研究成果。从目前的研究成果来看，技术创新联盟的研究成果暂未形成一个相对完整的研究体系，本书可以建立相对完善的技术创新联盟发展与管理的研究框架。研究成果一方面可以丰富和发展技术创新联盟的相关理论，另一方面可以为技术创新联盟在创新驱动发展战略中的应用提供理论依据。

（2）基于开放式编码、主轴编码和选择性编码等程序化扎根理论方法研究价值创造视角下产学研协同创新运行模式，通过多案例比较修正和完善价值创造视角下产学研协同创新的运行理论模型。基于价值创造的角度分析产学研协同创新，阐述产学研协同创新的意义在于价值创造，研究有利于丰富产学研协同创新的理论视角，对丰富和拓展产学研协同创新相关理论研究具有显著意义。

（3）在产业技术联盟的发展与研究基础上，运用系统动力学方法从动态视角分析不同产业技术联盟利益分配方式对创新绩效的影响路径，丰富和拓展产业技术联盟管理的相关理论研究成果。分析成员企业参与产业技术联盟不同利益分配方式与企业创新绩效的关系，建立产业技术创新联盟冲突的影响因素、类型和创新绩效关联的研究框架，有助于深入揭示联盟冲突影响联盟企业创新绩效的作用机制，有利于管理者了解和掌握产业技术创新战略联盟冲突产生的根本原因与管理的基本方法，制定合理的政策措施引导联盟的良性发展。

（4）对协同创新生态系统运行模式及其科技成果转化模式的研究有利于厘清协同创新中心的内在运行机制，为推动协同创新中心高效运行提供科学的依据。从生态学视角对高校协同创新展开质性研究，构建协同创新生态系统运行图，探讨协同创新生态系统运行的价值链，为高校协同创新平台的生态化运行提供理论支撑，为组建协同创新生态系统提供参考。从协同创新生态系统视角探究科技成果转化参与主体的功能定位，总结科技成果转化系统的特征和提出协同创新生态系统科技成果转化新模式，对促进各参与主体充分发挥其各自功能以及成员间相互协同作用，加速我国科技成果商业化和产业化，具有较强的现实意义。

（5）研究契合国家重大发展战略和需求，重点从“互联网+”战略和“一带一路”倡议两个视角，提出“互联网+”协同创新生态系统和面向“一带一路”的企业技术标准联盟是新时代技术创新联盟创新发展的重要方向。“互联网+”既表现为新一代信息技术成为使能技术，驱动技术范式转变，也凸显了互联网时代新的思维方式和行为偏好。互联网与企业协同创新生态系统深度融合，成为未来创新生态系统研究的重要方向。面向“一带一路”的企业技术标准联盟是中国企业主导技术标准联盟发展的新范式，有利于拓展跨国背景下多主体协同创新治理理论和跨国战略联盟的组织管理理论，更有助于依托联盟推动中国企业技术标准国际化，为助力“一带一路”建设提供解决方案与行动路径。

1.2　研究对象与主要内容

1.2.1　主要研究对象

1. *产学研协同创新*

本书研究的产学研协同创新是一种涵盖多主体、跨越多领域、全方位参与的新型创新组织形式，需要各参与主体有机融合、协同，开展不同层次和不同形式的协同创新活动。

产学研协同创新能够协同各种资源要素，提高产学研合作效率，是增强各参与主体创新合作能力的有效协同模式（张正国，2012）。产学研协同创新是国家创新体系中不可或缺的重要组成部分，各主体间的合作创新绩效受运行模式的影响较深（陈劲，2012）。产学研主体间能够实现协同创新的基础，在于追求共同目标，实现价值获取，从而获得竞争优势（项杨雪等，2015）。学者对产学研协同创新的研究主要集中在平台构成、运行机制、发展路径等方面，而从价值创造的视角研究产学研运行模式的文献还较少。Kapoor 和 Adner（2012）率先提出了“生态系统”这一概念，并在研究中提供了协同演进、价值创造的思维方式。产学研价值网络本身具有创新价值的功能，网络节点上主体间的互动合作可以加速推进核心技术的突破，以快速投入市场中获取超额价值（黄海霞和陈劲，2016）。

实践中，产学研合作创新经过长期的实践，产生了良好的效果，但产学研协同创新的模式、路径呈多样化，各主体之间在发展目标、发展获益期望方面存在差异性（周青等，2014；黄海霞和陈劲，2016），造成产学研协同创新过程冲突、利益冲突、整体创新性和价值创造能力不高（周青等，2014）。改善当前产学研协同创新绩效，获取更多价值产出，需要加快实现不同主体之间稳定的协同关系，依据发展阶段的变化以及主要任务适时调整主要牵头主体，从而实现动态平衡、功能互补（杨伟等，2015）。改进运营模式有助于人力资源、财力的统一规划，改善当前产学研合作的效果。目前，已经有许多有关产学研协同创新的研究文献，而这些研究中关于产学研协同创新特征的研究却较少，这些特征如何进一步影响产学研协同创新运行的相关研究也不多。本书在价值链理论的基础上，针对企业发展中存在的网络化新特点，阐述和揭示产学研协同创新的价值创造与传递机理，以“价值主张—价值创造—价值分配与获取”为主线，探索产学研协同价值创造的内部机制。

2. 产业技术创新战略联盟

本书研究的产业技术创新战略联盟是以企业为主体，强调成员单位共同投入、利益共享、风险共担，以契约关系为基础，注重合作主体间建立长期稳定的合作关系，以产业共性技术的突破性创新或建立行业标准为目标，强调技术成果的大规模商业化运用，具有战略长远性、合作自由化、主体企业化、目标产业化等特征的创新组织（李新男，2007，2009；李学勇，2010；李峰和肖广岭，2014；Jiang et al.，2008）。国际竞争的落脚点在于产业间的竞争，而产业竞争力提升的关键在于产业共性技术和关键技术，产业技术创新战略联盟为一国快速提升产业能力提供了很好的组织模式。联盟以取得行业共性技术突破、提高产业技术创新能力为目的，要求各成员之间的资源既要具有一定的相似性，又要具有一定的互补性，从而形成合作的基础。

产业技术创新战略联盟在漫长的发展过程中，逐步得到各国政府的高度重视，是推进企业技术创新体系建设的重要抓手。20世纪英国的研究联合体是企业合作研发的有效载体，也是产业技术创新战略联盟的雏形，能够提高研发效率、降低投入风险，并能实现高回报。这种合作发展模式传播到法国、德国等发达国家之后，引起社会各界的广泛关注和效仿。进入21世纪，电子、医药、机械等领域的产业技术创新战略联盟迅速发展，美国建立的5000多个战略联盟中涉及技术研发的超过一半（吴寿仁，2010）。

我国产业技术创新战略联盟是推进国家技术创新工程的重要载体，也是推进以企业为主体、市场为导向、产学研紧密结合的技术创新体系建设的重要抓手。2002年成立的TD-SCDMA产业联盟和2003年成立的闪联是我国产业技术创新战略联盟的早期尝试。2007年，科技部、财政部、教育部等六部门为联合推进《国家技术创新工程》，提出产业技术创新战略联盟的概念。2008年12月，六部门联合发布了《关于推动产业技术创新战略联盟构建的指导意见》。2009年6月，科技部等六部委联合下发的《国家技术创新工程总体实施方案》将“推动产业技术创新战略联盟构建和发展”作为实施国家技术创新工程的首要任务。2010 年初，科技部在已成立的联盟中选择 36 家作为试点，全面推动我国产业技术创新战略联盟的建设。至此，产业技术创新战略联盟被定位为推动我国经济转型升级的重要途径，各省市也积极响应，组建了数百家省级产业技术创新战略联盟，推动区域经济发展的战略转型。2010 年 10 月，《国务院关于加快培育和发展战略性新兴产业的决定》更是明确提出要“结合技术创新工程的实施，发展一批由企业主导，科研机构、高校积极参与的产业技术创新联盟”。自 2002 年以来，产业技术创新战略联盟在我国大量涌现，截至 2015 年末，已有国家级产业技术创新战略联盟 151 家，区域性产业技术创新战略联盟近千家，已成为实现创新驱动发展的中坚力量。

3. 协同创新生态系统

本书研究的协同创新生态系统是协同创新与创新生态系统融合的产物，是新时期下技术创新联盟的新模式。协同创新生态系统是参与主体集聚融合、创新价值链和网络形成并拓展的开放系统，是政产学研用结合、“科技+ X”协同融合的创新系统（曾国屏等，2013）。在生态系统中，高校、企业、科技中介等创新组织和要素合作共生与协同发展，最终实现各方利益的最大化。

党的十八大报告提出将“实施创新驱动发展战略”作为加快转变经济发展方式的一个关键途径。其中，“更加注重协同创新”和“着力构建以企业为主体、市场为导向、产学研相结合的技术创新体系”为实施创新驱动发展战略提供了方向。协同创新是“2011 计划”的核心内容，旨在通过构建有效的协同创新模式，转变高校创新方式，服务于国家的创新驱动发展战略。协同创新是以知识增值为核心，企业、政府、知识生产机构（高校、科研机构）、中介机构和用户等为了实现重大科技创新而开展的大跨度整合的创新组织模式（陈劲和阳银娟，2012）。协同创新不同于一般意义上的合作创新，也不是产学研合作的简单继承，是高校、企业和科技中介、金融机构等多方联合行动的系统工程。协同创新也不完全是企业、高校和科研机构等的合作问题，而是产业发展、人才培养和科学研究三方的功能界定问题，学中包含着科学研究，产也不只是企业，是产业发展或创新（洪银兴，2013）。因此，从某种意义上看，协同创新是一个生态系统。从协同创新系统到协同创新生态系统是要素之间协同与发展的必然，符合协同价值优化高效的要求。在协同创新过程中，高校、企业、科研机构和地方政府等不仅需要有合理的协同资源配置，更需要探索有效的协同运行机制。生态系统对协同创新参与主体提出了更高的资源配置要求和更直接的协同运行指引，协同创新生态系统的演化特性促使参与主体必须寻求良好的运行机制来促进系统从无序状态到有序联系的转变，自组织性要求参与主体更加尊重和契合其他主体的协同目标。因此，本书将重点分析协同创新生态系统的形成与运行机制。

1.2.2 主要研究内容

第一篇总论，主要对本书的写作背景和意义、研究对象与主要内容、研究思路与方法等进行分析概述，并对相关文献研究进行综述。

第二篇产学研协同创新的发展与管理，主要从产学研协同创新和价值生态系统的理论研究出发，研究产学研协同创新价值生态系统的参与主体、主体功能和价值特征。首先，根据文献计量学分析发现当前研究对产学研合作和协同创新的内涵、机制、模式以及与创新绩效的关系等方面有较为深入的认识，并从产学研合作到协同创新，再到产学研协同创新，形成了逐步递进和逐步深入的理论演进过程。其次，对产学研价值生态系统进行研究，基于扎根理论对三个具有较强代表性的产学研协同创新案例运行过程进行编码后得到初步的产学研协同创新运行模式，并将得到的案例编码结果进行对比分析，不断完善范畴，提炼出产学研协同创新运行的一般模式。

第三篇产业技术创新战略联盟的发展与管理，主要研究产业技术创新战略联盟的利益分配和冲突管理问题。首先，系统分析产业技术联盟不同利益分配方式对企业创新绩效的影响路径，建立四种产业技术联盟利益分配方式与企业创新绩效的系统动力学模型并进行仿真分析，进而对不同利益分配方式与企业创新绩效进行实证研究。其次，在研究产业技术创新战略联盟冲突类型的基础上，分析不同冲突类型对创新绩效的影响，讨论冲突程度对产业技术创新战略联盟共性技术投资和成员收益的影响。

第四篇协同创新生态系统的发展与管理，主要研究协同创新生态系统的形成与运行的机理，研究协同创新生态系统中科技成果转化模式。首先，研究协同创新生态系统参与主体构成、主体间关系、系统特性、运行管理等问题，运用扎根理论的方法对产业类协同创新中心的运行进行多案例比较分析，构建协同创新生态系统运行图。其次，探究协同创新生态系统科技成果转化参与主体的生态学功能定位，总结科技成果转化系统的生态学特征，提炼协同创新生态系统视角下的科技成果转化模式。

第五篇是分析新时期技术创新联盟的理论创新与发展，重点综述“互联网+”协同创新生态系统和面向“一带一路”的企业技术标准联盟的创新与发展。“互联网+”协同创新生态系统的未来研究可围绕互联网与协同创新生态系统的融合机理，“互联网+”协同创新生态系统的组织模式和运行机制等方面展开。在此基础上，进一步基于互动、融入、授权等维度分析价值共创行为，从服务主导逻辑视角分析“互联网+”企业创新生态系统价值共创模式。面向“一带一路”的企业技术标准联盟的进一步研究可围绕剖析面向“一带一路”企业技术标准联盟内涵、属性与范式，探索其创建、运行与治理的机制，推进面向“一带一路”企业技术标准联盟创新发展的政策等方面展开。在此基础上，基于国内外文献梳理与总结，分析面向“一带一路”企业技术标准联盟的内涵和特征，总结提炼面向“一带一路”企业技术标准联盟驱动因素体系模型，以期拓展面向“一带一路”企业技术标准联盟管理领域研究的新视野。

1.3　研究思路与主要方法

伴随着经济社会的发展、国家政策的改变，技术创新联盟在不同的历史阶段呈现出不同的发展模式。从产学研协同创新到产业技术创新战略联盟，再到协同创新生态系统，每一种技术创新联盟形态的形成与发展均是建立在经济发展和国家意志的基础之上的，对企业、行业创新活动有重要的影响和作用，为国家创新驱动发展战略贡献力量。产学研协同创新是产学研与协同创新融合发展的组织形态，产业技术创新战略联盟是在科技部大力倡导突破行业共性技术的实践中发展壮大的，协同创新生态系统是在教育部大力推进协同创新中心的基础上演化形成的。为此，本书也遵循这一发展逻辑规律，首先研究产学研协同创新的理论演变与创新发展，其次研究产业技术创新战略联盟的发展与管理，然后剖析协同创新生态系统的运行与管理机制。每一主题研究均是建立在现实发展基础之上的，通过理论推演、实证研究和案例分析等相结合的方法来对上述研究内容层层展开，以期全面揭示其内在机理。主要研究方法如下。

（1）文献研究。检索近年来国内外有关产学研协同创新、产业技术创新战略联盟、协同创新生态系统等方面的最新研究成果，寻求和选择更加科学合理的研究体系，搭建相对完善的研究技术创新联盟发展与管理的分析框架。

（2）模型构建和理论推演。基于产学研协同创新和价值生态系统的理论基础，探讨产学研协同创新价值生态系统的参与主体、主体功能和价值特征，构建产学研协同创新价值生态图和运行模式，通过扎根理论等方法推演和提炼产学研协同创新运行的一般模式。借用系统动力学的理论与方法，从产业联盟的微观结构入手，深度剖析产业技术联盟利益分配方式与创新绩效各要素之间的关联，利用仿真数据对系统进行定性、定量分析。通过产业技术联盟不同冲突类型影响成员创新绩效的系统动力学建模和仿真，分析和验证联盟不同冲突类型与成员创新绩效间的相关关系。

基于改进型的生命周期阶段模型，揭示产业技术联盟冲突影响因素的生命周期性演变阶段和主要特征。构建基于神经网络的产业技术创新战略联盟冲突识别模型，对不同阶段的产业技术创新战略联盟冲突进行识别推演。利用模拟植物生长算法构建两阶段冲突约束条件下的产业技术创新战略联盟投资组合模型，探讨产业技术创新战略联盟的投资收益与决策问题。

（3）实证研究。通过走访和问卷调查获得的研究数据，对产业技术联盟利益分配方式与企业绩效之间的关联进行实证分析，检验相关假设并对研究结果进行分析和讨论。在分析与提炼产业技术创新战略联盟冲突影响因素的基础上，实证检验产业技术创新战略联盟冲突影响因素对产业技术创新战略联盟冲突类型的影响程度与方式。提出产业技术创新战略联盟不同冲突类型影响创新绩效的假设，进而通过实证分析验证这些假设的合理性和有效性。

（4）案例研究。基于扎根理论对半导体产业技术创新联盟、TD-SCDMA 产业联盟、化纤产业技术创新联盟等进行多案例比较分析，总结和提炼出产学研协同创新运行的一般模式。基于 TD-SCDMA 产业联盟案例对产业技术创新战略联盟冲突的类型与特征进行案例研究。选取有色金属先进结构材料与制造协同创新中心、宇航科学与技术协同创新中心、先进航空发动机协同创新中心、轨道交通安全协同创新中心等国家级面向产业的协同创新中心作为案例，对协同创新生态系统的形成与运行状况进行基于扎根理论的编码分析和多案例比较分析。结合先进航空发动机协同创新中心、长三角绿色制药协同创新中心和河南粮食作物协同创新中心等案例对协同创新生态系统视角下的三种科技成果转化模式进行比较研究，系统分析模式的运行特征、主体定位和转化途径。

第 2 章　相关研究文献分析与述评

2.1　产学研协同创新的相关研究现状与总结

2.1.1　产学研协同创新的概念与内涵

产学研合作创新的研究最早出现于国外的文献中。Mora-Valentinetal（2004）将产学研合作定义为企业和科研机构的合作。Senker（1998）认为产学研合作实质上是公与私的合作。梳理国外文献，学者将产学研协同内涵界定成“产”与“学研”协同研究，即高校、企业组织、科研单位之间的合作研究。张力（2011）进一步指出从国家宏观战略层面研究产学研合作创新，其中最为典型的运行模式就是产学研协同创新。Etzkowitz（2008）创新性地提出了三螺旋模型的概念，用以解释在知识经济时代，大学、商业和政府三者之间的新关系，为研究产学研合作创新提供了理论基础支撑。饶燕婷（2012）认为产学研协同创新是指以企业、大学、科研机构为主导，政府、金融机构、中介服务机构为辅共同投入资金、资源、技术，联合研发和实现商业化。Schwartz 等（2012）指出通过各合作伙伴间的外部关系，获取知识产权、商业网络、资本、技术等外部资源。产学研合作能够实现“新资源”的产出，即知识溢出，从而获取“合作剩余”。李健（2014）认为同传统的产学研合作相比较，产学研合作创新的首要目标就是提高企业技术创新能力，从而增强国家创新能力。加快实施产学研协同创新，应当发挥企业在市场中的决定性作用，充分遵循市场导向，实现产学研各异质性主体的协同互动。

2.1.2　产学研协同创新模式

何郁冰（2012）深入研究分析战略、知识、组织三者之间的关系，并给出了“战略—知识—组织”三重互动的创新模式。吴悦和顾新（2012）从知识流动视角提出产学研协同创新实质是知识流动、知识共享、知识创造的过程，并将知识协同分为开始、运行、结束三个阶段。许泉等（2014）总结美国的产学研协同创新模式有企业孵化器、以硅谷为代表的科技工业园区、工业—大学合作研究中心及工程研究等，研究发现政府在产学研中发挥着重要的引导和推动作用。徐莉和杨晨露（2012）依据参与主体性质的不同，将组织模式分为企业主导型、高校及科研机构主导型、政府主导型三种，同时通过比较三者发现：企业主导型组织模式正好弥补了其他模式在效率、效益、资金来源方面的不足，拥有市场价值和持续性等优点。王进富（2013）基于过程化视角，认为产学研协同创新行为分为孕育期、磨合期、发展期三个阶段，并提出应从动力、路径、知识管理三方面协同以构建协同创新机制。甄红线（2013）依据产学研实践合作中的具体体现，提出了可实现产学研协同创新的四种模式，分别为技术外包开发、技术转让、合建研究基地、共创经营实体企业。杨美琴（2014）通过梳理国外学者的研究，归纳出三种较为典型的模式，即美国硅谷模式、日本筑波模式、英国剑桥公园模式。国内的产学研合作创新模式可总结为："政产学研"多主体协同新模式、主客体互动合作新模式、涉外型主客体新模式。金惠红等（2015）通过构建"协同池"的模型探讨产学研协同运行机制，并总结归纳出政策、资源、信息、资金等投入变量，以及知识、技术等产出变量。学者对产学研协同创新视角及模式分析总结如表 2.1 所示。

表 2.1　产学研协同创新视角及模式

相关文献	视角	研究观点
吴悦和顾新（2012）	知识转移	产学研协同创新模式包括知识流动、知识共享、知识创造
许泉等（2014）	国外示范	企业孵化器、以硅谷为代表的科技工业园区、工业—大学合作研究中心及工程研究等
徐莉和杨晨露（2012）	参与主体	企业主导型、高校及科研机构主导型、政府主导型三种
甄红线（2013）	参与形式	技术外包开发、技术转让、合建研究基地、共创经营实体企业等模式
金惠红等（2015）	投入产出	通过构建"协同池"的模型探讨产学研协同运行机制，并总结归纳出政策、资源、信息、资金等投入变量，以及知识、技术等产出变量

协同理论广泛应用于管理学领域，无论是国家宏观层面、中观产业层面，还是微观企业层面，创新已经成为各主体获得竞争优势的源泉，融合协同理论成为创新研究的主要研究点。协同创新是协同学理论和开放式创新的契合，但又更为复杂。协同创新强调具有共同利益和目的的组织群体相互协调，结成网络组织，并充分利用组织内外资源，开放式创新，实现整体性的利益。在协同创新这一概念形成前，产学研相关研究经历了产学研结合、产学研合作、产学研协同创新三个阶段。梳理现有文献中有关产学研协同创新的研究，本书将其内涵界定为：产学研合作基础主体（企业、高校、科研机构）通过共享优势资源，并在其他参与主体的（政府、中介机构、金融机构）积极协同互动下，构建开放式的协

同创新平台，并通过平台资源协同共享，进行多方位协同创新，以实现“1+1＞2”的协同效应。从此内涵中，能够发现产学研协同创新本质上就是技术创新子系统与知识创新子系统的有机融合，体现了产业界、教育界联动的发展。在政府的参与下，产学研协同创新须充分尊重市场的基础性配置作用，实现各种资源优化配置，从而形成一种价值最优化的社会系统。

在进行产学研协同创新的过程中，各主体通过具体的接洽方式，形成各种结构化的关系，即产学研协同创新的模式。在某种机制作用下，产学研协同创新运行模式可看作产学研三方通过资金、技术、人才等资源进行优化配置，以实现产出最大化的合理分配。在该过程中，如何选择最优化的协同模式是十分重要的问题，不同主体之间匹配合适的模式有助于改善或增强主体间的合作关系。产学研合作类型的选择，一直是国内外学者重点关注的问题。国内外学者经过长期的研究，提出了较为成熟的几种模式，美国硅谷、英国剑桥、韩国大德、中国台湾新竹等科技园区已成为几种典型的模式。产学研协同创新模式根据划分维度不同，展现出了多样化的形式。模式的划分存在界定标准不明、限制较多、烦琐以及与实际情况脱钩等问题。重新梳理并进行产学研协同创新模式的归类，探寻使得产学研协同创新主体耦合紧密、运行效率高、产出多的运行模式已经迫在眉睫。

2.2　产业技术创新战略联盟的相关研究现状与总结

2.2.1　战略联盟：产业技术创新战略联盟研究的理论基础

产业技术创新战略联盟是我国产学研实践中产生出的一种新型技术创新组织形态，而产业技术创新战略联盟的概念是在战略联盟的基础上发展而来的。20 世纪 80 年代美国数字设备公司（Digital Equipment Corporation，DEC）总裁 Hopland 和管理学家 Nigel 首次提出战略联盟的概念。他们认为，战略联盟是指两个或两个以上有着相同的战略目标和经营实力的企业为了实现市场与资源的共享，通过各种协议形成的一种松散的网络组织。这样的组织能够迅速占领市场，提高劳动生产率，加快社会的创新进程。Porter（1998）在《竞争优势》中提出，战略联盟通过业务关系联结了企业与转包商，这种程度超越了普通的交易但又未达到合作的水平。联盟的方式有技术许可生产、供应协定、营销协定和合资企业。Weimer 等（1988）指出，战略联盟的建立能够帮助企业节约成本、提高效率、增强行业的竞争能力，实现优势互补、风险共担。Williamson（1991）从交易费用的角度出发，指出战略联盟不同于市场或其他层级组织，其能够规避在市场和其他层级组织中出现的问题。Teece（1992）指出，战略联盟是两个或两个以上的伙伴企业为了达成共享资源，优势互补的目标，通过承诺和信任进行合作活动，但是这样的组织结构低于一体化的程度。Culpan 和 Kucukemiroglu（1993）认为战略联盟是有着相同战略目标的跨国公司签订的一系列合作协议，如许可证、合资、合作营销、双方贸易协议、R&D（research and development）联盟等。Das 和 Teng（1998）将战略联盟定义为企业通过企业间的合作协议实现各自的战略目标，这种协议包括企业合资、研发合作、生产合资、投标合作、营销合作、许可、代码共享等。

国内学者对战略联盟的定义也做了相关研究，钱肇基（1999）提出，战略联盟是企业、事业部门或职能部门之间因相同的战略目标，通过协议安排或者联合组织而形成的一个共同体。贾春峰等（2001）认为战略联盟是存在于企业完整生产链中的一种长期稳定的契约关系。高杲和徐飞（2009）认为战略联盟是有着共同战略目标的联盟企业为了建立起稳固的合作关系而进行相互合作，共享利益和风险的活动。

2.2.2 产业技术创新战略联盟：战略联盟的实践形式

1. 产业技术创新战略联盟的概念与内涵

作为一种创新的组织模式，产业技术创新战略联盟能够着力推动产业关键技术的研发，提高产业创新能力，克服传统产学研合作的不足。20 世纪 90 年代以来，学者的研究重点从战略联盟转移到了产业技术创新战略联盟。

在产业技术创新战略联盟的定义上，Caldeira（2004）认为，产业技术创新战略联盟是具有相似背景的企业，通过与有相同研究方向的科研机构和中介组织合作，以正式的运行制度实现技术的研发和产业化、拓展市场等共同目标的组织形式。随着国内产业技术创新战略联盟的迅速发展，我国学者对产业技术创新战略的内涵提出了不同的观点。李新男（2007）认为传统的产学研模式存在着组织结构松散，创新模式不能长期化且流于形式的问题，这样的机制不利于保障持续的技术创新和创新成果产业化。他首次提出产业技术创新战略联盟的新概念，认为产业技术创新战略联盟是以企业为主体，以成员间的内在需求为核心，通过联盟成员之间的优势互补，形成高效配置资源的契约型组织，具有共同投入、联合开发、利益共享、风险共担的机制。高广文（2008）认为产业技术创新战略联盟是由产业内两个或两个以上的技术创新主体以产业技术创新为目标建立的组织。李学勇（2009）认为产业技术创新战略联盟是一种通过契约形成的企业间优势互补、资源共享、风险共担的长效稳定的利益共同体。产业技术创新联盟作为一种新的产学研合作模式，与传统的产学研合作模式相比，在形成稳定的合作关系上更具优势。赵志泉（2009）认为产业技术创新战略联盟是产业内的联盟方通过各种契约和股权安排以及彼此间的默契而形成的一种松散型网络组织结构。他进一步对联盟主体的功能做了阐述，指出政府的作用是提供政策支持以及提供专项资金；企业的作用是参与技术创新活动，并提供创新活动所必需的环境，包括资金、创新人员和科研设备；高校和科研机构的功能是提供智力支持。胡枭峰（2010）指出，产业技术创新战略联盟有四个特点：一是能够满足国家重点产业的技术创新需求，进一步完善产业技术创新链，积极引导企业、科研机构和政府将创新要素聚集到重点产业上；二是通过关键共性技术的聚焦支撑区域和产业的经济发展需要；三是通过法律协议的约束机制保障产学研联盟的稳定性；四是将企业的技术创新放在主体地位，让联盟企业充分了解产业技术的最新发展动态。综合国内外学者的研究观点，可以看出产业技术创新战略联盟的本质是一种组织制度创新，是在符合市场机制的条件下产学研各方形成的稳定战略合作关系，具有共同投入、利益共享、风险共担的特点。2008年，科技部、财政部、教育部、国务院国资委、中华全国总工会、国家开发银行六部门联合发布的《关于推动产业技术创新战略联盟构建的指导意见》指出：产业技术创新战略联盟是由企业、高校、科研机构或其他组织机构，以企业的发展需求和各方的共同利益为基础，以提升产业技术创新能力为目标，以具有法律约束力的契约为保障，形成的联合开发、优势互补、利益共享、风险共担的技术创新合作组织。

2. 产业技术创新战略联盟的运行与发展

关于产业技术联盟的运行机制的研究，卢润德和张霞（2005）对战略联盟的盟约制定、决策机制、执行机制、协调机制、控制和风险防范机制、收益与分配机制进行了研究。赵志泉（2009）认为产业技术联盟的运行机制包括产业技术联盟的纽带选择、内部协调与信任机制、成果分享和联盟风险分担机制。郧备民和李政（2010）对产业技术联盟的绩效考核信用机制、利益共享与分配机制、人员交流机制、动力机制等进行了研究。李峰和肖广岭（2014）认为在产业技术联盟中企业取代政府成为行动者网络中的核心行动者，企业、政府、高校和科研机构要建立以利益共享为基础的协同创新网络。各学者的研究侧重点不同，对产业技术联盟运行机制缺乏系统性的研究。

在政府对产业联盟发展的作用方面，王珊珊等（2012）从产业技术标准的形成、产业化和市场化三个阶段分析政府的作用，指出政府应该立足于解决产业联盟与技术标准化之间的冲突以及联盟内外部的主要矛盾。邸晓燕和张赤东（2011a，2011b）根据市场集中度、成员市场关系、成员间实力差距三个维度将产业技术联盟划分为三类，并指出政府对于不同类型的产业技术联盟应当给予不同的支持。温珂和周华东（2010）将联盟能力的三个维度，即合作主动性、关系治理、内部资源配置，作为政策目标提出的切入点，提出了合作激励、降低交易成本、组织学习能力三个政策目标，并据此提出了政策维度和具体的政策工具，建立了一套促进联盟创新的政策体系。对于政府对待产业技术联盟的具体政策，周青和陈畴镛（2012）通过实证研究提出政府应从推动信息服务体系建设、优化投融资渠道、完善法律法规以及吸引聚集创新人才等方面着手。

3. 产业技术创新战略联盟冲突特性分析

学者从冲突特性视角对产业联盟展开研究。Bruhn 和 Chesney（1995）研究发现联盟中的不稳定性主要来自联盟内部的冲突和不协调，表现为权责不清晰、期望不明确，从而引发联盟内部的矛盾，造成联盟的中止或不稳定。Blatt（2009）认为新企业不仅面临着来自外部环境的不确定性，还因为创业团队成员之间信任和熟悉度的差异而引发来自内部创业团队自身管理方式的不确定性，形成合作式冲突、对抗式冲突与让步式冲突等冲突方式。杨俊等（2010）进一步分析认为合作式冲突会强化创业团队产业经验异质性对产品/服务创新性的正向作用关系，而在对抗式冲突与让步式冲突的情境下，创业团队产业经验异质性优势则得不到充分发挥，甚至难以转变为创新性的产品/服务设计。众多学者（李文鹏等，2005；马俊如，2008；柳卸林和潘铁，2008；周青等，2018）认为合作主体对成果价值认识的不同是矛盾出现的主要原因，高校的科学研究定位和企业以市场需求为目标的制度性差别使得联盟主体之间的合作存在鸿沟，导致联盟存在许多冲突。对此，辜胜阻（2009）总结出我国整个创新体系存在的四方面问题：企业本应是创新的主体，但现实中存在乏力的现象；政府本应是自主创新的主导，但现实中存在缺位的现象；高校和科研机构本应是自主创新的源头，但现实中存在错位的现象；社会中介组织本应是自主创新的桥梁，但现实中存在断层的局面。

冲突是管理系统的相变行为，任何相变都不是无中生有的突变，而是在长期的渐变中，通过涨落、震荡、失稳、积累达到临界状态时突然发生的转变过程（陈光旨，2002）。冲突的演变是一个动态过程（Greer et al.，2008），是一系列事件按照时间序列的组合（Thomas，1992）。产业技术创新战略联盟是新技术、新知识产生的过程，在联盟成员的知识集成和转移过程中会产生各种各样的矛盾。这些矛盾是由于组织成员间的差异或不可调和而引发的一系列冲突（Wall and Callister，1995；蔡继荣，2012；杨慧慧等，2005；Gomes-Casseres，1997；Ushimaru，2005）。一般而言，联盟冲突发生于组织系统内部，并受到组织内各种条件的影响（Greer et al.，2008）。这就是冲突演化的情景，并会影响和引导冲突的演化程度与发展方向。Tyre 和 von Hippel（1997）对情景和知识转移关系进行了验证，通过一家大型电子企业的两个工厂的对比分析，发现新技术的采用情景对知识转移的过程和结果有着重要的影响。Pondy（1967）将潜在的冲突条件归结为资源稀缺性、权利、相互依赖三方面。高长元和单子丹（2009）将合作范围、合作成员、合作增值、合作规则和合作策略归为影响冲突产生的关键要素。在潜在条件和影响要素作用下，联盟成员会对矛盾事件进行感知和理解（Neuman and Baron，1998；Makino et al.，2007），进而根据冲突演化情景进行评估分析，影响联盟冲突演化的路径和方向。据此，张钢和曹评（2010）基于归因理论详细分析了此类冲突的情景演化过程：首先冲突客观情境为冲突发生创造条件，随后人们对整个情况进行感知，推动其演化成实际的冲突，而实际冲突也会对冲突条件和冲突感知产生影响。在实际过程中产业技术创新战略联盟冲突的演化路径和方向更加复杂，不确定性程度更高。准确有效地描述在不同情境下产业技术创新战略联盟冲突的演化过程对于管理者掌握和协调冲突有着重要的作用与意义。

2.3　协同创新生态系统的相关研究现状与分析

2.3.1　协同创新：协同创新生态系统研究的现实基础

协同创新是技术创新模式从封闭转向开放的必然结果，是系统科学思想在创新系统顶层设计活动中的必然体现，是对 Chesbrough 的开放式创新和 Etzkowitz 的三螺旋理论的进一步提升。陈劲和阳银娟（2012）认为，协同创新是将各个创新主体要素进行系统优化、合作创新的过程。赵立雨（2012）从创新网络的视角指出，协同创新是一个复杂的系统工程，是创新网络中各种创新要素的有效整合和创新资源在创新网络内的无障碍流动。刘丹和闫长乐（2013）则进一步从复杂网络的角度强调，协同创新是在创新逐步转向系统化、网络化范式的背景下应运而生的，是通过系统内成员的密切合作与众多创新要素的协同作用，完成创新生态系统内技术或产品从创新产生至技术扩散的整个过程。在开放式创新的基础上，陈劲（2012）认为，协同创新是以知识增值为核心，企业、政府、知识生产机构（高校、科研机构）、中介机构和用户等为了实现重大科技创新而开展的大跨度整合的创新组织模式。在微观层面，协同创新则是指各方达成一般性资源共享协议，实现单个或若干项目合作，开展跨机构跨组织多项目协作；在宏观层面，协同创新是特定区域或产业的知识创新体系和技术创新体系的结合与互动，是科技与经济的融合发展（Chun et al.，2014；Cui et al.，2015；张华，2016；Fiaz，2013）。总体而言，系统科学、复杂网络、开放式创新、三螺旋理论是协同创新的重要理论基础（Arvanitis et al.，2013；Askarany and Smith，2008；胡浩等，2011）。协同创新的本质是合作创新，是由各个主体通过特定的契约关系构成的复杂网络（Chouaibi and Jarboui，2012；Chou et al.，2014；俞立平等，2015；吴思斌，2015）。与一般性的合作创新（产学研合作、战略联盟等）不同，协同创新更加强调合作中的共赢和整体最优，强调异质性的合作主体发挥各自的能力和优势，整合不同合作主体的资源，实现优势互补，加速创新成果的推广进程，实现知识的增值。理想的协同创新活动除了有多层次且复杂的协同创新网络结构，还有良好的环境支持、创新资源的输入和循环流动，是各个层面创新系统的最优化结果。

在协同创新内涵逐渐清晰的情形下，学者对各主体实施协同创新的动力、影响因素、运行机制等方面进行了分析。协同创新的动力主要包括内在动力和外在动力两个方面。协同创新的内在动力主要来自创新主体降低创新成本、共摊创新风险、提高创新效率的内在需求（Damanpour，2010；de Haes and van Grembergen，2013）。面对不确定的环境和日益复杂的知识与技术，只要协同创新的各参与方认同，协同创新的收益大于各自独立创新所带来的收益之和，且大于合作产生的成本，各方就会产生协同创新的动力。为此，利益驱动是协同创新的根本内动力（郑刚等，2008；全利平和蒋晓阳，2011）。协同创新的外在动力是指存在于协同创新联盟外的动力因素，主要包括技术推动力、市场需求拉动力、市场竞争压力和政府支持力四种（Maietta，2015）。

在协同创新内部和外部动力的综合作用下，来自组织、战略和支撑条件等方面的多种因素，从战略协同、组织协同、市场协同、生产协同以及技术协同等层面影响着协同创新的效能，并使协同创新表现为参与协同创新的各主体从分散和冲突走向融合与全面协同的动态过程（Aniruddha and Mital，2016；Davis，2016；张喜征等，2016）。知识理论将该动态过程划分为准备、运行、终止三个阶段，且各个阶段的影响因素主要包括环境因素、协同意愿、合作模式、知识差异四个方面（吴悦和顾新，2012）。在分析创新的各个阶段后，创新理论认为，不同的协同创新形式在不同阶段会对创新产生不同的影响，发明阶段的异质性协同以及校企协同能够带来较高质量的发明，而上下游协同对于商业化阶段更加重要（Walsh et al.，2016；Fu et al.，2013；俞立平和方建新，2014；韩周等，2016）。社会网络理论从合作主体位置、个体特征及关系方面进行了分析，Fitjar 和 Rodríguez-Pose（2014）基于经理人层面研究认为信任对于区域内和国家内企业协同创新非常重要，但是对国际合作伙伴的形成没有显著性影响。Schmid 等（2016）认为影响协同创新成功的因素主要包括三个方面：参与者对参与协同的满意程度、参与者感受到的学习效果、参与者感受到的执行能力。Lazzarotti 等（2016）认为公司内部的氛围与科学家之间的关系能够调节协同与创新绩效之间的关系，在对芬兰、意大利和瑞典三个国家进行调研后发现，与科研机构的协同能够提高协同创新绩效。Dettmann 等（2015）对现有文献中关于协同创新中空间角色的争论进行了分析，利用了德国 47 个协同创新组织的时间序列数据，发现组织成员的空间位置和特征对创新绩效具有显著影响。

除了各种影响因素的作用，为了保证协同创新的顺利进行，各种协同机制也是学者研究的重点。何郁冰（2012）指出协同创新的过程和模式选择受到合作方利益分配机制的影响。菅利荣等（2015）将协同创新定义为不同主体通过基于价值增值的知识流动而联系在一起的复杂网络，并认为协同创新的核心是知识协同，因此隐性知识吸收机制是影响协同创新最为重要的因素。李久平等（2013）从知识整合的角度分析了协同创新，提出了进化适应机制、协同旋进机制、择优弃劣机制、互补相容机制、利益分配机制、相互信任机制等六大机制。Hohberger 等（2015）应用演化经济学的理论对行业创新活动的演化过程进行了分析，认为合理的协同创新机制会影响创新空间的位置变化，协同机制对创新的影响则会受到公司技术特征的影响。Miozzo 等（2016）对协同创新过程中的知识保护机制进行了分析，认为中等程度的知识保护机制可以阻止知识资产泄露和知识产权争端，可以抵消创新协同过程中法律部门的控制。

协同创新强调的是各个主体之间的协作，能够产生“1+1＞2”的效果，更为关键的是在面临协作方变化和环境变化时，协同创新各主体能够同时做出与目标一致的调整，在动力、影响因素和运行机制方面也具有其自身的特征，具体见表 2.2。

表 2.2　协同创新的动力、影响因素和运行机制

研究主题	主要观点	代表人物
协同创新动力	内部动力：风险共担、利益驱动等； 外部动力：技术推动力、市场需求拉动力、市场竞争压力和政府支持力等	郑刚等（2008）；全利平和蒋晓阳（2011）；Maietta（2015）
协同创新影响因素	环境和个体因素：地理临近性、企业规模、协同对象； 合作关系：信任、异质性协同、协同创新组织形式、协同意愿； 知识差异：知识特征	吴悦和顾新（2012）；Fu 等（2013）；Fitjar 和 Rodríguez-Pose（2014）；Walsh 等（2016）；Lazzarotti 等（2016）；Schmid 等（2016）；Maietta（2015）；Dettmann 等（2015）；Aniruddha 和 Mital（2016）；Davis（2016）；Das 和 Teng（2003）
协同创新机制	组织协同方面：利益分配机制、进化适应机制和协同旋进机制等； 知识协同方面：隐性知识吸收机制、信任机制、知识保护机制和组织学习机制等	何郁冰（2012）；菅利荣等（2015）；Miozzo 等（2016）；李久平等（2013）；Hohberger 等（2015）；Cyert 和 Goodman（1997）

学者应用了博弈论、协同学、复杂网络、交易费用、组织学习等理论，在企业、高校、科研机构等微观的创新主体层面，在产业集群、科技园区等中观层面，在珠三角、长三角、京津冀等宏观的区域合作层面，围绕协同创新的内涵、作用、特点、动力、体制机制、实现路径等方面开展了大量的研究工作，分析的主要内容包括整个协同创新的组织形式、知识资源的流动以及为保证协同创新顺利进行的各项机制等，随着外部市场和技术环境的不断变化，参与主体的数量越来越多，知识的异质性越来越强，协同创新网络形成的趋势也越来越明显。

2.3.2　协同创新网络：协同创新生态系统研究的理论基础

协同创新既是一种全新的技术创新范式，也是以知识增值为核心、多主体间开展的创新组织模式，以网络化的协同互动创新模式产生系统叠加的非线性效用（Takey and Carvalho，2016；Liu and Rong，2015）。因此，在协同创新研究中以协同创新网络为视角的研究逐渐发展，以创新网络为视角的研究是该领域的一个重要研究方向。

学者从不同的视角展开研究，把协同创新网络研究推向深入。解学梅和方良秀（2015）较早关注协同创新网络的研究，认为网络化联结对协同创新具有较大的影响。范群林等（2014）结合企业内外维度，研究协同创新网络的形成机制，提出当国家创新系统较为完善时企业通过建立更多的外部联系推动协同创新网络向开放式方向发展。解学梅和徐茂元（2014）则关注协同创新网络的作用，其实证研究表明协同创新网络对企业创新绩效具有显著正向影响，在协同创新机制、协同创新氛围与企业创新绩效之间存在中介效应。进一步，学者关注如何通过优化协同创新网络改善协同创新绩效，以及两者之间互动关系的问题。例如，何郁冰和张迎春（2015）分析了网络类型与协同创新模式之间的耦合关系，识别不同网络类型与协同创新模式的耦合效应及对创新绩效的影响。Shi 和 Guan（2016）对协同创新网络中的知识网络和主体网络进行了区分，并认为这两类网络的结构会对创新绩效产生不同的影响。有学者认为，与供应商和高校的合作有利于工艺创新，与客户的合作没有影响，与竞争者的合作有负向影响。工艺创新方面，创新协同的驱动力在于知识链的位置，而不是知识的异质性（Nissen et al.，2014；Holle et al.，2015；Hooge and Le，2016；单海燕和王文平，2012）。一个协同创新网络内部，既存在自组织系统，又存在社会系统、资源整合系统、生态环境系统等子系统，协同创新网络中不同主体获取的异质知识或同质知识的转移和扩散过程就是系统中信息的流动过程（Wang and Gao，2014；Peltola et al.，2016）。研究的核心内容包括以下方面。

（1）知识流动。知识流动在创新过程中处于中心位置。知识的搜寻和重组是通过知识流动来实现的，即在网络结构中通过知识吸收、网络识别、组织间的社会化使得知识在组织间共享（Lichtenthaler，2013；Siripitakchai et al.，2015）。由于创新出现于网络内部现有资源的新组合，网络通过提高每个成员鉴别、吸收和利用知识的能力来影响知识流动，或通过加强一个共同身份促进知识流动，因此网络通过不同形式的交流和沟通渠道增加了社会关系资本，从而促进了组织间知识流动的社会化（张利飞，2015；Gu et al.，2015）。

（2）知识增值。知识增值主要依靠知识的转移和共享实现，即网络中现有信息以一种新的方式重组，通过这种方式重新配置现有知识、问题和解决方法。在协同创新网络中，知识资源共享模式的构建需要组织与自组织的有机结合（Shaw and Burgess，2013；Wu and Zhu，2014；吴绍波，2013）。知识增值的保障主要包括：①信息能在知识链内部无障碍流动，通过积极的知识管理逐步增值；②从研发到企业实践的跨越；③价值创造过程中制度的保障。其中，组织在创新网络的协同过程中起双重作用：①从外部环境中获取有用的知识；②整合来自组织之外的信息，结合自身优势特色进行整合和加工，并实现改良知识的二次转移和分享，实现信息的真正循环（Clauss and Döppe，2013；赵良杰和宋波，2015；Zollo et al.，2016；周青等，2017）。协同创新网络通过这样互惠互利的知识转移共享方式最大限度地激发创新的活力。

（3）价值创造。协同创新网络中组织架构的直接目的就是创造新价值（Tsai et al.，2012；Kang et al.，2012）。从影响价值网络的主要因素来看，最关键的就是技术、市场和资金。在创新网络中，通过网络节点上创新主体的整合和互动，充分共享知识、信息和资源；通过加大创新资源的投入和积累力度，实现内外创新资源的整合，加快核心技术突破和市场化，获取最大的创新价值（Davis，2016；Hooge and Le，2016）。

创新网络中各创新主体间的互动是复杂的非线性作用，其内外涨落促使创新网络演化，而且主体之间的互动不仅是一种整合和传播知识的方法，同时具有“聚合性”的特质，可为共享学习提供支持，帮助分散风险。由此可见，协同创新网络本质上是一个自增益循环创新生态系统，具有自组织性、复杂性、动态性和系统性等特征，通过网络关系中的协同可以实现资源共享、知识传递和技术扩散，通过系统间非线性的网络关系，创新主体与外界环境进行物质、能量和信息的交流。

2.3.3　协同创新生态系统：协同创新与创新生态系统的融合

随着创新活动复杂性的增加，体现多主体之间协同创新的协同创新网络不断形成，协同创新逐渐显现出类似于自然生态系统的各项特征，包括种群的划分、生态位的确定以及能流的移动等，因此协同创新生态系统正成为学者研究的热点。

1. 创新生态系统：协同创新生态系统的研究起源

对协同创新生态系统的研究起源于创新生态系统的研究。“创新生态系统”一词由美国总统科技顾问委员会（President’s Council of Advisors on Science and Technology，PCAST）总结硅谷经验时提出。国家的技术和创新领导地位取决于有活力的、动态的“创新生态系统”，而非机械的终端对终端的过程。

创新生态系统其实是某一系统围绕研发创新及其产业化“序参量”主导下的演变系统。组织的创新生态系统是以知识产权、技术专利等为纽带，由不同领域的创新型企业通过科技合作网络而产生交互影响、共生进化的创新体系（李福和曾国屏，2015；张运生和邹思明，2010；龚丽敏和江诗松，2016；陈菲琼和范良聪，2007）。作为开放式创新理论的典型实践，创新生态系统强调了围绕创新型组织或产学研合作探索创新效率的提升问题。可见，创新生态系统着重分析的是打破某一单独组织的边界，能够实现跨组织、跨子系统的功能互补、信息沟通，本质上是以开放式理论为指导，强调不同组织在创新投入、创新创造及其成果产业化过程中的边界模糊化（梅亮等，2014；柳卸林等，2016；杨伟和李乐，2014；吴绍波，2013；原毅军等，2013）。创新生态系统的植入规律、竞合规律和价值传递规律同比于大自然生态系统内的遗传机制、变异机制和选择机制，其演化也具有一定生命周期的规律性，以及具有自身特有的生态位和演化规律（冯庆斌，2006；曹如中等，2015；许彩侠，2012）。创新生态系统是一个由企业、消费者和市场所处的自然、社会与经济环境构成的系统，可依据创新的动态程度和网络的复杂程度将处于创新生态系统的企业分为不同的组织类型，各企业的战略、功能、角色定位以及环境的复杂动荡性决定了创新生态系统的结构和健康发展（Turaeva，2013；李福，2015；Salazar et al.，2016；Kogut，1989），其组成要素包括核心生态系统要素、扩展生态系统要素、完整生态系统要素和生态系统环境等（Mercan and Göktas，2011；Dougherty and Dunne，2011；Olsson et al.，2016；蒋石梅等，2015）。创新生态系统内部通过变异、选择和知识与信息的扩散，创新主体与环境进行频繁的反馈，竞争演变为创新链、产业链、价值链、创新网络之间的争夺（Papaioannou and Theodoulidis，2000；Gastaldi and Corso，2016；Valkokari，2015；Scarpellini et al.，2012；Manser et al.，2015；Inkpen and Beamish，1997）。

创新过程不再仅仅发生在企业边界或单一行业中，而是越来越多地分布在由资源差异形成的互补网络行为中。单个企业已无法完成自己的创新任务，需要努力寻求与多个互补性合作伙伴进行协调和配合，这种互补性组织就是一个“创新生态系统”。“创新系统”到“创新生态系统”，主要用于描述生态或社会生态系统的重要概念而出现在创新系统研究中，创新主体的多样性、网络联系、协同演化、自组织以及生态系统失调等用于描述创新系统。学者不再仅仅关注企业的战略和竞争等问题，更关注企业所处的生态环境。“生态系统”这个模糊的比喻引起人们对组织间相互依赖性的思考，并提供了一种协同演进、协同价值创造的全新思维方式。

2. 协同创新生态系统：创新生态系统的理论演化

在创新生态系统的相关研究中，着眼于一个交换网络内具有自发合作和竞争特点的参与者如何进行协同的研究以及创新生态系统中的种群、群落及其与生态环境交互作用等方面的研究较少。因此，强调创新物种、能源流动等方面的协同创新生态系统成为重要的研究主题。协同创新生态系统内部始终存在着种群联结、资源流动、环境改善、创新能力提升等互为条件、循环促进的动态变化，具体研究如下。

（1）种群联结。协同创新生态系统中创新种群联结实质上就是创新主体间的协同创新。具体来说，是企业等主要创新主体联结政府、金融结构、中介服务机构、用户等，以资源共享、优势互补为前提，以共同参与、共享成果、共担风险为准则，分工协作、共同进行技术开发创新活动（梅亮等，2014）。创新种群联结的内容主要包括创新伙伴的选择、合作模式的选择等（González-Pernía et al.，2015；周青等，2011）。协同创新组织是多主体、大跨度整合的组织，可以最大限度地集成和汇聚各创新主体的资源进行优化配置，形成创新合力和新优势（Schilling，2015）。

（2）资源流动。协同创新系统的创新资源包括创新人才、风险资金、信息、知识技术、自然资源等。协同创新生态系统是一个开放的系统，能量、物质、信息的流动和转化是其基本功能（Agostini and Caviggioli，2015）。物质、能量以及信息的自由流动是创新种群协同创新的前提和基础。协同创新具有资源共享性，创新主体之间通过人才流动、资金支持，以及知识、技术、信息的共享，实现资源的双向流动（Grillitsch and Nilsson，2015；范如国，2014；王国红等，2013；杨燕和高山行，2012）。创新主体间的学习机制是资源在不同创新主体间流动的另一途径，通过相互学习和知识交流，改变资源的空间分布。协同创新能够打破组织、体制的藩篱，突破部门、区域、行业甚至国别的界限（王章豹等，2015），最大限度地集成和汇聚各创新主体的创新资源，优化配置，提高资源的利用效率，促进资源的循环重组。总的来说，创新资源的流动促进了创新主体间、创新主体与创新环境之间的相互作用，资源共享、学习和集成则是进行资源的合理配置、协调和整合的重要途径。

（3）环境改善。创新环境对创新种群生存和发展存在制约作用，而创新种群的联结一定程度上可以改变创新环境，两者存在相互制约、相互影响的生态关系（Venghaus and Stummer，2015；Gilbert et al.，2015；Yu et al.，2016）。协同创新生态系统中创新环境包括创新资源环境、市场环境、制度和政策环境、文化环境和自然环境。协同创新过程中，创新主体通过对资源的整合、配置和协调改变了创新资源环境。创新主体间的战略协同融合了各自的创新文化和价值理念，而自然环境也因技术创新的压力增大而产生变化（刘姿媚和谢科范，2016；赵良杰和宋波，2015；Velu，2015）。协同创新过程中，创新主体和创新资源的集聚一定程度上会使创新环境更有利。政府的资金扶持和相关创新政策，尤其是产业的财税政策、人才政策、专项计划等成为影响制度、政策环境和基础设施环境的关键因素（O'Malley et al.，2014；Spena et al.，2016；Dougherty and Dunne，2012）。另外，创新主体的价值观和文化理念对创新环境也产生了重要影响。可持续发展已经成为关键的创新价值导向，有效地保护和改善了自然生态环境（冯庆斌，2006；郭燕青等，2015；Boudreau，2012）。

协同创新生态系统相关研究主要从系统整体出发，包括了内部创新种群之间的连接、各种资源的流动和共享以及创新环境与创新种群之间相互制约、相互影响的生态关系等，这是对强调个体演变规律的创新生态系统的进一步分析，两者的主要观点如表 2.3 所示。

表 2.3　创新生态系统与协同创新生态系统

研究主题	主要观点	代表人物
创新生态系统	本质上是以开放式理论为指导，强调不同个体组织在创新投入、创新创造及其成果产业化过程中的边界模糊化，将其演化规律与自然生态系统进行类比，包括遗传机制、变异机制和选择机制等	李福和曾国屏（2015）；张运生和邹思明（2010）；龚丽敏和江诗松（2016）；梅亮等（2014）；柳卸林等（2016）；冯庆斌（2006）；曹如中等（2015）；Mercan 和 Göktas（2011）；Turaeva（2013）；李福（2015）；Salazar 等（2016）；Kogut（1989）；Dougherty 和 Dunne（2011）；Olsson 等（2016）；蒋石梅等（2015）；Papaioannou 和 Theodoulidis（2000）；Gastaldi 和 Corso（2016）；Valkokari（2015）；Scarpellini 等（2012）；Manser 等（2015）
协同创新生态系统	在创新生态系统的基础上，强调整体在共生竞合中的动态演化，分析系统自身的组织、资源流动以及与外部环境的交互规律等	van Gils 等（2015）；梅亮等（2014）；González-Pernía 等（2015）；Schilling（2015）；Agostini 和 Caviggioli（2015）；Grillitsch 和 Nilsson（2015）；王章豹等（2015）；Venghaus 和 Stummer（2015）；Gilbert 等（2015）；刘姿媚和谢科范（2016）；赵良杰和宋波（2015）；Velu（2015）；O'Malley 等（2014）；Spena 等（2016）；Dougherty 和 Dunne（2012）；冯庆斌（2006）；郭燕青等（2015）；Boudreau（2012）；吴海滨等（2004）

协同创新生态机制对创新生态系统内部种群联结、资源流动、环境改善、创新能力提升等动态演化起到制约和调节的作用。构建协同创新生态系统需要主要创新主体在创新生态机制的作用下形成合理的种群结构和互利共生的协同组织模式，达到创新组织生态，形成资源自由流动的创新资源生态，最终实现创新能力持续提升的创新能力生态。由此可见，从创新生态系统研究到协同创新生态系统研究是从分析系统中个体到分析系统整体的深化。协同创新生态系统组成的基本要素是创新物种（企业、高校、科研机构、政府、金融、中介等），物种联结形成创新种群和创新群落，各创新种群、群落与创新环境之间通过能量流动、物质循环和信息传递相互作用，在共生竞合中动态演化，进而促进可持续创新能力的提高和环境的改善，形成系统整体演化（van Gils et al.，2015；吴海滨等，2004）。

本篇主要参考文献

蔡继荣. 2012. 联盟伙伴特征，可置信承诺与战略联盟的稳定性[J]. 科学学与科学技术管理，33（7）：133-142.

曹如中，史健勇，郭华，等. 2015. 区域创意产业创新生态系统演进研究：动因、模型与功能划分[J]. 经济地理，35（2）：107-113.

曾国屏，苟尤钊，刘磊. 2013. 从“创新系统”到“创新生态系统”[J]. 科学学研究，31（1）：4-12.

陈菲琼，范良聪. 2007. 基于合作与竞争的战略联盟稳定性分析[J]. 管理世界，（7）：102-110.

陈光旨. 2002. 主客体管理的科学性与复杂性科学[J]. 广西大学学报（哲学社会科学版），24（3）：1-5.

陈劲，阳银娟. 2012. 协同创新的理论基础与内涵[J]. 科学学研究，30（2）：161-164.

陈劲. 2012. 协同创新的驱动机理[J]. 技术经济，31（8）：6-11，25.

邸晓燕，张赤东. 2011a. 产业技术创新战略联盟的类型与政府支持[J]. 科学学与科学技术管理，32（4）：78-84.

邸晓燕，张赤东. 2011b. 产业技术创新战略联盟的性质、分类与政府支持[J]. 科技进步与对策，28（9）：59-64.

范群林，邵云飞，尹守军. 2014. 企业内外部协同创新网络形成机制——基于中国东方汽轮机有限公司的案例研究[J]. 科学学研究，32（10）：1569-1579.

范如国. 2014. 基于复杂网络理论的中小企业集群协同创新研究[J]. 商业经济与管理，（3）：61-69.

冯庆斌. 2006. 基于群落生态学的产学研合作创新研究[D]. 哈尔滨：哈尔滨工程大学.

高杲，徐飞. 2009. 企业战略联盟中的不确定性研究[J]. 价格理论与实践，（11）：60-61.

高广文. 2008. 国际产业技术创新联盟的发展及启示[[J]. 科技发展研究，（12）：1-8.

高长元，单子丹. 2009. 高技术虚拟企业的冲突类型及其形成机理研究[J]. 科技进步与对策，26（13）：61-65.

龚丽敏，江诗松. 2016. 平台型商业生态系统战略管理研究前沿：视角和对象[J]. 外国经济与管理，38（6）：38-50，62.

辜胜阻. 2009. 民营经济与创新战略探索[M]. 北京：人民出版社.

郭燕青，姚远，徐菁鸿. 2015. 基于生态位适宜度的创新生态系统评价模型[J]. 统计与决策，（15）：13-16.

韩周，秦远建，王茤祥. 2016. 中国企业协同创新网络治理研究[J]. 科学管理研究，34（1）：75-78.

何郁冰，张迎春. 2015. 网络类型与产学研协同创新模式的耦合研究[J]. 科学学与科学技术管理，36（2）：62-69.

何郁冰. 2012. 产学研协同创新的理论模式[J]. 科学学研究，30（2）：165-174.

洪银兴. 2013. 关于创新驱动和协同创新的若干重要概念[J]. 经济理论与经济管理，（5）：5-12.

胡浩，李子彪，胡宝民. 2011. 区域创新系统多创新极共生演化动力模型[J]. 管理科学学报，14（10）：85-94.

胡枭峰. 2010. 产业技术创新战略联盟研究评述[[J]. 商业现代，（7）：8-9.

黄海霞，陈劲. 2016. 创新生态系统的协同创新网络模式[J]. 技术经济，35（8）：31-37.

贾春峰，张维迎，李松龄，等. 2001. 专家把脉“企业联盟”[J]. 经贸导刊，（3）：19-22.

菅利荣，张瑜，于菡子. 2015. 复杂产品协同创新专利管理研究——以客机协同研制为例[J]. 科技进步与对策，32（14）：11-16.

蒋石梅，吕平，陈劲. 2015. 企业创新生态系统研究综述——基于核心企业的视角[J]. 技术经济，34（7）：18-23，91.

金惠红，希鹏，雷文瑜. 2015. 产学研协同创新的运行机制探讨[J]. 科技管理研究，35（5）：21-25.

李峰，肖广岭. 2014. 基于ANT视角的产业技术创新战略联盟机制研究——以闪联联盟为例[J]. 科学学研究，32（6）：835-840.

李福，曾国屏. 2015. 创新生态系统的健康内涵及其评估分析[J]. 软科学，29（9）：1-4，28.

李福. 2015. 云计算环境下的中小企业会计信息化建设模式研究[J]. 时代金融，（30）：252-253.

李健. 2014. 产学研协同创新是产学研合作的新发展[J]. 中国科技产业，（1）：42-44

李久平，姜大鹏，王涛. 2013. 产学研协同创新中的知识整合——一个理论框架[J]. 软科学，27（5）：136-139.

李瑞琴. 2005. 跨国公司战略技术联盟稳定性的博弈分析[J]. 财经研究，（4）：103-111.
李文鹏，孙林杰，谢刚. 2005. 借鉴国际经验透视我国政府在中小企业产学研中的作用[J]. 研究与发展管理，17（4）：67-71.
李新男. 2007. 创新“产学研结合”组织模式　构建产业技术创新战略联盟[J]. 中国软科学，5：9-12，42.
李新男. 2009. 推动产业技术创新战略联盟构建 提升国家自主创新能力[J]. 中国科技产业，（12）：21-23.
李学勇. 2009. 在新形势下深入推进产学研合作 着力提升企业技术创新能力[J]. 中国科技产业，（11）：10-11.
李学勇. 2010. 全面实施国家技术创新工程 深入推动产业技术创新战略联盟发展[N]. 科技日报，2010-11-22.
刘丹，闫长乐. 2013. 协同创新网络结构与机理研究[J]. 管理世界，（12）：1-4.
刘姿媚，谢科范. 2016. 创新驱动的系统动力学模拟——以武汉东湖国家自主创新示范区为例[J]. 科技进步与对策，33（14）：47-54.
柳卸林，马雪梅，高雨辰，等. 2016. 企业创新生态战略与创新绩效关系的研究[J]. 科学学与科学技术管理，37（8）：102-115.
柳卸林，潘铁. 2008. 构建以企业为主体的产学研合作模式[J]. 中国科技产业，（6）：54-59.
卢润德，张霞. 2005. 战略联盟运行机制探究[J]. 生产力研究，（8）：188-190.
马俊如. 2008. 以企业为主体的产学研结合创新探讨[J]. 中国科学院院刊，23（1）：6-10.
梅亮，陈劲，刘洋. 2014. 创新生态系统：源起、知识演进和理论框架[J]. 科学学研究，32（12）：1771-1780.
钱肇基. 1999. 企业战略联盟[M]. 北京：中国电力出版社.
全利平，蒋晓阳. 2011. 协同创新网络组织实现创新协同的路径选择[J]. 科技进步与对策，28（9）：15-19.
饶燕婷.2012. 产学研协同创新的内涵、要求与政策构想[J]. 高教探索，（4）：29-32.
芮明杰. 2016. 上海供给侧结构性改革的关键是产业化创新[J]. 科学发展，（11）：25-28.
单海燕，王文平. 2012. 跨组织知识整合下的创新网络结构分析[J]. 中国管理科学，20（6）：176-184.
沈灏，李垣. 2010. 联盟关系、环境动态性对创新绩效的影响研究[J]. 科研管理，31（1）：77-85.
生延超. 2010. 从联盟创新到自主创新：后发技术赶超方式的演变[J]. 科技与经济，23（1）：20-24.
王安宇，赵武阳. 2008. 国内技术联盟研究新进展[J]. 研究与发展管理，（3）：58-64.
王国红，贾楠，邢蕊. 2013. 创新孵化网络与集群协同创新网络的耦合研究[J]. 科学学与科学技术管理，34（8）：73-82.
王进富.2013. 产学研协同创新机制研究——一个理论分析框架[J]. 科技进步与对策，30（16）：1-6.
王珊珊，王宏起，邓敬斐. 2012. 产业联盟技术标准化过程及政府支持策略研究[J]. 科学学研究，30（3）：380-386.
王章豹，韩依洲，洪天求. 2015. 产学研协同创新组织模式及其优劣势分析[J]. 科技进步与对策，32（2）：24-29.
温珂，周华东. 2010. 联盟能力视角下的产学研合作联盟促进政策研究[J]. 科学学与科学技术管理，31（8）：10-14.
邬备民，李政. 2010. 产业技术创新战略联盟运行机制及策略研究[J]. 中国高校科技与产业化，（7）：24-25.
吴海滨，李垣，谢恩. 2004. 基于组织互动和个人关系的联盟演化模型[J]. 科研管理，（1）：55-60.
吴绍波. 2013. 战略性新兴产业创新生态系统协同创新的知识投入激励研究[J]. 科学学与科学技术管理，34（9）：71-76.
吴寿仁. 2010. 产业技术创新战略联盟——国家技术创新工程政策解读之一[J]. 华东科技，（8）：18-19.
吴思斌. 2015. 中国装备制造业协同创新与自主创新结合机制研究[J]. 科学管理研究，33（1）：48-51.
吴悦，顾新. 2012. 产学研协同创新的知识协同过程研究[J]. 中国科技论坛，（10）：17-23.
解学梅，方良秀. 2015. 国外协同创新研究述评与展望[J]. 研究与发展管理，27（4）：16-24.
解学梅，徐茂元. 2014. 协同创新机制、协同创新氛围与创新绩效——以协同网络为中介变量[J]. 科研管理，35（12）：9-16.
项杨雪，梅亮，陈劲. 2015. 基于价值创造的协同创新本质研究——以浙江大学协同创新中心为例[J]. 科技进步与对策，32（23）：21-26.
徐莉，杨晨露. 2012. 产学研协同创新的组织模式及运行机制研究[J]. 科技广场，（11）：210-214.
许彩侠. 2012. 区域协同创新机制研究——基于创新驿站的再思考[J]. 科研管理，33（5）：19-25，55.
许泉，吴强，刘欣. 美国产学研协同创新的主要模式及特点[J]. 放眼世界，（20）：61-63.
杨慧慧，马金志，王喜刚. 2005. 战略联盟及其支撑理论研究[J]. 科技情报开发与经济，（1）：112-113.
杨俊，田莉，张玉利，等. 2010. 创新还是模仿：创业团队经验异质性与冲突特征的角色[J]. 管理世界，（3）：84-96.
杨美琴. 2014. 产学研协同创新模式分类研究[J]. 现代经济，13（9）：68-70.
杨伟，李乐. 2014. 协同创新组织的适应性管理：方法论建构的视角[J]. 自然辩证法研究，30（12）：36-42.
杨伟，周青，方刚. 2015. 产业联盟的组织复杂度、牵头单位类型与合作创新率[J]. 科学学研究，33（5）：713-722.
杨燕，高山行. 2012. 联盟稳定性、伙伴知识保护与中心企业的知识获取[J]. 科研管理，33（8）：80-89.
俞立平，方建新. 2015. 自主研发与协同创新协调发展研究[J]. 科研管理，36（7）：56-63.
俞立平，孙建红，刘爱军. 2014. 自主研发与协同创新贡献的门槛特征研究——基于中国高技术产业的估计[J]. 世界科技研究与发展，36（5）：537-542.
原毅军，田宇，孙佳. 2013. 产学研技术联盟稳定性的系统动力学建模与仿真[J]. 科学学与科学技术管理，34（4）：3-9.
原长弘，刘凌，王晓云. 2006. 国内技术联盟学术研究脉络：1995—2004[J]. 科学学研究，24（4）：559-562.
张钢，曹评. 2010. 基于归因理论的冲突类型分析[J]. 管理评论，22（3）：86-92.
张华. 2016. 科技金融创新生态系统的规划框架与协同创新机制[J]. 科学管理研究，34（5）：89-93.
张力. 2011. 产学研协同创新的战略意义和政策走向[J]. 教育研究，32（7）：18-21.
张利飞. 2015. 创新生态系统技术种群非对称耦合机制研究[J]. 科学学研究，33（7）：1100-1108.
张喜征，刘水林，谢悦，等. 2016. 知识互补性视角下跨组织协同创新知识配置研究——以小米手机产业链为例[J]. 科技进步与对策，33（11）：136-141.
张运生，邹思明. 2010. 高科技企业创新生态系统治理机制研究[J]. 科学学研究，28（5）：785-792.
张正国. 2012. 着力构建协同创新机制，有效提高自主创新能力[J]. 中国高等教育，（18）：20-21，57.
赵立雨. 2012. 基于协同创新的技术创新网络扩张研究[J]. 科技进步与对策，29（22）：11-14.
赵良杰，宋波. 2015. 联盟网络结构和技术互依性对双元型技术联盟网络创新绩效的影响[J]. 管理学报，12（4）：558-564.
赵志泉. 2009. 产业技术创新联盟的运行机制研究[J]. 创新科技，（4）：18-19.
甄红线. 2013. 产学研协同创新的科学内涵与实现路径[J]. 金融教学与研究，（2）：35-41，62.
郑刚，朱凌，金珺. 2008. 全面协同创新：一个五阶段全面协同过程模型——基于海尔集团的案例研究[J]. 管理工程学报，22（2）：24-30.
周青，陈畴镛. 2012. 专利联盟提升企业自主创新能力的作用方式与政策建议[J]. 科研管理，33（1）：41-46，55.
周青，顾远东，吴刚. 2017. 创新管理研究热点的国际比较与学科资助方向——国家自然科学基金项目管理视角的思考[J]. 经济管理，39（12）：190-201.
周青，顾远东，吴刚. 2018. 创业管理研究热点的国际比较与学科资助建议[J]. 中国科学基金，32（2）：198-202.
周青，韩文慧，杜伟锦. 2011. 技术标准联盟伙伴关系与联盟绩效的关联研究[J]. 科研管理，32（8）：1-8，25.
周青，王乃有，马香媛. 2014. 产业技术创新战略联盟冲突类型与影响因素的关联分析[J]. 科学学研究，32（3）：473-480.
Agostini L，Caviggioli F. 2015. R & D collaboration in the automotive innovation environment：An analysis of co-patenting activities [J]. Management Decision，53（6）：1224-1246.
Aniruddha K，Mital A. 2016. Role of dynamic capabilities in innovation output of high-technology firms[J]. Strategic Change，25（4）：401-425.

Antoncic B，Prodan I. 2007. Alliances，corporate technological entrepreneurship and firm performance：Testing a model on manufacturing firms[J]. Technovation，28（05）：257-265.

Arvanitis S，Loukis E，Diamantopoulou V. 2013. The effect of soft ICT capital on innovation performance of Greek firms[J]. Journal of Enterprise Information Management，26（6）：679-701.

Askarany D，Smith M. 2008. Diffusion of innovation and business size：A longitudinal study of PACIA[J]. Managerial Auditing Journal，23（9）：900-916.

Bierly P E，Coombs J E. 2004. Equity alliances，stages of product development，and alliance instability[J]. Journal of Engineering and Technology Management，21（3）：191-214.

Blatt R. 2009. Tough love：How communal schemas and contracting practices build relational capital in entrepreneurial teams[J]. Academy of Management Review，34（3）：533-551.

Boudreau K. J. 2012. Let a thousand flowers bloom? An early look at large numbers of software app developers and patterns of innovation[J]. Organization Science，23（5）：1409-1427.

Bruhn J G，Chesney A P. 1995. Organizational moles：Information control and the acquisition of power and status[J]. The Health Care Supervisor，14（1）：24-31.

Caldeira J C. 2004. Joint Ventures for Innovation & Competitiveness[M]. Boston，MA：Springer：37-46.

Chou Y C，Chuang H H C，Shao B B M. 2014. The impacts of information technology on total factor productivity：A look at externalities and innovations[J]. International Journal of Production Economics，158：290-299.

Chouaibi J，Jarboui A. 2012. Investigating the effect of the directors' board characteristics on financial performance through innovation activities[J]. International Journal of Behavioural Accounting and Finance，3（1/2）：65-87.

Chun M W S，Griffy B C，Koeppel H. 2014. The new normal：Fundamental shifts for 21st century organizations and for the CIOs who lead them[J]. Journal of Applied Business and Economics，16（5）：27-49.

Clauss T，Döppe S. 2013. Consumers' perceptual determinants of acceptance of innovative multimodal mobility solutions[C]//ISPIM Innovation Symposium. The International Society for Professional Innovation Management（ISPIM）：1.

Cui T R，Ye H J，Teo H H，et al. 2015. Information technology and open innovation：A strategic alignment perspective[J]. Information and Management，52（3）：348-358.

Culpan R，Kucukemiroglu O. 1993. A comparison of US and Japanese management styles and unit effectiveness[J]. Management International Review，33（1）：27-42.

Cyert R M，Goodman P S. 1997. Creating effective university-industry alliances：An organizational learning perspective[J]. Organizational Dynamics，25（4）：45-57.

Damanpour F. 2010. An integration of research findings of effects of firm size and market competition on product and process innovations[J]. British Journal of Management，21（4）：996-1010.

Das T K，Teng B S. 1998. Resource and risk management in the strategic alliance making process [J]. Journal of Management，24（1）：21-42.

Das T K，Teng B S. 2003. Partner analysis and alliance performance[J]. Scandinavian Journal of Management，19（3）：279-308.

Davis J P. 2016. The group dynamics of interorganizational relationships：Collaborating with multiple partners in innovation ecosystems[J]. Administrative Science Quarterly，61（4）：621-661.

de Haes S，van Grembergen W. 2013. Improving enterprise governance of IT in a major airline：A teaching case[J]. Journal of Information Technology Teaching Cases，3（2）：60-69.

Dettmann A，von Proff S，Brenner T. 2015. Co-operation over distance? The spatial dimension of inter-organizational innovation collaboration[J]. Journal of Evolutionary Economics，25（4）：729-753.

Dougherty D，Dunne D D. 2011. Organizing ecologies of complex innovation[J]. Organization Science，22（5）：1214-1223.

Dougherty D，Dunne D D. 2012. Digital science and knowledge boundaries in complex innovation[J]. Organization Science，23（5）：1467-1484.

Etzkowitz H. 2008. The Triple Helix：University-Industry-Government Innovation in Action[M]. New York：Routledge.

Fiaz M. 2013. An empirical study of university-industry R&D collaboration in China：Implications for technology in society [J]. Technology in Society，35（3）：191-202.

Fitjar R D，Rodríguez-Pose A. 2014. The geographical dimension of innovation collaboration：Networking and innovation in Norway[J]. Urban Studies，51（12）：2572-2595.

Fu L P，Zhou X M，Luo Y F. 2013. The research on knowledge spillover of industry-university-research institute collabora-tion innovation network [C]. The 19th International Conference on Industrial Engineering and Engineering Management.Berlin：Springer Berlin Heidelberg：361-371.

Gastaldi L，Corso M. 2016. Academics as orchestrators of innovation ecosystems：The role of knowledge management[J]. International Journal of Innovation and Technology Management，13（5）：1640009.

Gilbert S F，Bosch T C G，Ledón-Rettig C. 2015. Eco-Evo-Devo：Developmental symbiosis and developmental plasticity as evolutionary agents[J]. Nature Reviews Genetics，16（10）：611-622.

Gomes-Casseres B. 1997. Alliance strategies of small firms[J]. Small Business Economics，9（1）：33-44.

González-Pernía J L，Parrilli M D，Peña-Legazkue I. 2015. STI-DUI learning modes，firm-university collaboration and innovation[J]. The Journal of Technology Transfer，40（3）：475-492.

Greer L L，Jehn K A，Mannix E A. 2008. Conflict transformation：A longitudinal investigation of the relationships between different types of intragroup conflict and the moderating role of conflict resolution[J]. Small Group Research，39（3）：278-302.

Grillitsch M，Nilsson M. 2015. Innovation in peripheral regions：Do collaborations compensate for a lack of local knowledge spillovers？[J]. The Annals of Regional Science，54（1）：299-321.

Gu J，Mei S，Zhong W. 2015. Dynamic coordination mechanism of information system security investment based on interdependent security[J]. Operations Research and Management Science，（6）：18.

Hamel G. 1991. Competition for competence and inter-partner learning within international strategic alliances[J]. Strategic Management Journal，12（S1）：83-103.

Hohberger J，Almeida P，Parada P. 2015. The direction of firm innovation：The contrasting roles of strategic alliances and individual scientific collaborations[J]. Research Policy，44（8）：1473-1487.

Holle D，Hüsig S，Dowling M，et al. 2015. Success factors of product concepts for convergence products in the telecommunications，internet，media，and entertainment industries[J]. International Journal of Product Development，20（4）：304-324.

Hooge S，Le D L. 2016. Collaborative organizations for innovation：A focus on the management of sociotechnical imaginaries to stimulate industrial ecosystems[J]. Creativity and Innovation Management，25（3）：311-330.

Inkpen A C，Beamish P W. 1997. Knowledge，bargaining power，and the instability of international joint ventures[J]. Academy of Management Review，22（1）：177-202.

Jiang X，Li Y，Gao S. 2008. The stability of strategic alliances：Characteristics，factors and stages[J]. Journal of International Management，14（2）：173-189.

Kang S，Lee J，Lee D，et al. 2012. A framework for measuring and managing value achievement in business processes[J].

IEICE Transactions on Information and Systems，95（10）：2456-2468.

Kapoor R，Adner R. 2012. What firms make VS What they know：How firms' production and knowledge boundaries affect competitive advantage in the face of technological change[J]. Organization Science，23（5）：1227-1248.

Kim C，Song J. 2007. Creating new technology through alliances：An empirical investigation of joint patents[J]. Technovation，27（8）：461-470.

Kogut B. 1989. The stability of joint ventures：Reciprocity and competitive rivalry[J]. The Journal of Industrial Economics，38（2）：183-198.

Lambe C J，Spekman R E. 1997. Alliances，external technology acquisition，and discontinuous technological change[J]. Journal of Product Innovation Management：An International Publication of the Product Development & Management Association，14（2）：102-116.

Lazzarotti V，Manzini R，Nosella A，et al. 2016. Collaborations with scientific partners：The mediating Role of the social context in fostering innovation performance[J]. Creativity and Innovation Management，25（1）：142-156.

Lichtenthaler U. 2013. The collaboration of innovation intermediaries and manufacturing firms in the markets for technology[J]. Journal of Product Innovation Management，30：142-158.

Lioukas C S，Reuer J J，Zollo M. 2016. Effects of information technology capabilities on strategic alliances：Implications for the resource-based view[J]. Journal of Management Studies，53（2）：161-183.

Liu G，Rong K. 2015. The Nature of the co-evolutionary process complex product development in the mobile computing industry's business ecosystem[J]. Group and Organization Management，40（6）：809-842.

Maietta O W. 2015. Determinants of university-firm R&D collaboration and its impact on innovation：A perspective from a low-tech industry[J]. Research Policy，44（7）：1341-1359.

Makino S，Chan C，Isobe T. 2007. Intended and unintended termination of international joint ventures[J]. Strategic Management Journal，28（11）：1113-1132.

Manser K，Hillebrand B，Driessen P H，et al. 2015. Activity sets in multi-organizational ecologies：A project-level perspective on sustainable energy innovations[J]. Technological Forecasting and Social Change，90：444-455.

Mercan B，Göktas D. 2011. Components of innovation ecosystems：A cross-country study[J]. International Research Journal of Finance and Economics，21（9）：59-68.

Miozzo M，Desyllas P，Lee H，et al. 2016. Innovation collaboration and appropriability by knowledge-intensive business services firms[J]. Research Policy，45（7）：1337-1351.

Mora-Valentinetal E M. 2004. The New Production of Knowledge：The Dynamics of Science and Research in Contemporary Societies[M]. London：Sage.

Muthusamy S K，White M A. 2006. Does power sharing matter? The role of power and influence in alliance performances [J]. Journal of Business Research，59（7）：811-819.

Neuman J H，Baron R A. 1998. Workplace violence and workplace aggression：Evidence concerning specific forms，potential causes，and preferred targets [J]. Journal of Management，24（3）：391-419.

Nissen H A，Evald M R，Clarke A H. 2014. Knowledge sharing in heterogeneous teams through collaboration and cooperation：Exemplified through Public-Private-Innovation partnerships[J]. Industrial Marketing Management，43（3）：473-482.

O'Malley L，O'Dwyer M，McNally R C，et al. 2014. Identity，collaboration and radical innovation：The role of dual organisation identification[J]. Industrial Marketing Management，43（8）：1335-1342.

Olsson H H，Bosch J，Katumba B. 2016. Exploring IoT user dimensions[C]. International Conference on Product-Focused Software Process Improvement. Springer，Cham：477-484.

Papaioannou V，Theodoulidis B. 2000. An Ontological Approach for Integrating Enterprise，Requirements and System Knowledge[M]. Business Information Technology Management Alternative and Adaptive Futures. London，Palgrave Macmillan：162-177.

Peltola T，Aarikka-Stenroos L，Viana E，et al. 2016. Value capture in business ecosystems for municipal solid waste management：Comparison between two local environments[J]. Journal of Cleaner Production，137：1270-1279.

Pondy L R. 1967. Organizational conflict：Concepts and models [J]. Administrative Science Quarterly，12（2）：296-320.

Porter M E. 1998. Clusters and the new economics of competition[J]. Harvard Business Review，76（6）：77-90.

Salazar A，Gonzalez J M H，Duysters G，et al. 2016. The value for innovation of inter-firm networks and forming alliances：A meta-analytic model of indirect effects[J]. Computers in Human Behavior，64：285-298.

Scarpellini S，Aranda A，Aranda J，et al. 2012. R&D and eco-innovation：Opportunities for closer collaboration between universities and companies through technology centers[J]. Clean Technologies and Environmental Policy，14（6）：1047-1058.

Schilling M A. 2015. Technology shocks，technological collaboration，and innovation outcomes[J]. Organization Science，26（3）：668-686.

Schmid J C，Knierim A，Knuth U. 2016. Policy-induced innovations networks on climate change adaptation：An ex-post analysis of collaboration success and its influencing factors[J]. Environmental Science & Policy，56：67-79.

Schwartz M，Peglow F，Fritsch M，et al. 2012. What drives innovation output from subsidized R&D cooperation? Project-level evidence from Germany[J]. Technovation，32（6）：358-369.

Senker J. 1998. Rationale for partnerships：Building national innovation systems [J]. STI Review-Science Technology Industry-English Edition，（23）：23-38.

Shaw N E，Burgess T F. 2013. Innovation-sharing across a supply network：Barriers to collaboration[J]. Production Planning & Control，24（2/3）：181-194.

Shi Y，Guan J C. 2016. Small-world network effects on innovation：Evidences from nanotechnology patenting[J]. Journal of Nanoparticle Research，18（11）：329.

Siripitakchai N，Miyazaki K，Ho J C. 2015. Partnership ecosystem of IC design service companies：The case of Taiwan[J]. Technology in Society，43：199-208.

Spena T R，Trequa M，Bifulco F. 2016. Knowledge practices for an emerging innovation ecosystem[J]. International Journal of Innovation and Technology Management，13（5）：1640013.

Takey S M，Carvalho M M. 2016. Fuzzy front end of systemic innovations：A conceptual framework based on a systematic literature review[J]. Technological Forecasting and Social Change，111：97-109.

Teece D J. 1992. Competition，cooperation，and innovation：Organizational arrangements for regimes of rapid technological progress[J]. Journal of Economic Behavior and Organization，18（1）：1-25.

Thomas K W. 1992. Conflict and conflict management：Reflections and update [J]. Journal of Organizational Behavior，13（3）：265-274.

Tsai W H，Tsai M H，Li S T，et al. 2012. Harmonizing firms' knowledge and strategies with organizational capabilities[J]. Journal of Computer Information Systems，53（1）：23-32.

Turaeva H. 2013. From knowledge ecology to innovation systems：Agricultural innovations and their diffusion in Uzbekistan[J]. Innovation，15（2）：184-195.

Tyre M J，von Hippel E. 1997. The situated nature of adaptive learning in organizations [J]. Organization Science，8（1）：71-83.

Ushimaru H. 2005. Managing strategic alliances[J]. Japanese Journal of Administrative Science，18（2）：127-133.

Valkokari K. 2015. Business，innovation，and knowledge ecosystems：How they differ and how to survive and thrive within them[J]. Technology Innovation Management Review，5（8）：17-24.

van Gils M J G M，Vissers G，Dankbaar B. 2015. Industry-science collaboration for radical innovation：The discovery of phase-dependent collaborative configurations[J]. Innovation，17（3）：308-322.

Velu C. 2015. Business model innovation and third-party alliance on the survival of new firms[J]. Technovation，35：1-11.

Venghaus S，Stummer C. 2015. Finding partners for complex system innovations through a trans-sectoral 'matchmaking platform'[J]. Technology Analysis & Strategic Management，27（3）：334-359.

Verspagen B，Duysters G. 2004. The small worlds of strategic technology alliances[J]. Technovation，24（7）：563-571.

Wall J A，Callister R R. 1995. Conflict and its management [J]. Journal of Management，21（3）：515-558.

Walsh J P，Lee Y N，Nagaoka S. 2016. Openness and innovation in the US：Collaboration form，idea generation and implementation[J]. Research Policy，45（8）：1660-1671.

Wang J，Gao C. 2014. Research on feature of virtual and feasible innovation network evolution model and deformation structure in software industry[J]. Management Review，26（12）：29-37.

Weimer G，Knill B，Modic S，et al. 1988. Integrated manufacturing VI：Strategic alliances make marketing and manufacturing an international game [J]. Automation，35（11）：1-30.

Williamson O E. 1991. Strategizing，economizing，and economic organization[J]. Strategic Management Journal，12（S2）：75-94.

Wu N Q，Zhu S Z. 2014. TQM practice and institution innovation in China[J]. Nang Yan Business Journal，1（1）：60-64.

Yu M G，Fan R，Zhong H J. 2016. Chinese industrial policy and corporate technological innovation[J]. China Industrial Economics，12：5-22.

Zollo M，Bettinazzi E L M，Neumann K，et al. 2016. Toward a comprehensive model of organizational evolution：Dynamic capabilities for innovation and adaptation of the enterprise model[J]. Global Strategy Journal，6（3）：225-244.

第二篇　产学研协同创新的发展与管理

协同创新不仅是党的十八大提出的创新要求，也是推动科技进步和实现“2011 计划”的关键。提高价值产出是产学研协同创新的根本目的，从价值创造的视角探讨产学研协同创新运行模式和特征可以为缓解产学研整体价值产出不高、创新性不足等问题提供决策参考。本篇主要从以下几个方面展开研究。

首先，利用文献计量学的统计分析方法，揭示产学研合作向协同创新研究的演进脉络，探讨协同创新的研究进展与方向。通过对产学研合作和协同创新关键词的知识图谱分析发现主体间的关系从合作转向协同、组织方式从创新网络转向创新生态系统、产学研和协同创新的结合成为具有特定含义和现实背景的研究领域。进一步的研究方向和趋势包括深入分析产学研合作与协同创新的知识增值过程，分析协同创新过程的动态演化模式和动态机理，加强对以异质知识的知识增值为核心的产学研协同创新有效性的认识。

其次，归纳出产学研协同创新的价值生态系统，探讨了价值生态系统的组织机制，构建了产学研协同创新价值生态图，总结出产学研协同创新价值特征。在理论分析基础上，按照程序化扎根理论的操作步骤研究价值创造视角下产学研协同创新运行模式。通过对三个产业技术创新联盟的开放式编码归纳出四个核心范畴，然后通过主轴编码和选择性编码用四个核心范畴组织案例中的其他范畴，初步得到产学研协同创新运行模式。

最后，通过对三个产学研协同创新案例的对比分析，修正和完善其运行模式的理论研究。产学研协同创新运行模式包括确立价值主张、构建价值生态系统、进行价值创造、实现价值分配等四个基本环节。进一步提炼出价值创造视角下产学研协同创新运行的特征：①客户价值驱动，以客户的价值为产学研协同创新运行的起点；②“恒星”主导，在产学研协同创新中存在一个占主导地位的参与主体，主导企业发挥着“恒星”的带动作用；③价值共赢，产学研协同创新需要实现每个参与主体的价值共赢。

第3章　产学研合作到协同创新的研究脉络与进展

产学研合作是从经济、科技发展过程中获得的宝贵经验。伴随着现代科学技术的发展，特别是信息技术的发展，产学研合作模式也适应了科技成果转化，尤其是高新技术成果产业化的发展要求，使高校与科研机构、政府产业管理部门、各类企业结为互为依存、相辅相成、具有共同目标、共赢的体系（孙怀玉，2003）。产学研合作已成为我国加速科技发展和科技成果转化，保持和提高综合国力，增强经济竞争力的战略措施。2005年，《国家中长期科学和技术发展规划纲要（2006—2020年）》提出中国特色国家创新体系建设的五个重点，第一个就是建设以企业为主体、产学研结合的技术创新体系，并将其作为全面推进国家创新体系建设的突破口。只有以企业为主体，才能坚持技术创新的市场导向，有效整合产学研的力量，切实增强国家竞争力。只有产学研结合，才能更有效配置科技资源，激发科研机构的创新活力，并使企业获得持续创新的能力。必须在大幅度提高企业自身技术创新能力的同时，建立科研机构与高校积极围绕企业技术创新需求服务、产学研多种形式结合的新机制。2012年，党的十八大报告提出将"实施创新驱动发展战略"作为加快转变经济发展方式的关键途径。其中，"更加注重协同创新"和"着力构建以企业为主体、市场为导向、产学研相结合的技术创新体系"为产学研合作提供了方向。2013年，中共十八届三中全会关于全面深化改革的决定又明确提出建立产学研协同创新的机制。可见，一直以来中央政府都十分重视产学研协同创新，并逐步明确了产学研合作向协同创新迈进的方向。

产学研协同创新不同于传统意义上的产学研合作。2012年5月，教育部、财政部联合召开工作会议，正式启动实施《高等学校创新能力提升计划》（"2011计划"）。作为"2011 计划"的核心内容，协同创新旨在通过构建有效的协同创新模式，转变高校创新方式，服务于国家的创新驱动发展战略。协同创新是以知识增值为核心，企业、政府、知识生产机构（高校、科研机构）、中介机构和用户等为了实现重大科技创新而开展大跨度整合的创新组织模式（陈劲和阳银娟，2012；周青，2016）。协同创新不同于一般意义上的合作创新，也不是产学研合作的简单继承，而是产业发展、人才培养和科学研究三方的功能的协同与集成化（洪银兴，2013，2014）。然而，当前的研究在对产学研合作和协同创新的内涵界定及分析上还存在着不同的理解与诠释。为了更好地梳理和凝练协同创新的内涵，本章从产学研合作、协同创新的文献研究分析入手，利用文献计量学的统计分析方法，揭示产学研合作向协同创新研究的演进脉络，探讨协同创新的研究进展与方向。

3.1 研究文献处理与分析

3.1.1 研究文献来源与收集

研究文献来源于35种中文核心期刊中标注相关关键词的文献。从前述背景分析可见，本章的“协同创新”是一个中国情境下的概念，英文文献没有与之完全对应的关键词，因此本章主要依据中文文献。由于当前关于产学研合作和协同创新的理论研究非常多，所刊发的文章质量水平参差不齐，因此文献检索限定了目标期刊范围：主要包括国家自然科学基金委员会管理科学部所认定的30种重点期刊，同时考虑到产学研合作和协同创新主要涉及教育领域的相关研究，也选取了教育领域的5本核心期刊作为文献来源，共计35种期刊①。选取的关键词是“协同创新”和“产学研合作”，检索并收集了1996～2015年的相关论文。

3.1.2 研究文献处理过程

首先，通过中国知网（China National Knowledge Infrastructure，CNKI）、Google学术搜索等相关数据库针对所设定的检索关键词进行搜索，检索有关产学研合作和协同创新的相关研究文献。在此基础上，阅读每篇文献的摘要和关键内容，剔除其中的非学术性文献，以及书评、综述等文献，最终选定280篇文献作为分析对象。其次，整理出文献信息汇总表，汇总表包含期刊、论文题目、关键词、作者、作者单位、发表时间等资料信息，同时将280篇研究文献的摘要汇聚成册以备研究所用。最后，对文献信息汇总表和摘要册中的关键词进行标准化处理，如将“产学研”和“产学研合作”统一用“产

① 分别是：《管理科学学报》《系统工程理论与实践》《管理世界》《数量经济技术经济研究》《中国软科学》《金融研究》《中国管理科学》《系统工程学报》《会计研究》《系统工程理论方法应用》《管理评论》《管理工程学报》《南开管理评论》《科研管理》《情报学报》《公共管理学报》《管理科学》《预测》《运筹与管理》《科学学研究》《中国工业经济》《农业经济问题》《管理学报》《工业工程与管理》《系统工程》《科学学与科学技术管理》《研究与发展管理》《中国人口·资源与环境》《数理统计与管理》《中国农村经济》；《中国高等教育》《高等教育研究》《比较教育研究》《教育发展研究》《中国高教研究》。

学研合作”表示，将“产学研协同创新”拆分为“产学研”和“协同创新”两个关键词等；并对作者的表示方式做标准化处理，对作者单位的表示方式进行统一规范化等。通过以上的文献收集处理，整理出规范的研究文献分析资料库。

3.1.3 研究文献基本情况

由 1996～2015 年的 280 篇样本文献的时间分布状况可见，“产学研协同创新”领域的研究文献总体呈增长态势。尤其是 2011 年以来，文献的数量出现了大幅度增长，其中 2013 年最多，达到了 50 篇（图 3.1）。

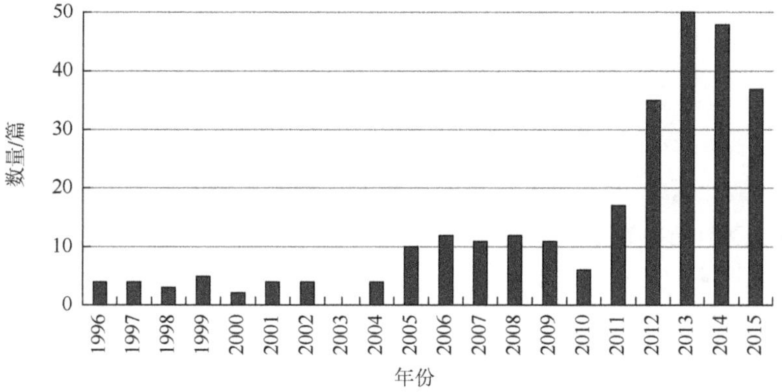

图 3.1　样本文献时间分布图

根据“产学研合作”和“协同创新”关键词对选取的文献进行分类①。图 3.2 给出了区分主题后样本文献的时间分布情况。可见，区分主题后，各类文献的数量总体依然呈增长态势。但在数量关系上，又有一些较为明显的趋势性变化。首先，产学研合作作为科技创新管理领域的重要研究议题，研究进程具有较好的时间延续性，一直受到国内学术界的关注。其次，2012 年以后，关于协同创新的文献明显增加，特别是 2013 年以来，甚至超过了产学研合作的文献数量。协同创新是在我国转变经济发展方式、大力推进创新驱动发展的背景下出现的新研究议题。文献数量的变化，在一定程度上反映了近几年研究热点的变化，甚至预示着协同创新有可能取代原有的产学研合作，成为新的研究范式。

① 部分文献的题目或关键词中既有“产学研合作”，又有“协同创新”。考虑协同创新是在产学研合作基础上产生的概念，以及这些文献的发表时间与背景，将其归入“协同创新”组。

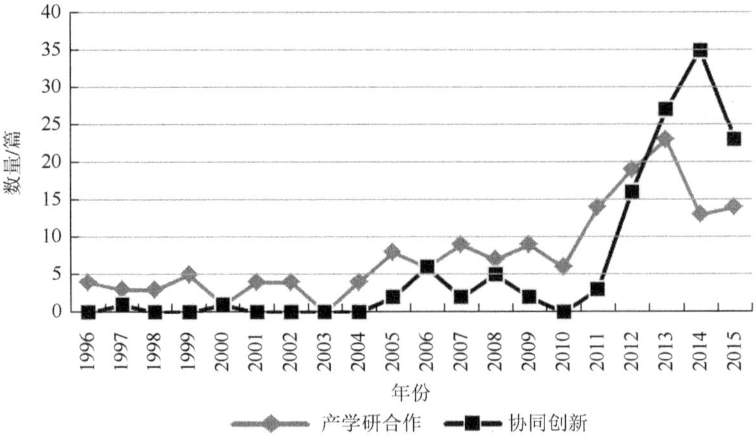

图 3.2　区分主题后样本文献的时间分布

3.2　从产学研合作到协同创新的研究脉络分析

使用文献计量学方法，从文献来源期刊、作者与机构、知识图谱三个方面，对以产学研合作为主题和以协同创新为主题的文献进行比较分析，从而更加科学全面地把握研究脉络的变化情况。

3.2.1　文献来源期刊分析

在选定的 35 种中文期刊中，有 16 种期刊发表过以产学研为主题的文献，18 种发表过以协同创新为主题的文献。期刊发文数量与排序情况如表 3.1 所示。

表 3.1　样本文献来源期刊分布情况

产学研合作				协同创新			
序号	期刊	发文数量	百分比	序号	期刊	发文数量	百分比
1	科学学与科学技术管理	38	24.36%	1	科学学研究	26	20.96%
2	科学学研究	34	21.80%	2	中国高教研究	17	13.71%
3	研究与发展管理	32	20.52%	3	科学学与科学技术管理	15	12.10%
4	科研管理	21	13.46%	4	科研管理	14	11.29%
5	中国软科学	7	4.49%	5	研究与发展管理	11	8.87%
6	管理学报	6	3.85%	6	教育发展研究	9	7.26%

续表

产学研合作				协同创新			
序号	期刊	发文数量	百分比	序号	期刊	发文数量	百分比
7	中国高教研究	3	1.92%	7	管理世界	6	4.84%
8	运筹与管理	3	1.92%	8	中国管理科学	5	4.03%
9	系统工程	3	1.92%	9	管理学报	4	3.22%
10	教育发展研究	2	1.28%	10	高等教育研究	3	2.42%
11	高等教育研究	2	1.28%	11	管理评论	3	2.42%
12	中国管理科学	1	0.64%	12	中国软科学	3	2.42%
13	管理世界	1	0.64%	13	管理工程学报	2	1.61%
14	管理评论	1	0.64%	14	中国工业经济	2	1.61%
15	管理科学学报	1	0.64%	15	工业工程与管理	1	0.81%
16	管理工程学报	1	0.64%	16	管理科学	1	0.81%
	合计	156	100%	17	系统工程	1	0.81%
				18	系统工程学报	1	0.81%
					合计	124	100%

根据表 3.1，可以发现文献来源期刊分布有如下两个特点。

（1）以产学研合作为主题的文献来源期刊更加集中。在表 3.1 中，产学研合作主题下，发文数量排序前五位的期刊共发表 132 篇文献，占样本文献总数的 84.62%。相对而言，以协同创新为主题的文献来源期刊集中度较低，发文数量排序前五的期刊共发表 83 篇文献，占样本文献总数的 66.94%。

（2）从期刊涉及的领域来看，以产学研合作为主题的文献主要发表在科学学与创新管理领域的期刊上，尤其是《科学学与科学技术管理》、《科学学研究》、《研究与发展管理》和《科研管理》。以协同创新为主题的文献，除了上述期刊，《中国高教研究》、《教育发展研究》和《管理世界》等教育类期刊和经济管理综合类期刊发文数量明显上升。这实质上反映出协同创新这一研究主题具有更强的学科交叉融合特征，受到科学学、教育学、经济管理学等学科领域的共同关注。

3.2.2　作者与机构分析

根据发文数量对两类文献涉及的作者与机构进行了统计。表 3.2 和表 3.3 给出了排序前十的作者与机构。在统计时，如果作者或机构发文数量相同，则第一作者或第一机构发文数量较多者排序靠前。

表 3.2　发文数量前十的作者

产学研合作			协同创新		
序号	作者	数量	序号	作者	数量
1	樊霞	10	1	陈劲	9
2	朱桂龙	9	2	解学梅	9
3	仲伟俊	4	3	邵云飞	3
4	原长弘	4	4	郑刚	3
5	杨国梁	4	5	何郁冰	2
6	田元强	4	6	蓝晓霞	2
7	梅姝娥	4	7	李东	2
8	刘和东	4	8	李培凤	2
9	冯锋	4	9	刘丝雨	2
10	陈光华	4	10	梅亮	2

表 3.3　发文数量前十的机构

产学研合作			协同创新		
序号	机构名称	数量	序号	机构名称	数量
1	华南理工大学	20	1	浙江大学	16
2	中国科学院	12	2	上海大学	7
3	东南大学	8	3	上海交通大学	7
4	哈尔滨工程大学	7	4	华中科技大学	5
5	西安交通大学	7	5	清华大学	5
6	大连理工大学	6	6	中国科学院	5
7	清华大学	6	7	北京大学	3
8	武汉理工大学	4	8	厦门大学	3
9	浙江大学	4	9	武汉理工大学	3
10	中国科学技术大学	4	10	中国科学技术大学	3

结合表 3.2 和表 3.3 可以看出，两类主题下，高产作者和机构有着较为明显的差异。在产学研合作研究方面，华南理工大学的樊霞、朱桂龙带头的研究团队和中国科学院杨国梁、陈光华等带头的研究团队是国内居领先地位的研究力量。在协同创新研究方面，浙江大学的陈劲、郑刚等带头的研究团队和上海大学解学梅带头的研究团队是国内主要的研究力量。

在表 3.2 中，两类文献的高产作者无一相同。这意味着，尽管产学研合作和协同创新是两个有着明显顺承关系的研究主题，但很少有学者在两个研究领域中间进行转换。但在表 3.3 中，中国科学院、浙江大学、清华大学、武汉理工大学和中国科学技术大学既是产学研合作文献的高产机构，又是协同创新文献的高产机构，表明这些机构在这两个相关领域的研究中具有明显的传承与延续性。

3.2.3　知识图谱分析

知识图谱分析是文献计量学中识别研究领域内核心概念和关键议题的常用方法（梅亮等，2014）。本书以 280 篇中文文献的关键词为分析对象，基于共词网络绘制其知识图谱，从中提炼产学研合作和协同创新研究领域的热点关键词。考虑到关键词的规范程度和知识图谱的可视化程度，选择出现频率大于 5 次的关键词为分析对象，使用 NetDraw 绘制的知识图谱如图 3.3 和图 3.4 所示。

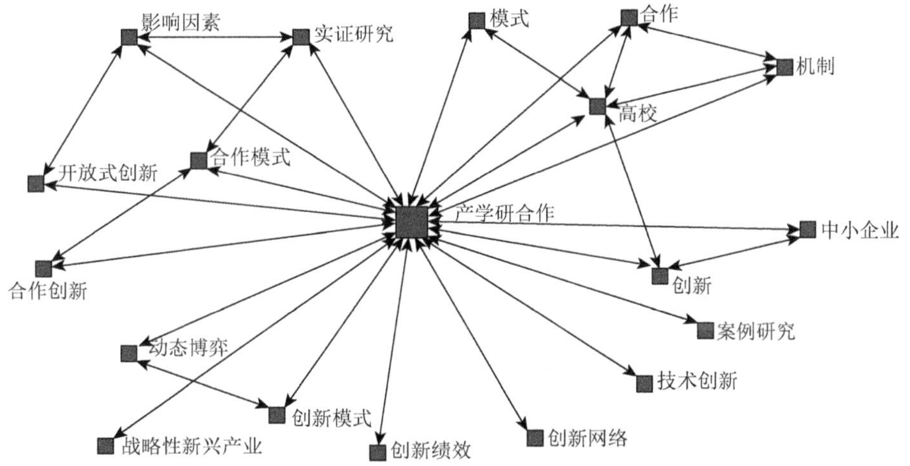

图 3.3　“产学研合作”文献的知识图谱

对比图3.3和图3.4可以发现，在“产学研合作”和“协同创新”两类文献中，有 13 个共同的热点关键词。对这些关键词进行具体分析后，可分为理论基础、研究内容、研究方法和现实背景四类。分析发现这些关键词构成了两类研究共同遵循的研究框架（图 3.5）：①两类研究均以创新理论为共同的理论基础；②两类研究都以战略性新兴产业为重要的现实应用背景；③在研究内容上，两类研究都主要围绕主体（主要是高校和中小企业）、机制、模式、开放式创新、技术创新、影响因素和创新绩效展开；④在研究方法上，两类研究都采用了案例研究、实证研究和动态博弈。

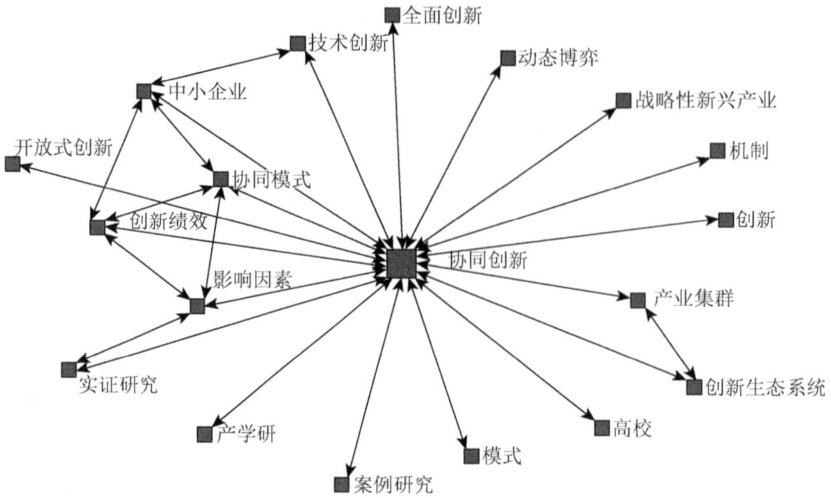

图 3.4　“协同创新”文献的知识图谱

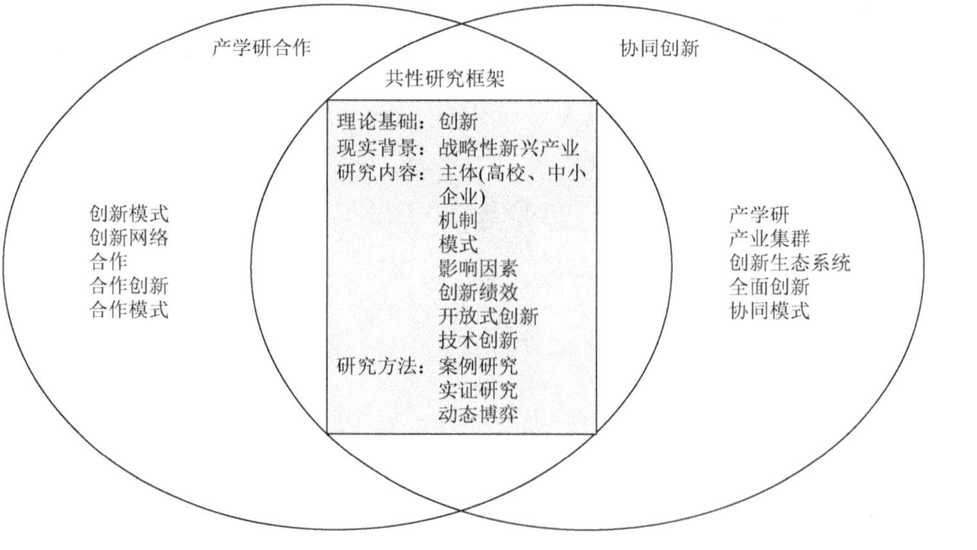

图 3.5　两类文献的共性研究框架与差异化主题

在对“协同创新”文献进行共词分析时可以发现，关于协同创新这一概念的内涵和使用语境存在广义与狭义之分。广义上，协同创新是指创新主体或要素间的协同关系，主要出现在创新集群、创新网络、创新系统等不同领域的研究中。在本章分析的样本文献中，约 2/3 的文献属于此种情形。狭义上，协同创新特指高校与其他创新主体之间的协同关系，通常与“2011 计划”和“协同创新中心”等政策性概念结合起来使用。显然，狭义上的协同创新是一个具有重要实践意义的概念，正成为一个新的研究领域。后面将对相关研究的进展进行更加详尽的分析。

同时，两类文献中，各有五个不同的关键词。通过对这些关键词内涵的分析发现，这些差异化的研究关键词体现了从产学研合作到协同创新理论演进中的三个重要方向：一是主体间的关系从合作转向协同；二是主体的组织方式从创新网络转向创新生态系统；三是产学研和协同创新的结合成为一个具有特定含义和现实背景的研究领域。

围绕上述共性研究框架和研究主题演进的三个方向，后面将选择代表性文献进行更加深入具体的评述。

3.3 从产学研合作到协同创新的研究框架与理论演进

3.3.1 产学研合作与协同创新的共性研究框架

产学研合作与协同创新的研究均以创新理论为理论基础，并都以战略性新兴产业为重要的现实应用背景，因此，两者在研究内容上有了一定的重合性，都主要围绕创新主体（主要是高校和中小企业）、机制、模式、开放式创新、技术创新、影响因素和创新绩效展开。

产学研合作涉及产业资本与知识资本之间的合作（肖渡和沈群红，1999），通过产学研合作，把外部知识转移到企业内部并创造价值是赢得竞争优势的重要途径。学者普遍认为，外部知识学习和知识转移是通过产学研合作获得收益的主要机制，因此在产学研合作机制的讨论中，知识学习和知识转移的影响因素、知识产权的冲突及协调、利益分配等成为主要的研究问题。例如，王毅和吴贵生（2001）认为，黏滞知识是知识转移过程中的关键和难点，他们的研究在理论上探讨了解决产学研合作中知识黏滞的问题和提升知识转移的方法，提出黏滞知识转移的理论模型。此外，学者还分析了诸多影响产学研合作中知识转移的影响因素（刘璇华，2007），分析知识转移的动力机制（江俊桦等，2014）。其中，各方的社会资本、信任和知识产权冲突是影响知识转移与流动的重要因素（刘芳，2012；刁丽琳和朱桂龙，2014；周竺和黄瑞华，2004）。社会资本有助于产学研各方之间的界面协同，信任则是一种重要的合作治理机制，都能够加强互相的知识转移。周竺和黄瑞华（2004）的研究认为，解决知识产权冲突是保证产学研合作顺利推进的重要方面，而外部政策环境对解决知识产权冲突具有重要影响，我国应该借鉴发达国家的做法加强科技立法，从而有效解决产学研合作中的利益分配问题。李梅芳等（2011）的实证研究提供了一个基于使用频率的产学研合作模式三梯度结构，认为合作研发是产学研合作的主流模式，人才交流咨询、合作申报课题、共建实验室与研究平台和委托研发模式也应用较多，而成果转化与创建新企业模式则处于相对次要的位置。企业研发吸收能力、合作程度、政策支持、企业规模和行业类型等是影响合作模式选择的相关因素（谢园园等，2011）。

与产学研合作研究相呼应，协同创新领域的研究认为协同创新涉及知识、资源、行动和绩效的全面整合，整合主要包括知识、资源、行动和绩效。因此，知识协同以及带来的知识增值是协同创新的主要机制。例如，协同创新包含了战略协同、组织协同和知识协同，三者互为条件、互相促进，战略协同是基础，组织协同是保证，而知识协同则是核心（何郁冰，2012；吴悦和顾新，2012；Yang et al.，2019）。因此，要分析协同创新的过程必须从知识协同过程入手。知识协同是指协同创新中以知识创新为目标，由多个拥有知识资源的行为主体协同参与的知识活动过程，是一种组织优化整合知识资源的管理模式和战略手段（樊治平等，2007）。佟泽华（2011）提出知识协同包括四大要素：知识主体、知识客体、时间和环境。吴悦和顾新（2012）从准备、运行和终止三个阶段构建知识协同模型，认为协同创新中知识协同包括知识协同需求产生、知识流动与集聚、知识共享与交互以及知识创造等过程。

针对协同创新的模式，学者提出了不同的分类方式。例如，解学梅和方良秀（2015）在梳理国外关于协同创新研究的基础上，归纳和提炼了协同创新的主要模式，包括研发协同、创新外包、专利许可或技术转让、双元协同创新模式等。彭纪生和吴林海（2000）认为技术协同创新应采用战略联盟、虚拟组织、网络组织等组织模式。归纳已有研究，目前常用的协同创新模式主要包括战略联盟、研究合同、技术转让、许可、技术援助、联合研发、人才引进、研究人员交换和信息交流等（许庆瑞和刘景江，2002；Glass and Saggi，2002）。解学梅等（2014）则使用战略联盟、技术专利、研发外包以及要素转移四种常用的模式来测度协同创新模式，这四种模式分别代表了协同各方资源整合的不同程度。何郁冰（2012）认为协同创新的模式选择受到企业规模和所在行业、企业创新目标、大学研究能力、产学间地理距离等影响，提出“战略—知识—组织”三重互动协同创新模式。

尽管现有研究中存在多种评价产学研合作与协同创新绩效的维度，但学者主要还是将创新绩效和/或创新效率作为评价指标（樊霞等，2012；孙新波等，2015）。学者在评价协同创新绩效时，也把知识增值和创新成果转化效果作为重要评价指标（解学梅和徐茂元，2014）。

3.3.2　产学研合作到协同创新的理论演进

从产学研合作到协同创新的研究演进不仅表现在研究热点的时序变化上（图 3.3），更重要的是，两者在主体间关系和主体组织方式等方面表现出理论上的演进，并结合成为一个具有特定含义和现实背景的研究领域。

1. 主体间关系由合作转向协同

依据上述文献计量学分析发现，产学研合作的相关研究更侧重合作创新中的冲突及协调和利益分配等基于双边合作的互动机制，而协同创新的相关研究基于协同理论，更侧重于多元创新主体之间的深入合作和整合的协同机制。事实上，协同创新思想正是来源于产学研合作创新以及后期的开放式创新的相关研究，在针对主体间关系认识上的演进表现为由合作逐渐转向协同。例如，冯学华（1996）认为产学研合作是一项涉及产、学、研等多方主体为了共同的目标和利益而形成的合作交流关系。其他一些学者关于产学研合作的定义也都强调主体间的关系是一种合作（陈云，2012；周青等，2012）。因此，合作方之间的信任对产学研合作效果具有显著影响（刁丽琳和朱桂龙，2014）。也正是基于这样的观点，李梅芳等（2012）从合作满意度来评价产学研合作成效。协同的基本含义是指在资源共享的基础上两个创新主体之间共生互长和创造价值的关系。苏屹（2013）认为协同创新系统具有自组织特征，系统中要素间存在非线性作用，随机扰动可以通过这种非线性作用被迅速放大从而导致系统发生突变，形成一种耗散结构，而协同创新的目标就是创新主体通过整合各自资源以及由于协同产生的互补性和外部性而使系统产生大于个体参与者之和的协同效应（解学梅，2013）。这种协同产生以及协同的效果，与创新主体间的关系程度相关，游静等（2016）研究发现紧密的关系有助于创新主体的付出并提升协同效果。

2. 主体组织方式由创新网络转向创新生态系统

在产学研合作和协同创新过程中，都存在多主体间互动合作的关系，从而表现出较为明显的网络特性，因此很多学者认为两者的主体组织方式是创新网络。

学者运用社会网络、复杂网络等不同的视角对产学研合作网络展开研究。丁荣贵等（2012）采用社会网络的方法，通过对产学研项目中各方的社会网络关系进行分析，构建了以产业界、学研界为双中心的社会网络模型，阐明了利益相关方在网络中的结构属性以及采取行为策略时的相互影响。高霞和陈凯华（2015）则采用复杂网络的视角，研究发现我国 ICT 领域产学研合作创新网络的规模呈增长趋势，复杂网络特征显著，具有明显的小世界性和无标度特征。彭锐和杨芳

（2008）则采用动态性的视角分析产学研合作网络，认为随着产学研合作网络从初级形式向高级形式的演进，合作创新的效率和效能都得到了提升。

协同创新既是一种全新的技术创新范式，也是以知识增值为核心，多主体间开展的创新组织模式，以网络化的协同互动创新模式产生系统叠加的非线性效用。因此，在协同创新研究中以协同创新网络为视角的研究增加更为迅速，是该领域的一个重要研究方向。解学梅和曾塞星（2009）较早关注协同创新网络，并认为网络化联结对协同创新具有较大的影响。随后，学者从不同的视角展开研究，把协同创新网络研究推向深入。范群林等（2014）结合企业内外维度，研究协同创新网络的形成机制，提出当国家创新系统较为完善时企业可通过建立更多的外部联系推动协同创新网络向开放式方向发展。解学梅和徐茂元（2014）则关注协同创新网络的作用，实证研究表明协同创新网络对企业创新绩效具有显著的正向影响，并在协同创新机制、协同创新氛围与企业创新绩效之间存在中介效应。进一步，学者关注如何通过优化协同创新网络改善协同创新绩效，以及两者之间互动关系的问题。例如，何郁冰和张迎春（2015）分析了网络类型与产学研协同创新模式之间的耦合关系，识别不同网络类型与产学研协同创新模式的耦合效应及对创新绩效的影响。

在主体组织方式网络化的相关研究之外，一些学者也试图借鉴和运用其他理论框架来分析及解释产学研合作与协同创新。例如，张雷勇等（2013）将共生理论引入产学研合作网络的研究之中，设计了从共生方法和网络方法两方面进行优化的产学研共生网络的“双轮驱动”培育机制。在这些新的理论框架中，生态学的研究视角成为重要的研究方向，从而推动对主体组织方式的认识从协同创新网络向创新生态系统演进。创新生态系统指的是参与主体集聚融合以形成并拓展协同价值链的开放系统（蒋石梅等，2015），这些主体在合作过程中相互耦合、栖息共生和动态演化。在这个生态系统中，高校、企业、科研机构等创新组织和要素合作共生与协同发展，最终实现各方利益的最大化。刘丹和闫长乐（2013）在分析协同创新网络的结构与机理过程中，引入生态系统的概念，认为协同创新网络是一个自增益循环的生态系统，系统的健康发展取决于制度安排和自组织的协同机制。在这样的分析框架下，其他学者将这个方向的研究推向深入。例如，陈衍泰等（2015）分析了协同创新生态系统的价值创造和获取机制；吴绍波和顾新（2014）则关注创新生态系统协同创新的治理模式，认为创新生态系统需要选择多主体共同治理模式，规范系统内企业的行为以及保障协同创新顺利进行。

3. 产学研协同创新成为新的研究领域

随着从产学研合作到协同创新的理论演进，最近几年的研究中出现了一个新的关键词——“产学研协同创新”。纵观学者的相关研究，一些研究对“协同创新”和“产学研协同创新”两个概念并未作出明确区别（蒋石梅等，2012；蓝晓霞，2014）。进一步分析最新的研究，可以发现产学研协同创新既不同于传统意义上的产学研合作，与协同创新也有细微的区别。总结现有研究，可以发现这种区别主要表现在以下三个方面。

（1）产学研协同创新相关研究更强调参与主体的差异性。例如，张学文（2013）强调参与主体的差异性，认为产学研协同创新中存在产业和学术部门两种不同的制度组织，其中企业纳税给政府，政府进行资源配置并资助高校的公共研究，高校在发现优先权和学术声誉的报酬体制下向企业开放知识，企业积极地吸收公共科学知识并实现产业化。这种产学研协同创新的社会契约是开放科学制度选择的必然结果。项杨雪等（2014）同样强调参与主体的差异性，着重分析了高校在产学研协同创新过程中的演化规律。

（2）产学研协同创新相关研究更强调知识的异质性。例如，涂振洲和顾新（2013）提出，产学研协同创新过程可以视为企业和高校（或科研机构）两类异质性知识组织之间知识流动的过程，产学研协同创新过程是知识共享、知识创造和知识优势形成等三个阶段递进演化的过程。

（3）产学研协同创新相关研究更强调冲突协调、界面管理和基于整体的利益最大化。例如，王炳富和樊平军（2014）认为界面管理不善是我国产学研协同创新中的重要问题，通过界面优化和界面管理职能强化可以改善产学研协同创新的效果；刘勇等（2015）关注产学研协同创新的整体利益，通过构建理论模型和案例分析指出调整产学研协同创新利益主体的努力程度与合作程度，能够实现整体利润最大化。

在明确上述区别和特征的基础上，相关学者从各个方面推动对产学研协同创新研究的深化。邵景峰等（2013）基于整体视角对影响产学研协同创新的各种因素进行了分析，识别出影响产学研协同创新的关键动力因素。唐震等（2015）从构建和优化产学研协同创新平台的目标出发，分析产学研协同创新平台的运行机制。进一步，学者关注如何通过优化协同创新网络改善协同创新绩效，以及两者之间互动关系的问题。例如，何郁冰和张迎春（2015）划分了四类产学研协同创新网络，研究了网络嵌入性对产学研协同创新模式的影响。

基于上述对“产学研协同创新”独特性的基本认知，结合该领域近年来的研究热点，可以认为“产学研协同创新”已经成为一个新的具有特定含义和现实背景的研究领域。

第4章　产学研协同创新主体性的实证分析

企业是产学研协同创新的主体已经在学术界和产业界得到共识，但是在现实中，企业在产学研协同创新中的主体性是否得以凸显仍然是大家关注的问题。本章基于浙江企业产学研协同创新主体性的实证分析，揭示浙江企业在产学研协同创新中的主体地位。

4.1　企业是否真正成为产学研协同创新的主体？

2006年，《国家中长期科学和技术发展规划纲要（2006—2020年）》中明确提出，要建立以企业为主体、市场为导向、产学研结合的技术创新体系，从深化改革、完善政策等多方面激励和支持企业提升自主创新能力。但是产学研协同创新中的企业主体地位主要体现在哪些方面？经过“十一五”期间的发展，我国企业在产学研协同创新中的主体地位究竟处于何种层次，是否真正成为产学研协同创新的主体？现有的研究并没有展开全面的理论分析，特别是在实证研究方面缺乏论证（原长弘，2005）。

对于企业在产学研协同创新中的地位问题，一些学者认为产学研协同创新应该以企业为主导，认为企业主导型产学研协同创新有利于集成企业、高校和科研机构各自的优势，企业在产学研协同创新中发挥主导研发的作用（马宁，2006；许朗和刘东，2006；王一鸣和王君，2005；解学梅，2015；郑艳民和张言彩，2014）。更多的学者则认为产学研协同创新应该以企业为主体，以企业为主体而非以企业为主导，才能保证研发的技术成果通过企业得到应用和转化，才能整合创新资源、实现创新价值，显示创新实力的主体地位（张玉强和宁凌，2008；Adam，2001；李学勇，2007，2009；刘彦，2007；马俊如，2008；方刚等，2016）。在产学研协同创新中企业应该成为产学研协同创新的主体，企业是否成为产学研协同创新的主体是影响创新绩效优劣的关键。对于企业产学研协同创新主体地位的评价和构成，柳卸林和潘铁（2008）、张永安和张璐（2008）、喻科（2010）、李文辉（2008）等认为企业在产学研协同创新中的主体地位主要体现在企业的产学研协同创新决策具有自主性，企业是产学研协同创新的投入主体、研究开发主体、产业化主体、创新成果分配主体、技术转移主体和风险责任承担主体等。因此，企业要成为产学研协同创新的主体应该主要从六个方面来建立和巩固其主导地位，包括研发决策主体、研发投资主体、成果分配主体、产业化主体、科技信息主体和技术转移主体。

基于企业产学研协同创新主体性构成的分析，本章通过实证研究揭示浙江企业产学研主体地位程度、检验产学研协同创新中浙江企业主体地位对产学研的影响程度，并提出相应的对策建议。在实证中，将研发决策主体描述为企业对产学研协同创新决策的影响程度，研发投资主体描述为企业对产学研协同创新项目的投资比重大小，成果分配主体描述为企业对产学研协同创新成果分配决策权的大小，产业化主体描述为企业对产学研协同创新成果产业化的重视程度，科技信息主体描述为企业获取产学研协同创新信息的难易程度，技术转移主体描述为企业在产学研协同创新成果转移过程中所起作用的大小。统计分析采取 5 分制法，即最高得分 5 表示主体地位程度最高，最低得分 1 表示主体地位程度最低。

4.2　产学研协同创新中企业主体地位程度与类型分析

本实证调研过程由浙江省科学技术厅《浙江省企业产学研协同创新制度调研》课题组组织。调研工作由实证问卷调查和实地调研两阶段组成，调研时间为 2010～2012 年，第一阶段的实证问卷调查由浙江省科学技术厅政策法规处组织，共发放问卷 1000 份，回收 576 份，其中有效问卷 555 份；第二阶段在杭州、温州等地开展了有关产学研协同创新的座谈会和实地调研活动，期间发放问卷 50 份，回收 22 份，其中有效问卷 16 份。两阶段共发放问卷 1050 份，回收 598 份，有效问卷 571 份，有效样本率为 95.5%。在总样本中，国有企业占 4.4%，民营企业占 62.9%，外商及港澳台商投资企业占 15.3%，股份合作企业占 11.7%，其他类型企业占 5.7%。为了保证获取数据的科学性和准确性，研究通过聘请相关专家和具有丰富研发管理经验的企业管理者对数据进行评判和分析，通过行业主管部门和协会的相关信息进行客观评判，剔除一些虚假的数据，得到有效分析问卷 464 份。

在统计分析中，首先通过描述性统计和主成分分析得到企业在产学研协同创新中的主体地位程度。由表 4.1 产学研协同创新中浙江企业主体地位程度的统计性描述可以看出，当前浙江企业在产学研协同创新中的主体地位不高，多数企业在产学研协同创新中处于从属地位，被动地参与产学研协同创新。

表 4.1　产学研协同创新中浙江企业主体地位程度的统计性描述

企业主体地位	高	较高	一般	较低	低	平均得分
研发决策主体	13.40%	31.90%	35.30%	14.20%	5.20%	3.34
研发投资主体	13.10%	31.90%	36.40%	13.40%	5.20%	3.35

续表

企业主体地位	高	较高	一般	较低	低	平均得分
成果分配主体	13.80%	20.70%	33.40%	18.30%	13.80%	3.02
产业化主体	18.80%	31.90%	28.70%	14.40%	6.30%	3.43
技术转移主体	4.10%	12.90%	36.40%	25.40%	21.10%	2.53
科技信息主体	11.90%	26.10%	39.90%	15.70%	6.50%	3.21

首先，在产学研协同创新中浙江企业的主体地位程度较低，特别是民营中小企业作为产学研协同创新主体的意识不强。这是由于当前产学研协同创新中许多政府部门习惯于统筹管理，而大多企业缺乏风险承担能力，都希望“立竿见影”的科技项目，使得企业只是投入研发资金而不参与技术开发或研究环节。

其次，在产学研协同创新中浙江企业对产学研协同创新成果产业化的重视程度相对较高，不断营造和巩固其成为产业化的主体地位。企业是产学研协同创新中直接面向市场的组成成员，因此在产学研协同创新中成果的产业化任务就理所当然地成为企业的任务范畴。在实地调研中我们也看到在产学研协同创新中浙江企业会积极主动地开展成果产业化，并重点投资以确保优秀产学研协同创新成果的产业化。

最后，在产学研协同创新中浙江企业的技术转移主体地位尤其低下。这在一定程度上也表明当前企业在产学研协同创新中并不具备主动转移和推广产学研技术成果的能力。作为技术升级的手段之一，更多的浙江企业希望通过产学研协同创新来改造和提升自身的生产技术和工艺，而推动产学研协同创新技术转移对于许多浙江企业来讲难以理解和接受，因为这样可能会增强竞争对手的技术实力，而相对削弱自身的竞争力。

进一步通过主成分分析可以得出当前浙江企业产学研协同创新的主体地位类型主要包括三大类（表 4.2），第一类是研发投资主导型的产学研协同创新主体，第二类是产业化主导型的产学研协同创新主体，第三类是研发决策主导型的产学研协同创新主体。作为产业化主导型的产学研协同创新主体，企业对产学研成果的分配具有较大的决策权，同时会主动搜寻和发布产学研协同创新信息，以增强企业产学研协同创新的主体地位。作为研发投资主导型的产学研协同创新主体，企业更多的是通过向科研机构和高校直接购买专利技术的方式来完成企业技术成果的积累。作为研发决策主导型的产学研协同创新主体，企业基于自身的技术需求，根据产学研成果的特点进行技术的推介和转移。由此可以发现，当前浙江企业并没有全面主导产学研协同创新，仅在某些方面具有主体地位，这与成为真正的产学研协同创新主体还存在一定的差距。

表 4.2　因子得分系数矩阵

主体类别	主成分		
	产业化主导型	研发决策主导型	研发投资主导型
研发决策主体	0.036	0.929	–0.050
研发投资主体	0.131	–0.000	0.935
成果分配主体	0.792	0.146	0.044
产业化主体	0.827	–0.060	0.110
技术转移主体	0.265	0.539	0.446
科技信息主体	0.549	0.215	0.273

4.3　产学研协同创新中企业主体地位对产学研的影响程度

为了揭示产学研协同创新中企业主体地位对产学研协同创新的影响程度，可以通过统计分析产学研协同创新中企业主体地位对产学研协同创新期望项目数的影响效应得出。由于研究因变量是产学研协同创新项目数，属于计数数据，可采用泊松分布进行统计分析。产学研协同创新中企业主体地位对产学研协同创新项目数影响的泊松分布可表述为

$$P(Y=y_i)=\frac{\exp(-\lambda)\lambda^{y_i}}{y_i!}$$

其中，$y_i=0,1,2,\cdots$ 为企业开展的产学研协同创新项目数；λ 为 y_i 的期望和方差。若以 $X=(x_1,x_2,x_3,x_4,\cdots)$ 表示影响 λ 的变量，则 λ 与 X 之间关系的回归模型为

$$\log(\lambda)=X\beta$$

其中，β 为待估计参数。由此可构建影响因素的泊松回归模型为

$$\ln(E(\mathrm{CP}))=\beta_0+\beta_1\mathrm{RD}+\beta_2\mathrm{RI}+\beta_3\mathrm{RA}+\beta_4\mathrm{IN}+\beta_5\mathrm{TT}+\beta_6\mathrm{SI}+\beta_7\ln\mathrm{RP}$$

其中，CP 为产学研协同创新项目数；$E(\mathrm{CP})$ 为产学研协同创新项目数的期望值；RD 为企业在产学研协同创新中的研发决策主体地位；RI 为企业在产学研协同创新中的研发投资主体地位；RA 为企业在产学研协同创新中的成果分配主体地位；IN 为企业在产学研协同创新中的产业化主体地位；TT 为企业在产学研协同创新中的技术转移主体地位；SI 为企业在产学研协同创新中的科技信息主体地位；$\ln\mathrm{RP}$ 为模型的控制变量，是企业职工总数的对数，代表企业的规模[①]。

① 根据熊彼特假说，企业规模是影响创新活动的重要因素，产学研协同创新是技术创新活动的重要类型，也必然受到企业规模的影响。自熊彼特假说提出至今，关于企业规模和创新之间关系的大量经验研究数据表明，二者之间并非简单的线性关系。因此，用企业职工人数表示企业规模，取对数表明二者之间的非线性关系。关于企业规模与创新之间的关系评述可参见吴延兵（2007）、高良谋和李宇（2009）的研究。

上述回归模型在 Stata 10.0 中实现，在 Windows XP 平台上运行通过，试验中计算机为 Celeron（R）CPU 3.06GHz，2.00GB 内存。通过测试数据可得到模型回归结果如表 4.3 所示。

表 4.3　企业主体地位对产学研协同创新的影响程度

变量	系数	标准误	影响效应	P 值
RD 研发决策主体	0.113	0.019	11.97%	0.000
RI 研发投资主体	0.127	0.019	13.60%	0.000
RA 成果分配主体	−0.016	0.018	−1.56%	0.381
IN 产业化主体	−0.066	0.019	−6.42%	0.001
TT 技术转移主体	−0.077	0.019	−7.38%	0.000
SI 科技信息主体	−0.047	0.020	−4.55%	0.017
ln RP 职工总数对数	0.373	0.015	45.27%	0.000
截距项	−0.517	0.139	—	0.000

注：1）模型整体显著性 P=0.000（log likelihood=−2371.3309）。
2）影响效应=$e^{\beta k}-1$，表明解释变量的变动对产学研协同创新项目数的影响效应。

通过表 4.3 的统计分析可以看出，企业在产学研协同创新中的研发决策主体和研发投资主体地位对产学研协同创新项目数的期望值有显著的正效应。研发决策主体地位每增加一个单位，产学研协同创新项目数会增加 11.97%；研发投资主体地位每增加一个单位，产学研协同创新项目数会增加 13.60%。企业在产学研协同创新中的产业化主体、技术转移主体和科技信息主体地位与产学研协同创新项目数之间有显著的负效应。而企业在产学研协同创新中的成果分配主体地位对产学研协同创新项目数的影响不显著。

4.4　研究结论与对策建议

4.4.1　研究结论

当前我国企业产学研协同创新仍然处于高校和科研机构占主体地位的阶段，产学研协同创新不能充分地反映市场的技术需求，技术研发与市场化环节的脱节程度较为严重。在主体地位中我们也发现浙江企业在产学研协同创新过程中，更多的是通过技术投资推动产业化的发展，表现出较强的产业化和投资主体意识，而在成果分配、科技信息、技术转移等方面关注较少，主体意识不强。

浙江企业力图成为产业化主体的需求较高，有非常强烈的创新技术产业化倾向，但是技术本身与市场需求差距较大，因此企业在产学研成果产业化过程中仍然面临众多的难题，这就严重影响了浙江企业产学研协同创新的原动力。这也反映出当前浙江企业，特别是浙江民营企业非常重视产学研协同创新成果的产业化，但对产学研协同创新成果产生的过程重视程度较低。

同时，当前浙江制造的产业模式仍然具有较强的获利空间和盈利能力，企业管理者对技术是否可以进一步增加企业盈利仍然存在疑虑，对科技信息收集和技术转移的积极性不高。特别是由于浙江企业整体技术转移能力和科技信息的集成水平不强，这两部分的功能主要由政府部门、科研机构等承担，因此在统计分析中也反映出企业在产学研协同创新中技术转移主体、科技信息主体与产学研协同创新项目数之间有显著的负相关关系。但是一旦企业成为研发决策主体和研发投资主体，在产学研协同创新中将会呈现出非常强的活力，将会充分利用产学研协同创新来推动企业的技术升级。

4.4.2　对策建议

首先，进一步突出产学研协同创新中企业的主体地位，引导企业加大产学研协同创新研发的投入力度。引导企业增强科技创新意识、市场竞争意识和危机意识，自觉投身到产学研协同创新中，充分利用高校和科研机构的技术实力构筑全面的产学研协同创新体系。推动企业把产学研协同创新研发投入作为企业总体发展战略的重要组成部分，增加产学研协同创新研发人员投入、研发经费投入，增强企业的自主创新能力和技术消化吸收能力。

其次，通过制定专门的企业产学研协同创新主体性政策，引导企业参与产学研协同创新的全过程。通过企业产学研协同创新主体性政策引导企业摆脱在产学研协同创新中注重研发投资和产业化的惯性思维，使企业的作用贯穿于产学研协同创新的全过程。推行产学研协同创新主导型企业技术创新中心的申请与认定，鼓励和支持科研机构直接参与产学研协同创新主导型企业技术创新中心的组建。让产学研协同创新主导型企业技术创新中心进一步成为科技信息收集和技术转移的中心。

再次，增强企业与高校、科研机构合作的深度和广度。要立足于加强与所在区域高校和科研机构的合作，建立长期稳定的合作关系，充分利用区域内高校和科研机构的科技成果。同时，充分发挥集群优势，建立集群内企业联合征集技术难题，组团与高校或科研机构合作的产学研协同创新方式，寻求产业技术解决方案。

最后，创新产学研协同创新组织模式，推动大企业成为产学研协同创新的中心并鼓励中小企业积极参与。进一步创新产学研协同创新组织模式，充分利用大企业的优势资源，使其主动成为产学研协同创新的主体，成为产业技术创新联盟的倡导者和主导者。引导中小企业继续提升对市场的快速反应能力，加强产学研协同创新的柔性，积极参与以大企业为中心的产业技术创新联盟。

第5章　产学研协同创新价值生态系统的概念及主要特征

5.1　价值生态系统的参与主体及功能定位

生态系统是生态学的概念，原指自然环境中的动植物与其周围环境共生形成的统一整体，具有开放性、多样化、循环演变性的特点。人类社会经济活动也慢慢出现了一种稳定的生态系统。协同创新系统是社会中各异质性主体，以产学研为基本主体，政府、中介机构、风险投资机构等共同参与，协同搭建深度融合的多维复合创新系统（董健康等，2013）。Hearn 和 Pace（2006）用价值生态理论解释了价值的创造和产生，提出外部环境对价值创造有着重要的影响，竞争和合作影响成员间的相互关系，从而影响生产率和价值产生。基于价值创造的视角研究分析产学研协同创新，能够帮助我们更好地认识价值创造的各环节，即通过系统中的相互关系理解系统的生命力。此外，在产学研协同创新运行过程中价值生态系统影响着产学研协同创新的运作，只有深刻发掘价值生态系统，才能提供产学研协同创新运行的正确建议。

经过对产学研协同创新和价值创造相关的文献梳理，本书认为产学研协同创新价值生态系统的参与主体为企业、高校、科研机构、政府、客户。各主体形成特色的生态系统种群，并具有各自不同的功能定位。

5.1.1　价值生态系统的参与主体界定

1. 企业种群

企业种群在价值生态系统中占据着核心地位，在上游负责引进高校、科研机构（Brown，1997），在下游负责组织生产实施，是价值实现的诉求者。企业只有具备较强的创新能力，同其他主体联合进行价值创造，才能满足多方价值的需求。企业在产学研协同创新价值生态系统中发挥着关键作用，具体体现在如下几个方面：①企业参与带动着整个价值生态系统的形成，推动着产业链、价值链的搭建；②企业可以解决高校只从事理论研究、脱离社会的现状；③企业能够提供各种资源，实现资源共享；④参与协同创新链的决策和管理，与行业骨干企业进行多次、深入的沟通，讨论和修订协同创新的发展目标与研究任务，明确分工；⑤参与科研创新活动，有助于企业实现科技成果转化，并实现商业化；⑥校企协同培养人才，企业提供导师和实习平台，开展校企合作培养；⑦提供资金支持，骨干企业投入协同项目资金；⑧提供创新人才的支持。

2. 高校种群

高校种群在价值生态系统中发挥着价值养料供给者的功效，是尚未成形且极具价值开发潜力的原始动力。由于高校在基础理论研究、人才培养、技术输出等方面，具有其他参与主体所不具备的独特优势。因此，高校种群在推动产学研价值生态系统形成和发展的过程中，主要发挥以下优势：①为系统价值创造提供原始养料，间接推动价值网络的形成和完善；②作为提供价值创造所需原始养料的创新者，即后备科研人才的培养；③作为价值原始养料的供给者，在不断生产价值养料的同时，也是价值养料（创新技术、基础理论知识）的主要输出者；④承接价值生态系统中，价值创造者（企业种群）以及价值养料转化者（中介机构种群）的信息及时反馈和沟通；⑤能够为价值养料的生产提供多样化的创新场地，即协同创新科研设施的建设；⑥在宏观方向对价值生态系统的发展、运行进行一定的引导。

3. 科研机构种群

科研机构种群作为价值养料的试验者与转化者，在价值创造以及价值生态系统的形成与发展中，发挥着桥梁与纽带的作用。作为在系统中参与数量与功能作用最为接近价值养料供给者（高校种群）的种群，该种群在价值生态系统中发挥着如下作用：①积极接收企业种群提供的价值创新的需求信息，并将此信息进行加工处理；②将加工处理后的价值创新的需求信息向上反馈给高校种群，由高校进行价值养料的生产；③根据企业种群提供的价值创新的需求信息，进行价值养料的转化（中试）；④积极协助企业进行价值创造，缩短价值实现的周期；⑤共同参与高校价值协同创新平台的建设；⑥积极参与高校种群、企业种群科研人才的交叉性培养；⑦在价值生态系统的运行过程中，积极与高校、企业进行协同互动，参与系统的管理。

4. 政府种群

政府种群是价值创造所需环境的支持者，在政策环境和价值创新环境方面具有天然优势。任何其他种群的生存与发展，都离不开政府种群的积极支持。因此，在参与价值生态系统的构建以及发展中发挥着较大的作用。同时，政府种群也会参与到价值生态系统的管理中，起到监督与控制的作用：①对以上三种种群所创造出的价值分配进行有效协调，实现各方利益的均衡化；②创造与优化价值创新的政策环境，积极引导与鼓励其他种群参与价值生态网络的建设；③共同参与价值创新环境的营造，形成价值生态系统循环发展的价值创新环境子系统；④在市场起基础性作用的环境下，政府的土地、资金以及服务等各项举措，对于其他种群的发展都会起支持性作用；⑤从宏观的角度来说，对价值生态系统的运行起到整体性的控制、监督作用；⑥对政策环境和价值创新环境的演化，起到一定的微调作用。

5. *客户种群*

客户种群在价值生态系统中，作为价值实现的最终受益方，直接影响系统的持续性与稳定发展。围绕着价值实现这一核心目标，其他种群只有积极与价值链终端的客户进行互动交流，才能实现价值网络信息流的畅通。通过多渠道将价值创造的需求信息，传递到其他协同创新主体，实现整个价值生态系统的良性循环。相较于其他种群，客户种群在价值生态系统中发挥着以下优势：①作为最终价值创造的需求者，直接对接企业种群，将市场的需求信息反馈给其他参与者，有效提高价值创造的可转化率；②积极参与价值生态系统的运行管理，能够改善整个系统的运行效率；③作为市场反应的“晴雨表”，在价值生态系统的发展过程中，起着最为直接现实的作用。

5.1.2　价值生态系统参与主体的功能定位

价值生态系统是以产业内具有较强市场竞争力、科技创新能力的企业为核心参与主体，协同相关高校和科研机构互动合作，同时在政府、中介机构、公益组织等主体的参与下，形成的泛区域化良性发展的组织网络。以价值创造的视角进行分析，可以发现该系统实质是一种价值网络系统，其中价值网络既包括横向形成的价值链也包括纵向形成的产业链。以下将会详细阐述价值生态系统的内涵，重点剖析系统内部各参与者的主体功能定位和角色。

（1）系统内部的核心参与企业是整个系统向前循环发展的驱动力，由核心参与企业根据市场发展提出新产品生产需求，从而整合各协同主体资源进行技术协同创新。在价值生态系统中，企业作为价值创造的主体，是价值创造活动中价值实现的诉求方。在影响价值生态系统的演化发展，以及其他主体积极互动合作中发挥着关键性的作用。

（2）高校在价值生态系统中，作为价值养料的生产者与供给者，为价值创造活动提供原始动力。相比较于其他参与主体，高校在基础理论知识、技术研发、人才培养以及专利发明方面具有较强的能力。但同时由于高校的理论知识不能直接进行产品转化，需要通过科研机构进行中试，反复多次试验后才能进入产业化环节。因此，作为价值创造所需原始养料的生产者，高校的积极参与将直接影响整个价值生态系统的创新循环发展。

（3）价值生态系统内的科研机构是价值养料的转化者与中试者，在高校与企业之间起着桥梁与纽带的作用。由于价值养料不能直接进入企业生产环节，需要通过中试进行产业化。科研机构在这一环节中，既需要对高校输出的理论知识、创新技术进行实践化的尝试，又需要对接企业生产的各种需求标准。因此，科研机构在整个系统的发展过程中，扮演着价值养料转化的角色。

（4）政府通过资金投入、制定相关扶持政策，加强产业的主体协同创新关系，搭建协同创新公共平台，是协同创新发展的推动者。政府作为价值生态系统中价值分配的协调者与监督者，是价值生态系统稳定发展的有力维护者。同时，政府作为价值创造活动所需政策的提供者与实施者，能够为价值创造营造出良好的创新环境。

（5）客户是价值实现的最终获益者（消费者），在价值创造过程中，为其他参与主体提供及时有效的市场信息。任何价值创造活动中所产生的价值只有通过消费，转化成企业持续性发展的驱动力，才能够有效、最大限度地调动其他主体（高校、科研机构、政府）的积极性，促进整个价值生态系统的循环发展。

通过对上述主要参与主体功能定位的分析，本章认为企业在价值创造活动中是价值实现的诉求者，而高校是价值养料的生产者与供给者，科研机构是价值养料的转化者与中试者，政府是价值分配的协调者与监督者，客户是价值实现的最终消费者。它们各自承担着价值创造活动中的各项职责，有力推动了各种资源要素的交互流动，进而促进价值生态系统的发展与不断完善。

本章主要阐述价值生态系统的五种参与主体及功能定位。除本章所提及的五种参与主体，还有价值创造互动的其他主体，包括中介服务机构，它在整个价值创造活动中主要为价值创造活动提供价值信息的交换，是其他主要参与主体信息沟通的桥梁。它的功能定位与角色则是价值实现的信息交换者，是价值信息的“蓄水池”；风险投资机构主要包括金融机构、基金、天使投资等，它们在整个价值创造过程中主要提供风险资本、投融资服务等，以分担价值创造所带来的各种风险。这些参与主体以围绕价值实现为目标，共同组成了价值创造活动的完整价值链。

与核心主体要素相关的产业参与者，包括代理商、分销商、原材料供应商等，与核心主体共同形成了一个完整的产业链。它们在价值创造活动中，作为价值实现诉求者的合作伙伴，围绕核心企业，形成价值共同体。它们虽不会直接服务于价值创造活动，但是会通过与核心企业保持紧密协作关系，来实现各自利益诉求。它们之间通过契约关系，共同协助核心企业进行价值创造。通过价值链与产业链的组合，形成整个产学研协同创新价值网络，并最终形成稳定的价值生态系统。

5.2　价值生态系统的组织机制

价值生态系统中各主要参与主体以及相关辅助主体的功能定位由各参与主体通过价值创造活动，进行价值链环节的多价值创造。同时，由与核心主体要素相关的其他辅助主体（代理商、分销商）的密切配合，以信息流、物流等交互流动形成完整的产业链。价值链与产业链依托多种主体资源要素的协同互动，逐渐形成完整的产学研协同创新价值网络。产学研协同创新价值生态系统，是指创新主体通过价值创造活动形成的网络关系集合，既包括价值养料（知识、专利）、信息等无形资产，也包括研发资金、研发设备等有形资产。这些资源要素在不同主体之间自由流动，优化配置，并利用各种参与主体完成不同价值链以及产业链各环节的价值定位，从而逐渐勾画出整个产学研协同创新价值网络。而如何理解该价值网络在运行发展中的系统设计，将有助于构建产学研协同创新价值系统模型。

对于价值生态系统运行方式的设计，相关研究指出价值生态系统的机制与规则，包括利益协调机制、激励机制、沟通机制、信息交流机制、风险分担机制、创新人才机制等，它们在系统运行过程中影响着制度与规则设计维度，在一定程度上会对整个系统网络的发展产生引导与控制作用（孔祥浩等，2012；解学梅和徐茂元，2014；Fang et al.，2019）。价值生态系统内的各种制度设计与安排的合理性，决定着价值创造活动中不同主体之间的利益关系，从而影响价值生态系统的运行效率（夏红云，2014）。而这种机制设计在很大程度上，将会改变传统的单一组织价值创造以及价值链上不同环节主体间关系设定的制度设计与安排。在价值生态系统中多制度与规则设计的作用下，各参与主体为完成价值创造进行协同互动而引发的规模化经济，是在保证满足顾客个性选择的基础上实现的，同时也是借助网络中不同组织的协作完成的（解学梅和左蕾蕾，2013；张瑜等，2015）。本节重点分析影响价值生态系统运行的利益协调机制、激励机制、沟通机制、风险分担机制等四种机制。

（1）利益协调机制。所有参与到产学研协同互动中的主体，都会通过资源要素的相互交换获取所需的利益。通过利益协调机制，能够充分协调不同主体之间的合作关系（解学梅和徐茂元，2014），进而实现价值创造活动。如前所述，本章在分析政府种群的功能定位时指出，政府是价值分配的协调者与监督者，其对象便是价值产出的利益。而实现价值分配的协调，政府需要通过相应的制度设计进行操作，这也正是利益协调的作用所在。

（2）激励机制。在价值创造的过程中，不同主体之间存在利益协调一致性，因为它们存在共同的利益，但不同主体更多的是存在利益差异化。为充分刺激它们追求共同利益的心理动机，安排合理的激励制度将会有效提高产学研协同创新效率（夏红云，2014；周青和许倩，2017）。例如，政府为鼓励产业技术创新联盟内的高新技术企业快速发展，对于科学研究的科学家，鼓励他们通过创业的方式进行技术产业化；对企业则是实行优惠的土地政策、税收减免政策等，这些是政府激励制度的体现。

（3）沟通机制。整个价值生态系统的参与主体众多，信息沟通的效果直接影响合作创新的效率（许彩侠，2012）。良好的沟通制度安排，有利于解决不同主体在进行信息交流时的沟通不畅以及信息失真等问题（解学梅和徐茂元，2014）。例如，在技术创新联盟内部设立跨组织的领导小组，并召开常态化的联盟会议，也是设计沟通制度的一种切实举措。

（4）风险分担机制。投入价值创造过程中的资源要素越多，能够获得的收益也就越多。然而收益与风险是一种正比例关系，在价值实现之前，设计风险分担制度，以消除主体投入资源要素成本较高的顾虑，才能使全部参与主体积极投入到价值创新活动中（孔祥浩等，2012）。

5.3　产学研协同创新价值生态图理论假设

通过对上述产学研协同创新价值生态系统参与主体以及组织机制的分析，初步给出了价值生态图的理论假设（图 5.1）。不同参与主体进行多样化资源要素的自由交换，在价值生态环境的影响以及相关制度设计的引导下，更好地发挥协同效应，推动产学研协同有效运作（解学梅，2013）。当前研究将产学研协同创新价值生态环境，主要分为价值生态系统的显性环境和隐性环境。显性环境是指高校、企业、政府、科研机构等不同参与主体进行价值创造形成的各种关系集合；隐性环境是指政府政策、资金支持、制度与规则、创新文化等。

基于上述价值生态系统理论的假设模型，从产学研价值生态环境、产学研协同创新组织机制、产学研价值创造主体、价值链与产业链的交互融合等方面进行理论假设解释。

（1）产学研价值生态环境分为显性环境和隐性环境。其中显性环境为内部圈层的企业（供应企业、客户、相关企业、竞争企业）、高校、科研机构、政府、中介机构等主体之间通过项目合作、技术协同等形成的关系集合；而隐性环境则是指外部圈层中的社会文化、政策、价值信息等。它们对价值生态系统的发展起到一定的导向作用。

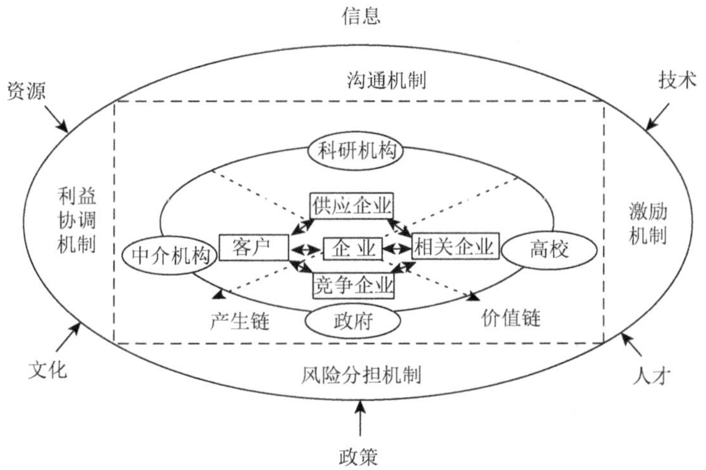

图 5.1　产学研协同创新价值生态图

（2）产学研协同创新组织机制则是本书重点分析的四种制度安排，即沟通机制、利益协调机制、激励机制、风险分担机制。它们受到整个价值生态系统外部环境因素的影响，在其作用下，由协同创新参与主体作为制度设计的执行主体，引导价值生态系统的发展方向。同时也是在相关组织机制的框架下，产学研协同创新才得以持续运行与发展，进而影响其运行模式的形成与演化。

（3）产学研价值创造主体之间通过价值创造活动进行要素交换、信息的沟通交流，共同形成了价值生态系统内的主体群落。这种主体群落实则是主体之间依托信息、能量等形成的群落关系，而这种关系则具备了形成价值链与产业链的基础。

（4）价值链与产业链的交互融合，则构成了价值生态网络关系的基础。价值链与产业链各环节的价值活动，都会影响价值生态系统不同参与主体之间的关系，进而对价值生态系统的运行产生一定的影响。

本节初步进行价值生态系统的理论模型假设，并分层次对整个理论模型进行详细阐述，重点分析环境、运行机制、参与主体三者之间的互动关系。而对于理论假设的验证，以及最终理论模型的修正，第 6 章将进一步通过对多个典型产业技术创新联盟进行扎根理论分析。通过对产学研协同创新运行模式的分析，更好地对产学研协同创新价值生态系统进行理论内涵的深度阐释。

5.4 产学研协同创新价值特征

价值生态系统的本质是指在为顾客创造价值的整个网络系统中，产业链上各个专业化模块，以及网络中的利益相关者发挥价值创造功能，并通过价值传递机制相互补充、相互融合，共同为客户提供相关的利益（周煊，2005）。在产学研协同进行价值创造的过程中，价值生态系统是客观存在的。基于价值创造的视角研究产学研协同创新，发现在产学研协同创新运行过程中呈现出客户价值驱动、“恒星”主导和价值共赢三个特征。

（1）客户价值驱动。价值生态系统本质上是以客户的价值需求为出发点，通过多种手段进行价值创造活动，进而形成的价值管理体系（周煊和程立茹，2011）。客户是价值的认知者，价值生态系统就是价值创造过程中的不同参与主体，通过资源要素的组合，形成的良性价值网络，同时也是企业实施价值创造和价值管理较好的平台。通过主动让渡价值，与其他成员共同为客户提供个性化的服务。同时价值生态系统的演化和运行都满足了客户的需求，客户驱动性成为价值生态系统运行的一大特点（郭大成，2010；张瑜等，2013）。

传统的产学研合作过于强调技术创新，而出现与实际市场需求相脱节的现象。为有效解决国内长期存在的技术创新与服务经济发展不相匹配的问题，当前部分学者提出了产学研用的观点，进一步肯定了技术协同创新的首要任务是服务用户的需求（杜兰英和陈鑫，2012）。在产学研协同创新过程中，核心企业需要将市场需求放在价值生产的首要地位，其次才是考虑企业的价值创造过程中所获取的收益等；高校在价值创造活动中，需要强化多类型人才（科研型人才、实践型人才），及时有效地解决企业提出的技术需求；科研机构需要以向企业转化高校基础研究成果，形成可产业化的技术专利为导向，形成多主体协同互动的关系纽带（傅代国和田小刚，2008），客户价值驱动则是产学研协同运行的重要特征体现。

（2）“恒星”主导。在产学研协同创新理论的研究中，部分学者提出了价值星系的理论。本章借用价值星系理论，认为“恒星”企业、“卫星”企业、“行星”企业三种类别的企业依托多种关系，共同构成了整个价值星系，它们在价值创造活动中协同互动。在整个价值星系中，“恒星”企业具有较强的技术研发能力、市场竞争能力以及议价能力，主导着价值星系中资源、信息的流向，能够凭借强大的关系协调能力，建立起与其他类型企业的沟通渠道，有效调节星系内部的各种关系（汪婷婷和康蓉，2016）。在价值星系中，价值链环节其他企业只有同“恒星”企业建立良好的合作关系，利用其主导地位，在“恒星”企业的引导与支持下才能发挥出自身的优势。但其他类型企业自身也存在一定的竞争能力，因此在围绕主导企业发展的同时，也会自主决定企业发展方向。

虽然在价值星系中存在“恒星”企业主导其他企业发展的现象，但是产学研协同主体要素还包括高校、政府、科研机构等，它们在价值创造活动的不同环节中均发挥出自身的优势与作用。例如，政府对协同创新具有调控权，可通过制定政策引导协同创新项目的开展；企业自身具备丰富的市场信息与资金优势，是知识的诉求者；高校与科研机构是理论知识的聚集高地，是新知识和新技术的供给者。按照产学研参与主体地位的不同，产学研协同创新的组织模式可分为企业主导型、政府主导型和高校或者科研机构主导型。

（3）价值共赢。价值网络存在的目标是逐渐汇集越来越多的节点网络参与者，进行价值活动的协同互动，获取客户价值以外的“剩余价值”，实现价值的螺旋增值。为了实现这一目标，价值网络内部设计了一个能够实现网络内部主体之间利益分配均衡化的体制机制。价值网络成员得到客观对等的回报，可以促进价值网络整体持续运转。

伴随着互联网技术创新的快速迭代，以及当前市场全球化成熟度的不断增强。人们获取价值信息的渠道更加多样化，交易成本得到了控制。这增加了企业、高校、科研机构以及其他参与主体之间关系的不确定性，而利用价值网络构建稳定的共赢关系可以有效降低这些风险。价值网络按照求同存异、大局为重的原则，减少影响产学研协同主体之间价值公平分配的因素。正是基于这种协同共赢的创新理念，该网络才能通过强大的吸纳力将不同主体进行协同，产生与其他主体竞争的优势。因此，价值网络中产学研协同创新参与成员可以通过集体价值创造实现共赢。

第 6 章 产学研协同创新运行模式的实证研究

6.1 产学研协同创新运行模式的实证研究设计

产学研协同创新价值生态系统的演化与发展，对产学研协同创新的运行会产生一定的影响，产学研协同创新的价值特征影响着产学研整体的价值创造。但二者又是如何具体影响产学研协同创新运行的？基于价值创造的视角研究产学研协同创新是否存在合理性的运行模式？需要从当前我国产学研协同创新实际运行的案例中探究，然后通过多案例的对比分析，提炼出一个统一的产学研协同创新运行模式。

6.1.1 研究方法的选定

案例分析属于定性研究的范畴，主要回答“研究对象是什么”“为什么会存在这种现象”“如何解决这些问题”等，是一种接近实证主义的定性研究方法。依据研究目的的不同，案例研究可以分为描述性案例研究、探索性案例研究、解释性案例研究三种。解释性案例研究用来阐述事务之间的因果关系，用因果关系引出理论。描述性案例研究通过对整个案例进行详尽的描述来深化对研究问题的理解。探索性案例研究是对理论的一种探索性建构，通常某个研究领域理论性研究较少时，探索性研究可以为正式的研究提供理论支撑。此外，案例研究运用的条件是研究者无法对当前发生的事件进行掌控，无法改变事件的结果。基于产学研协同创新运行模式这一研究主题，考虑当前产学研协同创新的运行模式，本章采用案例研究方法来展开研究。基于价值创造的视角，研究产学研协同创新运行模式是一种较为新颖的研究思路。而通过文献梳理，发现与之相关的理论成果也比较少，因此本章通过跨案例比较，分析产学研协同创新运行的模式与特征。

依据本章研究的需要，案例研究可以分为单案例研究和多案例研究。与单案例研究相比，多案例研究可以通过分析得出更为接近实际的研究成果。此外，多案例研究通过复制法则，可以控制变量的变化，增加理论的通用性。因此本章采用多案例研究方法对产学研协同创新的运行模式进行多案例对比研究，对原始模型不断进行补充修正，准确揭示普适性的产学研协同创新运行模式，减少单案例研究的局限性。

6.1.2　研究对象的选择

基于第 5 章对产学研协同创新价值生态系统的理论分析，以及价值生态图的构建，本章将对产学研协同创新运行模式展开质性研究。在研究对象的选择上，通过目的性抽样，选取了三个较为成熟的产业技术创新联盟作为研究对象。案例选取与定量研究的随机抽样不同。案例研究通常采用目的性抽样，目的性抽样能够限定研究发现的适用范围，并有效控制外部变化。本章选取占国内发光二极管（light emitting diode，LED）产值 70%以上、在新兴照明领域占据举足轻重地位的半导体产业技术创新联盟、成立于 2002 年且已成为支撑和推动整个 TD（全称 TD-SCDMA，Time Division-Synchronous Code Division Multiple Access）产业发展的关键载体与重要平台的 TD Industry Alliance（以下简称 TD 产业联盟）以及绿色发展的化纤产业技术创新联盟作为案例样本。选取以上案例样本的原因如下：①上述案例样本能够有力地、全面地反映行业层面产业技术创新联盟的运行状况；②资料充足且易获取，能够有效支撑案例的编码和研究；③上述三个产业技术创新联盟的活跃度分别为第一、第二和第三，代表性强。

6.1.3　程序化扎根理论的选择和使用

1. 问题界定

通过总结国内外有关协同创新的研究文献，发现产学研协同创新运行模式多样：从知识转移视角，产学研协同创新运行模式包括知识流动、知识共享、知识创造；从参与主体视角，包括企业主导型、政府主导型、高校和科研机构主导型；从参与形式视角，包括委托研发、技术转让、联合攻关等。结合我国的产学研实践来看，从产业技术创新联盟的成立到国家协同创新中心的运行，产学研在我国已经运行多年，但是与国外相比，国内产学研联盟的运行模式不一，整体效率较低，创造性不足，综合而言，在于缺乏合理的统一运行模式。鉴于此，本章基于价值创造的视角，分析产学研协同创新运行模式，以解决当前国内产学研协同创新效率低下、价值产出比过低等问题。

2. 资料收集与整理

研究资料收集渠道有多种，一般包括文献、访谈资料、报告和二手资料等。本章主要通过查阅文献资料、档案记录和访谈等方式收集资料，利用多种数据源形成证据链，使得数据相互印证。为了保证研究的合理性和科学性，本章从多渠道进行相关数据资料的收集，一共包括三个方面。

（1）所在的协同创新研究课题组于 2015 年进入若干产学研技术创新联盟进行调研和学习，留下了访谈录音和相关笔记，以及在联盟中直接获取的相关资料，为本章研究提供了大量的一手资料。

（2）网页搜集，从产业技术创新联盟官方网站上查找各种新闻报道、联盟工作总结、联盟年度会议、联盟运行情况报告等。

（3）文献资料收集，收集关于产业技术创新联盟的相关文献资料，进一步丰富资料来源。

从多个渠道收集和补充案例资料，并对多方案例资料进行对比，核实一致性，对存在不一致的资料，会进一步核查，查找新的资料进行论证。本章的资料整理一共包括三个阶段。

第一阶段：多渠道收集资料后，对资料进行归档整理，并借助 QSR Nvivo 8.0 软件建立了案例库。本章对三个产业技术创新联盟进行案例研究，一共建立了三个案例库。

第二阶段：建立数据库后，开始进行案例资料的编码工作。从前期资料收集到编码完成共历时 6 个月，对半导体产业技术创新联盟编码得到 55 个标签、30 个概念、13 个范畴，对 TD 产业联盟编码得到 53 个标签、31 个概念、14 个初始范畴，对化纤产业技术创新联盟编码得到 40 个标签、26 个概念、12 个范畴。

第三阶段：理论的饱和度检验。饱和度检验是在编码过程中同时进行的，建立系统的理论架构，需要根据编码工作的进程及时补充修正资料，直至为研究提供充分的理论支撑。

3. 扎根理论的操作流程

扎根理论拥有一套科学、规范的研究流程体系，程序化扎根理论的研究过程包括三个主要步骤——开放式编码、主轴编码和选择性编码，本章严格据此步骤进行规范研究。在介绍扎根理论的三个基本编码流程之前先介绍本章的编码策略。

1）编码策略

一是组成编码小组。为保证研究的信度与效度，减少研究结果偏差，笔者与另外三位协同创新方向的硕士研究生组成编码小组。对收集的案例资料分工协作，解决编码过程中出现的问题，同时采取相应措施应对编码工作中遇到的分歧等。二是组建编码数据库。将资料和编码分析的数据整合成一个数据库，方便使用和查看编码的过程与结果。三是进行编码过程的理论抽样和比较分析。针对提取的案例资料进行理论的提炼。

2）开放式编码

（1）标签化。标签化是扎根理论研究的第一步。首先对产业技术创新联盟中涉及运行模式及运行特征的句子进行贴标签。三个产业技术创新战略联盟案例资料中的相关信息较多，因此需对资料进行逐句分析，逐句编码。对符合的案例资料贴标签，以 a1、a2……表示，其中 a 表示产业技术创新联盟运行模式的标签化，a、b、c 也同时对应着三个产业技术创新联盟，a 后的数字表示编码的次序。

（2）概念化。将初始提炼的标签，依照相应的标准进行分类，然后用能够反映同类标签本质的概念进行命名。在此过程中，需要对概念不断修正、分析、完善。概念化的编码规则与标签化的编码规则相似，概念编码为 A1、A2……，A 表示对产业技术创新联盟的概念化，A 后的数字表示编码的次序。概念化的过程需要对原始的标签进行整合和分类。同时，注意随着一个个案例的编码分析，出现新的概念会越来越少，很多都与原有概念重合，如果增加新的案例却一直没有新的概念出现，那么概念出现饱和，可以结束概念化过程。

（3）范畴化。范畴化是在概念化的基础上，对提炼出的概念进一步提炼升华，按照某一相同的标准将概念进行合并。范畴化的编码为 AA1、AA2……，其中 AA 表示在概念化 A 的基础上衍生出的新范畴，AA 后的数字表示范畴化的一个编码次序。将得到的范畴进行进一步的归纳和提炼就可以得出主范畴，编码为 AAA1、AAA2……。

通过标签化、概念化、范畴化后，已经初步将资料中与产学研协同创新运行模式、特征等相关的概念范畴，都反映在扎根编码的数据库中。

3）主轴编码

主轴编码是对已经提取出的概念、范畴建立关系。主轴主要通过“范式”来梳理案例中的条件、过程、结果。本章主轴编码的范式是通过“因果条件—现象—情景—中介条件—行动/互动策略—结果”的主线将开放式编码中得到的概念串联在一起。因果条件是指个体或者群体做出某种决策的原因；现象指的是主体在运行过程中一系列行动的表现；情景是一定的运行场景或需运行的某个境况；中介条件即运行的中介，提供一些行动或互动上的策略；行动/互动策略是对遇到的问题和情形做出的反应；结果是行动/互动策略引发不同类的后果。

4）选择性编码

选择性编码阶段主要是从概念或范畴中发现核心范畴，这些核心范畴能够统筹其他范畴，构建一个完整的故事线。利用范畴和范畴之间的关系来梳理故事线。

5）理论饱和度检验

通过编码分析，提炼出编码数据库，搭建系统的理论框架。但需要判断理论是否饱和，当新加入案例却无法产生新的概念和范畴时，理论已经达到饱和，不需要补充新的案例资料，可以得出研究结论。

6.2 半导体产业技术创新联盟协同创新运行模式的案例分析

6.2.1 案例背景

国家半导体照明工程研发及产业联盟（以下简称半导体产业技术创新联盟），是为国内半导体产业提供服务的联盟创新组织平台。联盟成立的宗旨，在于为政府半导体产业政策制定提供咨询服务，创新半导体产业发展环境使得产学研用一体化运行，改善当前半导体照明的技术瓶颈和价值产出不高的问题。联盟由 2004 年创立之初的 46 家成员发展到 2017 年包括产业链上下游的 578 家成员。2016 年的业绩数据显示，整个联盟产值占我国 LED 总产值的 70%。半导体产业技术创新联盟在运行过程中荣获联盟试点运行第一名。

在半导体产业技术创新联盟的价值生态系统中，参与主体包括深圳市方大国科光电技术有限公司、厦门华联电子股份有限公司等电子公司；北京大学宽禁带半导体研究中心、中国科学院半导体研究所等科研机构；常州市产品质量监督检验所、国家电光源质量监督检验中心（北京）等政府机构；以及银行、金融机构等第三方平台。同时联盟设立了科学的组织架构和良好的规章制度，推动半导体产业技术创新联盟高效运转。截至目前，联盟已经取得了不错的成绩，中国的照明产业已经成为国际的领跑者。半导体产业技术创新联盟立足于产学研用，探究出社会管理和科技服务相结合的新模式，在技术开发、标准制定、成果转化等方面取得了不错的成绩，改变了我国半导体产业在国际上的地位。研究该联盟的运行模式可以为其他联盟的运行提供示范作用，同时也可以解决半导体产业技术创新联盟当前行业盈利能力下降、附加值降低的问题。

6.2.2 开放式编码

针对收集到的案例资料进行开放式编码，在编码过程中，反复对原始资料、标签、概念、范畴进行梳理与归类，以尽可能减少结果偏差。表 6.1 给出半导体产业技术创新联盟标签化、初步概念化的部分内容。左侧是案例原始资料，首先对其贴标签后标注 a1、a2、a3……，然后对标签归纳整理得到概念化 A1、A2……，接下来将得到的概念进一步范畴化，最后通过开放式编码从资料中得到 55 个标签、30 个概念、13 个范畴。

表 6.1　半导体产业技术创新联盟开放性编码

半导体产业技术创新联盟资料	标签化	概念化
LED 产品的创新性表现在满足客户的私人个性化需求，同时与工业 4.0 结合。	a1：用户导向	A1：发展宗旨（a1、a2）
面对日益增长的客户需求，开创 LED 照明成为更加高效节能、绿色环保的智能化、数字化和网络化的照明新纪元。	a2：行业发展	
实现从节能到智能的转变，以智能照明取代传统照明，与互联网公司进行跨界合作。	a3：发展智能照明	A2：发展目标（a3、a4、a5）
以技术支撑标准为研制突破口，实现决定行业产业发展的核心技术，开展产品质量认证服务，规范市场。	a4：提高产品技术和行业规范	
商务贸易拓展、海外销售渠道的推进等工作，并建立金砖国家的合作网络机制体制。	a5：进军国际化	
联盟内部的企业成员由发起时的 46 家发展到 2017 年的 578 家，企业在联盟的占比超 80%，2016 年联盟成员产值占国内 LED 产值的 70%。	a6：企业主导联盟	A3：内部参与主体（a6、a7）
企业牵头全球范围内最具影响力的跨国公司巨头制定联盟发展目标，联合推动照明产业发展。	a7：内外联合制定目标	
国家发展改革委、住房和城乡建设部等组织半导体照明产品示范性项目工程，国家发展改革、财政部等政府补贴性项目。	a8：政府大力扶持	A4：外部参与主体（a8、a9、a10）
积极搭建 LED 企业与银行、私募股权、风险投资等金融机构的合作平台。	a9：金融服务三方机构	
在上游，联盟积极与中科院各科研院所联合，将国家现有资源盘活。	a10：研发机构	
联盟根据工作分工的需要，对内和对外设立了专家咨询委员会、决策委员会、联络办公室等不同组织机构。	a11：设立相应职能部门	A5：建立组织结构（a11、a12）
制定了项目管理、经费管理、知识产权管理、人员管理等各项规章制度。	a12：联盟规章制度	
“千人计划”是中央为引进国际顶尖人才而设立的，其目的是引进一批服务社会经济发展的科研人才资源。	a13：大力引进人才	A6：组建一流团队（a13）
2012 年国内出现首家依托联盟实体而建立的国家级实验室，并在荷兰等国家设立了海外研发机构。	a14：成立国内外实验室	A7：研究基地（a14、a15）
搭建了 LED 行业从业人员在线学习平台-LED 大学堂。	a15：搭建学习平台	

6.2.3　主轴编码

主轴编码通过利用因果条件、现象、情景、中介条件、行动/互动策略以及结果这一典型范式，实现梳理范畴之间相互关系的目的。具体操作步骤是：将副范畴主要放置于范式模型中，并根据整体范式模型描述案例的主范畴。运用范式分析工具对范畴进行继续归类、抽象等，从而得到如表 6.2 所示的半导体产业技术创新联盟案例典范模型。

表 6.2　半导体产业技术创新联盟的主轴编码

主线	主范畴
因果条件	产学研价值主张（AAA1）
现象	价值生态系统（AAA2）、价值创造（AAA5）
中介条件	价值活动（AAA7）
行动/互动策略	互补性（AAA3）、创新性（AAA4）
结果	价值分配（AAA6）
情景	在产学研价值主张下，产学研协同组织网络成员，建立网络设施，明确网络机制，建构价值生态系统，通过协同运作进行价值创造，实现价值产出进行价值分配

6.2.4　选择性编码

选择性编码是扎根理论的关键部分，会对产学研协同创新模型的形成产生一定的影响。通过比较分析主范畴与原始数据后发现，七个范畴是形成产学研协同创新研究理论的基础。构建的故事线是在产学研内部参与主体和外部参与主体协同运行下，联盟成立时，根据战略目标提出价值主张并进行价值生态系统搭建，通过价值生态系统进行价值转换、价值实现和利益分配，从而实现价值创造。

根据上述运用开放式编码和主轴编码对案例资料的分析结果，归纳出价值主张、价值生态系统、价值创造、价值分配四个核心范畴，并用这四个核心范畴组织案例中的其他范畴。

（1）产学研参与主体根据客户需求、行业发展提出价值主张，即战略发展方向。所提出的价值主张需要具有创新性和新颖性，价值主张能创造价值，主张的创新是价值创造的指向标。

（2）通过价值主张搭建价值生态系统。价值生态系统主要包括三个部分。①内外部的参与主体根据价值主张有选择性地挑选合作伙伴。②网络设施是价值生态系统的核心，包括团队、研究基地以及组织结构，配备齐全的网络设施是产学研协同创新运行的关键。③运行机制包括知识产权协议、激励机制和文化氛围等，无形的机制能够促使产学研联盟高效运行。价值生态系统是创造价值的平台，完善成熟的价值网络是产学研协同运行的保障。

（3）在建立价值生态系统后，价值创造是产学研协同创新流程的关键环节。首先，要找准互补性行业进行产业链横向纵向扩建，补全当前产学研的不足。产学研参与主体可进行行业互补，也可进行跨界互补。其次，创新性在价值创造中具有较高的地位，产学研协同创新主要围绕模式创新、产品创新、平台创新三个方面展开。最后，价值创造的整个环节都是通过具体价值活动落实的。价值活动主要分为调控性活动、辅助性活动、支持性活动三种，如金融支持服务、产业布局活动等。

（4）价值创造活动结束后，进行价值分配，无形价值如专利、知识产权，有形价值如经济收入。按照利益分配原则和分配方式进行价值分配，使参与主体得到与其付出相匹配的回报。创造价值贯穿于整个产学研协同创新运行的四个过程之中，每个环节都注重创造价值，这样才能实现更大的整体价值创造。

6.2.5　产学研协同创新原始运行模式

基于以上分析，通过选择性编码可以得到产学研协同创新原始运行模式，见图 6.1。因为只是初步根据第一个案例得出的产学研协同创新运行模式，所以称为产学研协同创新原始运行模式。本章将结合半导体产业技术创新联盟的实际运行情况，对理论模式进行解释和验证说明。在组建时期，半导体产业技术创新联盟内部的协同企业具有相同的价值主张，不仅是自身价值实现的诉求，同时在客观上也会推动中国半导体产业的发展。伴随着发展阶段的变化，以及外部环境的不断演变，其价值主张不断改变，如实现智能照明、绿色照明等，合理的价值主张可使整体价值产出更大。根据不同的价值主张，有选择性地组建联盟成员。半导体产业技术创新联盟以价值链和产业链为主线，主动寻找适宜的合作伙伴，搭建价值生态系统，组建一流团队、研发基地，建立规范的组织结构。因此，价值生态系统是创造价值的前提和基础。在价值创造过程中，半导体产业技术创新联盟主要从互补性、创新性和价值活动三个方面具体展开。①与其他互

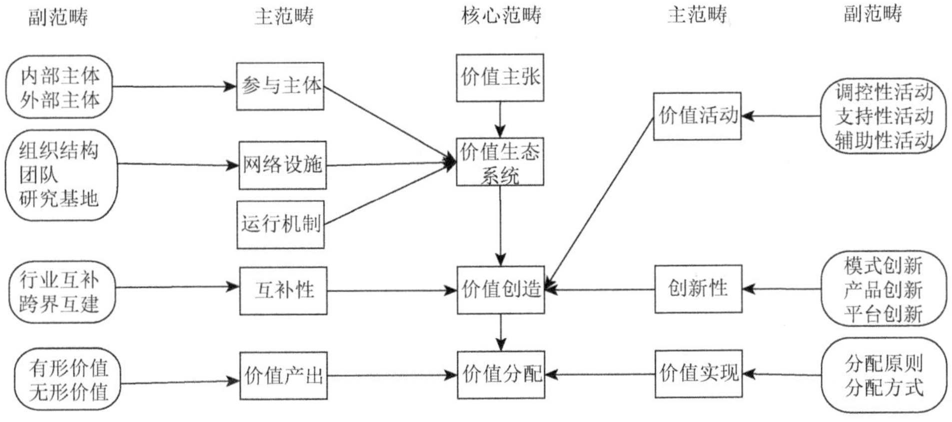

图 6.1　产学研协同创新原始运行模式

补性产业共建，如与互联网展开跨界互建，进行智能照明技术的研发。②创新性反映在积极进行新产品的协同开发，同时进行运营模式创新，打破传统的营销模式。③价值创造是通过开展各种价值活动（如建设半导体生态系统、调整产业战略布局等）实现的。

6.3　TD-SCDMA 协同创新运行模式的案例分析

6.3.1　案例背景

2002 年 10 月，为了推动 TD-SCDMA 的产业化、国际化进程，在国家发展改革委、科技部及工业和信息化部的支持下，由大唐电信科技产业集团牵手八家企业联合发起成立 TD-SCDMA 产业技术联盟。联盟以 TD-SCDMA 及 TD-LTE 技术为主要研究对象，不断进行技术标准的完善。促进围绕 TD-SCDMA 及 TD-LTE 技术等形成的技术链的通信产业健康发展，实现 TD-SCDMA 及 TD-LTE 的全球商用化。联盟的创立主要为解决我国通信技术受制于人的局面，提升我国的通信自主研究水平，增强我国在通信方面的国际地位。此外，因为 TD-SCDMA 及 TD-LTE 技术不足，产业联盟的价值产出能力不高。

目前，TD 产业联盟已经形成了完整 TD 产业链，包括系统设备、终端芯片产品以及测试服务等多价值链环节。TD 产业联盟的价值生态系统中，企业主体包括大唐电信科技产业集团、华为技术有限公司、中兴通讯股份有限公司等；高校主体包括华中科技大学、北京邮电大学；政府主体包括国家发展改革委、科技部及工业和信息化部等。联盟组建了合理的组织架构，秘书处统领各部门，下设执行委员会、理事会等。联盟还建立了完善的规章制度和运行机制，如沟通机制、激励机制、风险分担机制等。TD 产业联盟运行多年以来，成效非常显著，提高了我国在国际通信领域的竞争实力。经过多年的产学研协同创新，我国已经拥有了自己的 TD-SCDMA 4G 标准，在国际市场竞争中占据了有利地位，提高了民族产业的国际竞争力。研究该联盟的运行模式可以为其他联盟的运行提供示范作用，同时也可以解决 TD 产业联盟整体价值创造低的问题。

6.3.2　开放式编码

按照与半导体产业技术创新联盟相同的研究过程进行编码，得到 53 个标签、31 个概念、14 个初始范畴和 8 个范畴。TD 产业联盟开放式编码部分如表 6.3 所示。

表 6.3　TD 产业联盟开放式编码

TD 产业联盟	标签化	概念化
在 TD-SCDMA 的商用推广方面，以终端环节为抓手，协调运营商和终端企业正确面对市场客户需求。	b1：用户导向	B1：发展宗旨（b1、b2）
为进一步提高客户满意度，积极推进 TD 技术与现代服务业、移动互联网、物联网的融合协同发展并有效带动传统产业结构升级和优化调整。	b2：行业发展	
协会在产业链规划组织方面也进行了大胆创新，目前相关工作重点已逐步转向 5G，力争实现“3G 跟随，4G 同步，5G 引领”的战略目标。	b3：发展 5G 领先领域	B2：发展目标（b3、b4、b5）
进一步推动 TD-SCDMA 终端产品，特别是智能手机方案的完善，促进 TD-SCDMA 精品网络的建设，提高 TD 用户渗透率。	b4：提高市场占有率	
通过政府的支持和国内企业的共同协作，以产业联盟为整体，进一步推动 TD-LTE 国际化进程，扩大 TD-LTE 全球影响力。	b5：进军国际化市场	
大唐电信科技产业集团、华立集团股份有限公司、华为技术有限公司等自愿联合发起成立 TD 产业联盟。	b6：企业主导联盟	B3：内部参与主体（b6）
在政府相关政策，如税收、财政、土地等的扶持下，TD 产业联盟得到较快的发展。	b7：政府大力扶持	B4：外部参与主体（b7、b8、b9）
中介服务机构在产学研协同创新过程中，发挥着信息沟通与交换的作用。	b8：中介第三方服务	
TD 产业联盟实质上就是以企业、高校和科研机构为共生单元的一个产学研共生网络。	b9：研发机构	
TD 产业联盟建立知识产权部、产业协调部、市场部等部门，各部门之间密切沟通，分工合理，且各自承担相应职责。	b10：设立相应职能部门	B5：建立组织结构（b10、b11）
TD 产业联盟制订和遵循 TD 产业联盟章程、议事规则、成员发展与管理办法、成员间相互许可专利规则、财务管理制度、宣传工作实施办法等一系列完备的规章制度。	b11：联盟章程协议	

6.3.3　选择性编码和主轴编码

将 TD 产业联盟的资料进行标签化，逐步概念化后得到 8 个范畴，然后运用概念范式图梳理出 4 个核心范畴。在 TD 产业联盟价值主张下，产学研协同组织网络成员，建立网络设施，明确网络机制，搭建了产学研协同创新价值生态系统。价值生态系统搭建后通过协同运作进行价值创造，价值产出后进行价值分配。TD 产业联盟主轴编码如表 6.4 所示。

表 6.4　TD 产业联盟主轴编码

主线	主范畴
因果条件	产学研价值主张（BBB1）
现象	价值生态系统（BBB2）、价值创造（BBB4）
中介条件	价值活动（BBB6）

续表

主线	主范畴
行动/互动策略	互补性（BBB7）、创新性（BBB3）、多方互动（BBB8）
结果	价值分配（BBB5）
情景	在产学研价值主张下，产学研协同组织网络成员，建立网络设施，明确网络机制，价值生态系统搭建后通过协同运作进行价值创造，最后达到价值实现和价值产出，进行价值分配

6.3.4　产学研协同创新运行模式

TD 产业联盟运行模式与半导体产业技术创新联盟运行模式的 4 个核心环节（价值主张、价值生态系统、价值创造、价值分配）是相同的，只是在价值创造方面多了多方互动。多方互动包括两个方面：行业互动和用户互动，针对多方互动这一差别会在后续多案例对比分析中详细介绍。

6.4　化纤产业技术创新联盟协同创新运行模式的案例分析

6.4.1　案例背景

化纤产业技术创新联盟成立于 2008 年，是我国的战略性新兴产业之一。联盟创立的目标是要打造从原料单体开放，聚合物、纤维、纺纱织造，面料开放整个过程相互衔接、上下游互动的完整产业技术创新链。产学研用相结合的技术创新链可以实现技术突破、规模生产，让我国化纤产业率先进入全球价值链的中高端。

在化纤产业技术创新联盟的价值生态系统中，参与主体包括：中国石油化工集团有限公司、桐昆集团股份有限公司、荣盛化纤集团有限公司等企业；中国纺织科学研究院有限公司、北京化工大学、太原理工大学等高校和科研机构；政府主导的中国化学纤维工业协会等。在组织架构方面设立秘书处负责联盟的日常事务，专家委员会为联盟提供日常的技术指导和咨询服务，理事会作为联盟的最高决策机构，在联盟重大事务上做出决策。同时还设立了一系列规章制度和体制机制来确保联盟的稳健运行。联盟组织实施的“聚酯酯化废水中有机物回收技术”获得了 2016 年度中国纺织工业联合会科学技术一等奖。2017 年，我国化纤产量占全球化纤产量的三分之二以上。研究该联盟的运行模式可以为其他联盟的运行提供示范作用，同时也可以改进化纤联盟当前行业盈利能力下降、附加值降低等问题。

6.4.2　开放式编码

将化纤产业技术创新联盟标签化，逐步概念化后得到 40 个标签、26 个概念、12 个范畴、4 个核心范畴。化纤产业技术创新联盟开放式编码如表 6.5 所示。

表 6.5　化纤产业技术创新联盟开放式编码

化纤产业技术创新联盟	标签化	概念化
不仅需要充分利用企业在产品开发方面的优势，同时也要满足客户的相关需求，结合客户需求走绿色化纤之路。	c1：用户导向	c1：发展宗旨（c1、c2）
中国纤维立足现在、放眼未来，完全蜕变为全新的价值链，真正做到“纤维改变生活，提升生活品质”，从而提高客户满意度。	c2：行业发展	
化纤产业技术创新联盟积极开展化纤行业品牌建设，力争打造有国际影响力的化纤品牌。	c3：打造品牌	c2：发展目标（c3、c4、c5）
明确新产品的研发方向，充分改善纺织品的舒适度和质量，满足消费者对产品品质的要求。	c4：品质提升	
不断改进标准制定的规范性和产品质量认证，引导产品向高品质的方向发展。	c5：质量改进	
联盟旨在创新成果应用，吸引一批产业链各环节的企业参与，通过整个产业链的企业带动其他参与主体入驻联盟。	c6：企业主导联盟	c3：内部参与主体（c6）
国家科技计划积极探索无偿资助、贷款贴息、后补助等方式支持联盟的发展。	c7：政府扶持	c4：外部参与主体（c7、c8）
推动投贷联动金融服务模式创新，不断改进和提升对中小型制造业企业金融服务的质量效率。	c8：金融支持	
为促进联盟的高效率运作，成立了理事会、办公室以及各种专业委员会等组织机构。	c9：设立职能部门	c5：建立组织结构（c9、c10）
为了加强联盟内部管理，已制订多项工作制度，包括理事会工作制度、技术咨询委员会工作制度、知识产权管理办法等。	c10：制定联盟规章	
围绕产业的发展方向，利用各主体资源的互补性，进行技术创新，建立支撑研发的科研基地。	c11：组建实验室	C6：研究基地（c11、c12）
中国纺织科学研究院有限公司在天津武清经济技术开发区建设联盟框架下的纤维新材料产业化技术研发基地，园区共占地 303 亩。	c12：建设研发基地	

6.4.3　选择性编码和主轴编码

通过对化纤产业技术创新联盟的编码分析，该案例也可以用四个核心范畴的故事线来概括，即化纤产业技术在产学研价值主张下，协同组织网络成员，建立网络设施，明确网络机制，搭建产学研协同创新价值生态系统，在价值生态系统中通过协同运作进行价值创造，实现价值产出，进行价值分配。化纤产业技术创新联盟主轴编码如表 6.6 所示。

表 6.6　化纤产业技术创新联盟主轴编码

主线	主范畴
因果条件	产学研价值主张（CCC1）
现象	价值生态系统（CCC2）、价值创造（CCC6）
中介条件	价值活动（CCC8）
行动/互动策略	互补性（CCC4）、创新性（CCC3）、多方互动（CCC5）
结果	价值分配（CCC7）
情景	在产学研价值主张下，产学研协同组织网络成员，建立网络设施，明确网络机制，打造价值生态系统，在价值生态系统中协同运作进行价值创造，实现价值产出并进行价值分配

6.4.4　产学研协同创新运行模式

化纤产业技术创新联盟运行模式与半导体产业技术创新联盟、TD 产业联盟运行模式的 4 个核心环节（价值主张、价值生态系统、价值创造、价值分配）是相同的，只是在价值创造方面与 TD 产业联盟同样增加了多方互动环节，具体包括行业互动和用户互动两个方面。

6.5　多案例对比分析

6.5.1　开放式编码和选择性编码

在对半导体产业技术创新联盟进行单案例分析的基础上，本章构建了价值创造视角下产学研协同创新运行原始模式。由于只进行了单案例分析，范畴尚未达到饱和状态，且存在普适性不足的问题，因此需要对其他案例进行分析。然后对 TD 产业联盟和化纤产业技术创新联盟两个案例按照半导体产业技术创新联盟的分析思路进行研究，即对案例资料进行开放式编码、主轴编码和选择性编码，获得案例中蕴含的概念与范畴的关系，形成完整的故事线。这是一个不断比较、分析的过程：已有概念和范畴会对后面的编码起指导作用，而新发现的概念和范畴又有助于修正已有的概念和范畴，从而使归纳、提炼出的概念和范畴以及范畴间的关系不断精准（杨美琴，2014）。本章分析 TD 产业联盟时，出现了一些新的范畴，分析化纤产业技术创新联盟时，出现了与 TD 产业联盟相同的新增范畴而没有其他新范畴。这表明，本章的编码已达到较好的理论饱和度及效度。通过多案例分析得到的新增范畴见表 6.7。

表 6.7　对 TD 产业联盟和化纤产业技术创新联盟编码分析得到的新增范畴

案例	范畴	副范畴	案例资料
TD 产业联盟	多方互动	行业互动	移动多媒体内容服务商、设备制造商在中国移动 5G 联合创新中心的框架下，加深产业各环节的交流与合作，加强跨领域的协同创新
		用户互动	多媒体内容服务商应更好地应用 4G+5G 移动通信技术提升用户体验
化纤产业技术创新联盟	多方互动	行业互动	中国纤维企业在创新研发产品的同时，一定要贴近下游市场，有效地与下游企业沟通合作，进行纤维、面料、设计、成衣等全产业链整体的互动和配合
		用户互动	纤维流行趋势发布不仅仅是化纤行业的事，产业链顶端的优势要向下游延伸，需要更多用户企业参与进来，更好地与市场结合，实现产需对接互动

6.5.2　修正后的产学研运行模式

根据得到的新范畴，重新组织已有范畴，对原有的理论模式进行修正补充。对后续两个案例进行编码得到了新范畴，即多方互动。在原有的理论模式中，在价值创造下新增一个多方互动模块，其他没有发生变化。相比半导体产业技术创新联盟，TD 产业联盟和化纤产业技术创新联盟的编码过程中增加了多方互动。原因主要是：TD 产业联盟和化纤产业技术创新联盟更关注“产学研用”中的“用”，实行多方互动策略以更好地将产学研转化为用。产学研协同创新绩效的提升，离不开科技成果的应用和用户需求的满足（Borys and Jemison，1989）。由此，产学研协同创新必须是互动的科技创新（Ulaga，2001）。互动策略主要包括行业互动和用户互动两个方面。通过多方互动，产学研联盟了解行业发展、客户需求，及时反馈给联盟，更好地进行创新性突破，使得联盟整体创造的价值更大。多方互动在产学研联盟中具有普适性，因此将多方互动归入产学研协同创新运行模式之中。对原始的经由选择性编码得到的运行模式进行修正和进一步完善，得到如图 6.2 所示完整的价值创造视角下产学研协同创新运行模式。

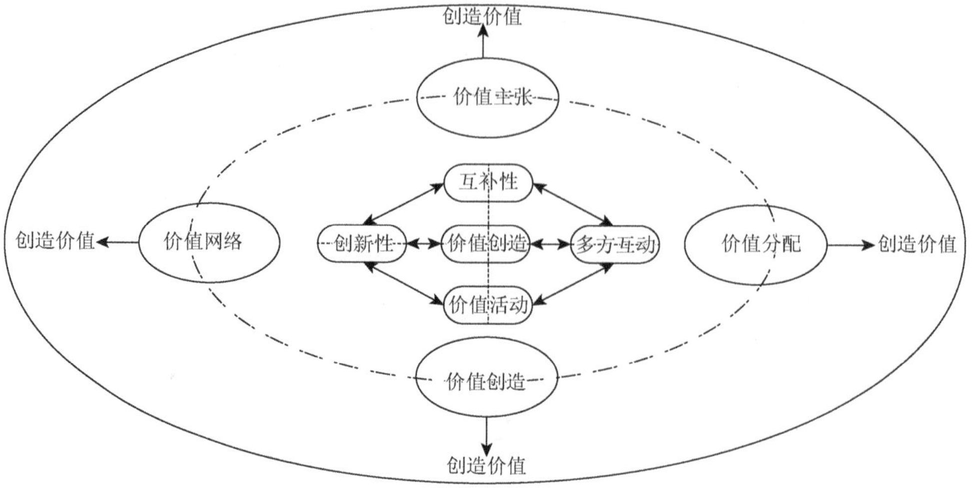

图 6.2　价值创造视角下产学研协同创新运行模式

价值创造视角下产学研协同创新运行模式可为当前产学研协同创新运行提供建议指导，进一步缓解当前中国产学研联盟整体运行效率低、创新不足、产出不高的问题。运行效率低，所以需要产学研协同创新具有一个规范的运行流程，从提出价值主张，到建立价值生态系统，然后进行价值创造，实现价值产出后进行合理价值分配，这正是本章提炼出的运行模式。合理的运行流程需要从以上四个方面结合运行的实际情况和遇到的新问题，不断有针对性地进行改进和完善，以提高产学研运行效率。针对当前产学研整体创新不足、价值产出不高的现状，需要提高产学研整体的价值创造能力。根据提炼出的范畴可以发现，价值创造主要与互补性、多方互动、创新性和价值活动相关。产学研联盟需要进行互补性扩建，实现行业互补融合、跨界融合，与行业互动更注重用户互动，从中找寻创新点，进行产品创新、模式创新、平台创新。产学研参与主体可有针对性地对价值创造的四个方面进行改进，以提高整体创造和价值产出。价值创造贯穿于整个产学研协同创新的四个环节，只有每个环节都注重价值创造，才能实现更大的整体价值创造。

6.6　产学研协同创新运行特征理论论证

通过对相关文献的梳理，归纳出产学研协同创新价值特征为客户价值驱动、“恒星”主导、价值共赢。本章将运用模式编码分析提炼产学研协同创新运行模式，进一步总结产学研协同创新的运行特征。产学研协同创新运行特征一方面对于认识和理解产学研协同创新运行有很好的帮助，另一方面运行特征影响价值创造，把握好运行特征可以有针对性地提高产学研协同创新的整体价值创造能力。

6.6.1　客户价值驱动

参照对产业技术创新联盟三个案例资料的编码结果，结合产学研协同创新运行模式和价值特征的文献梳理，得出产学研协同创新运行的第一特征是客户价值驱动。传统的产学研协同创新运行模式是企业联合高校、科研机构进行技术研发然后将其商业化，生产出标准产品的模式。客户若对标准产品感兴趣就会去购买，然后为产学研整体带来利润。客户价值驱动这一特征使得产学研协同创新运行模式的第一步是价值主张，先深入了解客户的需求，根据客户需求、喜好制定当前的战略发展方向，然后有针对性地同高校、科研机构进行技术研发，然后将其商业化。因为一开始就是针对客户的需求和喜好进行产品的研发与生产，所以当产品实现商业化时较容易吸引大量客户购买。产学研协同创新所产生的经济效益比传统产学研合作将会有所增加。

产学研协同创新进行价值创造时需要衡量客户价值驱动这一因素。整理三个产业技术创新联盟案例资料时，发现三个联盟都考虑了客户价值驱动这一因素。在半导体产业技术创新联盟案例中，根据客户的个性化定制价值主张，LED 产品的战略定位是个性化和工业 4.0 相结合；根据客户的绿色环保价值主张，LED 产品战略定位为节能、绿色、智能。在 TD 产业联盟案例资料中，联盟根据客户在各行业对 TD 技术的需求，提出 TD 技术与移动互联网、物联网融合的战略目标。在化纤产业技术创新联盟的案例中，联盟根据客户追求健康、可持续的价值主张，提出走绿色化纤发展之路，来提高客户的满意度。代表性案例相关资料见表 6.8，其他内容按此范式进行标签化。

表 6.8　产业技术创新联盟客户价值驱动资料归纳

产业技术创新联盟案例资料	标签化
LED 产品的创新性表现在满足客户的私人个性化需求，同时与工业 4.0 结合。	a1：用户导向
面对日益增长的客户需求，开创 LED 照明成为更加高效节能、更加绿色环保的智能化、数字化和网络化的照明新纪元。	a2：行业发展
在 TD-SCDMB 的商用推广方面，以终端环节为抓手，协调运营商和终端企业正确面向市场客户需求。	b1：用户导向
为进一步提高客户满意度，积极推进 TD 技术与现代服务业、移动互联网、物联网的融合协同发展并有效带动传统产业结构升级和优化调整。	b2：行业发展
不仅需要充分利用化纤行业产品的技术优势，也需要满足客户的需求，结合客户需求走绿色化纤之路。	c1：用户导向

续表

产业技术创新联盟案例资料	标签化
中国纤维立足现在，放眼未来，通过创新、突破，催生出新技术、新产品、新生态，完全蜕变为一种全新的价值链，真正做到“纤维改变生活，提升生活品质”，提高客户满意度。	c2：行业发展

6.6.2　“恒星”主导

价值创造视角下产学研协同创新运行模式的第二个特征是“恒星”主导。产学研协同创新按照参与主体的地位可以分为企业主导型、政府主导型、高校和科研机构主导型。产学研协同创新中，企业发挥着主导作用，在上游负责引进高校、科研机构，在下游负责组织生产实施。企业具有较强的竞争能力，协同其他主体进行创新资源共享和技术创新。企业在产学研协同创新运行中发挥着“恒星”主导作用，具体体现在如下几个方面：①参与带动着整个价值生态系统的形成，推动着产业链、价值链的搭建；②解决高校只从事理论研究、脱离社会的现状；③提供各种资源，实现资源共享；④参与协同创新链的决策和管理，与行业骨干企业进行深入的沟通，讨论和修订协同创新的发展目标与研究任务，并明确分工；⑤参与科研创新活动，有助于企业实现科技成果转化，并实现商业化；⑥校企协同培养人才，企业提供企业导师和实习平台，开展校企合作培养；⑦提供资金支持，骨干企业投入协同项目资金；⑧鼓励创新性人才的培育。

在三个产业技术创新联盟的案例资料中，也可以发现企业在联盟中发挥着核心主导作用。在半导体产业技术创新联盟中，一方面由企业发起联盟，且企业在联盟的占比超过 80%；另一方面由核心企业联合商议确定联盟的发展目标，推动照明产业发展。在 TD 产业联盟中，同样是由企业发起联盟，联盟中的重大事宜和发展方向由核心企业管控。在化纤产业技术创新联盟中，产业链上下游企业联合带动其他参与主体入驻联盟。在化纤产业技术创新联盟制定战略规划时，企业会利用接近市场的条件，提出针对性的战略规划，有着绝对的话语权。此外，在一些关键性事宜上，企业发挥着“恒星”主导作用。产业技术创新联盟“恒星”主导资料归纳如表 6.9 所示。

表 6.9　产业技术创新联盟“恒星”主导资料归纳

产业技术创新联盟案例资料	标签化
联盟内部的企业成员由发起时的 46 家发展到 2017 年的 578 家，企业在联盟的占比超 80%，2016 年联盟成员产值占国内 LED 产值的 70%。	a6：企业主导联盟
企业牵头全球范围内最具影响力的跨国公司巨头制定联盟发展目标，联合推动照明产业发展。	a7：内外联合制定目标

续表

产业技术创新联盟案例资料	标签化
大唐电信科技产业集团、华立集团股份有限公司、华为技术有限公司、联想（北京）有限公司、中国普天信息产业集团有限公司等自愿联合发起成立 TD 产业联盟。	b6：企业主导联盟
联盟旨在创新成果应用，并吸引了一大批产业链各环节的企业参与，通过整个产业链的企业带动其他参与主体入驻联盟。	c6：企业主导联盟

6.6.3　价值共赢

产学研协同创新运行的第三个特征是价值共赢。产学研协同创新保障每个成员获得与其付出对等的价值回报。在日趋复杂的社会关系中，合作缺乏稳定性和可持续性。参与主体之间的信任开始降低，而价值共赢这一特征可以有效改善这一困境。价值共赢指的是产学研协同创新在运行过程中先通过集体努力，将蛋糕做大，再制定一个完善的价值分配机制使成员得到合理的价值。

在三个产业技术创新联盟的案例中，也体现了价值共赢这一特征。在半导体产业技术创新联盟中，联盟在国际半导体照明产业界建立广泛的标准化伙伴关系和利益分配机制。此外，联盟综合考虑贡献、风险等因素制定了一个标准的利益分配模型。在 TD 产业联盟中，联盟制定了三种利润分配方式：提成支付、混合支付、按股分红，对于无形利益的分配可以进一步谈判协商。在化纤产业技术创新联盟中，联盟确定了价值分配的总体原则：互惠互利、投入与收入一致性、协商让利等。在有形利益分配上，按照一定的利益分配系数进行分配。产业技术创新联盟价值共赢资料归纳如表 6.10 所示。

表 6.10　产业技术创新联盟价值共赢资料归纳

产业技术创新联盟案例资料	标签化
在国际半导体照明产业界建立广泛的标准化伙伴关系与利益分享机制。	a44：利益分享机制
认为联盟内部通过价值创造所产生出的各种利益，需要通过一定的分配机制，形成稳定的利益关系格局。	a45：共享利益
各成员在知识、技术等方面优势互补，可以通过谈判协商确定无形利益的分配，得到各成员均较为满意的利益分配方案。	b38：无形利益分配
联盟中高校或科研机构不仅收取技术成果转让费，还以一定方式参与联盟收益的分成。利益分配方式可以分为以下三种：提成支付、混合支付、按股分红。	b42：提成、混合、按股分利
联盟内部的价值分配原则：互惠互利、投入与收入一致性、协商让利。	c33：分配原则
联盟各成员按照一定的利益分配系数共享整体的有形收益。	c34：利益分配

本篇主要参考文献

陈劲，阳银娟. 2012. 协同创新的理论基础与内涵[J]. 科学学研究，30（2）：161-164.

陈衍泰，孟媛媛，张露嘉，等. 2015. 产业创新生态系统的价值创造和获取机制分析——基于中国电动汽车的跨案例分析[J]. 科研管理，36（S1）：68-75.

陈云. 2012. 产学研合作相关概念辨析及范式构建[J]. 科学学研究，30（8）：1206-1210.

刁丽琳，朱桂龙. 2014. 产学研合作中的契约维度、信任与知识转移：基于多案例的研究[J]. 科学学研究，32（6）：890-901.

丁荣贵，张宁，李媛媛. 2012. 产学研合作项目双中心社会网络研究[J]. 科研管理，33（12）：86-93.

董健康，韩雁，梁志星. 2013. 协同创新系统中各类主体的角色及定位[J]. 中国高校科技，（6）：52-54.

杜兰英，陈鑫. 2012. 政产学研用协同创新机理与模式研究——以中小企业为例[J]. 科技进步与对策，29（22）：103-107.

樊霞，赵丹萍，何悦. 2012. 企业产学研合作的创新效率及其影响因素研究[J]. 科研管理，33（2）：33-39.

樊治平，冯博，俞竹超. 2007. 知识协同的发展及研究展望[J]. 科学学与科学技术管理，（11）：85-91.

范群林，邵云飞，尹守军. 2014. 企业内外部协同创新网络形成机制：基于中国东方汽轮机有限公司的案例研究[J]. 科学学研究，32（10）：1569-1579.

方刚，周青，杨伟. 2016. 产学研合作到协同创新的研究脉络与进展——基于文献计量分析[J]. 技术经济，35（10）：26-33，101.

冯学华. 1996. 产学研合作的问题及对策[J]. 研究与发展管理，8（1）：23-27.

傅代国，田小刚. 2008. 基于价值星系的战略成本管理研究——一个企业间的战略视角[J]. 中国工业经济，（10）：119-128.

高良谋，李宇. 2009. 企业规模与技术创新倒 U 关系的形成机制与动态拓展[J]. 管理世界，（8）：113-123.

高霞，陈凯华. 2015. 合作创新网络结构演化特征的复杂网络分析[J]. 科研管理，36（6）：28-36.

郭大成. 2010. 产学研用紧密结合推进国家技术创新体系建设[J]. 中国高等教育，（Z2）：8-10.

何郁冰，张迎春. 2015. 网络类型与产学研协同创新模式的耦合研究[J]. 科学学与科学技术管理，36（2）：62-69.

何郁冰. 2012. 产学研协同创新的理论模式[J]. 科学学研究，30（2）：165-174.

洪银兴. 2013. 关于创新驱动和协同创新的若干重要概念[J]. 经济理论与经济管理，（5）：5-12.

洪银兴. 2014. 产学研协同创新的经济学分析[J]. 经济科学，（1）：56-64.

江俊桦，施琴芬，于娱. 2014. 产学研合作中知识转移的系统动力学建模与仿真[J]. 情报科学，32（8）：50-55.

蒋石梅，吕平，陈劲. 2015. 企业创新生态系统研究综述：基于核心企业的视角[J]. 技术经济，34（7）：18-23.

蒋石梅，张爱国，孟宪礼，等. 2012. 产业集群产学研协同创新机制：基于保定市新能源及输变电产业集群的案例研究[J]. 科学学研究，30（2）：207-212.

孔祥浩，许赞，苏州. 2012. 政产学研协同创新“四轮驱动”结构与机制研究[J]. 科技进步与对策，29（22）：15-18

蓝晓霞. 2014. 美国产学研协同创新的主要模式、特点及启示[J]. 中国高教研究，（4）：50-53.

李梅芳，刘国新，刘璐. 2011. 企业与高校参与产学研合作的实证比较研究：合作内容、水平与模式[J]. 研究与发展管理，23（4）：113-117.

李梅芳，赵永翔，唐振鹏. 2012. 产学研合作成效关键影响因素研究：基于合作开展与合作满意的视角[J]. 科学学研究，30（12）：1871-1880.

李文辉. 2008. 创新体系下产学研合作的主客体关系及其模式探析[J]. 科技管理研究，（6）：4-5.

李学勇. 2007. 确立企业在技术创新中的主体地位[J]. 求是，（8）：28-30.

李学勇. 2009. 在新形势下深入推进产学研合作 着力提升企业技术创新能力[J]. 中国科技产业，(11)：10-11.
刘丹，闫长乐. 2013. 协同创新网络结构与机理研究[J]. 管理世界，(12)：1-4.
刘芳. 2012. 社会资本对产学研合作知识转移绩效影响的实证研究[J]. 研究与发展管理，24（1）：103-111.
刘璇华. 2007. 产学研合作中组织间学习效果的影响因素及对策分析[J]. 研究与发展管理，19（4）：112-118.
刘彦. 2007. 日本以企业为创新主体的产学研制度研究[J]. 辽宁科技参考，(4)：41-44.
刘勇，菅利荣，赵焕焕，等. 2015. 基于双重努力的产学研协同创新价值链利润分配模型[J]. 研究与发展管理，27（1）：24-34.
柳卸林，潘铁. 2008. 构建以企业为主体的产学研合作模式[J]. 中国科技产业，(6)：54-59.
马俊如. 2008. 以企业为主体的产学研结合创新探讨[J]. 中国科学院院刊，23（1）：6-10.
马宁. 2006. 企业主导型产学研合作中科技资源配置模式研究[J]. 研究与发展管理，18（5）：89-93.
梅亮，陈劲，刘洋. 2014. 创新生态系统：源起、知识演进和理论框架[J]. 科学学研究，(12)：1771-1780.
彭纪生，吴林海. 2000. 论技术协同创新模式及建构[J]. 研究与发展管理，12（5）：12-16.
彭锐，杨芳. 2008. 产学研合作创新网络的演进阶段及演进过程中科研管理部门的作用[J]. 科研管理，29（S1）：38-41.
邵景峰，王进富，马晓红，等. 2013. 基于数据的产学研协同创新关键动力优化[J]. 中国管理科学，21（S2）：731-737.
苏屹. 2013. 基于系统科学的协同创新理论分析方法研究[J]. 科研管理，34（S1）：140-143.
孙怀玉. 2003. 产学研合作教育的运行模式和机制、问题与对策[J]. 中国高教研究，(4)：34-35.
孙新波，张大鹏，吴冠霖，等. 2015. 知识联盟协同创新影响因素与绩效的关系研究[J]. 管理学报，12（8）：1163-1171.
唐震，汪洁，王洪亮. 2015. EIT 产学研协同创新平台运行机制案例研究[J]. 科学学研究，33（1）：154-160.
佟泽华. 2011. 知识协同的内涵探析[J]. 情报理论与实践，34（11）：11-15.
涂振洲，顾新. 2013. 基于知识流动的产学研协同创新过程研究[J]. 科学学研究，31（9）：1381-1390，1380.
汪婷婷，康蓉. 2016. 新经济时代企业价值网络竞争优势形成机制及锁定效应研究[J]. 管理学刊，29（3）：35-40.
王炳富，樊平军. 2014. 产学研协同创新界面管理及其优化路径[J]. 中国高教研究，(12)：19-22，37.
王一鸣，王君. 2005. 关于提高企业自主创新能力的几个问题[J]. 中国软科学，(7)：10-14.
王毅，吴贵生. 2001. 产学研合作中粘滞知识的成因与转移机制研究[J]. 科研管理，22（6）：114-121.
吴绍波，顾新. 2014. 战略性新兴产业创新生态系统协同创新的治理模式选择研究[J]. 研究与发展管理，26（1）：13-21.
吴延兵. 2007. 企业规模、市场力量与创新：一个文献综述[J]. 经济研究，42（5）：125-138.
吴悦，顾新. 2012. 产学研协同创新的知识协同过程研究[J]. 中国科技论坛，(10)：17-23.
解学梅，曾塞星. 2009. 创新集群跨区域协同创新网络研究述评[J]. 研究与发展管理，21（1）：9-17.
解学梅，方良秀. 2015. 国外协同创新研究述评与展望[J]. 研究与发展管理，27（4）：16-24.
解学梅，徐茂元. 2014. 协同创新机制、协同创新氛围与创新绩效：以协同网络为中介变量[J]. 科研管理，35（12）：9-16.
解学梅，左蕾蕾，刘丝雨. 2014. 中小企业协同创新模式对协同创新效应的影响：协同机制和协同环境的双调节效应模型[J]. 科学学与科学技术管理，35（5）：72-81.
解学梅，左蕾蕾. 2013. 企业协同创新网络特征与创新绩效：基于知识吸收能力的中介效应研究[J]. 南开管理评论，16（3）：47-56.
解学梅. 2013. 协同创新效应运行机理研究：一个都市圈视角[J]. 科学学研究，31（12）：1907-1920.
解学梅. 2015. 企业协同创新影响因素与协同程度多维关系实证研究[J]. 科研管理，32（6）：69-78.
夏红云. 2014. 产学研协同创新动力机制研究[J]. 科学管理研究，32（6）：21-24.
项杨雪，梅亮，陈劲. 2014. 基于高校知识三角的产学研协同创新实证研究——自组织视角[J]. 管理工程学报，28（3）：100-109，99.

肖渡，沈群红. 1999. 产业资本与知识资本的合作——对东南大学无锡应用科学和工程研究院产学研模式的分析[J]. 科研管理，20（6）：39-46.

谢园园，梅姝娥，仲伟俊. 2011. 产学研合作行为及模式选择影响因素的实证研究[J]. 科学学与科学技术管理，32（3）：35-43.

许彩侠. 2012. 区域协同创新机制研究——基于创新驿站的再思考[J]. 科研管理，33（5）：19-25，55.

许朗，刘东. 2006. 构筑以企业为主导的产学研联合创新机制[J]. 现代企业，（11）：14-15.

许庆瑞，刘景江. 2002. 技术创新的组合及其与组织、文化的集成[J]. 科研管理，23（6）：38-44.

杨美琴. 2014. 产学研协同创新模式分类研究[J]. 现代经济，13（9）：68-70.

游静，Zhang Jing，张丽平. 2016. 社会关系需求对协同创新努力程度及协同效果的影响[J]. 技术经济，35（2）：1-7.

喻科. 2010. 产学研协同创新创新网络演进过程及其主体知识传递模式探究[J]. 科技进步与对策，27（4）：141-144.

原长弘. 2005. 国内产学研合作学术研究的主要脉络：一个文献述评[J]. 研究与发展管理，17（4）：98-102.

张雷勇，冯锋，肖相泽，等. 2013. 产学研共生网络：概念、体系与方法论指向[J]. 研究与发展管理，25（2）：37-44.

张学文. 2013. 开放科学视角下的产学研协同创新——制度逻辑、契约治理与社会福利[J]. 科学学研究，31（4）：617-622.

张永安，张璐. 2008. 以企业为主体产学研结合的技术创新体系系统性分析[J]. 科技进步与对策，25（4）：70-73.

张瑜，菅利荣，皮宗平，等. 2013. 基于无标度网络的产学研合作网络模式[J]. 系统工程，31（5）：54-59.

张瑜，菅利荣，张永升. 2015. 基于加权无标度网络的产学研合作网络演化[J]. 系统工程，33（1）：68-73.

张玉强，宁凌. 2008. 对企业主导型产学研合作的反思与解构[J]. 中国科技论坛，（3）：67-70.

郑艳民，张言彩. 2014. 创新环境对校企协同创新作用的实证分析[J]. 技术经济，33（5）：46-49.

周青，许倩. 2017. 价值创造视角下产学研协同创新运行模式[J]. 技术经济，36（10）：24-30.

周青，杨伟，马香媛. 2012. 浙江企业产学研合作主体性的实证研究[J]. 科学学与科学技术管理，33（4）：142-146.

周青. 2016. 强化产学研用联盟促进协同创新攻关[N]. 浙江日报理论版，2016-6-15（15）.

周煊. 2005. 企业价值网络竞争优势研究[J]. 中国工业经济，（5）：112-118.

周煊，程立茹. 2011. 跨国公司价值网络运作理念特征及组合价值模式研究[J]. 统计与决策，（10）：183-186.

周竺，黄瑞华. 2004. 产学研合作中的知识产权冲突及协调[J]. 研究与发展管理，（1）：90-94.

Adam D. 2001. Towards new standards in university-industry collaboration[J]. Nature，411（6839）：723.

Borys B，Jemison D B. 1989. Hybrid arrangements as strategic alliances：Theoretical issues in organizational combinations [J]. Academy of Management Review，14（2）：234-249.

Brown L. 1997. Competitive Marketing Strategy：Dynamic Manoeuvring for Competitive Position [M]. Melbourne：Nelson.

Fang G，Zhou Q，Wu J，et al. 2019. The relationship between network capabilities and innovation performance[J]. Industrial Management & Data Systems，119（8）：1638-1654.

Glass A J，Saggi K. 2002. Multinational firms and technology transfer[J]. Scandinavian Journal of Economics，104（4）：495-513.

Hearn G，Pace C. 2006. Value-creating ecologies：Understanding next generation business systems[J]. Foresight，8（1）：55-65.

Ulaga W. 2001. Customer value in business markets[J]. Industrial Marketing Management，30（4）：315-319.

Yang W，Zhou Q，Yu X Y，et al. 2019. How to facilitate knowledge collaboration in OCs：An integrated perspective of technological and institutional measures[J]. Technological Forecasting and Social Change，138：21-28.

第三篇　产业技术创新战略联盟的发展与管理

首先，重点分析不同利益分配方式对企业创新绩效的影响路径，研究不同反馈回路上各个变量的相互作用，而后建立四种产业技术创新战略联盟利益分配方式与企业创新绩效的系统动力学模型并做仿真分析。理论和实证研究发现：按合作过程中实际贡献分配、按投资比例分配、按付费购买分配、按无偿使用技术分配等四种分配方案对企业创新绩效的影响依次递减。按合作过程中实际贡献分配、按无偿使用技术分配与成员目标创新绩效和过程创新绩效均存在着正相关关系，按投资比例分配对成员目标创新绩效有一定的影响，按付费购买分配与成员过程创新绩效间存在着正相关关系。

其次，从产业技术创新战略联盟冲突影响因素和联盟冲突类型划分的研究现状分析入手，不同联盟阶段表现出的不同关系、任务和过程冲突类型，基于 TD 产业联盟案例分析产业技术创新战略联盟的冲突类型与主要特性。进一步，探讨基于联盟生产运作过程的关系、任务和过程等冲突类型，案例分析产业技术创新战略联盟的冲突类型与主要特性，研究产业技术创新战略联盟冲突影响因素的生命周期阶段性表现程度和特征。

最后，通过构建考虑冲突的产业技术创新战略联盟投资组合优化模型分析联盟成员的投资组合决策，进而讨论冲突程度对产业技术创新战略联盟共性技术投资和成员收益的影响。借用系统动力学的理论与方法分析产业技术创新战略联盟冲突类型对创新绩效的影响，实证研究了产业技术创新战略联盟冲突类型的影响因素、冲突类型和联盟企业创新绩效之间的影响关系。

第7章　产业技术创新战略联盟的发展与运行研究

20世纪20年代早期出现的产业技术创新联盟，从英国逐步扩大到德国、法国等，欧洲国家初步使用这一形式建立企业研究合作。随后传至亚洲，日本率先在借鉴与模仿的基础上组建提升日本优势产业技术能力的研究组合，如工矿业技术研究组合、VLSI技术研究组合等。70年代，欧美和日本的产业技术创新战略联盟经历了一个快速发展时期，尤其是在美国，同时期的产业技术创新联盟年增长速度在25%左右，引起世界瞩目。

我国在1992年开始实施的产学研联合开发工程是产业技术创新战略联盟发展的雏形，自此产学研联盟在全国开始组建。但校企共同的开发项目大多是资金投入较少、历时较短、见效较快的合作性课题，而扩大至整个行业的共性技术或者基础性技术方面的合作少之又少，这也导致了我国科技成果产业化的不顺畅。科技部等部委为了扭转这一态势，提出建立产业技术创新战略联盟的议题，将之前学校和企业双方共为合作主体转向以企业为主导的科技创新体制，目标在于集合不同企业的优势资源来提升资源的利用率以及专注于产业技术的开发，以增强我国在部分行业的高端技术影响力和优质产品的市场占有率。

从2005年全国范围内开展的国家技术创新引导工程到2007年提出深化产学研结合的组织形态，直至2009年六部委联合推行的《国家技术创新工程总体实施方案》明确指出产业技术创新战略联盟成为我国开展技术创新的重要载体，以及2010年科技部发布的《关于选择一批产业技术创新战略联盟开展试点工作的通知》，这一系列举措标志着我国产业技术创新战略联盟构建进入新的阶段。随即在政府相关部门的共同推动下，钢铁可循环流程创新联盟先期启动，油菜加工联盟等一拨联盟也逐渐成立，辐射面渐渐扩大到汽车、石化、电子信息、新能源等相关产业。与此同时，全国多个省市围绕当地优势支柱产业建立地域性联盟百余个。2012年科技部审核通过抗体药物产业技术创新战略联盟等39个，2013年新增55家进入国家产业技术创新战略试点联盟名单，41家进入国家产业技术创新战略重点培育联盟名单。

7.1　产业技术创新战略联盟概述

近年来，产业技术创新战略联盟在我国迅速发展，取得了许多突出的成绩。

例如，钢铁可循环流程创新联盟突破六大核心关键技术，按产业链集成创新 220 项技术，形成了采用“新一代钢铁可循环流程工艺”的示范工程；新一代煤化工创新联盟打破国外垄断，开发出“流化床甲醇制丙烯工业技术”，实现了煤化工产业技术关键环节的重大突破；半导体照明创新联盟坚持集成创新，让我国国产 LED 照明产品装上了“中国芯”；第三代移动通信（TD）创新联盟不仅推动了 TD-SCDMA 技术标准实现了商业化应用，而且在第四代移动通信技术开发上做出了处于世界领先水平的成果；无线局域网基础架构创新联盟突破 WAPI（Wireless LAN Authentication and Privacy Infrastructure，无线局域网鉴别和保密基础结构）关键核心技术，制定出我国在基础性信息安全领域的第一个国际标准等（李学勇，2010）。

产业技术创新战略联盟的快速发展，得到了产业界和学术界的密切关注。一方面，产业技术创新战略联盟是推进国家技术创新工程的重要载体，也是推进以企业为主体、市场为导向、产学研紧密结合的技术创新体系建设的重要抓手。2002 年成立的 TD-SCDMA 产业联盟和 2003 年成立的闪联是我国产业技术创新战略联盟的早期尝试。2007 年，科技部、财政部、教育部等六部门为联合推进《国家技术创新工程》，提出产业技术创新战略联盟的概念。2008 年 12 月，六部门发布了《关于推动产业技术创新战略联盟构建的指导意见》。2009 年 6 月，科技部等六部委联合下发的《国家技术创新工程总体实施方案》将“推动产业技术创新战略联盟构建和发展”作为实施国家技术创新工程的首要任务。2010 年初，科技部在已成立的联盟中选择了 36 家作为试点，全面推动我国产业技术创新战略联盟的建设。至此，产业技术创新战略联盟被定位为推动我国经济转型升级的重要途径，各省市也积极响应，组建了数百家省级产业技术创新战略联盟，推动区域经济发展的战略转型。2010 年 10 月，《国务院关于加快培育和发展战略性新兴产业的决定》更是明确提出要结合技术创新工程的实施，发展一批由企业主导，科研机构、高校积极参与的产业技术创新联盟。自 2002 年以来，产业技术创新战略联盟在我国大量涌现，截至 2015 年末，目前已有国家级产业技术创新战略联盟 151 家，区域性产业技术创新战略联盟近千家，已成为实现创新驱动发展的中坚力量。

另一方面，学术界也对产业技术创新战略联盟的内涵进行了多种表述。Caldeira（2004）认为产业技术创新战略联盟的研究源于战略联盟，提出产业技术创新战略联盟是基于某一产业的技术研发、技术产业化、市场拓展等成员的共同目标，通过适当的组织形式和运作制度，多家具有相同或类似产业背景的企业（包括科研机构等）联合起来的具有战略意义的产业组织形式。李新男（2009）认为产业技术创新战略联盟是具有明确技术创新产出目标、以成员共同技术创新需求为基础，解决产业共性技术问题的战略联盟。赵志泉（2009）认为产业技术创新联盟是利益共享、风险共担、要素水平式双向或多向流动的松散网络型组织体。胡争光和南剑飞（2010）认为产业技术创新战略联盟是以企业为主体、以市场为导向、以利益为纽带的新型技术创新组织形态。高广文（2008）将其定义为：以产业技术创新为目标，由产业内两个或两个以上技术创新主体构成的联合致力于技术创新的组织。科技部等六部委联合发布的《关于推动产业技术创新战略联盟构建的指导意见》则将其定义为：由企业、大学、科研机构或其他组织机构，以企业的发展需求和各方的共同利益为基础，以提升产业技术创新能力为目标，以具有法律约束力的契约为保障，形成的联合开发、优势互补、利益共享、风险共担的技术创新合作组织。

总的来说，产业技术创新战略联盟不仅是企业、高校与科研机构之间缔结的技术联盟，还是一种基于行业技术创新需求的战略联盟。

7.2　产业技术创新战略联盟的运行机制

从产业技术创新战略联盟的组建过程来看，联盟往往由某一成员或一部分成员发起，在与初期的成员结盟之后，就需要一定的运行机制对联盟创新活动进行控制。借鉴学者对产学研联盟以及对产业技术创新战略联盟运行机制的定义，本书认为产业技术创新战略联盟的运行机制就指从合作企业萌生建立联盟意愿之初，到分配联盟利益的整个过程中涉及的运行原理和相关制度。联盟运行过程中，合作企业主要关注联盟成员的进出、协同创新的实现、联盟利益的分配、技术知识的分享等事宜。以下就从这几方面对之前学者的研究做相关回顾。

联盟企业合作方面，Harrigan（1988）经实证研究发现，合作企业各方业务水平越相近、合作时间越长，企业合作成功率越高。Freeman（1991）从成本交易类型、战略行为、专用性、资产互补特性、知识吸收能力、社会因素的角度去考察合作创新的动机。Narayanan（2001）认为企业间有效的知识交流和共享是前提保障，合作创新要促进知识在组织间的转移与流动。詹美求和潘杰义（2008）在研究校企合作中发现合作创新展现出阶段性特点，无论是学校方还是企业方必须关注创新活动和过程属性的变化，应当根据所处情境适当调整合作机制，以保证共同创新的持续性。

部分学者运用现有经济理论或管理理论对联盟机制进行论证。Norman（2004）运用经济学交易成本理论及管理组织学习理论研究了联盟信任关系与其产出关系，验证了联盟信任机制对企业信息交流和创新活动的积极作用。唐乐（2007）通过构建产学研合作创新博弈模型，指出政府采用社会信用体系、实施团队奖励的政策可以克服代理人行动难以观测的缺点，并解决平衡预算约束问题。

现有对联盟机制的研究主要从不同的分析角度进行展开。Kim 和 Song（2007）等将关注点聚焦于全球制药行业，通过实证结果得出组建产业联盟可以促进新产品技术开发的结论。王雪原和王宏起（2008）将政府引导的产学研联盟分为基于科技计划项目的联盟和基于政府支持或创办的联盟两种，分别对这两种联盟的运行机制进行分析并提出促进联盟发展的政策。蒋芬和黄晓蕾（2009）从产业技术创新战略联盟建立的政策、市场、目的性考虑，认为产业技术创新战略联盟拥有基于企业内需而存在、在法律约束和保护下开放的组织和机制并达到国家和地区发展目标的特点。张晓等（2009）从产业联盟模式出发，从组织、政策、法律三个角度提出组建我国产业技术创新战略联盟的机制保障。殷群和贾玲艳（2012）对比分析中国、美国、日本的技术创新联盟在立法、人际、利益方面的不同背景和方式，总结得出三者协同发展是联盟成功的关键。

学者还关注了联盟机制的多重内涵。张俊和李忠云（2001）提出信用基础型合作、契约型合作、法人型合作及产学研一体化合作四种产学研运行机制，研究得出产学研一体化运行机制能够给合作各方带来最大收益，是四种机制中的最佳机制。李雪和李菁华（2008）针对研究成果共享和风险分担机制，认为联盟企业之间是非零和博弈和结盟博弈。苏靖（2011）综合分析联盟多种机制，对建立和完善资源整合与优化、实现风险与利益共担提出建议。赵志泉（2009）从产业技术创新联盟的纽带选择、组织选择、内部协调与信任、成果分享和风险分担机制等方面研究了联盟现有的运行机制，并对政府、行业龙头企业、高校及科研机构的分工做了详细剖析。联盟运行机制的构建内容方面，马永红等（2011）在联盟不同发展阶段分别提出了相关对策建议，为科学构建做出贡献。整理学者基本观点，总结如表 7.1。

表 7.1　国内外学者关于联盟机制研究的观点

研究方向	学者	观点
合作	Harrigan（1988），Freeman（1991），Narayanan（2001）	研究发现：在合作成功率上，企业业务水平越相近、合作时间越长，成功率越高；考虑合作创新动机，从战略行为、知识吸收能力、社会因素等角度进行考察；在合作研发类型方面，认为企业间有效的知识交流和共享是前提保障，合作创新要促进知识在组织间的转移和流动
	詹美求和潘杰义（2008）	校企合作方面应关注创新活动和过程属性的变化，根据所处情境适当调整合作机制，以保证共同创新的持续性
理论	Norman（2004）	运用经济学交易成本理论及管理组织学习理论，研究信任关系与产出关系，验证信任机制对信息交流、创新活动的积极作用
	唐乐（2007）	构建产学研合作创新博弈模型，分析社会信用体系、团队奖励的政策可克服代理人问题以及平衡预算约束问题
分析角度	Kim 和 Song（2007）	聚焦全球制药行业，通过实证分析得出：组建产业联盟可以促进新产品技术的开发

续表

研究方向	学者	观点
分析角度	王雪原和王宏起（2008）	从政府角度出发，将联盟划分为基于科技计划项目的联盟和基于政府支持或创办的联盟两种类型，对这两种联盟的运行机制进行分析并提出促进联盟发展的建议
	蒋芬和黄晓蕾（2009）	从联盟政策、市场、目的性考虑，认为联盟是基于企业内需而存在的，需要开放的组织和机制
	张晓等（2009）	从组织、政策、法律三个角度提出组建我国产业技术创新战略联盟的机制保障
	殷群和贾玲艳（2012）	对比分析中国、美国、日本的技术创新联盟在立法、人际、利益方面的不同背景和方式，总结得出三者协同发展是联盟成功的关键
不同机制内容	张俊和李忠云（2001）	提出四种产学研运行机制，认为产学研一体化运行机制在四种运行机制中效果最佳，能够给合作各方带来最大收益
	李雪和李菁华（2008）	针对研究成果共享、风险分担机制，认为联盟企业之间是非零和博弈和结盟博弈
	苏靖（2011）	综合分析联盟多种机制，对建立和完善资源整合与优化、实现风险与利益共担提出建议
	赵志泉（2009）	从纽带选择、组织选择、内部协调与信任、成果分享和风险分担机制等方面对政府、行业龙头企业、高校及科研机构的分工做了详细剖析
	马永红等（2011）	围绕联盟运行机制的构建，从联盟不同发展阶段分别提出了相关对策建议

在联盟发展过程方面的研究，许多国外学者提出了产业技术创新战略联盟运作的阶段论，具体如表 7.2 所示。Das 和 Teng（2002）认为联盟运作过程可以划分为七个阶段，分别为确定联盟战略、选择合作伙伴、协商、联盟创建、联盟运作、评估、改进；后续又将联盟发展阶段概括为构建阶段、运作阶段、收获阶段（Das and Kumar，2007）。Ring 和 van de Ven（1994）提出了联盟运作的协商、承诺、执行和评价四阶段模型，并进一步指出了每个阶段的关键事项，如在协商阶段正式的讨价还价和非正式的关系感知建立，承诺阶段签署的正式法律契约和形成的心理契约以及执行阶段的角色互动和人际关系互动。

表 7.2　国外学者关于联盟发展过程的观点

运作过程作者	构建阶段	运作阶段	收获阶段
Brouthers 等（1995）	1. 选择组织模式	4. 管理联盟	5. 绩效评估阶段
	2. 筛选合作伙伴		
	3. 协商		

续表

运作过程作者	构建阶段	运作阶段	收获阶段
Das 和 Teng（2002）	1. 确定联盟战略 2. 选择合作伙伴 3. 协商 4. 联盟创建	5. 联盟运行	6. 评估 7. 改进
Ring 和 van de Ven（1994）	1. 协商 2. 承诺	3. 执行	4. 评价
Spekman 等（1996）	1. 期望 2. 约定 3. 估价	4. 协调 5. 投资	6. 稳定 7. 决策

7.3　产业技术创新战略联盟的稳定性研究

Kogut（1989）从稳定性的反面来说明联盟稳定性的重要性，认为联盟的不稳定性主要通过联盟的解体和清算来体现。Porter（1990）认为技术联盟是在特定的时间和条件下，合作企业领导层所关注的利益重点恰好重叠，形成共同利益而建立的一种过渡形态，当企业利益重心发生变化时，共同利益缩小，联盟便会变得不稳定。Inkpen 和 Beamish（1997）给出战略联盟不稳定性的定义，认为它是联盟运行过程中遇到的计划之外的联盟目标、控制、契约等方面的变动，甚至表现为联盟的解体或企业的兼并。战略联盟的不稳定性要求学者对当前及未来的战略联盟进行重新审视。随后不同的学者对全球战略联盟进行调查统计，用数据证实了联盟的不稳定。学者发现了不稳定性的存在，但未对产生不稳定性的原因进行深度剖析。

20 世纪 80 年代以后是对如何维持产业联盟稳定性的逐步探索阶段。Hennart（1988）对联盟的合作成本采用交易费用理论进行分析，指出了投入资产对联盟稳定的重要性。但交易费用理论较为关注的是企业生产和交易成本之和的最小化，而忽视了价值创造最大化。该理论不能从长远发展方向合理解释联盟的不稳定性问题。Bruhn（1995）研究联盟的不稳定性时，指出不稳定原因是联盟内部的冲突和不协调，表现为权责不清和目标不明，进而触发矛盾导火索造成联盟的终止或不稳定。在这一时期，Das 和 Teng（2002）撰写了多篇研究联盟稳定性问题的高引论文，探讨了联盟过程管理中的关系风险和执行风险、企业联盟决策中的合作和竞争、长期和短期、柔性和刚性的两难抉择以及通过信任与控制来维持联盟稳定性的机制。他们首次在稳定性分析中考虑了环境变迁风险以及内部合作风险，并引出准确界定联盟稳定性的问题。之后，Perry 等（2004）

从技术不确定环境出发，重点考虑信任以及承诺这两方面对联盟终止的影响，认为在联盟协调和风险防范方面竞争性联盟比互补性联盟更显困难。有学者认为绝对与相对投入、合作各方的信任、回报的对称性、不确定性、形成合作关系的时间长短均影响着联盟的稳定性，其中资源投入是影响联盟稳定性的功能性因素，而这个因素却无法规避。Soekijad 等（2004）以理性决策主体之间的交互影响为研究对象，试图从可能的个体策略中内生出一种治理制度结构来强化联盟伙伴关系。

国内学者也对产业技术创新战略联盟的稳定性问题进行了深入的研究。单汨源和彭忆中（2000）在联盟成员合作与不合作两种不同情况下，基于战略联盟的不同盈利结构角度，借助光滑斜坡、黏性山坡自阻斜坡和循环步的博弈模型对战略联盟的稳定性进行分析。吴海滨等（2004）运用博弈论方法从联盟过程阶段分析不稳定性成因并建立联盟合作机制。徐礼伯和施建军（2010）认为联盟外在环境影响只改变了合作伙伴的依赖程度，而联盟企业自身的利己性才是造成联盟不稳定的本质原因。随着研究的深入，学者认为产业联盟合作伙伴彼此之间的信任对联盟稳定性有一定的作用。周青等（2008）基于信任、关系承诺、依赖性三方面构建联盟伙伴关系的测度指标体系，指出三者对技术标准联盟绩效均有显著的促进作用，其中联盟绩效对伙伴依赖性有重要影响。陈菲琼和范良聪（2007）运用哲学方面的矛盾原理以及内在张力框架理论，并利用调查所得到的数据，实证检验合作与竞争这对矛盾在联盟稳定性方面的作用，认为联盟长期稳定发展必须保证合作与竞争的平衡性。蔡继荣和胡培（2007）从资产价值和交易效率的角度出发，分析了产业联盟的稳定性，并指出合作伙伴专业化水平、合作模式、资产专用属性以及联盟内部的交易效率都会影响联盟的稳定性；随后，蔡继荣（2012）又研究了联盟伙伴特征、可置信承诺对联盟稳定性的作用路径和影响效应。

以上联盟稳定性研究的观点总结如表 7.3 所示。

表 7.3　国内外学者关于联盟稳定性研究的观点

分析角度	学者	观点
关注联盟不稳定性	Kogut（1989）	联盟解体和清算体现联盟的不稳定
	Inkpen 和 Beamish（1997）	计划之外的目标、控制、契约等变动引起解体或兼并
关注不稳定原因	Porter（1990）	企业利益重心改变，共同利益缩小导致联盟不稳定
	Bruhn（1995）	不稳定原因是联盟内部的冲突和不协调
	徐礼伯和施建军（2010）	外在环境影响只改变合作伙伴的依赖程度 企业自身利己性是造成联盟不稳定的原因

续表

分析角度	学者	观点
关注联盟稳定性的某一方面	Perry 等（2004）	在联盟协调和风险防范方面竞争性联盟比互补性联盟更显困难
	周青等（2008）	信任、关系承诺、依赖性构建联盟伙伴关系指标体系
	蔡继荣（2012）	联盟伙伴特征、可置信承诺对联盟稳定性的作用路径和影响效应
关注联盟稳定性的研究视角及方法	Hennart（1988）	采用交易费用理论进行分析，认为投入资产对联盟稳定具有重要性
	单泪源和彭忆中（2000）	从战略联盟的不同盈利结构角度对联盟的稳定性分析
	吴海滨等（2004）	采用博弈论方法分析不稳定性成因
	Soekijad 等（2004）	个体策略可内生出一治理制度结构来强化联盟伙伴关系
	陈菲琼和范良聪（2007）	矛盾原理以及内在张力框架的理论，联盟长期稳定发展必须保证合作与竞争的平衡性
	蔡继荣和胡培（2007）	资产价值和交易效率角度，合作伙伴专业化水平、合作模式、资产专用属性、联盟内部的交易效率影响联盟的稳定性
关注联盟稳定性的影响因素和风险	Das 和 Teng（2002）	首次考虑环境变迁风险以及内部合作风险，引出准确界定联盟稳定性的问题，探讨联盟过程管理中关系风险和执行风险、企业联盟决策中的合作和竞争、长期和短期、柔性和刚性的两难抉择、信任与控制来维持联盟稳定性

第 8 章　产业技术创新战略联盟利益分配与创新绩效影响的系统动力学分析

随着经济一体化及知识全球化的加速发展，科技资源在全球范围内快速流动，企业仅仅依赖内部资源已难以维持长久的竞争优势，因此产业技术创新战略联盟逐渐成为企业弥补自身资源不足、提升企业创新绩效的有力工具（李峰和肖广岭，2014；李新男，2007，2009）。Ireland 等（2002）指出，加入产业联盟已经成为大多数跨国公司推动企业发展的第一选择。自 2009 年以来，我国以科技部为代表的政府相关部门着力推进产业技术创新战略联盟活动，涌现了百余家国家级产业技术创新战略联盟和数以千计的省级产业技术创新战略联盟，并得到了快速发展。Duysters 和 Heimeriks（2002）统计分析了年收入高于两亿美元的美国公司的基本情况，发现此类公司的平均联盟伙伴数量为 138 个，且收益比未参加联盟的企业高出约 40%。由此可见，世界范围内纷纷组建产业技术创新战略联盟，发展规模空前浩大。

在挖掘并发挥产业技术创新战略联盟的优势之余不能忽略联盟的诸多不稳定因素，如合作目标的分歧、预算标准的不一致、技术转让方式意见的不统一等。这些不稳定因素可能会导致企业绩效降低甚至联盟解体。Grulati 等（1994）调查显示，企业恰当地选择伙伴并建立联盟的各种标准仍不免出现合作破裂的情形，合作失败概率在 40%～70%。此种情形引起越来越多的学者对产业技术创新战略联盟的关注，包括最初的联盟内涵与定义界定，随之发展扩大到联盟组织模式、联盟稳定性、联盟运行发展机理、联盟冲突等方面。基于众多研究成果，我们不难发现：产业技术创新战略联盟成员企业间合作必然会有共同成果的产出，这会引发企业机会主义行为，增加联盟失败的概率。Davsten 等（1998）指出联盟利益分配方式不够恰当是最终导致研发联盟失败的重要因素之一。吕海萍等（2004）的实证研究表明，由于企业间利益分配不合理引起的产学研合作失败高达 73.7%。王发明（2009）的研究也表明，权益分配不当是国内校企合作的主要障碍。从不同学者的众多研究结果来看，联盟利益如何分配对企业绩效的获得以及联盟的稳定发展极为重要。

结合我国目前产业技术创新战略联盟合作研发面临的巨大挑战以及现阶段联盟发展水平相对落后的现实情况，企业间选择何种利益分配方式可以减少企业之间的冲突并激励各方进行合作，采用何种利益分配方式更有助于维护联盟健康稳定发展及战略目标的实现，都是值得深思和探讨的问题。

8.1　产业技术创新战略联盟利益分配方式与研究方法的选择

8.1.1　产业技术创新战略联盟利益分配方式的选择

产业技术创新战略联盟利益分配方式延续了产学研联盟利益分配方式，同时也在实践中不断探索适合产业技术创新战略联盟特征的新方式。本节从企业合作技术分配的视角，将产业技术创新战略联盟的利益分配方式划分为按投资比例分配、按照合作过程中实际贡献分配、按付费购买分配、按无偿使用技术分配等四种类型。

1. 按投资比例进行分配的方式

此类分配方式是以联盟成员各方的投入为依据来确定对收益的分配。魏修建（2005）认为供应链联盟的分配应保证各成员企业的付出与收益相对称，成员企业要求根据自己投入资源的多少来进行收益分配。吴朗（2009）指出合作企业在动态联盟组建的初始阶段，应根据经验和未来趋势的发展来预测投资额度以及企业可以承受风险的最高范围等因素，来确定联盟起步阶段的利益分配方案。高洁和周衍平（2012）用对合作的投入来代表合作的程度，借用Shapley值法将企业创新能力、成员合作程度和风险承担等因素加入利益分配调整中。Amaldoss等（2000）主要关注两种联盟形式，即集中研发联盟和并行研发联盟，指出联盟企业成员在平均分配制度和按照投入比例分配制度下的投资策略，分析了不同市场收益下的研发投入。进一步，按投资比例分配可以界定为：产业技术创新战略联盟中各方合作伙伴依据联盟成员在整个合作过程中的资金投入、人力资源投入、基础设备投入等方面的投资额度作为联盟合作所得利益分配标准的分配方式。

2. 按合作过程中实际贡献进行分配的方式

按合作过程中实际贡献进行分配的方式是依据联盟中各个合作伙伴实际贡献大小进行项目收益分配。魏修建（2005）认为，供应链联盟各成员企业的效益分配额取决于其各自对供应链战略联盟的贡献率。吴朗（2009）在研究联盟解体期的实际分配利益时，提出依据合作伙伴实际贡献率对初始利益分配方案进行动态调整的建议。魏纪泳等（2005）在研究利益相关者合作博弈的决策优化与收益分配时，认为项目收益分配的关键在于使要素投入者的贡献与收入尽可能相关。张道武等（2004）则通过构建评估方法来确定不同合作成员在合作项目中的贡献比例，再运用博弈论的分析方法提出收益分配机制。按合作过程中实际贡献进行分配的方式秉承了公平合理的原则并得到了企业的认同，可以界定为产业技术创新战略联盟基于联盟成员对联盟活动的实际贡献比例来分配总利益的分配方式。

3. 按付费购买进行分配的方式

在联盟合作过程中，非核心层企业与核心层企业共同进行研发，所获专利或科研成果仅供联盟成员使用。非联盟内企业必须通过加入联盟这一中介并进行购买才能获得共享技术，而未加入联盟的企业没有付费购买相关技术的机会。联盟中的核心企业作为联盟领导层，按照联盟机制中已定标准，对不同企业的运作投入、对产品技术或工艺的贡献等多方面因素，确定联盟中其他合作伙伴以多少金额来获得这一技术。此类分配方式通常是在产业技术创新战略联盟的非核心层企业需要使用联盟共同开发的共性技术时使用，如闪联产业技术创新战略联盟就是采用这种分配方式。

4. 按无偿使用技术进行分配的方式

此类分配方式是联盟企业平等地无偿分享研究成果，如特斯拉等联盟就采用这种分配方式，联盟主导者全面放开核心专利的使用权。联盟的项目团队对技术攻关领域进行项目分解，确定成员所负责的子项目，共同开发并平等分享团队的研究成果。产品试制和生产由联盟企业执行，合作研究中产生的所有信息技术供成员共享。实际上，企业无偿使用技术就是产业技术创新战略联盟中各个企业均对共同开发的创新技术或专利拥有使用权且不需要支付费用的分配方式。

8.1.2　产业技术创新战略联盟利益分配方式研究方法的选择

经过 50 多年的发展，系统动力学已经形成了完善的理论及方法学体系。针对开放性动态系统的研究已然较为成熟。系统动力学方法坚持联系、运动和发展的基本观点，将现实问题抽象化，并将不同变量之间的关系具体化。即使在数据不全的情况下也可使用计算机仿真技术分析模型的动态行为，从而使得研究能够更贴近现实运作情形。具体有以下五个特征。

（1）关注现象间的因果关系以及系统的反馈性。系统动力学从变量间的因果分析出发，分析因素形成的因果反馈回路，从复杂冗乱中找出内在因素和形成机制。

（2）可处理多变量、高阶次复杂问题。通常研究的系统均由多个要素构成，要素之间随系统时间变化更显因果关系的错综复杂。

（3）非线性。社会管理经济所涉及的系统问题一般都是非线性的，系统所涉及要素的因果反馈使得问题更加复杂，却能够较为真实地反映现实问题。

（4）定性和定量相结合。系统动力学模型由因果关系图、系统流图和数学模型方程（Dynamo 方程）所组成。研究问题是先由定性分析给出系统反馈路径，形成模型，进而进行定量分析。

（5）延迟性。首先，所建系统大多具有多重反馈性，这就使得研究问题在时空上产生一定的滞后性；其次，系统内部各要素的动作转变需要一定时间的调试，在变量调整执行阶段也会产生延迟现象。系统动力学模型引入延迟机制，更接近真实的社会系统行为。

根据以上五点特征可知，此方法适用于解决周期较长、数据不宜收集的非线性动态复杂社会经济问题。根据产业技术创新战略联盟的理论分析以及联盟实际运行现状可以看出，产业技术创新战略联盟就是一个典型的复杂网络系统，系统存在众多的物质与非物质的信息反馈回路，使得系统演化呈现非线性特征，属于系统动力学方法的适用对象。且已有众多学者采用此种方法研究产业技术创新战略联盟的知识、绩效、动因等方面的问题，如王玉梅（2009）应用系统动力学分析了产学研知识联盟中企业创新意识、利益、联盟关系、市场、科技、政策等动力因素以及权益分配不当、技术不成熟、组织管理不善等障碍因素的相互关系，但仅从理论上研究产学研知识联盟运行和发展机理，并未给出系统仿真结果。董媛媛和王宏起（2014）在研发联盟中分析了知识转移与传播者、接受者的创新效率及知识创新量的相互作用。黄逸珺（2004）利用系统动力学有针对性地研究电信运营产业供应链，分析运营商、终端设备厂商、电信用户间的相互作用，认为终端设备绩效取决于用户对终端的满意度。其他学者运用系统动力学研究了其他方面对企业绩效的影响，如研究渠道投资、渠道承诺、渠道创新对渠道销售利润和顾客满意度等绩效指标的作用（Sharma et al.，2004）、信息系统集成与企业绩效的关系（Georgantzas and Katsamakas，2010）等。

在实际中，联盟企业创新绩效的非财务指标较难给出具体数据，且企业之间由于存在频繁的物质、人才、信息流交换而产生多重反馈回路和复杂网络，系统动力学很好地解决了对其难以量化的问题，并且能够从产业联盟的微观结构入手，深度剖析各要素之间的关联，利用仿真数据对系统进行定性、定量分析。

8.2　产业技术创新战略联盟利益分配方式影响创新绩效的系统动力学模型

8.2.1　系统目标

产业技术创新战略联盟利益分配方式与创新绩效运行机制的研究较为复杂，

本部分将采用系统动力学模型，以更为清晰地反映利益分配方式与创新绩效作用机理，从而为两者的定量分析打下理论基础。

8.2.2 模型边界确定

系统动力学强调系统之外的环境之于系统内部没有影响，系统的动态行为只由系统界内的各个变量的相互作用产生。因此，运用系统动力学建模之前必须对系统的边界进行确定。

本节建立的系统动力学模型，研究系统边界与联盟企业运营投入资本、利益分配方式和企业创新绩效相关的变量。有鉴于相关变量对系统的影响程度不同，以及简化模型的复杂程度，本部分仅考虑与研究问题关系紧密、作用重要的关系变量，舍弃对模型结果影响不大的因素。本节研究系统的边界确定为：运作资本、市场份额、新产品开发、新工艺、外部资金、企业间合作网络、市场与信息技术、过程创新绩效、目标创新绩效、创新绩效增量、创新绩效等。

8.2.3 因果关系及流图设计

1. 四种分配方式与创新绩效的因果关系

根据边界的确定，系统梳理出四种分配方式与创新绩效的反馈回路。一方面，按投资比例的分配方式与企业创新绩效的系统动力学的反馈回路主要有以下两种。

一是按投资比例投入的运作资本，通过过程创新绩效对创新绩效影响的反馈回路。它是一个正反馈回路，按照投资比例是将自身企业所拥有的一定资金、技术、人力等作为运作资本投入所在联盟，以期实现联盟目标。在联盟企业相互沟通的过程中，运作资本会促进企业间市场与信息技术的转移，丰富企业自身的技术知识，企业间积极的交流学习也有助于扩大合作网络，且联盟的健康良好运转也会得到政府的外部资金资助，这些对企业过程创新均有正向作用，积极推动企业创新绩效的增加。企业获得创新绩效会激发自身活动的投入程度，进而循环加强。

二是按投资比例投入的运作资本，通过目标创新绩效对创新绩效影响的反馈回路。该回路也是一个正反馈回路，联盟企业通过自身有限的资源进行资本投资，以增强新产品的产出速度、优化开发新工艺以及提高企业市场份额，这些有助于目标创新绩效增强，继而获得整体创新绩效的提高。企业绩效增强进一步通过运作资本进行体现，整个回路相互推动。

另一方面，按付费购买方式共享技术对创新绩效的反馈回路如下。

一是按付费购买方式共享技术影响过程创新绩效、进而对创新绩效产生影响的反馈回路。企业带着自身对技术的强烈需求将资本投入企业运作，带动企业间的合作，丰富企业市场信息技术，扩大合作网络，政府通过对企业创新绩效的评价对企业开展资金扶持。这些过程创新绩效最终表现为企业创新绩效，创新绩效提高后企业将继续推进资本投入。此反馈回路为正反馈回路。

二是按付费购买方式共享技术影响目标创新绩效、进而对创新绩效产生影响的反馈回路。企业付费购买所需资金较大，资本投入后，新产品、新工艺的开发以及市场份额的获取不足以弥补目标创新绩效的空缺，即付费购买对目标创新绩效的影响为负，而创新绩效的增加会推动企业对共性技术的投资购买，此反馈回路为负反馈回路。

按合作过程中实际贡献的分配方式、按无偿使用技术和创新绩效的影响回路与按投资比例的分配方式同企业创新绩效相似。不同的是按合作过程中实际贡献的度量范围更广，且是对一个运行周期后的贡献度量；按无偿使用技术对于过程创新绩效和目标创新绩效的影响更加明显，但三者对创新绩效的两个反馈回路均为正反馈。

根据以上分析，得出四种分配方式与创新绩效的因果关系图如图 8.1～图 8.4 所示。

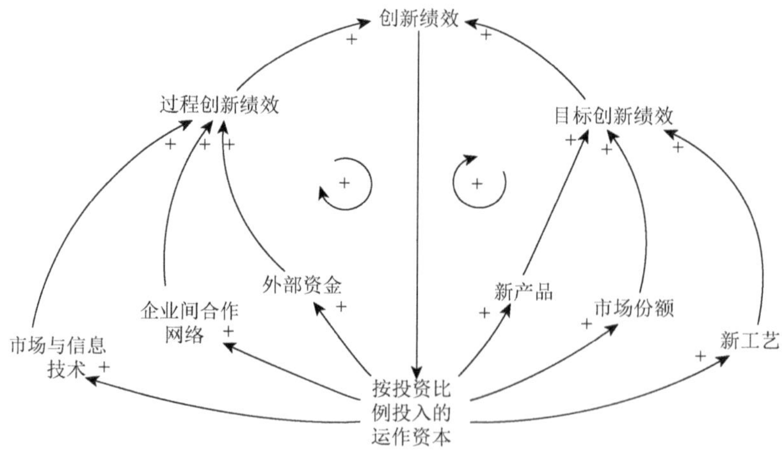

图 8.1　按投资比例的分配方式与创新绩效的因果关系图

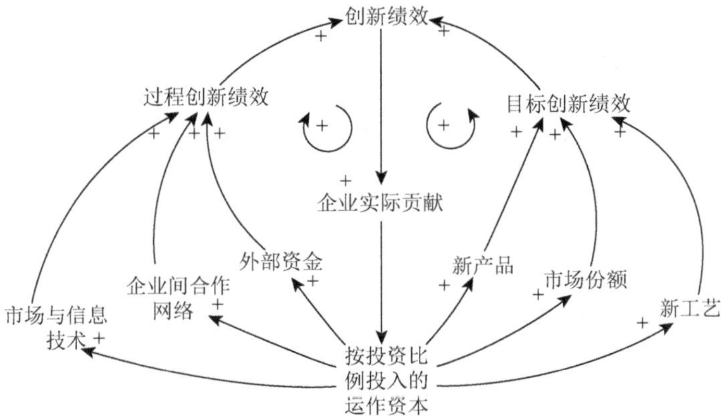

图 8.2　按合作过程中实际贡献的分配方式与创新绩效的因果关系图

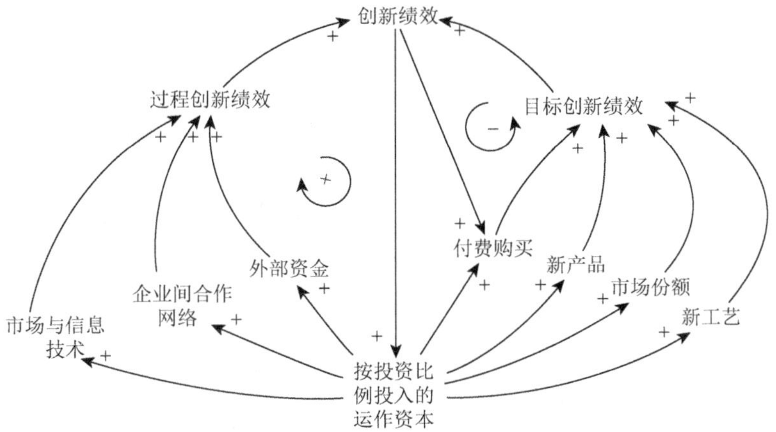

图 8.3　按付费购买的分配方式与创新绩效的因果关系图

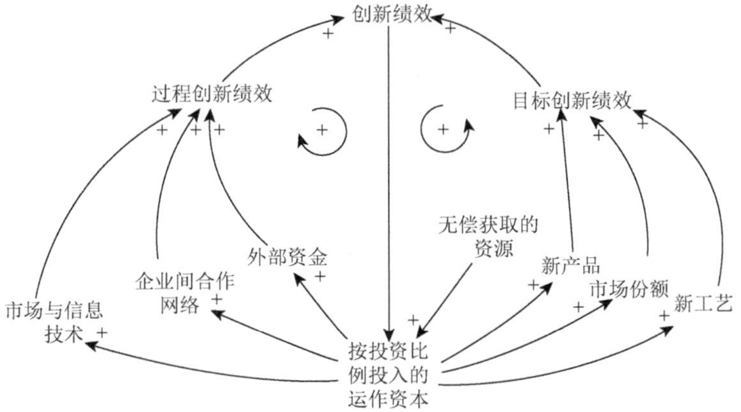

图 8.4　按无偿使用技术的分配方式与创新绩效的因果关系图

2. 四种分配方式与创新绩效的流程图

根据以上因果关系分析，分别画出四种分配方式与创新绩效的流程图，如图 8.5～图 8.8 所示。

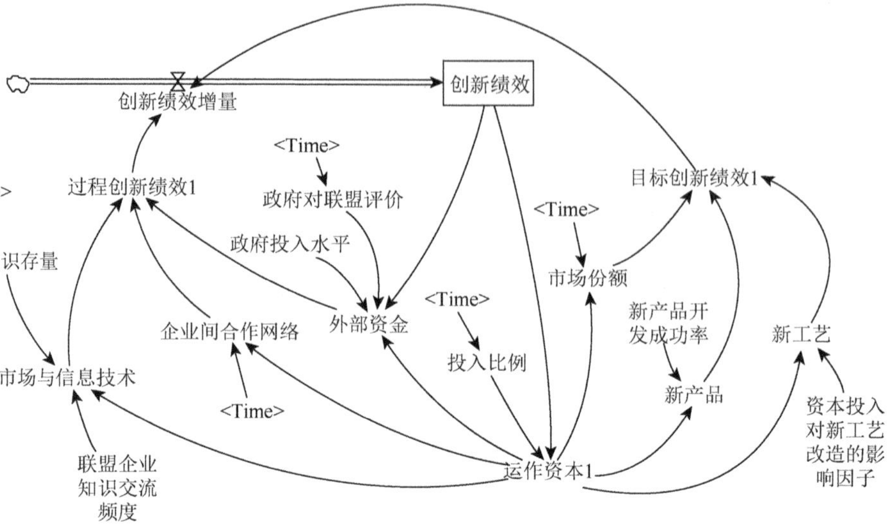

图 8.5　按投资比例的分配方式与创新绩效的流程图

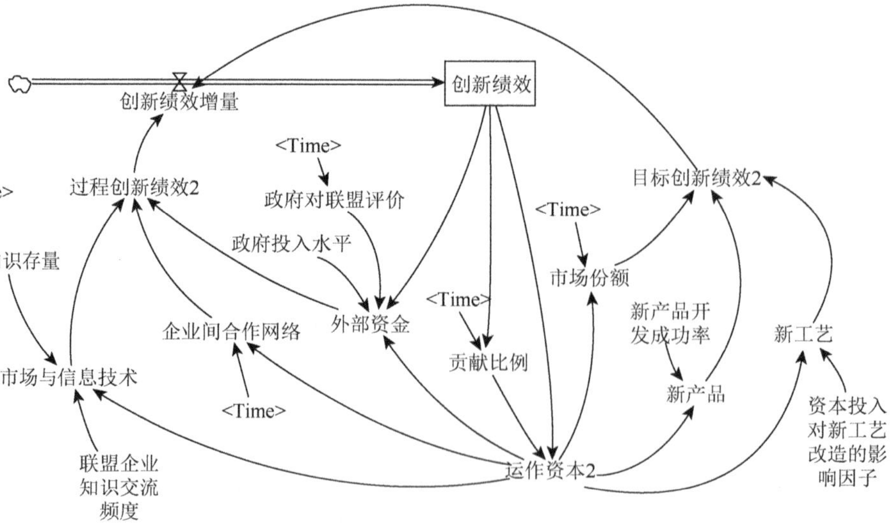

图 8.6　按合作过程中实际贡献的分配方式与创新绩效的流程图

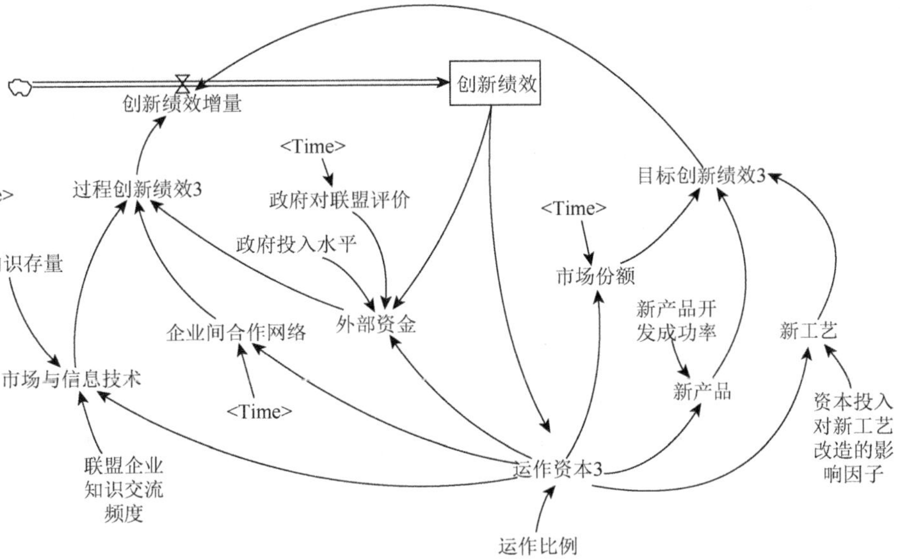

图 8.7　按无偿使用技术的分配方式与创新绩效的流程图

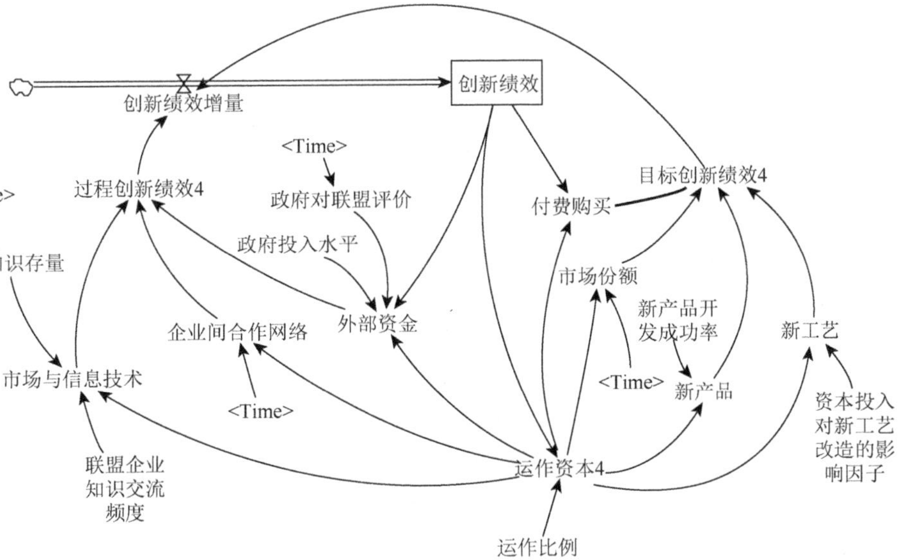

图 8.8　按付费购买的分配方式与创新绩效的流程图

在理论分析和系统动力学流程图的基础之上，进一步建立运作资本、创新绩效的系统动力学方程组。模型的主要方程及设计如下。

（1）L 创新绩效=INTEG（创新绩效增量，10）。

（2）R 创新绩效增量=目标创新绩效+过程创新绩效。

（3）A 联盟知识存量=WITH LOOKUP（Time，([（0，0）–（40，1）]，(0，0.5)，(40，0.8)))。联盟知识存量随着联盟内部不同企业的员工展开合作研发技术信息交流的增强而缓慢增多。方程初值和终值分别为 0.5 和 0.8。

（4）A 市场与信息技术=IF THEN ELSE（运作资本＞0，联盟知识存量*联盟企业知识交流频度+运作资本*0.01，0）。当企业投入运作资本，联盟成员之间有沟通市场与信息技术的作用时，为联盟知识存量和联盟企业知识交流频度乘积与百分之一运作资本的总和，否则为 0。

（5）A 政府对联盟评价=WITH LOOKUP（Time，([（0，0）–（40，1）]，(0，0.03)，(40，0.15)))。随着联盟的健康有效运作，政府对联盟的评价会有所提高。初值和终值分别为 0.03 和 0.15。

（6）A 外部资金=IF THEN ELSE（创新绩效＞=运作资本*3，政府投入水平*政府对联盟评价+0.01*运作资本，0）。当联盟企业有效运作，即用创新绩效不小于三倍的运作资本来判断，企业获得的外部资金为政府投入水平与政府对联盟评价的乘积与百分之一的运作资本之和，否则为 0。

（7）A 企业间合作网络=WITH LOOKUP（IF THEN ELSE（运作资本＞0，Time，0)，([（0，0）–（40，1）]，(0，0)，(40，0.2)))。当企业投入运作资本，联盟成员之间有所沟通时，用表函数来模拟市场与信息技术的变化。初值和终值分别为 0 和 0.2。

（8）A 过程创新绩效=STEP（企业间合作网络+外部资金+市场与信息技术，8）。考虑到过程创新绩效需要有一个吸收转化为自身资源的过程，且需要经过一段时间逐渐显化而采用 STEP 函数。

（9）A 投入比例=WITH LOOKUP（Time，([（0，0）–（40，1）]，(0，0.05)，(40，0.2)))。随着联盟企业的绩效的增加，联盟企业的资本投入比例将会有所提高。初值和终值分别为 0.05 和 0.2。

（10）A 运作资本 1=创新绩效*投入比例。

（11）A 市场份额=WITH LOOKUP（IF THEN ELSE（运作资本＞1，Time，0)，([（0，0）–（40，0.2）]，(0，0.03)，(40，0.09)))。当企业投入运作资本到一定程度时，市场份额出现并用表函数来模拟市场份额的变化，否则市场份额为 0。初值和终值分别为 0.03 和 0.09。

（12）A 新产品=新产品开发成功率*运作资本。

（13）A 新工艺=资本投入对新工艺改造的影响因子*运作资本。

（14）A 目标创新绩效=DELAY1I（市场份额+新产品+新工艺，2，0）。由于现实生活中市场份额扩大、新产品及新工艺开发是逐步形成的，所以本章采用一阶延迟函数，设定延迟 2 个模拟单位，初值为 0。

（15）A 运作资本 2=创新绩效*贡献比例。

（16）A 贡献比例=WITH LOOKUP（IF THEN ELSE（创新绩效＞10，Time，0），（[（0，0）–（40，0.2）]，（0，0.07），（40，0.2）））。本章用表函数来模拟联盟企业的实际贡献比例，随着联盟企业的绩效的增加，联盟企业的实际贡献比例将会有所提高。初值和终值分别为 0.07 和 0.2。

（17）A 运作资本 3=创新绩效*运作比例。

（18）A 运作比例=0.2。

（19）A 运作资本 4=创新绩效*运作比例。

（20）A 付费购买=IF THEN ELSE（运作资本 4＞0，创新绩效*0.05，0）。当企业投入运作时，企业采用付费方式获得共享资源，付费资金为创新绩效的百分之五，否则为 0。

（21）A 目标创新绩效 4=DELAY1I（市场份额+新产品+新工艺，2，0）–付费购买。付费购买是对目标创新绩效的直接影响，故目标创新绩效是市场份额、新产品、新工艺的逐步影响与付费购买的差额。

8.2.4　数据模拟结果与分析

1. *初值设定及模型检验*

考虑到大部分产业技术创新战略联盟的运行时期为 3～5 年，设模型开始时间为 0，终止时间为 40，时间步长为 1 个月。模型内部的结构决定了相应变量的变化方向，对于这些变量，其初始参数的取值只要相对符合现实模拟情景即可。模型中部分变量的纵向数据也难以得到企业提供，大致的数据即可满足仿真要求。因此，本章在合理范围内对系统初值进行设定。考虑到联盟企业间是既有竞争又有合作的状态，虽然知识溢出对联盟整体有利，但自身企业对专有核心知识的交流较少，所以设定联盟企业知识交流频度为 0.08；实际联盟运行中对于新产品开发的成功率和资本投入对新工艺改造的影响因子均不高，分别设置为 0.03 和 0.06；政府投入水平设为 1。按无偿使用技术的分配方式和按付费购买的分配方式对运作资本的直接影响因素均较低，为方便系统仿真，运作资本初始设定为 2，按付费购买的分配方式的初始付费为 0.5。

系统模型只是在约束条件下对现实环境以及主体活动的抽象，任何模型都无法做到完整的现实重现，但为了保证所做研究的科学性以及合理性，就需要对所建模型的合理性以及有效性进行检验。所以在系统仿真之前对模型进行单位一致性检验、系统边界测试和系统极端情况测试。

1）单位一致性检验

系统动力学模型中的变量代表不同含义，每一变量数据的单位也各有不同，因此在建模时需要注意变量单位的一致性问题。而 Vensim PLE 软件的 check model 功能可以有效检验模型的此类问题。当模型出现错误或者变量单位不一致时，系统在运行过程前就会自检模型并提示有误，无法进行仿真，随即给出错误原因。本章模型通过反复校正及修改，最终通过单位一致性检验。

2）系统边界测试

本章在对产业技术创新战略联盟进行系统分析与模型构建时，阅读了与之相关文献资料以及系统动力学模型构建的书籍，通过深入调研，向浙江省企业管理研究会、浙江省企业技术创新协会等相关专业人员和杭州电子科技大学相关专业教授进行了详细的咨询，所做工作得到肯定，这样基本保证了本章的系统动力学模型结构与产业技术创新战略联盟实际情况一致。

3）系统极端情况测试

系统极端情况测试是将模型中部分变量的初值用极端数值进行代替，观察系统仿真结果的数值变化以及走势，判断是否具有现实仿真意义。本章选取按投资比例的分配方式与创新绩效系统作为代表进行极端值检验，设置投入比例初值为 0，企业创新绩效初值为 0，观测系统仿真结果如图 8.9 所示。

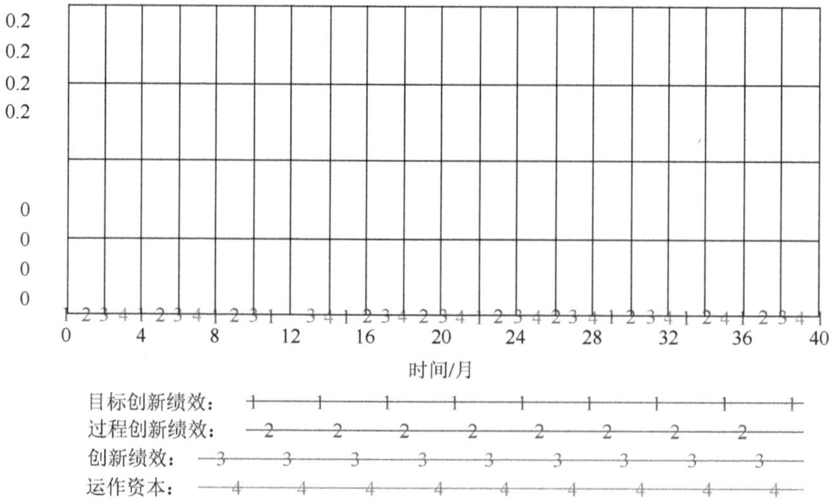

图 8.9 按投资比例的分配方式与创新绩效系统在极端值下的模拟结果

模拟仿真结果显示，在投入比例初值为 0、企业创新绩效初值为 0 的情形下，企业的运作资本、目标创新绩效、过程创新绩效以及创新绩效均为 0，表明系统符合现实世界中的理性行为，通过了模型极端测试。

2. 模拟结果及分析

利用系统动力学专用软件 Vensim PLE 将以上流程图和方程输入软件当中，可以获得系统动力学模型输出数值表（表 8.1～表 8.4）和趋势图（图 8.10～图 8.13）。

表 8.1　按投资比例的分配方式与创新绩效系统变量在不同时间点的数据值对比

时间	运作资本 1	目标创新绩效 1	过程创新绩效 1	创新绩效
0	0.5	0	0	10
1	0.537 5	0.037 5	0	10
2	0.577 156	0.057 938	0	10.037 5
3	0.618 346	0.069 941	0	10.095 4
4	0.660 75	0.077 796	0	10.165 4
5	0.704 218	0.083 632	0	10.243 2
6	0.748 693	0.088 506	0	10.326 8
7	0.794 168	0.092 944	0	10.415 3
8	0.840 66	0.097 21	0.155 613	10.508 3
9	0.901 24	0.101 434	0.165 425	10.761 1
10	0.964 945	0.106 273	0.175 299	11.027 9
20	1.841 67	0.203 726	0.278 833	14.733 4
30	3.353 02	0.341 304	0.395 06	20.634
40	5.901	0.563 668	0.532 02	29.505

表 8.2　按合作过程中实际贡献的分配方式与创新绩效系统变量在不同时间点的数据值对比

时间	运作资本 2	目标创新绩效 2	过程创新绩效 2	创新绩效
0	0.7	0	0	10
1	0.7	0.046 5	0	10
2	0.768 557	0.069 75	0	10.046 5
3	0.806 771	0.084 46	0	10.116 3
4	0.846 659	0.093 535	0	10.200 7
5	0.887 879	0.099 867	0	10.294 2
6	0.930 273	0.104 888	0	10.394 1
7	0.973 782	0.109 306	0	10.499
8	1.018 4	0.113 473	0.159 168	10.608 3
9	1.079 93	0.123 565	0.168 999	10.880 9
10	1.145 28	0.132 129	0.178 906	11.173 5

续表

时间	运作资本 2	目标创新绩效 2	过程创新绩效 2	创新绩效
20	2.041 05	0.221 402	0.282 821	15.118 9
30	3.558 06	0.359 827	0.399 161	21.242 1
40	6.066 06	0.579 727	0.535 321	30.330 3

表 8.3　按无偿使用技术的分配方式与创新绩效系统变量在不同时间点的数据值对比

时间	运作资本 3	目标创新绩效 3	过程创新绩效 3	创新绩效
0	2	0	0	10
1	2	0.105	0	10
2	2.021	0.158 25	0	10.105
3	2.052 65	0.186 57	0	10.263 2
4	2.089 96	0.202 904	0	10.449 8
5	2.130 54	0.213 5	0	10.652 7
6	2.173 24	0.221 375	0	10.866 2
7	2.217 52	0.227 983	0	11.087 6
8	2.263 12	0.234 03	0.184 062	11.315 6
9	2.346 74	0.239 855	0.194 335	11.733 7
10	2.433 57	0.247 281	0.204 671	12.167 9
20	3.520 1	0.351 557	0.312 402	17.600 5
30	5.075 61	0.497 469	0.429 512	25.378 1
40	7.210 47	0.693 397	0.558 21	36.052 4

表 8.4　按付费购买的分配方式与创新绩效系统变量在不同时间点的数据值对比

时间	运作资本 4	目标创新绩效 4	过程创新绩效 4	创新绩效
0	2	−0.5	0	10
1	1.9	−0.37	0	9.5
2	1.826	−0.302 75	0	9.13
3	1.765 45	−0.265 82	0	8.827 25
4	1.712 29	−0.243 6	0	8.561 43
5	1.663 57	−0.228 61	0	8.317 83
6	1.617 84	−0.217 21	0	8.089 22
7	1.574 4	−0.207 67	0	7.872 02
8	1.532 87	−0.199 15	0.169 457	7.664 35

续表

时间	运作资本 4	目标创新绩效 4	过程创新绩效 4	创新绩效
9	1.526 93	−0.199 72	0.177 939	7.634 65
10	1.522 57	−0.199 18	0.186 451	7.612 87
20	1.579 85	−0.197 92	0.273 597	7.899 25
30	1.795 66	−0.220 04	0.363 913	8.978 29
40	2.132 43	−0.260 9	0.456 649	10.662 2

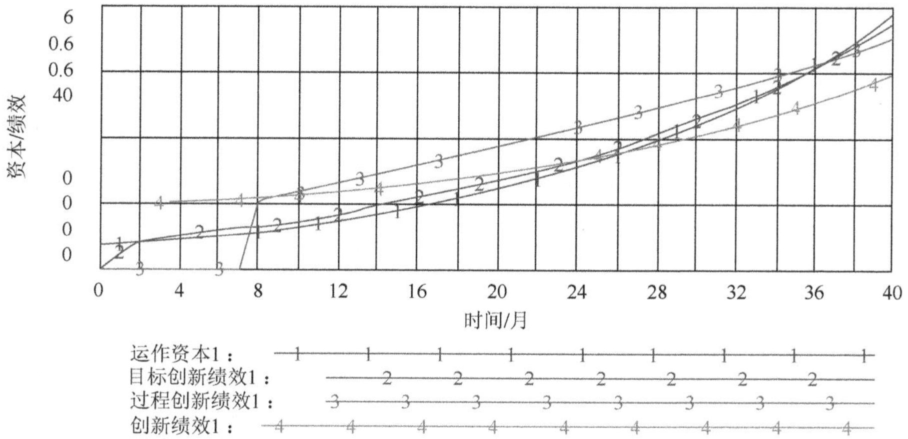

图 8.10　按投资比例的分配方式与创新绩效的系统变化趋势图

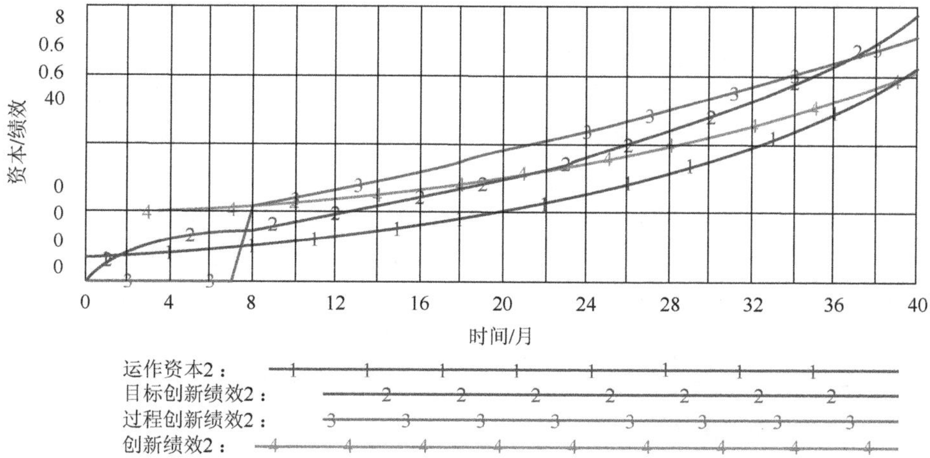

图 8.11　按合作过程中实际贡献的分配方式与创新绩效的系统变化趋势图

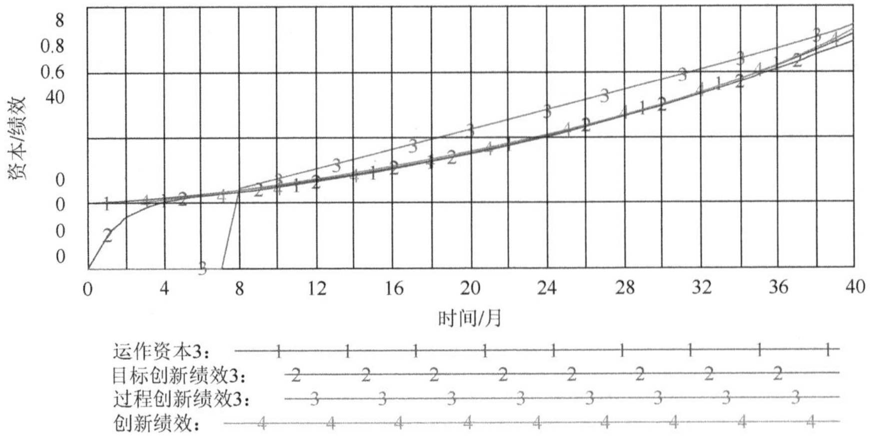

图 8.12　按无偿使用技术的分配方式与创新绩效的系统变化趋势图

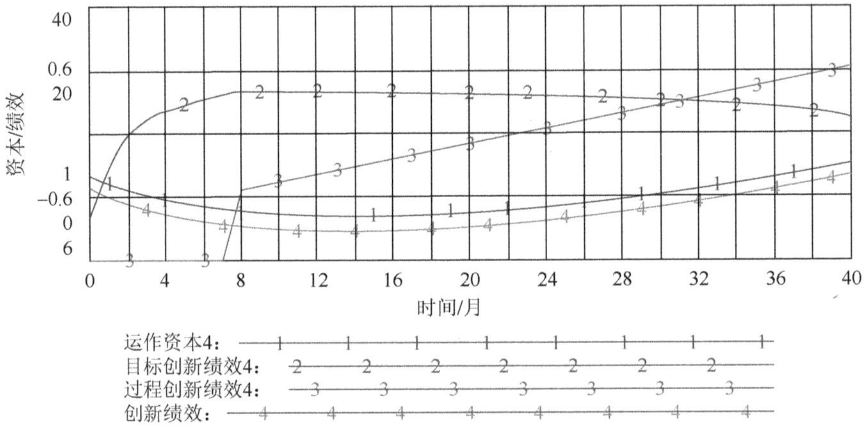

图 8.13　按付费购买的分配方式与创新绩效的系统变化趋势图

对比四种分配方式与创新绩效的仿真结果，可以看到按投资比例、按合作过程中实际贡献、按无偿使用技术的分配方式对创新绩效有促进作用，但影响程度不同。其中按无偿使用技术分配最强，按合作过程中实际贡献分配次之，按投资比例分配最弱，而按付费购买的分配方式对企业创新绩效影响不明显。从目标创新绩效和过程创新绩效两个方面来看，四种分配方式对过程创新绩效都有积极影响，且过程创新绩效在一段时间后逐渐增加，这是因为企业通过伙伴之间的协同合作逐步吸收新知识、建立网络对接等须在一段时间后缓慢显现。而按投资比例、按合作过程中实际贡献、按无偿使用技术的分配方式对目标创新绩效有正面影响，但目标创新绩效增长缓慢；按付费购买的分配方式对目标创新绩效无促进作用。结合实际来看，资本投入转化为产出存在时滞，目标创新绩效在初始阶段客观反映了系统中物质和信息的延迟现象。

以下分别分析四种分配方式的仿真运行结果。

1）按投资比例的分配方式与创新绩效的仿真结果分析

从表 8.1 和图 8.10 可知，联盟企业通过资本投入，从初始的 0.5 逐渐增加到 5.9，企业目标创新绩效持续增长至 0.56，过程创新绩效从第 8 阶段的 0.156 逐步增长至第 40 阶段的 0.53，创新绩效在初始阶段增长无几，在之后阶段增长明显。企业目标创新绩效，在第 8～37 阶段低于过程创新绩效而在第 37 阶段之后高于过程创新绩效，且比过程创新绩效增长快。主要原因包括以下两个方面：①过程创新绩效的积累作用在第 28 阶段之后间接促使目标创新绩效提高；②企业运行良好使得新产品、新工艺获得成果以及市场份额扩大，目标创新绩效在后阶段增强。

2）按合作过程中实际贡献的分配方式与创新绩效的仿真结果分析

联盟企业通过对合作过程中实际贡献的度量将运作资本从初始的 0.7 逐渐增加到 6.1，企业目标创新绩效持续增长至 0.58，过程创新绩效从第 8 阶段逐步增长至 0.54，创新绩效增至 30.3。企业目标创新绩效在第 8～36 阶段低于过程创新绩效，而在第 36 阶段之后高于过程创新绩效，且比过程创新绩效增长快。理论分析产生这种结果的原因与 1）的分析基本一致。但比较表 8.1、表 8.2 的仿真数据以及图 8.10、图 8.11 中部分变量的趋势走向得出：同一时间阶段，按合作过程中实际贡献的分配方式下，目标创新绩效或过程创新绩效比按投资比例的分配方式中的目标创新绩效或过程创新绩效高。按合作过程中实际贡献的分配方式较按投资比例的分配方式稍显优势。

3）按无偿使用技术的分配方式与创新绩效的仿真结果分析

联盟企业无偿使用技术使得企业在 40 个阶段中，创新绩效由 10 增长至 36.1，相应的运作资本由初始值 2 增加至 7.2。从图 8.12 的系统变量趋势图可以看出，当企业运作经过初始磨合期后，目标创新绩效和过程创新绩效均稳定增加，且这一分配方式对过程创新绩效的影响强于目标创新绩效。分析其中原因，可能是无偿使用技术使得合作联盟企业相互学习行业专有技术、吸收潜在知识，企业竞争优势得以积累并在企业绩效中体现。

4）按付费购买的分配方式与创新绩效的仿真结果分析

通过付费购买技术使得企业在 40 个阶段中的创新绩效增长较少。从表 8.4 可知，目标创新绩效由–0.5 提高至–0.26，虽然有所增加，但对创新绩效整体影响仍为负。究其原因，可能是付费购买对于直接表现出的目标创新绩效影响较大，因此削弱了目标创新绩效整体性增长；过程创新绩效在经过初始阶段后逐步增加。由此可以看出，按付费购买的分配方式对企业知识的积累、合作网络的扩大有积极作用。

第9章　产业技术创新战略联盟利益分配影响企业创新绩效的实证分析

在产业技术创新战略联盟利益分配与企业绩效理论研究的基础上采用系统动力学方法，对产业技术创新战略联盟中四种不同的利益分配方式与企业创新绩效进行了建模与仿真。虽然仿真数据是根据对现实情况的抽象而合理拟定的，但仍是虚拟值，若用实证数据做进一步检验更能说明研究问题与结论。因此，以下将结合问卷收集数据采用实证研究方法对模型所反映的趋势关系以及所提假设进行检验。

本章对产业技术创新战略联盟利益分配方式与企业绩效进行实证分析，首先在研究两者影响机理的基础上提出相关研究假设，然后通过走访和问卷调查进行实证研究，最后在数据处理与分析的基础上进行假设检验并对相关性的研究结果进行分析和讨论。

9.1　产业技术创新战略联盟利益分配方式与企业创新绩效关系的相关假设

产业技术创新战略联盟创新绩效受到许多内外部因素的影响，联盟不同利益分配方式与联盟成员创新绩效不同方面之间的关联程度是不尽相同的。以下分析产业技术创新战略联盟中的四种分配方式与企业创新绩效的目标创新绩效和过程创新绩效的理论关联并提出研究假设。

按投资比例分配和按合作过程中实际贡献分配是产学研联盟利益分配的重要方式，在技术联盟中也较为常见。李建玲等（2013）在对共性技术联盟的利益分配中提到联盟成员的收益大小与资本投入以及企业贡献成正比，资本投入越多，收益越大，对联盟发挥的作用和贡献度越大，其收益就会越大。按投资比例或者按合作过程中实际贡献都是将单个企业自身的资金、技术、人力等投入所在联盟中，以推动联盟实现预期目标。联盟资本的有效运作会带来收益，在保证联盟成员“有利可图”的情况下，这两种分配方式可满足成员“多劳多得”的预期。按照这两种分配方式进行利益分配，目标创新绩效以整体收益的形式按投资比例或按合作过程中实际贡献分配给各联盟企业，合作伙伴能够准确判断随之获得的利润、技术成果、即将出售的产品等，这可以有效激发联盟成员企业的努力程度。虽然，联盟整体合作创造出来的社会形象、品牌力量、企业合作关系网络、知识溢出等很难用投资比例或合作过程中实际贡献进行分配，但作为产业技术创新战略联盟中的一员，这些成果会在一定程度上提升联盟成员的技术形象，进而增强联盟成员产品的竞争优势。因此提出以下假设。

假设 9.1：在产业技术创新战略联盟运行过程中，按投资比例的分配方式对联盟成员创新绩效有显著的正效应。

假设 9.2：在产业技术创新战略联盟运行过程中，按合作过程中实际贡献的分配方式对联盟成员创新绩效有显著影响。

虽然联盟中各个企业对开发技术的贡献大小不同、投入资源多少不一，但企业无偿使用技术节约了独自开发技术所需的大量资金、人力以及其他资源。特别是产业技术创新战略联盟在推广产业技术标准时，联盟成员获得使用这一标准的权利就为自身未来的发展奠定良好的基础。按无偿使用技术的分配方式对于联盟中整体实力相对薄弱的企业来讲，可以在合作过程中免费获取行业资源和技术，拓宽企业知识领域，降低进入行业的门槛；而对于自身经济资本雄厚且较多关注本行业未来发展趋势的企业来讲，无偿使用技术可以扩大研发技术的使用范围，逐步积累资源优势，从而增强企业核心竞争优势，让联盟企业有机会成为所在行业的标杆。总的来讲，按无偿使用技术的分配方式有利于形成联盟成员合作共赢的局面，不仅可以增强优势企业引领行业发展的技术与能力，还能使非优势企业获得可持续发展的技术积累。因此提出以下假设。

假设 9.3：在产业技术创新战略联盟运行过程中，按无偿使用技术的分配方式对联盟成员创新绩效有显著影响。

产业技术开发，尤其是共性技术开发，难度大、耗时长、投入大、风险高，需要产业技术创新战略联盟成员协同努力，更需要从联盟成员处获得足够多的资源投入来确保创新活动的持续开展。按付费购买的分配方式有助于技术、专利的市场定价，推进技术的市场和产业化进程，也有利于避免联盟成员努力程度难以界定而导致的成果分配不公的冲突，在一定程度上可最大化联盟的整体利益。但如今，付费购买技术的途径已经呈现多元化，特别是随着全球技术交易市场的成熟与完善，对于联盟企业来讲，等待付费购买联盟创新技术的机会成本较高，有时难以有效满足企业产品和技术快速发展的需要。从这方面来讲，在联盟过程中，按付费购买的分配方式不能有效激发联盟成员的合作动机和热情，难以推动成员之间形成紧密的合作关系。总的来讲，联盟成员对联盟创新技术有一定的预期和偏好，但受技术交易途径多元化和技术快速发展需求等的影响，联盟成员对付费购买合作创新技术的依赖程度会降低，从而使按付费购买的分配方式对联盟成员创新绩效的影响不明显。因此提出以下假设。

假设 9.4：在产业技术创新战略联盟运行过程中，由于联盟成员购买技术途径的多元化，按付费购买的分配方式对联盟成员创新绩效的影响不显著。

9.2　调研过程与数据搜集

本章采用调查问卷获取研究所需数据。首先，通过对文献中涉及的产业技术创新战略联盟、利益分配、企业创新绩效的概念界定、衡量维度及指标体系进行阅读、梳理、归纳和比较，形成问卷雏形；然后通过课题组讨论、专家沟通等形式，征集团队成员的客观合理意见，形成问卷初稿；然后通过在浙江省内部分产业技术创新战略联盟企业的现场访谈等对有疑问的题项进行修正和完善，针对问卷中语意模糊、概念偏差、表述不清的题项进行修改，形成最终版本的调查问卷。

调查问卷共三个部分，第一部分为联盟企业基本信息，第二部分为联盟成员间的利益分配与冲突协调量表，第三部分为联盟的绩效与影响因素量表。第二部分与第三部分的部分量表采用 Likert 五级量表形式。

选取浙江省制造行业中参与产业技术创新战略联盟的相关企业进行问卷调查。实证调研主要通过四个阶段完成。

第一阶段是 2012 年 8 月到 2012 年 12 月在国家自然科学基金项目资助下的实证调研。该阶段属于产业技术创新战略联盟调研的探索性阶段，通过现场访谈等方式进一步修正和完善调研问卷，对问卷中表述可能产生疑义的问题、专业术语的表达方式等进行调整。通过本阶段访谈式的调研，进一步完善调研问卷。通过指导式的问卷填写，共回收 46 份实证问卷，有效样本问卷 46 份。

第二阶段是 2013 年 2 月至 2013 年 5 月参与浙江省经济和信息化委员会组织的实证调研。课题组走访调研了化工、汽摩设备配件制造、纺织等行业的产业技术创新战略联盟企业。这一阶段课题组成员共走访企业 103 家，访谈 52 家，邀请填写问卷 52 家，由于填写问卷的部分企业未参与联盟活动，实际有效的问卷仅有 32 份。剔除重要信息填写不完整的问卷，实际有效样本问卷为 26 份。

第三阶段是 2013 年 3 月至 2013 年 5 月在杭州电子科技大学科学技术研究院的帮助下，科研小组针对浙江省温州市平阳县政府所在辖区内的产业技术创新战略联盟展开的实证调研。通过平阳县科技局搭建的平台，共发放电子问卷 146 份，回收有效问卷 79 份。

第四阶段是 2014 年 4 月至 2014 年 6 月针对浙江高校 MBA（工商管理硕士，master of business administration）学员所开展的选择性调研。课题组邀请了浙江大学等在浙高校的 200 余位 MBA 学员进行问卷填写，回收问卷 52 份，有效问卷 50 份。

通过四阶段调研，共收集有效的样本问卷 201 份。

为了保证分析问卷数据的准确性和可信性，去除在收集问卷过程的可处理误差，通过以下两个步骤对问卷进行预处理。首先邀请企业管理方面的专家以及企业内部管理者对问卷数据进行分析，将有明显误差的问卷剔除，其次通过行业协会以及浙江省经济和信息化委员会、浙江省科学技术厅依据相关信息对收集的数据进行对比分析，修正和剔除一些明显失真的数据。在整体性的数据筛选以及处理之后，一共获得有效样本 155 份。

9.3　实证研究结果分析

本章使用 SPSS 18.0 软件对 155 份样本数据进行统计分析处理，并做相应的描述性统计分析、因子分析和相关性分析。根据数据分析结果，试图对四种不同联盟利益分配方式与企业创新绩效的相关程度做出分析与对比。

9.3.1　描述性统计分析

从问卷回收情况来看，调研企业的营业收入从几十万元到上亿元不等，涉及化工、皮革、机械、家电、纺织、塑编等行业，涵盖了浙江省制造业的基本类型。从企业类型来看，所调研对象多数为私营企业和股份有限公司，少量涉及国有企业。样本企业成立时间在 1981～1990 年的有 7 家，约占 4.5%；在 1991～1995 年的有 11 家，约占 6.4%；1996～2000 年的共 34 家，占 22%，2001～2005 年的有 63 家，占 40.7%；2006 年之后的有 40 家，约占 25.7%。从中可以看出，75%左右的样本企业已经发展了 10 年以上。员工人数在 100～500 人的企业为 60 家，约占 42%。基本概况分析结果如表 9.1 所示。

表 9.1　基本概况分析结果

类别		频数	百分比/%	累计百分比/%
行业方向	化工	4	2.6	2.6
	电子	4	2.6	5.2
	印刷	4	2.6	7.8
	汽摩	4	2.6	10.3
	设备制造	5	3.2	13.5
	家电	6	3.9	17.4
	纺织	7	4.5	21.9
	建筑	8	5.2	27.1

续表

类别		频数	百分比/%	累计百分比/%
行业方向	皮革	9	5.8	32.9
	食用品	9	5.8	38.7
	低压电器制造	10	6.5	45.2
	通信	11	7.1	52.3
	高分子	12	7.7	60.0
	机械	16	10.3	70.3
	塑编	26	16.8	87.1
营业收入/万元	1 000 以下	18	13.0	13.7
	1 000～2 000	17	13.0	26.7
	2 000～10 000	47	35.9	62.6
	10 000～40 000	32	24.4	87.0
	40 000 以上	17	13.0	100.0
成立年份	1981～1990 年	7	4.5	4.5
	1991～1995 年	11	6.4	11.6
	1996～2000 年	34	22.0	33.5
	2001～2005 年	63	40.7	74.2
	2006 年至今	40	25.7	100.0
员工人数	50 人以下	20	14.0	14.0
	50～100 人	36	25.2	39.2
	100～500 人	60	42.0	81.1
	500 人以上	27	18.9	100.0
企业性质	其他	8	5.2	5.2
	股份有限公司	45	29.0	34.2
	外商投资企业	24	15.5	49.7
	私营企业	68	43.9	93.5
	集体企业	2	1.3	94.8
	国有企业	8	5.2	100.0

9.3.2　信度与效度分析

1. 信度分析

信度分析是考查问卷中变量测量指标的可靠性，侧面反映调查对象填写调查问卷的可信程度和测量结果的内部一致性程度。计算方法有 Cronbach 信度、重测信度、折半信度、复本信度等，最为常用的是 Cronbach 信度检验。本章就以 Cronbach's α 系数来检验变量维度的内部一致性。Nunnally（1978）提出：α 大于 0.9 表示问卷信度非常好；α 在＞0.7～≤0.9 为高信度；α 在＞0.35～≤0.7 为中等信度；α≤0.35 为低信度。因为关于 α 系数的具体评判标准，学者的看法各不相同，所以本章综合多位专家认为合理的信度标准，提出：Cronbach's α 数值在 0.6 以下的不接受，在≥0.6～≤0.7 的勉强可以接受，在＞0.7～≤0.8 的基本可以接受，在 0.8 以上完全可以接受。利用软件对企业创新绩效的行为量表进行内部一致性检验，得到创新绩效变量的 Cronbach's α 为 0.840，因此可以认为测量变量的内部一致性以及问卷调查信度符合要求。

2. 效度分析

效度分析是分析问卷的内容设计和结构设计是否有效，特别针对多指标变量的有效性检测。

内容效度是考量问卷题目是否包含该变量的大部分内容，所选择的行为范围在获取样本时是否适当。因为在设计问卷之前，作者大量阅读了之前学者的相关研究和问卷设计的题项，并通过与相关企业工作人员沟通等保证问卷的内容效度，所以涉及变量的指标题项基本符合要求。

结构效度是对根据理论分析所得问卷的设计量表进行真实有效性的检验。采用因子分析前的 KMO（Kaiser-Meyer-Olkin）检验和 Bartlett 球形检验来对问卷结构效度进行检验。依据大部分专家对 KMO 检验值的认定标准，以 KMO 值在 0.7 以上表示适合因子分析，达到量表的结构效度要求；KMO 值≤0.7 表示不适合因子分析，未达到结构效度要求。设计问卷的企业创新绩效的结构效度检验如表 9.2 所示。

表 9.2　创新绩效 KMO 和 Bartlett 球形检验

取样足够的 KMO 度量		0.831
Bartlett 球形检验	近似卡方	345.721
	自由度	15
	显著性	0.000

从表 9.2 可以看到：企业创新绩效的 KMO 值为 0.831，大于 0.8，Bartlett 球形检验中的近似卡方为 345.721，显著性为 0.000，小于 0.01。表中数据表明所获样本数据适合进行因子分析。

9.3.3 因子分析

经过 KMO 和 Bartlett 球形检验可知，企业创新绩效这一变量可以进行因子分析。

限定联盟企业创新绩效这一变量的萃取因子个数为 2，即该变量为二维度量，并用主成分分析以及最大方差旋转法抽取两个维度的共同因素指标，得出旋转成分矩阵如表 9.3 所示。从表 9.3 可以看到实证数据结果与理论推演得出的绩效维度划分一致，目标创新绩效和过程创新绩效两个维度包含项目也未发生变化。扩大市场份额、改进生产工艺、开发新产品聚合成分 1，其作用荷载分别为 0.859、0.775、0.769，根据这些指标的特性，定义为目标创新绩效；获得更多的外部资金、扩大企业间的合作关系网络、获得更多的市场与技术信息聚合成分 2，其作用荷载分别为 0.817、0.791、0.769，根据这些指标的特性，定义为过程创新绩效。

表 9.3　旋转成分矩阵

因子	成分	
	目标创新绩效	过程创新绩效
扩大市场份额	**0.859**	0.074
改进生产工艺	**0.775**	0.339
开发新产品聚合成分	**0.769**	0.367
获得更多的外部资金	0.079	**0.817**
扩大企业间的合作关系网络	0.354	**0.791**
获得更多的市场与技术信息	0.322	**0.769**

由表 9.4 解释的总方差可知，旋转后的目标创新绩效特征值为 2.165，能够解释创新绩效的 36.089%；过程创新绩效的特征值为 2.138，能够解释创新绩效的 35.630%；两者经直交转轴后的特征值均大于 1 且能够解释企业创新绩效的 71.719%，具有较好的水平，观测指标的效度较好。

表 9.4　解释的总方差

成分	初始特征值			旋转平方和载入		
	合计	方差%	累积%	合计	方差%	累积%
1	3.351	55.856	55.856	2.165	36.089	**36.089**
2	0.952	15.863	71.719	2.138	35.630	**71.719**

续表

成分	初始特征值			旋转平方和载入		
	合计	方差%	累积%	合计	方差%	累积%
3	0.574	9.572	81.291			
4	0.459	7.655	88.946			
5	0.343	5.725	94.671			
6	0.320	5.329	100.000			

9.3.4 相关分析

为了探讨产业技术创新战略联盟利益分配方式与核心企业创新绩效的相关程度，本章对两者进行相关分析。相关分析用于描述两个变量的关联程度，本章采用 Pearson 相关系数来描述不同利益分配方式与企业创新绩效两个维度的相关性，如表 9.5 所示。

表 9.5　创新绩效与利益分配方式的相关性

绩效类别		按投资比例的分配方式	按合作过程中实际贡献的分配方式	按付费购买的分配方式	按无偿使用技术的分配方式
目标创新绩效	Pearson 相关性	0.244^{***}	0.250^{***}	0.048	0.190^{**}
	显著性（双侧）	0.003	0.002	0.577	0.024
	N	142	150	139	140
过程创新绩效	Pearson 相关性	0.031	0.285^{***}	0.170^{**}	0.200^{**}
	显著性（双侧）	0.711	0.000	0.046	0.018
	N	142	150	139	140

注：**和***分别表示显著性水平＜0.05、显著性水平＜0.01；采用双尾检验。

从表 9.5 的相关性统计结果可以看出，按投资比例的分配方式与目标创新绩效的相关系数为 0.244，在 0.01 水平上存在显著的正相关，而与过程创新绩效没有显著的相关性；按合作过程中实际贡献的分配方式与目标创新绩效的相关系数为 0.250，与过程创新绩效的相关系数为 0.285，均在 0.01 水平上存在显著正相关；按付费购买的分配方式与目标创新绩效没有显著的相关性，与过程创新绩效的相关系数为 0.170，在 0.05 水平上存在显著正相关；按无偿使用技术的分配方式与目标创新绩效的相关系数为 0.190，与过程创新绩效的相关系数为 0.200，均在 0.05 水平上存在显著正相关。从相关性数据统计分析可以看出假设 9.2、假设 9.3 得到验证，假设 9.1、假设 9.4 得到部分验证。

9.3.5　结果讨论

（1）按投资比例的分配方式对联盟企业快速利用新技术、推进工艺成果化、取得经济效益并提高市场份额等均起着积极的作用。这种分配方式与过程创新绩效的相关性不显著，可能是由于过程创新绩效显化较为缓慢，周期较长。整体来讲，按投资比例分配较为合理地评价了联盟各成员的投入水平，有利于保障联盟成员获得公平的投资收益。

（2）按合作过程中实际贡献的分配方式与联盟成员目标创新绩效和过程创新绩效均有正相关关系。这种分配方式最大限度地考虑了联盟实际运行中各成员的资源投入、工作努力水平，并根据不同成员的实际贡献进行利益分配。这不仅满足了企业对产品、工艺的利益获取，较好地关注了产品市场占有率，也有利于成员在联盟合作过程中获得有利于自身发展的信息，有助于联盟成员品牌影响力和协作研发管理能力的提升。

（3）按无偿使用技术的分配方式与目标创新绩效和过程创新绩效均有正相关关系。企业不用支付额外费用就可使用联盟研发的创新技术，这不仅可以节约开支、缩减成本，而且可以强化成员对本行业专有技术知识的吸收，对企业产品开发、技术突破、工艺革新等均有重要作用。同时，通过成员个性技术与行业共性技术的融合可使联盟成员间的技术、市场和产品更加兼容，有利于成员的市场拓展、内部创新与变革。由此，无论从目标创新绩效的层面，还是从过程创新绩效的角度，按无偿使用技术的分配方式均对联盟成员的成长与发展有积极的影响。

（4）按付费购买的分配方式与过程创新绩效存在正相关关系，与目标创新绩效无显著相关关系。究其原因，可能是联盟成员在合作创新过程中虽然有技术上的更新与突破，但目标创新绩效需要综合考虑产品和市场的作用以及付费成本，从而使得这种影响并未显现出来。在联盟企业合作过程中所产生的无形资产，如品牌优势、营销渠道扩充、相关技术信息、商誉等，对联盟合作企业过程创新绩效的获得显著增强。

第10章　产业技术创新战略联盟的冲突类型与影响因素研究

产业技术创新战略联盟以企业为主体，强调成员单位共同投入、利益共享、风险共担，以契约关系为基础，注重合作主体间建立长期稳定的合作关系，以产业共性技术的突破性创新或建立行业标准为目标，强调技术成果的大规模商业化运用，具有战略长远性、合作自由化、主体企业化、目标产业化等特征（李峰和肖广岭，2014；李新男，2007，2009；李学勇，2010）。国际竞争的落脚点在于产业间的竞争，而产业竞争力提升的关键在于产业共性技术和关键技术，产业技术创新战略联盟为一国能快速地提升产业能力提供了很好的组织模式。联盟以取得行业共性技术突破，提高产业技术创新能力为目的，要求各方成员之间的资源既具有一定的相似性，又具有一定的互补性从而形成合作的基础。资源的相似性一方面有利于成员各方凝聚市场资源开展合作，另一方面潜在的共同市场必然产生竞争，形成冲突的客观来源。资源的互补性由于资源异质往往造成知识、技术等资源在联盟内部难以有效流动，合作的开展也不会一帆风顺。产业技术创新战略联盟能够促进知识创新，提升创新绩效。然而如同一般组织，产业技术创新战略联盟存在着许多不稳定的因素，可能扼杀创意、产生依从、助长自由行为，是冲突产生的温床（Jehn and Mannix，2001）。从内部结构来看，产业技术创新战略联盟是多个利益集团的组合体，各成员间必然会出现各种矛盾与冲突。

因此，从管理者的角度来讲，正确认识和分析产业技术创新战略联盟过程中的冲突问题，对于有效引导和推进产业技术创新战略联盟良性运转具有重要的理论意义与实践价值。本章主要研究产业技术创新战略联盟冲突类型及其对创新绩效的影响，通过厘清产业技术创新战略联盟冲突的影响因素，分析产业技术创新战略联盟冲突的类型及其对创新绩效的影响，为产业技术创新战略联盟有效管理提供合理的对策建议。

10.1　产业技术创新战略联盟冲突的类型与特征

在产业技术创新战略联盟的不同阶段，联盟成员之间会表现出不同的关系、任务和过程冲突，冲突类型和强度会有较为明显的转变。本节基于产业技术创新战略联盟生产运作阶段分析产业技术创新战略联盟的冲突类型与特征，并以 TD 产业联盟为例分析联盟的冲突问题，TD 产业联盟成员之间、联盟专利成员之间以及联盟内外企业之间围绕 TD-SCDMA 标准的价值与市场地位进行重复博弈。

作为一个新兴的产业组织形式，产业技术创新战略联盟在其产生和发展过程中有着自己的特征与优势。伴随着联盟的运作和发展，产业技术创新战略联盟成员之间的冲突也会逐渐呈现。根据现有的研究成果和产业技术创新战略联盟的运行特点，归纳和总结出产业技术创新战略联盟可能产生的冲突类型如下。

（1）联盟成员之间的关系冲突。产业技术创新战略联盟成员之间人际关系不协调导致情感方面的紧张和摩擦，相互之间冷漠，甚至讨厌、烦躁、挫折、苦恼（曾德明等，2005）。联盟成员之间的关系冲突主要包括联盟预算标准、成员选择、运作方式、利益分配方式等方面的冲突。

（2）联盟发展过程中的任务冲突。产业技术创新战略联盟成员对联盟任务的看法和观点不同所产生的冲突，如解决和分析团队任务的方法、措施、建议等不同产生的冲突（周青和毛崇峰，2007）。任务冲突能够激发联盟成员间的相互讨论和个人兴奋，但同时也可能引发与关系冲突相关的人际关系的紧张，并产生消极影响。联盟发展过程中的任务冲突主要包括联盟目标设置、技术投入形式、技术转移途径等方面的冲突。

（3）联盟运行的过程冲突。在产业技术创新战略联盟任务和目标的进展中，如何完成任务所产生的争论和冲突与联盟成员间责、权、利的安排有关。当联盟核心管理层对某个成员应该担负的职责存在分歧时，过程冲突就可能发生。联盟运行的过程冲突主要包括研究日程制定、研究人员安排、研究责任划分、联盟技术标准接入等方面的冲突。

同时，为有效分析产业技术创新战略联盟冲突的特点，本章引入动态分析机制，分阶段研究产业技术创新战略联盟运作冲突特性。根据产业技术创新战略联盟的运行特征和国内外的综合研究成果，可以将产业技术创新战略联盟运行流程分为激发创意、产生概念、组建团队、协同融合、技术开发、标准接入、生产制造和上市发布等阶段。产业技术创新战略联盟各阶段的演进和发展主要受到信息、客户需求、竞争对手信息、技术驱动和国家利益等权变因素的影响。产业技术创新战略联盟核心决策管理层通过反馈控制网络来控制和协调联盟的运作活动，通过评估和考核潜在的产业技术创新战略联盟成员组建高效的协作研发团队。为有效地分析产业技术创新战略联盟运作冲突问题，我们根据每个阶段的特点，把产业技术创新战略联盟生产运作主要分为五个阶段：激发创意—产生概念、组建团队—协同融合、技术开发—标准接入、生产制造、上市发布。根据各阶段的特征分析冲突的特点。

（1）产业技术创新战略联盟激发创意—产生概念阶段的冲突特性。在激发创意—产生概念阶段，产业技术创新战略联盟核心成员根据市场信息、技术趋势等产生技术协作研发的诉求，在潜在的产业技术创新战略联盟成员中选择合作伙伴。在此阶段，良好的技术创意和完备的概念是吸引与选择联盟成员的关键要素。然而，也正是由于产业技术创新战略联盟活动仅是处于激发创意—产生概念阶段，产业技术创新战略联盟成员及其管理者难以制定相对完整的技术路线和技术发展轨道，因此联盟成员之间容易出现联盟目标认知难以达成一致等问题。联盟成员在联盟目标设置和将要开展的技术投入量及其形式等方面存在着较大的分歧和矛盾。

（2）产业技术创新战略联盟组建团队—协同融合阶段的冲突特性。作为一个中间组织模式，产业技术创新战略联盟成员有着各自的利益诉求和技术导向。产业技术创新战略联盟团队的协作与融合是联盟高效运行的前提。在联盟的组建团队—协同融合阶段，产业技术创新战略联盟核心决策管理层需要依据联盟的远景目标确定成员的分工和地位。由于成员之间的利益导向不同，联盟成员之间易于出现对责、权、利安排的冲突，特别是在联盟运作过程中对联盟预算标准、成员的安排、技术标准接入方式等易于产生矛盾。

（3）产业技术创新战略联盟技术开发—标准接入阶段的冲突特性。在技术开发—标准接入阶段，技术的协作和标准的产生是联盟成员关心与关注的主要问题。每个成员在技术开发的过程中均希望能够占据主导或主要地位，本阶段冲突产生的原因在于技术开发和标准接入过程中是否能够为成员产生最大的收益。联盟成员为了获得标准接入会努力地在联盟运作过程中吸收联盟核心技术，力图进入技术标准的主创者行列。此时，联盟成员之间的关系会由于对技术主导权的不一致而变得紧张，进而影响联盟新成员选择和技术标准应用等过程。

（4）产业技术创新战略联盟生产制造阶段的冲突特性。在产业技术创新战略联盟的生产制造阶段，联盟成员的矛盾和冲突会表现得更加明显与突出。联盟成员在技术标准接入阶段的矛盾会直接传导到生产制造阶段。生产制造阶段是联盟成员加入产业技术创新战略联盟、获得收益的实现阶段，产品制造在产品市场上的地位影响着联盟成员收益的实现。在此阶段，联盟成员对联盟收益分配方案、技术共享方式等的关注度会骤然提升，联盟成员为了各自的利益实现会在生产制造阶段不断地形成新的制造联盟。

（5）产业技术创新战略联盟上市发布阶段的冲突特性。在上市发布阶段，联盟推动产品的销售，对产品进行跟踪与服务，针对市场和用户的反馈，改进产品以增强产品的竞争能力和延长产品的生命周期。在此阶段，联盟成员将对各自参加联盟的收益作出总结，产业技术创新战略联盟核心决策管理层需要更加关注联盟系列产品的融合，提升联盟成员的整体收益。产品市场上的竞争及其信息的传递在一定程度上将成为联盟进一步改进技术、创新标准的基础，成员之间利益冲突的缓和与化解需要在进一步的技术开发中进行补偿。

在实践过程中，产业技术创新战略联盟冲突的阶段性特征随着联盟的实际运行过程而发生和演变，甚至某些冲突事件会贯穿产业技术创新战略联盟的全过程。根据以上分析，可以设计出分阶段的产业技术创新战略联盟冲突强度表，具体可见表 10.1。

表 10.1　产业技术创新战略联盟冲突强度表

阶段	冲突类型		
	关系冲突	任务冲突	过程冲突
激发创意—产生概念	**	****	*
组建团队—协同融合	****	***	****
技术开发—标准接入	***	***	****
生产制造	**	****	***
上市发布	****	*	**

*表示该类型冲突的表现强度。

10.2　基于 TD 产业联盟案例的冲突类型和特性分析

10.2.1　TD 产业联盟案例背景

TD-SCDMA 作为中国提出的第三代移动通信标准（简称 3G），自 1998 年正式向国际电信联盟提交以来，已经历十多年的时间，完成了标准的专家组评估、ITU 认可并发布、与 3GPP（第三代伙伴项目）体系的融合、新技术特性的引入等一系列的国际标准化工作。TD-SCDMA 标准是第一个由中国提出的，以中国知识产权为主的、被国际上广泛接受和认可的无线通信国际标准。2009 年，国家颁布 3G 牌照，TD-SCDMA 实现大规模商用。目前，国内已经建设成了在系统设备、终端芯片、终端、测试各个环节都有多家企业参与的完整 TD-SCDMA 产业链。我国移动通信产业界拥有了自主知识产权的 TD-SCDMA3G 标准，并具备了持续创新的能力。2011 年 1 月 TD 产业联盟成员达 84 家。截至 2010 年 12 月，TD-SCDMA 全网用户已超过 2000 万户，TD 用户规模在三种 3G 用户中排名第一，获得入网许可证的 TD 终端有 632 款，其中 TD 手机 404 款，TD 数据卡 143 款，TD 固定座机 85 款[①]。在 TD-SCDMA 的发展过程中，经历了创意概念产生、技术开发、标准制定和商业化的全过程。同时在此过程中也伴随着许多的冲突与矛盾，包括核心联盟成员之间的矛盾、核心联盟成员与外围联盟成员之间的冲突等。

10.2.2　TD 产业联盟的阶段性冲突分析

TD 产业联盟形成前后冲突事件不断，联盟成员之间、联盟专利成员之间以及联盟内外企业之间围绕 TD-SCDMA 标准的价值与市场地位进行重复博弈。在此冲突的博弈过程中，可以将 TD 产业联盟冲突分为以下几个基本阶段。

（1）激发创意—产生概念阶段。我国自 1993 年实施金桥、金卡、金关、金税“四金工程”，开始启动中国的信息化建设，部署建设国家公用信息通信网。但是直至 1998 年，国内运营商（特别是在移动通信领域的运营商）主要采购和装备国外公司的通信设备，如此巨大的移动通信市场需求却没有使国内电子信息产业直接受益。以原中国邮电部电信科学技术研究院（大唐电信科技股份有限公司（以下简称“大唐”）前身）为代表的国内研发机构在积极寻求建立自主的移动通信标准。在此阶段，作为 3G 标准主导者的大唐需要吸引和说服同行业者，乃至直接的竞争对手进行 3G 标准的研发工作。在激烈的竞争环境和严酷的现实下，一项新移动通信标准的建立不仅需要面临技术的困境，还需要面对市场的质疑。在此阶段，联盟主导者面临的冲突主要体现在 TD 标准创意构思的形成及其如何实现的冲突，潜在联盟成员对 TD 标准基本任务目标看法不一致等冲突。最后，TD-SCDMA 标准前期研发工作在国家利益和市场需求的驱使下得以顺利开展。

（2）组建团队—协同融合阶段。1998 年 1 月，在“香山会议”上，邮电部科技委决定支持电信科学技术研究院提出的 TD-SCDMA 标准上报国际电信联盟，争取成为 3G 标准。1998 年 6 月 30 日，电信科学技术研究院代表中国政府向国际电信联盟提交了我国研究制定的第三代移动通信无线传输技术标准——TD-SCDMA 标准。此后直至 2002 年，建立一个高效的技术研发、标准接入和产业化的组织是 TD-SCDMA 标准成败的关键。在此阶段，以大唐为代表的联盟主导者面临着如何处理潜在联盟成员之间的责、权、利等问题。特别是 TD 产业联盟成员之间的潜在利益冲突问题开始呈现，由此而导致的成员关系冲突表现较为明显。最后，联盟主导者还是遵循市场化运作的方式，通过与国内外企业的合作与竞争组建了 TD-SCDMA 技术研发团队和产业化运作联盟。

（3）技术开发—标准接入阶段。2002 年 10 月 30 日，TD 产业联盟正式成立，

① 关于 TD 的相关资料和数据来源于 TD 产业联盟门户网站。

大唐、广州南方高科有限公司（以下简称“南方高科”）、华立科技股份有限公司（以下简称“华立”）、华为技术有限公司（以下简称“华为”）、联想集团、中兴通讯股份有限公司、中国电子信息产业集团有限公司、中国普天信息产业集团有限公司等8家知名通信企业是首批成员。产业联盟的成立和运转有助于形成TD-SCDMA标准完整的产业链，但是联盟内企业的技术和利益冲突表现得更加明显。以知识产权为连接纽带的联盟面临的最大问题就在于知识产权本身，知识产权分配与共享矛盾使得成员之间不能高效地开展技术开发与市场运作。在此阶段，TD 产业联盟成员之间在技术主导权、技术转移途径等 TD-SCDMA 标准形成过程方面的冲突表现较为频繁。2003 年 11 月，大唐将截至 2003 年 11 月的所有 TD-SCDMA 技术与资料全部免费转让给中国普天、中兴，从而使得这一阶段的矛盾得以缓解，TD-SCDMA 标准化工作得以顺利推进。

（4）生产制造阶段。2004 年 3 月，首款 TD-SCDMA 手机由大唐移动通信设备有限公司研制成功，TD-SCDMA 标准进入生产制造与应用阶段。TD 产业联盟成员在制造领域的市场定位，竞争与合作的关系是成员不得不考虑的问题。联盟成员不断扩大带来的是知识产权共享范围的扩大，也代表着在产品市场竞争的加剧。TD 产业联盟成员之间的利益实现程度是衡量联盟成员技术产业化和共享的关键。成员之间在产业化过程中的博弈与搭便车行为逐渐显性化。在此阶段，TD 产业联盟成员之间的冲突主要表现在对联盟预期收益分配方案、联盟技术共享方式等方面。在生产制造阶段，联盟成员之间的冲突最终将通过市场运行机制来化解或者升级。

（5）上市发布阶段。2008 年 4 月，TD-SCDMA 社会化业务测试和试商用启动。2009 年 1 月，工业和信息化部向重组后的中国移动、中国电信和中国联通发放三张 3G 牌照，中国移动获得 TD-SCDMA 牌照。在此阶段，部分联盟成员在产业化市场上直接转化为竞争对手，成员之间的关系界定成为联盟管理者需要处理的首要问题。TD 产业联盟利益的实现方式成为联盟成员之间主要的冲突来源。TD 产业联盟企业与联盟外企业之间的双边合作对联盟也会有一定的影响，这类冲突存在较多隐性成分，联盟管理者难以有效协调。

10.2.3 TD 产业联盟冲突的典型案例

纵观 TD 产业联盟冲突的全过程，联盟成员之间的冲突随着 TD-SCDMA 的形成不断涌现，其中既有联盟核心企业大唐与联盟核心专利成员西门子之间关于 TD 技术演化轨道和专利共享的矛盾，也有大唐与华为等核心成员之间对技术市场前景认知不同等矛盾。其实这些冲突仅仅是 TD 产业联盟冲突集群中的基本组成部分。在 TD 产业联盟形成与发展的过程中，主要冲突类型和冲突原因随着联盟成员之间的技术和利益诉求发生着改变。TD 产业联盟冲突的典型案例表 10.2 仅是对 TD 产业联盟部分典型冲突事件的归纳和总结。在 TD 产业联盟成长与发展过程中，不同的冲突交织在一起。

表 10.2　TD 产业联盟冲突的典型案例

联盟发展阶段	主要冲突类型	典型冲突事件	冲突产生的原因	冲突结果与解决措施
激发创意—产生概念	任务冲突	1998 年在“香山会议”上，许多专家对 TD-SCDMA 标准产生怀疑	联盟成员对标准做与不做的冲突	国家部委鼎力支持大唐进行 TD-SCDMA 标准建设。 1997 年，大唐与西门子结成战略联盟
组建团队—协同融合	过程冲突 关系冲突	2000 年，许多合作伙伴对 TD-SCDMA 的前景和投入都持观望态度。中兴、华为和中国普天等投资其他 3G 标准。 2004 年，10 家外资公司申请加入 TD 产业联盟，专利共享矛盾突出	联盟成员对标准为什么而做的冲突	2003 年，“国家补贴、指定买断”的措施为 TD-SCDMA 带来 7.08 亿元资金。 包括西门子等 9 家公司未加入联盟
技术开发—标准接入	过程冲突	2002 年，大唐与西门子在 TD-SCDMA 制式 LCR 和 TSM 的选择上出现矛盾。大唐之外的其他企业基本没有 TD-SCDMA 技术，技术共享存在严重的不对称	联盟成员对标准怎么样完成的冲突	大唐决定转向做 LCR，西门子坚持做 TSM。 2003 年 11 月，大唐将 TD-SCDMA 技术与资料转让给中国普天和中兴等
生产制造	任务冲突 过程冲突	2003 年 8 月华为和西门子联合投资成立的子公司鼎桥没有取得预期的成长业绩，在市场竞争中的利益关系成为影响的关键要素	联盟成员对标准达到什么目标的冲突	2008 年 1 月，鼎桥定位为研发部门后，作用得到充分发挥
上市发布	关系冲突	2008 年 4 月凯明公司倒闭。 2008 年 6 月大唐转让天碁股份，退出 TD 芯片领域	联盟成员对怎样实现各自收益的冲突	联盟成员在产业化中直接竞争，导致部分成员出现经营危机。联盟成员按照市场运行规则进行产业化竞争

从表 10.2 可以看到，TD 产业联盟冲突产生的原因主要表现在对标准做与不做的冲突、为什么而做的冲突、怎么样完成的冲突、达到什么目标和怎样实现各自收益的冲突几个方面。这几个方面的原因归根结底就在于 TD 产业联盟成员对自身的利益诉求。在这个过程中，成员各自不同的利益诉求促使在不同阶段出现不同的冲突主导类型，而这些冲突最终得以化解主要是基于两个方面的力量，即市场力量和国家利益。国家利益驱动着 TD 产业联盟的产生与发展，这在联盟发展的前三个阶段表现得非常明显。国家有关部委为了推动 TD-SCDMA 标准的发展，不仅在政策导向、财政税收、人力资源等方面给予支持，甚至通过资金的直接扶持来缓解 TD-SCDMA 标准发展的困境。在联盟发展的后两个阶段，市场力量起着重要的主导作用，TD-SCDMA 产业的发展遵循着市场运行规则，TD-SCDMA 产业链的完善也符合市场竞争机制。

产业技术创新战略联盟冲突产生的原因多种多样，在产业技术创新战略联盟的不同阶段会产生不同类型的冲突，其方式和强度也不尽相同。虽然产业技术创新战略联盟的冲突不可避免，但可以化解，冲突虽难以回避，但可以缓解和利用。在应对产业技术创新战略联盟冲突过程中应通过各种措施来规避和缓解冲突，以推动联盟创新绩效的提升。

首先，充分发挥市场的作用是产业技术创新战略联盟运行与发展的前提。产业技术创新战略联盟的良性发展最终还在于产业市场对联盟及其技术的认同与接受。在 TD 产业联盟发展的后期，市场机制起着重要的引导作用。特别是在产业化过程中实现联盟收益时，市场起着推动联盟企业优胜劣汰的作用。技术联盟成员可以在市场中得到加入联盟的回报，也需要经历市场竞争的洗礼。在产业技术创新战略联盟的发展过程中，需要遵循市场的基本运行规则，联盟的技术和产业必须满足消费者的需求。

其次，联盟成员之间的信任与协同是产业技术创新战略联盟运行与发展的基础。在 TD 产业联盟的发展过程中，早期大唐与西门子之间的信任，后期联盟核心成员之间的协同是联盟得以高速发展的基础。在产业技术创新战略联盟的发展过程中，需要成员之间的高度信任与有效协同。没有这种信任与协同，联盟运行的基础将丧失。这在 TD 产业联盟发展前期的大唐与华为等对 TD-SCDMA 标准的不同认知、鼎桥前期的发展困境等事件中表现比较明显。因此，在产业技术创新战略联盟的发展过程中，需要树立协同作战、充分信任合作伙伴的战略构思，也需要通过制定有效可行的要约来维持联盟成员之间的这种信任与协同关系。

最后，有效强化政府政策支持是产业技术创新战略联盟运行与发展的关键。在 TD 产业联盟的发展过程中，可以随时看到政府对于联盟的支持。没有政府的支持，TD 产业联盟不可能走到今天的发展阶段。一些涉及国家产业安全、产业利益的产业技术创新战略联盟更是需要政府的大力支持。政府的作用可以表现在政策引导，也可以表现在财政扶持等方面，甚至可以通过直接注入资金来推动战略性产业技术创新战略联盟的发展。

10.3　产业技术创新战略联盟生命周期的阶段模型

10.3.1　产业技术创新战略联盟生命周期的四个主要时期

自然生命体通常会经历出生、成长、成熟以及衰退等生命阶段，将产业技术创新战略联盟的生命周期基于仿生的视角进行阶段划分，更能表现战略联盟的生命特征，如刘介明等（2010）将专利联盟的生命周期划分为形成、成长、成熟和消亡四个阶段。孙学斌（2008）将技术标准联盟生命周期划分为联盟形成、发展、成熟和衰退四个阶段。谢科范等（2001）将高科技企业战略联盟生命周期阶段划分为萌芽期、高速发展期、成熟期和衰退期。四阶段的划分方法最为常见，其中第一阶段通常为联盟实体形成的阶段，第二阶段为联盟从实体形成到实体成熟之间的成长阶段，第三阶段为联盟实体成熟阶段，第四阶段为联盟衰退阶段。基于前人的研究，产业技术创新战略联盟的生命周期也可以从初创期、成长期、成熟期和衰退期四个阶段进行分析。

1. *初创期*

初创期是产业技术创新战略联盟从筹建到形成的时期，具体指联盟成员确认各自联盟意愿、明确联盟目标，通过沟通协商初步确定资源投入与信息沟通共享机制、绩效考核机制和利益分配机制等支持联盟运行的具体机制，并据此签订联盟协议的时期，协议的签订也意味着产业技术创新战略联盟正式成立。从仿生学角度来看，初创期是产业技术创新战略联盟从孕育到诞生的时期，联盟的雏形刚刚形成，联盟成员之间并没有开展实质性的创新合作。

2. *成长期*

成长期是产业技术创新战略联盟正式成立后沟通磨合并产生少量创新成果的快速发展的时期。联盟成员之间实质性的技术创新合作在成长期实现，合作内容的深度和合作范围相对较小。联盟在成长期通常有少量创新成果产生，然而这一时期的技术创新主要依赖联盟中的核心成员，其他成员的参与程度较低，联盟的组织形式仍然松散。联盟在初创期初步形成的技术方面的具体合作意向在成长期得以实施，实施过程中产生的问题也在成长期通过进一步沟通得以逐步修正，产业技术创新战略联盟的合作创新模式在成长期初步形成。

3. *成熟期*

成熟期是产业技术创新战略联盟成员合作模式固定下来，联盟成员完全适应联盟创新的形式，创新效率最高，产生重要创新成果的时期。产业技术创新战略联盟在成熟期整体规模相对稳定，联盟中各成员对联盟创新参与度较高、关系融洽。进入成熟期，产业技术创新战略联盟中具备固定的沟通渠道和沟通方式，联盟成员之间交流沟通频繁，非正式组织产生并促进创新成果产生。成熟期的产业技术创新战略联盟有规范且完整的联盟运行制度，联盟成员依照制度行使权利、履行义务，在成熟期产业技术创新战略联盟的主要创新目标、预期创新收益得以实现。

4. 衰退期

衰退期是产业技术创新战略联盟成员背离联盟发展目标，联盟创新效率低下，直至联盟解体的时期。产业技术创新战略联盟进入衰退期的原因可能有多种，如联盟成员之间冲突激化、产业自身衰落、创新联盟技术创新目标完成自然解体等。进入衰退期的联盟成员之间交流合作极少、沟通匮乏，各自为政，联盟组织松散。产业技术创新战略联盟作为创新平台的使命走向终结，联盟中不再有创新成果产生。由于产业技术创新战略联盟无法再为联盟成员带来利益，联盟成员开始逐渐退出联盟组织，最终联盟解散。

10.3.2　产业技术创新战略联盟生命周期中的成熟变革和衰退变革阶段

初创期、成长期、成熟期和衰退期分别是产业技术创新战略联盟生命周期中四段相对稳定发展的主要时期，若仅以这四段时期作为产业技术创新战略联盟生命周期的全部阶段，则不仅过于机械化地运用了生命周期理论，且忽略了联盟发展的客观规律，原因在于单纯的四阶段划分方法忽视了四个时期之间的过渡阶段。许多学者对组织在成长过程中都经历的过渡与变革阶段进行了研究，如 Greiner（1977）把组织的生命周期划分为五个时期，每个时期都有演进期和变革阶段，变革阶段集中出现一系列问题，变革阶段问题的解决将引领企业进入下一个演进期，在新演进期中又会孕育新的问题，使组织又进入新的变革阶段。许学国等（2005）认为在企业生命周期中有两个拐点，分别是介于成长阶段和成熟阶段之间的巩固点、介于成熟阶段和衰退阶段之间的控制点，拐点的出现是客观规律，在拐点上机遇和威胁并存，即组织的变革阶段既可能导致组织走向衰落也可能推动组织走向成熟。在对战略联盟生命周期的研究中许多学者从不同的角度提出了相似的观点。例如，Das 和 Teng（2002）指出在联盟运行期也存在类似于组织生命周期的成长阶段，在成长阶段之后和运行期的末端会出现“交叉口”阶段，在这两个“交叉口”阶段联盟的情景变量出现严重的波动，影响联盟的运行。李嘉明和甘慧（2009）从协同学理论的角度指出产学研联盟系统通过与外部环境和内部子系统之间的作用可能引起某一变量的涨落，这种涨落会导致过程突变，使得系统涌现出新的结构，朝着新的方向演化。阮平南和李红（2010）也认为在战略联盟的形成和成长阶段、成长阶段末期、衰退阶段都会出现拐点。综合前人的研究结论，变革阶段是产业技术创新战略联盟生命周期中不可忽视的、客观存在的发展阶段，既在产业技术创新战略联盟生命周期中起着过渡作用，又是推动联盟发展的动力阶段。

因此，产业技术创新战略联盟的生命周期中的变革不是一蹴而就的，也不是某一时点的突变，而是经历了一个阶段的震荡。产业技术创新战略联盟对联盟冲突问题的解决影响着其发展方向，只有解决了变革阶段的冲突问题才能推动组织进入新的稳定发展时期。成熟期是产业技术创新战略联盟发展最稳定的时期，也是产业技术创新战略联盟契合度最高、创新效率最高的时期，联盟应尽早进入成熟期而尽晚进入衰退期以延伸成熟期的时间长度，使产业技术创新战略联盟在生命周期中的效益达到最大化。因此，对于产业技术创新战略联盟来说主要的变革阶段有两个，一个是从成长期进入成熟期的成熟变革阶段，另一个是从成熟期进入衰退期的衰退变革阶段。

考虑成熟变革阶段和衰退变革阶段的产业技术创新战略联盟生命周期阶段示意如图 10.1 所示。

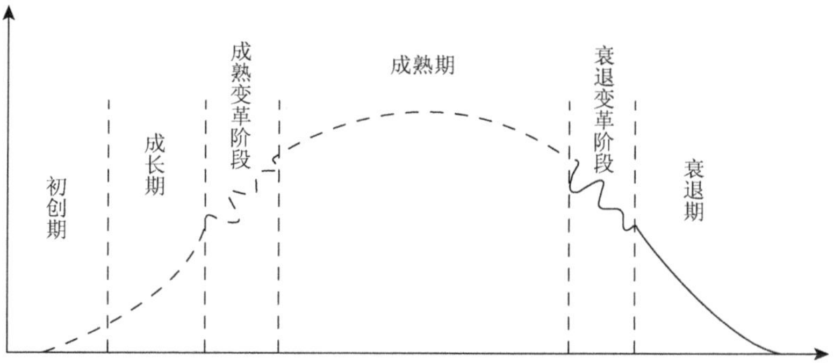

图 10.1　产业技术创新战略联盟生命周期阶段示意图

10.4　基于生命周期的产业技术创新战略联盟冲突影响因素研究

产业技术创新战略联盟在不同的生命周期阶段面临的主要问题、主要任务和工作重点会随着联盟生命周期阶段演化而发生变化，因而联盟的冲突影响因素在不同生命周期阶段也会呈现不同的特点，进而引发联盟冲突类型的演变。

10.4.1　初创期产业技术创新战略联盟冲突影响因素特征

现有研究通常把联盟的控制机制分为基于契约的正式控制和基于双方社会化关系的社会控制（谢恩等，2012），产业技术创新战略联盟依靠正式的联盟合作协议构成联盟实体，其控制机制本质上是一种基于契约的正式控制机制。联盟的控制机制应当符合联盟的发展特性，需要在联盟的发展过程中通过成员之间的沟通规划逐渐形成。在初创期，产业技术创新战略联盟的一切技术创新活动尚处于设想和规划阶段，联盟内部不存在利益纷争。在产业技术发展的宏观环境中，技术需求使得联盟成员产生联盟意向，对于通过产业技术创新战略联盟的形式促进产业技术发展的整体目标，联盟成员能够达成统一认识。由于联盟尚未实际运作，联盟成员对于联盟的认知主要来自成员各自对于联盟发展的设想，因此初创期联盟内部存在一定程度的认知差异。产业技术创新战略联盟以提供产业共性技术为主旨，产业共性技术的提升是联盟的整体需求，各成员以自身的技术水平为基础对联盟所提供的共性技术提出各自的需求以及制定各自在联盟中能够达成的目标。成熟期并不是联盟生命周期的顶峰，目标一致程度在初创期和成长期达到最高（Jap and Anderson，2007），在产业技术整体水平的限制下，联盟成员之间存在需求和目标的差异，但差异相对较小。因此在初创期，联盟成员之间具有较高的目标契合度。

产业技术创新战略联盟在初创期组织结构松散，成员之间的沟通主要为确定彼此的合作意向，探讨联盟的组织形式和发展规划。初创期主要由联盟发起者组织联盟成员进行沟通交流，联盟成员交流机会少、形式单一，交流形式以正式的会议为主，涉及的参与人员较少。此外，联盟成员受自身组织文化的影响，跨组织文化的合作交流也阻碍了联盟成员之间信息的传递。因此，初创期联盟成员之间信息交流不畅问题突出；基于产业技术需求而非基于社会关系建立的产业技术创新战略联盟，成员之间缺乏对彼此的认识和了解，且由于联盟成员之间也可能存在商业竞争关系，容易质疑对方的诚信问题和投机行为。信任问题存在于联盟生命周期的各个阶段，在联盟初创期联盟成员之间的不信任问题较为严重。联盟初创期的信息内容主要来自各成员独立发展的知识背景和技术体系，以及成员对市场信息、技术信息、政策信息的认知。在初创期由于联盟成员之间交流不深入，各自所掌握的内外部信息差别较大，联盟成员之间信息不对称问题较为严重。在资源投入方式的选择上，处于初创期的联盟成员会通过博弈的方式来确立自身的资源投入，所以相对而言初创期联盟的资源投入方式会较大，而随着合作的推进这种矛盾和冲突会逐渐得到缓解。

产业技术创新战略联盟成员之间的资源依赖构成联盟的资源结构基础，初创期联盟中尚未开展实质性创新活动，联盟成员未对联盟创新活动进行投入，联盟中有潜在的资源依赖倾向，而在技术创新中的资源依赖尚未形成。初创期产业技术创新战略联盟未形成任何创新成果，不涉及利益分配的问题。在联盟的初创期，来自不同地区、不同领域的联盟成员必然会在文化背景和工作方式上有所不同，会直接影响联盟成员的合作绩效。当然，在联盟目标的驱动下，文化异质性会直接得到缓解，联盟的研发团队和成员会逐渐适应其他成员的工作方式与氛围。

10.4.2　成长期产业技术创新战略联盟冲突影响因素特征

成长期是产业技术创新战略联盟高速发展的时期，成员之间逐渐展开具体的创新工作。通过对联盟的人力、物力投入，产业技术创新战略联盟逐渐形成自身创新能力，同时促进了联盟成员对于联盟发展前景、联盟创新本质等多方面的认识，进一步缩小了联盟的认知差异，成长期产业技术创新战略联盟的创新能力开始显现，联盟的发展满足了部分成员的技术需求。产业技术的创新是依靠产业参与者从认识到实践不断推进的过程，联盟的成长增强了联盟成员的认识，也进一步促进了联盟成员技术需求的扩大，基于联盟成员不同的技术背景和技术轨道，联盟成员间的需求差异也进一步扩大；成长期联盟合作创新成果的产生一定程度上指明了联盟的技术发展方向，通过合作创新活动形成联盟内部特有的创新环境。受到联盟发展方向和创新环境的影响，成长期联盟成员不断调整自身在联盟中的利益目标，成员之间的目标差异逐渐扩大。

成长期产业技术创新战略联盟基于具体创新内容的信息沟通与知识共享活动激增，足够的信息沟通和知识共享是成长期产业技术创新战略联盟的创新产出快速上升的原因，信息沟通与知识共享程度在成长期达到最高（Jap and Anderson，2007；Soekijad et al.，2004）。联盟内部沟通渠道随合作的开展而建立起来，通过成员之间的技术交流（包括正式的会议交流形式和非正式的技术创新人员之间的合作交流），成长期联盟信息传递畅通；联盟成员对联盟投入的增加使得其投机行为的潜在机会成本提升，客观上降低了投机行为产生的可能性，合作的开展促进成员之间主观上的相互认识和了解，有助于提升成员之间的信任水平。在联盟成长期的快速发展过程中，联盟成员进行广泛深入的信息交流和知识共享，有助于打破联盟内部信息孤岛现象，逐渐在联盟中构成信息传递的网络化结构，联盟的信息不对称问题得到改善。

成长期产业技术创新战略联盟成员在事实上产生对联盟创新活动的资源投入、资源依赖。由于成长期实现的技术创新多依赖于联盟的核心成员，联盟知识和技术共享程度低，其他成员对联盟合作的参与程度较低，因此核心成员所具有的资源对其他成员的技术创新并不构成重要影响，其他成员对核心成员的资源依赖程度相对较低。在成长期产业技术创新战略联盟的投入和收益变动较快，且由于面临跨组织的绩效考核问题，产业技术创新战略联盟不得不面对成员过早期待巨大利益带来的问题。事实上，成长期的创新成果更多依靠的是联盟成立之前成员的自身积累，并非依靠联盟的合作，联盟在这一时期确定的利益分配并不是公平的（Spekman et al.，1996）。

10.4.3　成熟变革阶段产业技术创新战略联盟冲突影响因素特征

联盟成长期的快速发展有助于提升联盟成员对联盟发展的期望，缩小联盟认知差异。成熟变革阶段是联盟由成长期进入成熟期的过渡阶段，这一阶段联盟的波动性较大，主要体现在联盟创新产出的不稳定、成员之间的利益纠纷等，主要原因是联盟的管理制度落后于联盟的创新实践。通过成熟变革阶段联盟成员将进一步规划联盟的发展方向、制定联盟的管理制度，推进联盟成熟运作，联盟成熟变革阶段的正规化发展促使联盟的认知统一。成长期产生的创新成果对联盟成员的需求满足程度不同，联盟成员通过对联盟技术创新方向的观察以及自身技术水平的提升，进一步提出新的技术需求。此外，成长期联盟规模的进一步扩大导致联盟中需求的差异性在成熟变革阶段增大，相应的联盟成员的目标差异也在成熟变革阶段增大。

产业技术创新战略联盟成长期建立的信息沟通渠道和方式在成熟变革阶段仍然支持着联盟的发展，由于成熟变革阶段主要解决的是联盟管理制度的问题，且联盟成员关系逐渐紧密，因此联盟的沟通更加频繁，联盟内部信息传递畅通。只有短期共同目标的合作组织较多依赖于合同的规定，具有长远目标设定的联盟必有建立信任和做出承诺的经历（Cullen et al.，2000）。产业技术创新战略联盟成员经过成长期的互动合作初步建立信任关系，成熟变革阶段的深入沟通则进一步推进联盟成员之间信任的加深，进而促进联盟中信息广泛交流和联盟内部的信息公开，降低联盟内的信息不对称程度。

随着合作的深入，产业技术创新战略联盟成员通过对各方资源投入和技术优势的观察，在成熟变革阶段反思自身的需求和目标，进一步确定对联盟所提供资源的特定需求。此外，推进产业技术的发展需要多方面的技术优势和资源优势，在成熟变革阶段联盟合作的进一步加深增加了联盟成员在技术创新中对其他成员的依赖性。根据组织发展理论，组织的发展具有客观的规律，当组织成长到一定阶段具备实质的生产能力时需要制度的变革来规范组织的运作，产业技术创新战略联盟也不例外。基于信任和长期利益的一致性，成长期遗留的考核和分配问题在成熟变革阶段通过成员协商得到解决，这也使得产业技术创新战略联盟绩效考核和利益分配机制能够在成熟变革阶段初步完善，促进联盟内部利益分配的合理化。

10.4.4　成熟期产业技术创新战略联盟冲突影响因素特征

完善的协调管理机制能够确保联盟活动规范化、制度化，提高联盟的工作效率和敏捷度，降低由于协调困难而导致的诸多风险（张青山和游明忠，2003）。联盟机制的形成一般经历四个阶段：领域内各组织间互动的增加与深化、明确定义组织间支配关系和联盟形式的创新、联盟伙伴共同处理问题时的信息传递规模扩大以及伙伴之间关注对方意识的形成与发展（Osborn and Hagedoorn，1997）。产业技术创新战略联盟经历的初创期、成长期和成熟变革阶段既是联盟实现技术创新产出的阶段也是联盟管理运行机制的形成阶段。联盟的成熟期体现在两方面，一方面是联盟合作创新模式的成熟，另一方面是联盟内部管理制度的成熟，成熟的运作模式和管理制度使得产业技术创新战略联盟内部认知差异较低。成熟期的产业技术创新战略联盟逐渐形成了特有的联盟内部合作与竞争环境，随着联盟对新产业技术的市场推进，联盟成员在市场上的竞争关系逐渐加深。由于联盟成员技术掌握和应用能力不同、从新技术产品的获益能力不同，在市场上的竞争反映到产业技术创新战略联盟中的合作上则表现为需求差异和目标差异的增加。

成熟期产业技术创新战略联盟的组织聚集程度得到提升，成员之间基于技术创新的联系更加紧密，完善的管理制度和常态化的合作创新模式的建立促使产业技术创新战略联盟成员之间建立良好的信息传递渠道，成熟期联盟合作内容的深入、合作范围的拓展进一步加强了联盟成员之间的沟通，沟通的主体既包括组织之间的沟通交流也包括联盟参与者的人际沟通。因此，在成熟期联盟之间的信息传递较为畅通。成熟期新技术的产业化应用使得创新成果的利益显现，联盟成员竞争关系凸显，联盟合作中联盟成员之间信任水平降低。此外，出于对自身利益的维护，当竞争关系加剧时联盟成员更倾向于信息独享，成熟期联盟内部信息的对称性降低。

产业技术的创新需要多方资源投入，各成员所具备的资源禀赋不同，联盟创新依靠联盟不同资源优势和技术优势的配合。成熟期联盟成员对联盟创新的投入达到最大化，资源投入格局相对固定，进而增强了联盟内部资源依赖的程度。持续的技术创新合作促使联盟完善利益分配机制，如通过建立专利池、确立联盟内部技术交易方案、搭建知识产权交易平台等，成熟期联盟利益分配机制逐渐完善，利益分配更加合理。

10.4.5　衰退变革阶段产业技术创新战略联盟冲突影响因素特征

成熟期联盟需求差异和目标差异成为联盟不稳定的影响因素，随着联盟内部冲突扩大化，联盟中投机行为和自利行为增加，联盟进入衰退变革阶段。在衰退变革阶段联盟创新产出波动下降，联盟成员之间合作动力严重不足。创新技术的产业化一方面为联盟成员带来高收益，另一方面推进了产业的进步，在继续推进联盟合作创新和积极参与市场竞争获取超额收益两个方向的抉择上，容易产生较大分歧。产业技术创新战略联盟发展前景不明以及各成员对产业发展的判断不同，使得联盟成员认知差异也相应加大。技术创新推进新的产业技术发展方向产生，联盟成员根据自身优势以及在联盟的获益情况确定自身需求。进入衰退变革阶段产业技术创新战略联盟作为合作创新的平台作用逐渐弱化，联盟合作创新的能力降低，联盟合作不稳定导致联盟成员对技术需求和资源需求的差异持续扩大，进而联盟目标差异也将增大。处于衰退变革阶段的产业技术创新战略联盟成员会重新审视自身资源投入方式的选择，考量自身的利弊与得失，从而出现新的分歧和矛盾。直至衰退期，产业技术创新战略联盟成员在资源投入方式方面的冲突会越来越明显。

产业技术创新战略联盟技术创新与市场竞争的矛盾在衰退变革阶段处于激化状态，联盟成员对自身利益的维护以及对合作方投机行为的防范使得联盟合作创新的资源投入风险逐渐提升。同时受到以往利益分配不均、目标不一致等问题的影响，产业技术创新战略联盟成员间信息沟通共享会有所降低，联盟中信息传递不畅问题显现。此外，衰退变革阶段联盟内部竞争关系加深、沟通不畅、创新效率下降，使得联盟组织结构松散，降低了成员之间的互信程度。联盟内部创新环境和合作氛围的衰退促使联盟成员更加保护自身技术和知识资源，对联盟合作创新的价值判断降低。联盟内部技术交流和知识共享程度降低，信息不对称现象加重。

当产业技术创新战略联盟成熟期发展到一定阶段时，联盟成员的原始技术和知识资源溢出能力到达最大阈值，且由于竞争关系的加强，联盟内部资源共享性降低。此外，在联盟中取得的新产业技术创新成果所带来的技术基础，使得部分联盟成员倾向于独立创新或寻求新的创新伙伴，对于联盟内部的资源依赖程度降低。成熟期联盟建立的利益分配机制具有客观性，联盟内部关系的改变和创新能力的降低并不影响联盟内部机制的运行，且在衰退变革阶段联盟创新成果的减少带来联盟整体可分配利益的下降，联盟利益分配相对合理。同时，随着产业技术创新战略联盟进入衰退变革阶段和衰退期，联盟合作目标凝聚作用淡化，每一个成员又将回归和固守自己的组织文化，联盟成员之间的这种文化异质性对冲突的影响作用也会明显加强。

10.4.6 衰退期产业技术创新战略联盟冲突影响因素特征

衰退变革阶段预示联盟走向衰落，联盟的终结并不意味着联盟的失败，联盟的发展结果也可能有多种（Das and Teng，2002）。从生命体的角度来看，产业技术创新战略联盟最终都会走向终结，联盟通过改革重构可以演化为新的联盟实体。

在衰退期联盟合作的组织形式存在，而联盟合作的技术创新停滞，成员之间沟通交流缺乏，成员间对技术发展、合作创新方向等认知上存在很大差异。新的产业技术环境、联盟成员所具有的技术能力以及联盟衰落的现实等因素促使联盟在技术需求和伙伴选择上做出新的选择，因此联盟成员的需求差异在衰退期会进一步扩大。进入衰退期的产业技术创新战略联盟终将变革或解散，联盟的组织内部无法为成员持续技术创新提供新的可利用资源，需求差异的扩大也使联盟成员对技术发展的目标差异逐渐增大。

衰退期联盟创新活动的停滞一方面使联盟内部信息传递渠道瓦解，另一方面使联盟成员信息沟通主动性大大降低，联盟中信息传递动态性极低，信息传递严重不畅，联盟成员之间出现信息不对称。从信任程度上看，联盟的衰退使得联盟成员对联盟合作期望降低，部分成员退出联盟，联盟组织逐渐瓦解，联盟成员之间信任程度降低。联盟成员之间的资源互补性破坏，至衰退期在联盟内部无法获得满足自身需求的资源，彼此之间不再存在资源依赖。衰退期联盟成员之间没有新的联盟收益可供分配。

在以上对联盟各冲突影响因素在联盟各生命周期阶段的特征表现分析的基础上，进一步对各影响因素的表现程度进行量化，进而得出产业技术创新战略联盟冲突影响因素在各生命周期阶段的特征，见表 10.3。

表 10.3　产业技术创新战略联盟冲突影响因素的生命周期阶段表现程度

一级指标	二级指标	初创期	成长期	成熟变革阶段	成熟期	衰退变革阶段	衰退期
资源投入方式	人力资源投入	+++	+++	+++	++	+++	++++
	研发资金投入	+++	++	++	+	+++	+++
	机械设备投入	+++	++	++	+	+++	++++
联盟成员合作目标	认知差异	++	+	+	+	+++	+++
	需求差异	++	+	+	++	+++	++++
	目标差异	++	+	+	++	+++	++++
信息沟通共享	信息传递不畅	++++	++	+	+	++	++++
	成员之间缺乏信任	++++	++	+	+	++	++++
	信息不对称	++++	++	+	+	++	++++
绩效考核和利益分配	资源依赖	+	+	++	+++	++	+
	利益分配不合理	+	+++	++	+	+	++
文化异质性	文化背景不同	++++	+++	++	+	++	+
	工作方式不同	++++	+++	+	+	++	+

注：程度表示由高到低分别为++++，+++，++，+。

综合以上分析，根据联盟中认知差异、需求差异和目标差异的程度变化，进一步分析得出联盟成员合作目标一致性在成长期和成熟变革阶段最高，在衰退期最低；根据联盟中信息传递不畅、成员之间缺乏信任与信息不对称的程度变化，进一步分析得出联盟信息沟通共享在初创期和衰退期最低，在成熟变革阶段和成熟期最高；根据联盟中资源依赖、利益分配不合理的程度变化进一步得出绩效考核和利益分配在初创期最低，在成熟期最高。通过对联盟冲突类型影响因素二级指标分析，可以进一步总结出在各生命周期阶段联盟成员资源投入方式、联盟成员合作目标、信息沟通共享、绩效考核和利益分配、文化异质性等指标的阶段特征并进行定性判断，结果见表 10.4。

表 10.4　产业技术创新战略联盟冲突影响因素的生命周期阶段特征

	初创期	成长期	成熟变革阶段	成熟期	衰退变革阶段	衰退期
资源投入方式	较高	较低	较低	较低	较高	较高
联盟成员合作目标	较高	高	高	较高	较低	低
信息沟通共享	低	较高	高	高	较低	低
绩效考核和利益分配	低	较低	较高	高	较高	较高
文化异质性	高	较高	较低	低	较低	低

10.5　产业技术创新战略联盟冲突影响因素与类型的关联研究

产业技术创新战略联盟冲突的产生会受到多种因素的影响，为了更好地厘清产业技术创新战略联盟冲突产生的内在原因，本章在分析与提炼产业技术创新战略联盟冲突影响因素的基础上，理论研究和实证检验了产业技术创新战略联盟冲突影响因素对联盟冲突类型的影响程度与方式。

10.5.1　产业技术创新战略联盟冲突影响因素及其对冲突类型的影响

Das 和 Teng（2002）将冲突的来源归纳为三个方面，分别是联盟成员间的组织路线、技术、决策方式以及偏好的差异，联盟成员追求自身利益和从事机会主义行为，联盟成员间自身存在竞争行为。林莉（2004）通过理论分析认为知识联盟中冲突产生的直接原因是彼此之间的差异性，彼此间差异越大就越难达成一致。

但是由于彼此之间的相互依赖又使双方不能忽视彼此间的差异，于是这种差异性必然伴随着一定的意见分歧。产业技术创新战略联盟在组建之日起就存在着冲突的隐患，因为联盟一旦结成就意味着成员间的相互依赖成为事实性的关系。产业技术创新战略联盟的冲突是多种因素综合作用的结果，本节将基于联盟的运行过程，从联盟成员合作目标、资源投入、信息沟通共享、绩效考核和利益分配、文化同质性等方面分析联盟冲突影响因素对冲突类型的影响。

1. 联盟成员合作目标与冲突类型的关联

在产业技术创新战略联盟的组建阶段，寻找最佳的合作伙伴，确定联盟的目标和合作模式是其主要任务。虽然联盟的建立依赖于一个共同的目标，但是由于联盟是由不同的成员个体组成的，目标不一致又难以避免（曾晓丽，2005）。产业技术创新战略联盟各成员在加入联盟时虽然有着共同的战略目标，但作为独立的组织，联盟成员也有自身的个体目标。随着联盟的运行，联盟成员的目标也会发生相应的变动，这使得联盟目标要不断作出相应修正以满足各方的利益需要，一旦目标无法达成，冲突则难以避免。

与联盟目标分歧相关的冲突属于任务冲突，联盟的合作技术研发目标和方向不明确会引发联盟成员激烈的讨论，因为作为独立个体的联盟成员期望通过联盟战略实现自身的战略意图。联盟目标决定了联盟的发展方向和步骤，这些方向究竟会不会对成员企业本身带来直接或潜在的收益直接决定联盟成员的参与程度。因此，在联盟目标的讨论阶段，成员企业的参与度往往都比较高，高参与度往往伴随着激烈的任务冲突。当然，联盟成员中途改变合作研发意图也会带来类似的争论。目标的改变意味着新一轮的博弈，也伴随着与联盟任务相关的新争论。联盟目标的制定是一个系统过程，不仅包括目标是什么，还包括具体的实施方案，权利、责任的划分，资源的分配等。有关这些因素的讨论是与过程冲突息息相关的，因而过程冲突的表现也比较强烈。在联盟的组建阶段，联盟成员间的目标不一致与联盟关系冲突相关性不大。一方面联盟成员会选择自己信得过的合作伙伴，因而在这个时期往往趋向于选择信任对方。另一方面，在该阶段成员都会力图与各方保持良好的关系，尽量控制彼此间的人际关系冲突，这也可以缓解联盟各方目标不一致，防止其转化成为联盟关系冲突。联盟目标是一揽子工程，包含实现目标的步骤、人员安排和工作流程等与过程冲突相关的事项。联盟目标直接关系到联盟成员战略意图的实现，决定了联盟成员在目标确定和变更事项上的高参与度，个体利益的差异导致与联盟目标和发展方向相关的争论不断。初创期的联盟成员往往会选择信任自己的合作伙伴，合作伙伴间也会力图保持同各方的良好关系，在此背景下关系冲突的水平会较低。故提出以下假设。

假设 10.1：联盟成员合作目标的不一致会强化联盟的任务冲突和过程冲突，但对关系冲突影响不明显。

2. 联盟成员资源投入与冲突类型的关联

在知识、技术、人才等要素投入方面，由于联盟间的知识投入多为隐性知识的投入，知识的复杂性使其必须依靠掌握这些知识的人才方能实现共享。联盟成员之间的依赖，表现为知识、技术、人员及相互间努力程度的依赖，而联盟后序工作的开展往往依赖于前序工作的完成（陈震红和董俊武，2004）。联盟一方贡献不足将影响后续工作的继续，导致联盟目标难以实现，成员之间的信任被削弱，结果是引发关系冲突。联盟成员资源的投入一方面会影响联盟工作流程的顺利开展，人员的使用和安排进而会影响联盟实际的技术开发周期。另一方面，资源投入很大程度上决定了联盟成果的分配方式，这与联盟的过程冲突息息相关。由于联盟资源投入之前往往已经确定了资源的使用方式，后续联盟成员很少会对资源投入、使用分配产生激烈的争论，因此在资源投入方面联盟的任务冲突水平会较低。当联盟成员的资源投入不均衡导致联盟工作流程不能顺利开展、技术开发周期延长时，联盟成员往往会放大自己的贡献而低估其他成员的投入，因而极易引发成员间的相互扯皮、指责，这与联盟的关系冲突密切相关。综上，联盟成员资源投入影响联盟计划的工作流程、人员安排方式和技术开发周期，因而与联盟的过程冲突密切相关。投入直接影响联盟成果的分配，资源投入比例占据较高份额的成员在联盟成果分配时会要求获得更高比例的联盟收益，在收益分配方面的争论同联盟过程冲突有较高的相关性。联盟内部投入不均衡的状况如不能有效改善，会造成成员间的相互指责、扯皮埋怨，引发关系冲突；资源投入不均衡极易引起联盟成员间的不信任，从而会加剧联盟关系冲突。而由于资源投入是对先前计划的执行和遵守，各方的争论在先前阶段就已经发生，因此该阶段的任务冲突水平较低。因此提出以下假设。

假设 10.2：联盟资源投入不均衡性会加剧联盟的过程冲突和关系冲突，但对联盟的任务冲突影响较小。

3. 联盟信息沟通共享机制与冲突类型的关联

产业技术创新战略联盟的有效运行需要联盟各方建立紧密的联系，由于联盟具有明确的任务分工，联盟任务开展是一个连续的过程，所以成员间的信息共享就非常重要。信息沟通共享机制不健全对联盟冲突的影响较为明显，首先，不健全的信息沟通机制会导致联盟无法获取准确的市场需求信息，可能导致资源闲置和浪费以及研究工作的重叠与反复，最终技术开发日程与原计划不一致进而导致联盟成员在工作流程和人员安排上产生激烈的争论，引发过程冲突。其次，由于信息沟通机制不健全，联盟运行过程中出现问题难以得到有效解决，积累的问题会越来越严重，可能使成员对联盟目标的实现提出质疑，任务冲突水平较高。最后，信息沟通机制不健全，容易导致联盟内部机会主义的滋生，引发信任危机（王实等，2010），如部分成员为了满足自身利益而以不正当方式挖取联盟伙伴的核心人才，从而导致严重的关系冲突。综上，信息沟通共享机制不健全导致联盟成员无法获得准确的市场信息，进而会导致联盟技术开发周期无法按照原计划进行。信息不对称引起的对工作流程及人员安排的质疑会引发过程冲突。信息沟通共享机制不健全会导致联盟内部的沟通无法顺畅进行，沟通成本增加，出现工作重复、资源闲置等现象，导致成员之间在具体工作任务上的看法存在较大分歧，任务冲突出现概率较大。信息沟通共享机制不健全也易滋生损害合作伙伴利益的机会主义行为，导致成员间的信任危机，从而引发关系冲突。因此提出以下假设。

假设 10.3：信息沟通共享机制不健全会加剧联盟的过程冲突、任务冲突和关系冲突。

4. 联盟绩效考核和利益分配机制与冲突类型的关联

在联盟运行的收益期，联盟成员要对合作产生的研究成果进行分配。联盟成员由于投入的资源不均衡、行业中所处的地位不同、市场竞争力的不对等，而使成员在合作过程中存在事实上的地位差异，在联盟中的话语权也大小不一。处于强势地位的成员有可能为了满足自身利益而采取损害其他成员利益的行为（沈灏和李垣，2010）。当联盟成员认为联盟的绩效考核指标有失公正，利益分享与自己的投入贡献不对称时会为自身的利益与联盟伙伴展开争论。由于不同成员作为独立个体具有不同的利益关注点，在联盟绩效考核方面必然会存在不同看法，这一阶段联盟的过程冲突表现明显（王实等，2010）。同样，在利益分配方式上，是实行成果的公有化还是按付费购买的方式进行分配，是按投入比例进行分配还是按实际贡献程度分配，联盟成员也可能会存在不同的观点。因为利益分配涉及各方的核心利益，在该环节各方都不愿让步，所以会形成较大程度的争论，利益分配方式和过程的失当会导致联盟成员间的不信任从而引发关系冲突。联盟任务冲突与具体任务内容相关，发生在联盟目标的确定和目标执行的过程中，在联盟的收益期，联盟的任务冲突表现不明显。所以，联盟企业的绩效考核和利益分配与联盟成员核心利益息息相关，机制的不健全会引发考核和分配的不公平、不公正现象。作为独立个体的利益谁都不愿在自身最关注的利益点上处于弱势地位，因此会努力争取自身的“合法权益”（王实等，2010）。在争取自身权益的过程中，与联盟成员利益密切相关的过程冲突会不断发生，而利益分配的不公平会引发关系冲突。由于联盟绩效考核和利益分配发生在联盟的收益期，联盟任务冲突表现不明显。故提出以下假设。

假设 10.4：联盟绩效考核和利益共享机制的不健全会加剧联盟的过程冲突和关系冲突，而对联盟任务冲突影响不明显。

5. 联盟成员文化同质性与冲突类型的关联

产业技术创新战略联盟的建立本质上是一种文化融合，合作各方为实现各自的价值观而投资是一种注入各自文化的过程。随着联盟成员间文化接触面的扩大和接触程度的加深，它们之间本质的深层次差异和矛盾以及由这些文化本质差异所决定的管理价值观会发生摩擦、冲突和对抗乃至走向公开化（曾晓丽，2005）。刘敦虎等（2010）认为联盟组织内部存在的文化差异可能导致知识联盟组织中人群之间的心理和行为对抗，从而产生组织文化冲突，损害知识联盟组织之间的合作伙伴关系，影响知识联盟运行的稳定性，甚至导致知识联盟解体。同时，联盟成员企业的文化由于具有稳定性会贯穿于联盟合作过程的始终，时刻影响着联盟成员看待、处理和解决问题的方式。具有类似企业文化的联盟成员更容易理解对方的行为，因为文化的邻近性会促使联盟成员在解决问题和分歧时能够换位思考，更易以信任的视角理性看待自身和对方的分歧，促使双方进行良性的沟通，有助于双方分歧的解决和合作水平的提升。因而联盟成员相似的组织文化会缓和联盟冲突。相反，价值观念的不同会影响成员看待和解决问题的方法，当联盟成员对这些方法无法达成一致意见时，联盟过程冲突、任务冲突和关系冲突都会由此加剧。所以，由于企业文化具有相对稳定性，一旦形成会影响联盟成员的人际关系及联盟成员对特定问题的处置方式等，且这种影响可能贯穿于联盟从组建到收益期的全部过程。相似的联盟成员企业文化有助于营造信任的氛围，促使成员对各方分歧和矛盾能够进行良性的沟通，从而有助于联盟各类冲突的缓和。因此提出以下假设。

假设 10.5：相似的联盟成员企业文化能够缓和联盟过程冲突、任务冲突和关系冲突，反之则会加剧联盟的冲突。

6. 产业技术创新战略联盟冲突类型及测度分析

产业技术创新战略联盟任务冲突是指联盟成员对联盟工作任务的内容和目标产生的分歧及不一致看法，可能涉及认知、建议、方法的不一致，联盟最明显的任务冲突是联盟目标差异引起的冲突。联盟成员作为独立的个体，具有自身的私有利益，因而在联盟实际运作过程中，联盟成员的目标很可能出现不一致的状况。联盟目标确定以后需要联盟成员投入相关的资源作为创新的必要条件。联盟成员选择什么样的出资方式，是投入资金、设备，还是知识产权、技术标准抑或是人才等在联盟内部可能会有不同的看法；联盟预算标准的确定需要经过充分的讨论协商，协商过程中会面临着观点的分歧和不一致，均与联盟任务冲突紧密相关。

因此可以使用联盟目标设定存在着分歧、合作项目预算标准难以达成一致及出资方式意见不一致来测量联盟任务冲突。

产业技术创新战略联盟过程冲突是指在联盟运行过程中产生的与成员的责、权、利、资源配置相关的争论（周青和毛崇峰，2007），如工作进度的不一致、人员安排的分歧、技术开发日程的意见不一致等。在联盟运行过程中，联盟成员首先要确定联盟的目标和战略，即联盟的目标是什么、完成目标的具体步骤是怎样的、创新开发流程具体怎么操作、人员如何安排、利益如何分配等。当联盟目标达成之后，就涉及联盟目标成果的分配，能否实现公正绩效考核基础上的公平分配及技术成果转让方式决定了过程冲突的程度。因此可以采用合作成员对重要技术开发计划日程分歧较大、合作成员对创新项目的人员安排不一致、对创新项目的工作流程的意见不一致以及对合作成果的技术转让方式分歧较大来测量联盟过程冲突。

产业技术创新战略联盟关系冲突包含两个维度，一是联盟成员之间的情感冲突维度，是指联盟成员企业间情绪上的对立，往往伴随着紧张、烦躁、厌恶、愤怒甚至敌对，如联盟成员间由于情感冲突而导致联盟关键技术人才无法进入研发团队等。二是联盟成员间的不信任（高长元和单子丹，2009），联盟关系冲突主要是由个人或群体的主观感受所引起的，如联盟成员间由于不信任而出现的合作创新资金难以到位、成员中途改变合作意图等。因此可以采用联盟关键技术人才难以进入合作研发团队、合作技术开发资金难以到位及合作伙伴在中途改变合作研发意图来测度联盟关系冲突。

关系冲突和任务冲突是密切相关的，二者具有明晰的转化路径。当联盟成员对任务相关的事项产生争论时，争论双方容易误以为是对自己的指责，进而导致关系冲突。当关系冲突比较严重时，联盟成员往往会在任务执行过程中故意“找对方的麻烦”即引发任务冲突。Jehn 和 Mannix（2001）通过实证研究发现在工作场所中最先发生任务冲突，如果任务冲突部分不能完全解决，团队成员可能开始合并所有因任务冲突所产生的负面意见，进而变成组织化的关系冲突。

10.5.2　产业技术创新战略联盟冲突类型与影响因素相关性的实证分析

1. 实证调研过程与数据处理

本章的数据收集分为三个阶段。

第一阶段是 2012 年 8 月到 2012 年 10 月在国家自然科学基金项目资助下的实证调研。该阶段属于调研探索性阶段，通过现场访谈等方式进一步修正和完善调研问卷，对问卷中表述可能产生疑义的问题、没有涉及的联盟管理关键问题、一些联盟管理专业术语表达方式等问题进行了调整。通过本阶段面对面的访谈式调研，课题组进一步完善了调研问卷，并不断梳理和调整调研方案。通过指导式的问卷填写，课题组共回收46份实证问卷，有效样本问卷46份。

第二阶段是2013年2月至2013年4月课题组参与了由浙江省经济和信息化委员会组织的关于重点安全生产高新技术企业发展状况的调研，本阶段一共座谈与走访了103家企业，其中邀请填写问卷的调研对象有51家。回收的问卷中表明建立或者参与建立了创新联盟的企业有32家，但部分企业由于填写信息缺失等成为无效样本，实际有效样本问卷为26份。

第三阶段是2013年3月至2013年5月由浙江省温州市平阳县政府组织的关于其辖区内优势成长型企业创新联盟现状的调研。本阶段平阳县科技局向其辖区内优势成长型企业通过电子邮件发放146份问卷，回收有效样本问卷79份。

以上三个阶段课题组一共调研了228家样本企业，获取有效样本问卷151份。

为了保证获取数据的科学性、准确性，减少问卷信息的误差，进一步通过以下途径对问卷进行筛选与处理：①请相关的专家和具有丰富研发管理经验的企业管理者对数据进行评判与分析，对一些存在明显误差的数据进行剔除；②通过政府监管部门和行业协会获取的相关信息对收集的数据进行客观评判，修正和剔除一些明显失真的数据。通过数据筛选与处理，共获取符合本研究设计要求的有效问卷117份。

2. 冲突类型的因子分析

利用统计分析软件SPSS18.0对联盟冲突的影响因素与联盟的不同冲突类型进行相关分析。为得到联盟冲突的类型，按照特征值大于0.6的原则，用主成分分析法对10个冲突类型测度变量进行因子分析。通过检验，冲突类型测度变量KMO值为0.86，Bartlett球形检验卡方值为752.6，表明适合做因子分析。通过应用最大方差法提取因子，提取的三个因子累计总解释方差为76.4%。分析发现提取的三个因子符合对过程冲突、任务冲突和关系冲突的定义，因此可用三种冲突类型对这三个因子进行定义（表10.5）。

表10.5　冲突类型正交旋转后的因子分析

联盟冲突表现变量	成分		
	过程冲突	任务冲突	关系冲突
对合作成果的技术转让方式分歧较大	0.799	−0.052	0.396
对重要技术开发计划日程分歧较大	0.759	0.435	0.119
对合作创新项目人员安排的意见不一致	0.714	0.314	0.337
对合作创新项目工作流程的意见不一致	0.709	0.479	0.326

续表

联盟冲突表现变量	成分		
	过程冲突	任务冲突	关系冲突
合作项目预算标准难以达成一致	0.042	0.790	0.504
成员出资方式意见不一致	0.324	0.718	0.389
联盟目标设定存在分歧	0.491	0.700	0.104
合作伙伴在中途改变合作研发意图	0.266	0.215	0.780
合作技术开发的资金难以到位	0.382	0.233	0.733
关键技术人才难以进入合作研发团队	0.211	0.418	0.653

3. 实证结果分析

通过前述的理论分析，我们将联盟冲突的影响因素与联盟三种冲突类型的相关关系进行分析。通过 SPSS18.0 对联盟冲突类型及其影响因素在显著性水平为 0.01 和 0.05 下做相关性检验可得出如下结果，如表 10.6 所示。

表 10.6　联盟冲突类型与冲突影响因素的相关性分析

联盟冲突影响因素	联盟过程冲突	P 值	联盟任务冲突	P 值	联盟关系冲突	P 值
联盟成员的目标不一致	0.491***	0.000	0.700***	0.000	0.104	0.278
联盟成员资源投入不均衡	0.336***	0.000	0.369***	0.000	0.786***	0.000
信息沟通共享机制不健全	0.188**	0.049	0.413***	0.000	0.733***	0.000
绩效考核和利益分配机制不健全	0.799***	0.000	–0.052	0.591	0.396***	0.000
联盟成员文化同质性	–0.187**	0.049	–0.363***	0.000	–0.213**	0.025

注：***为在 0.01 水平（双侧）上显著相关；**为在 0.05 水平（双侧）上显著相关。

分析表 10.6 的实证结果，可以发现在联盟组建阶段，联盟目标的设定、联盟管理模式的选择等是引发冲突的根源，此阶段的联盟任务冲突和联盟过程冲突的发生频率与程度都较高。在联盟运行阶段，成员间资源的投入力度、研发进度的衔接和管控、对市场信息的获取等的不均衡均会引发冲突。在该阶段中，联盟过程冲突、联盟任务冲突和联盟关系冲突表现较为明显与活跃。在联盟的收益期，由于涉及联盟成果的分配，这关系到联盟成员的核心利益，所以该阶段成员间更易产生联盟过程冲突和联盟关系冲突。

（1）联盟成员的目标不一致会导致联盟任务冲突和联盟过程冲突，但对联盟关系冲突影响不显著。从表 10.6 中可以看出联盟成员的目标不一致对联盟过程冲突和联盟任务冲突均产生正向影响，相关系数分别为0.491和0.700，对应的P值均小于0.01，说明联盟成员的目标不一致会加剧联盟过程冲突和联盟任务冲突。而联盟成员的目标不一致与联盟关系冲突相关性不显著，说明两者相关性较小，从而假设10.1得到验证。

（2）联盟成员资源投入不均衡会加剧联盟过程冲突、联盟任务冲突和联盟关系冲突。从实证结果可以看出联盟成员资源投入不均衡显著正向影响联盟过程冲突和联盟关系冲突，假设10.2的前半部分得到验证。但同时也可以发现联盟成员资源投入不均衡对联盟任务冲突同样产生了较强的正向影响作用。造成这种结果的原因可能是联盟成员在应该投入何种资源或资源的使用过程中对资源的配置方式等问题产生了不同看法。

（3）联盟成员间的信息沟通共享机制不健全会对联盟过程冲突、联盟任务冲突和联盟关系冲突产生正向的影响。从表10.6的统计分析数据可以看到它们之间的相关系数分别为0.188、0.413和0.733，对应的P值分别为0.049、0.000和0.000，均具有较好的显著性。因此有理由认为联盟成员间的信息沟通共享机制不健全会加剧联盟过程冲突、联盟任务冲突和联盟关系冲突。故假设10.3得到验证。

（4）联盟绩效考核和利益分配机制不健全会加剧联盟过程冲突和联盟关系冲突的水平，而对联盟任务冲突的影响不显著。联盟绩效考核和利益分配机制不健全与联盟过程冲突和联盟关系冲突的相关系数分别为0.799和0.396，对应的P值均小于0.01，说明两者之间存在显著相关。而其对联盟任务冲突的影响验证中对应的相关系数和P值分别为–0.052和0.591，说明联盟的绩效考核和利益分配机制不健全对联盟任务冲突影响并不显著，故假设10.4得到验证。

（5）相似的企业文化和管理模式能够对联盟的三种冲突类型产生较好的缓和作用，其中对联盟任务冲突的缓和作用最为明显。这也恰好验证了联盟任务冲突的定义，即联盟任务冲突是联盟成员对联盟具体任务内容和目标的不同看法。联盟成员对具体任务观点的分歧与联盟成员价值观、思维方式密切相关，因此与联盟企业文化具有较强的相关性。联盟过程冲突和联盟关系冲突与联盟成员间文化同质性的相关性与联盟任务冲突相比显著性水平相对较差。究其原因可能是被调查对象对成员文化同质性的理解偏差。因为企业文化涉及范围广泛，很多人只将企业文化理解为狭义的文化，而没有考虑广义企业文化如组织目标、使命、组织结构、管理模式等，从而产生该实证结论。因此，假设10.5也得以验证。

4. 研究结论

理论和实证研究结论表明产业技术创新战略联盟冲突影响因素对不同冲突类型的作用程度不同，联盟过程冲突、联盟任务冲突和联盟关系冲突会在不同冲突影响因素作用下，表现出不同的冲突强度。对于管理者来讲，对三类冲突的合理利用和管理不仅可以确保产业技术创新战略联盟的良性发展，也有利于联盟创新绩效的提升。首先，产业技术创新战略联盟在组建时要选择具有良好动机和合作意愿的企业，选择的联盟成员最好能够具有相近的创新文化和创新制度，从而使联盟的运行在制度设置上不会出现大的矛盾；其次，要建立相应的投入监管和贡献评价体系，并且严格监督联盟成员按照联盟约定方式投入资源；最后，建立与联盟贡献相匹配的利益分享机制，使成员能够预期到自身未来的收益，激励成员对联盟多做贡献。

对于联盟任务冲突的管理，在联盟组建初期，管理者可以充分利用联盟目标确立机会引导成员对目标进行充分的讨论和辩证，乃至激烈的冲突，这不仅有利于保证联盟创新目标的科学性和合理性，而且能够使联盟成员更加有效地接受联盟目标；在联盟运行过程中，联盟管理者则需要严格遵循联盟确立的目标，激励并引导成员为联盟目标的实现努力。

对于联盟过程冲突的管理，联盟管理者应该更加注重联盟成员绩效考核机制的设计，通过建立联盟成员对联盟创新贡献的评价制度来分散由于创新不确定性所带来的联盟运行风险；更加注重联盟利益分配机制的建立，让联盟成员能够更加清楚自身的投入所能够带来的回报，从而更有动力参与联盟的创新活动。

对于联盟关系冲突的管理，联盟管理者应该更加注重联盟成员资源投入的合理性和有效性，成员资源投入可能会出现隐性资源和显性资源量化标准不一致的矛盾，这就需要联盟管理者合理协调联盟成员在隐性资源和显性资源上的投入比例和方式；同时应该更加注重联盟成员间信息沟通共享机制的建立，通过建立和完善联盟信息沟通共享机制来化解联盟运行过程中的矛盾和冲突，确保联盟处于信息公开和公正的环境中。

第 11 章　基于神经网络的产业技术创新战略联盟冲突识别

11.1　产业技术创新战略联盟冲突的归因分析

11.1.1　代表性冲突影响因素的选取原则

冲突影响因素主要包括两个层面，四个内容，即联盟成员个体层面的目标差异、文化差异以及联盟组织整体层面的沟通机制不健全、资源投入不均衡。

1. *在联盟成员个体层面，代表性影响因素是目标差异、文化差异*

目标是组织发展的方向，反映组织需求。Hannoun 等（2000）在 Agent 组织演化模型中提出角色、需求由目标决定，对角色与需求的研究主要在于对目标的理解，其模型也将目标设为主动因素。葛建华（2011）提出目标体现了组织的主体性和追求，组织目标的改变反映其他因素的变化。与其他组织一样，联盟成员目标不一致体现了需求和扮演角色的不一致，属于主导因素。如在一个联盟中，有的成员旨在提高科研水平，扮演研发者的角色；有的成员则希望通过应用新技术、新产品获取更高的收益，扮演出资者和运营者的角色。组织成员扮演的角色要适应目标发展，一旦失衡，产生的冲突将影响联盟运行。可见，在目标、需求、角色差异中，目标差异起主导作用。

组织文化包含组织价值观等因素，文化差异极易引发认知差异和价值观差异。Child 和 Yan（1999）指出文化差异阻碍联盟成员在合作中建立共同的价值观、认知观，影响冲突解决和管理协调机制。Tsui 等（2006）在文化测度研究中提出文化可由两类价值观测量，是价值观的上层因素。联盟成员相对独立，文化背景不同，因此在发展过程中会产生不同的价值观和行为特征表现，而这种差异极易引发事件认知争议，进而产生冲突，文化差异是这一过程的主要影响因素。因此，在文化、认知和价值观差异中，文化差异起主导作用。

2. *在联盟组织整体层面，代表性影响因素是沟通机制不健全、资源投入不均衡*

在联盟运行过程中，沟通机制不健全容易引发信息传递不畅和成员之间缺乏信任等状况（杨燕和高山行，2012）。周青等（2014）认为沟通机制不健全影响及时沟通，可能延缓资源的提供，阻碍新产品技术开发的进程。联盟成员都是独立的个体，而任务的完成是一个连续的过程，需要各方持续投入，这就需要建立紧密的联系，以便成员及时了解开发进度。例如，在对新产品进行审查时，如果联盟各成员能及时沟通，既能更快地把大家的创新思想融合到开发过程中，又能让所有成员参与，公开透明化程序有助于增强彼此间的信任。因此，在这些影响因素中，沟通机制不健全起主导作用。

资源投入决定成员在合作中的地位，直接影响利益分配。沈灏和李垣（2010）认为资源投入不均衡使成员在合作过程中存在事实上的地位差异，容易诱发不公平事件导致冲突。周青等（2014）在总结联盟冲突影响因素时指出，资源投入对利益分配起决定性作用。拥有高份额资源投入的成员，具有较强的议价能力，容易干预联盟资源、利益分配，而弱势成员必然产生不满情绪，这是冲突产生的客观基础。因此，在资源投入不均衡、地位差异和利益分配不均衡等影响因素中，资源投入不均衡起主导作用。

11.1.2　联盟成员个体层面的代表性影响因素

1. 目标差异

联盟成员服从总体目标是实现联盟共赢的前提条件，但成员间的目标差异难以避免。首先，成员各方属于独立个体，战略目标不尽相同。其次，随着环境变化，联盟成员会相应地调整战略，而联盟目标的调整往往滞后于成员目标，当目标差异过大时会产生冲突。在 TD 产业联盟中，实力雄厚的大唐与其他成员的战略目标存在差异，导致在联盟的发展模式上多次出现分歧。相反，东软集团根据不同时期不同战略目标来组建不同的战略联盟，实现了各个时期成员战略目标的一致性，取得了稳定、快速的发展。目标一致性是联盟稳定发展的重要条件，在联盟组建初期应予以重视。

在联盟中，成员各方属于独立个体，具有自己的私有利益，成员目标可能出现不一致状况。联盟预算标准是数字计划，以目标为基础，在协商时，成员目标不一致将导致预算标准出现分歧。本章将合作目标存在分歧、合作项目预算标准存在分歧作为目标差异的表现指标。

2. 文化差异

组织文化对组织行为取向具有引导作用。产业技术创新战略联盟成员经历了不同的发展过程和管理实践，形成的企业文化不同，这也导致决策结果不同（李久平和姚乐野，2012）。上汽大众汽车有限公司战略联盟对瑕疵零件的处理方式出现过分歧，德国专家力求精致，而中方坚持实用就行的观念，导致冲突的产生。广州医药集团有限公司与加多宝集团组建的战略联盟不重视文化融合，存在严重的文化差异，随着分歧增多，冲突日增，最终解体。文化差异对联盟冲突的产生与发展有着重要影响。

在联盟运行过程中，文化差异导致问题处理方式不同。在重要技术开发日程上，有的成员求稳，要进行一系列分析才能确定开发日期，有的成员在不失质量的情况下求快，两者必然产生分歧；在技术实现方式上，成员倾向于支持与自身有关的技术，这容易引发分歧。本章将重要技术开发日程存在分歧、合作成果的技术实现方式存在分歧作为文化差异的表现指标。

11.1.3　联盟组织整体层面的代表性影响因素

1. 沟通机制不健全

沟通是组织实现信息共享的主要途径，沟通机制影响组织信息传递的效率与效果（周青等，2014）。产业技术创新战略联盟是通过信息共享、协同彼此之间的开发、生产、运营和管理行为，消除不利于联盟发展的因素，从而实现联盟的发展目标。沟通机制不健全引发成员间信息不对称、反馈滞后等状况，导致工作出现分歧，影响合作进程（马建华等，2014）。TD 产业联盟成员在选择 TD-SCDMA 制式上产生分歧，大唐忽视与西门子的协商，单方面决定研发 LCR，发生分歧后承诺会继续与西门子合作，最初的沟通失误使间隙产生，最终合作终止。健全的沟通机制是联盟成员开展正常合作的重要条件，如新一代煤（能源）化工产业技术创新战略联盟通过多次考察高等院校和科研单位，实现良好沟通，推动了合作进程。

在联盟运行过程中，战略目标确定后，开始计划工作流程，制定好流程后涉及人员分配，目标达成后，要协商成果以何种形式展现，这些过程都要通过协商确定。本章将对合作创新项目人员安排意见不一致、对合作创新项目工作流程意见不一致以及创新项目成果形式存在分歧作为沟通机制不健全的表现指标。

2. 资源投入不均衡

资源投入是联盟成立的基础，有利于各成员取长补短，克服资源约束。资源依赖理论认为企业不能自给自足，需要联盟成员进行资源交换来满足企业发展需求（龙勇和付建伟，2011）。这种资源依赖是构成联盟关系的一个重要因素，而资源投入不均衡更强化了依赖关系。投入直接影响联盟成果的分配，那些资源投入占据较高份额的成员在联盟中具有较高的威信，无形权力也大，可能损害利益共享机制，造成不公平，影响后续合作（张钢和曹评，2010）。TD 产业联盟在 TD-SCDMA 标准建立之后，作为主导企业的大唐占有了所有成果，技术共享存在严重的不对称。在装备制造业 R&D 联盟中，具有竞争优势而且资源丰富的成员本我主义表现明显，为求利益最大化，做出损害其他成员效益的行为，破坏成员关系。可见，资源投入不均衡容易引发内部冲突。

在联盟运行过程中，联盟成员是投入资金、设备等有形资产，还是投入知识、人才等无形资产，合作技术开发的资金能否及时到位，这些都会影响资源投入的均衡程度。资源投入不均衡会导致技术共享的严重不对称。本章将出资方式不一致、合作技术开发资金难以到位、技术共享严重不对称作为资源投入不均衡的表现指标。

对以上联盟冲突影响因素研究进行归纳总结，见表 11.1。

表 11.1 联盟冲突影响因素

<table>
<tr><th>层面</th><th>影响因素</th><th>影响因素简析</th><th>具体表现指标</th></tr>
<tr><td rowspan="4">联盟成员个体层面</td><td rowspan="2">文化差异</td><td rowspan="2">组织文化对组织行为取向具有引导作用。产业技术创新战略联盟成员经历了不同的发展过程和管理实践，形成的企业文化不同，从而拥有各自习惯的、通用的决策方式</td><td>重要技术开发日程存在分歧</td></tr>
<tr><td>合作成果的技术实现方式存在分歧</td></tr>
<tr><td rowspan="2">目标差异</td><td rowspan="2">首先，成员各方属于独立个体，战略目标不尽相同。其次，随着环境的变化，联盟成员会相应调整战略，而联盟目标的调整往往滞后于成员目标，当目标差异过大时会产生冲突</td><td>合作目标存在分歧</td></tr>
<tr><td>合作项目预算标准存在分歧</td></tr>
<tr><td rowspan="6">联盟组织整体层面</td><td rowspan="3">沟通机制不健全</td><td rowspan="3">信息共享是产业技术创新战略联盟成员之间合作的基础，在联盟运行阶段，沟通渠道的不通畅，反馈机制出现漏洞都会导致联盟成员之间的信息不对称，那么建立在此基础之上的决策结果往往是难以令人信服的</td><td>对合作创新项目人员安排意见不一致</td></tr>
<tr><td>对合作创新项目工作流程意见不一致</td></tr>
<tr><td>创新项目成果形式存在分歧</td></tr>
<tr><td rowspan="3">资源投入不均衡</td><td rowspan="3">资源投入是联盟成立的基础，有利于各成员取长补短，克服资源约束。资源依赖导致依赖方与被依赖方的地位不同，这是一种不稳定隐患</td><td>出资方式不一致</td></tr>
<tr><td>合作技术开发资金难以到位</td></tr>
<tr><td>技术共享严重不对称</td></tr>
</table>

11.1.4 冲突类型分析

梳理文献可知，在产业技术创新战略联盟背景下，被普遍接受的冲突分类为关系冲突、任务冲突、过程冲突。本书参考主流分类观点将产业技术创新战略联盟的冲突类型分为三类，其中，关系冲突是指对联盟成员在情感等因素方面存在不一致的感知（Wall and Callister，1995）；任务冲突是指联盟成员在完成联盟目标时存在不同的理解和战略（周青等，2014；沈灏和李垣，2010；张钢和曹评，2010）；过程冲突是成员之间习惯的行为差异引发的（周青等，2014；沈灏和李垣，2010；张钢和曹评，2010）。

关系冲突也称情绪化冲突，主要是由联盟成员之间情绪对立而引起的（张钢和曹评，2010）。对产业技术创新战略联盟而言，资源投入不均衡程度越高，资源依赖程度和利益分配不均衡程度也越高，而这些对关系冲突有较大的影响（周青等，2014）。首先，联盟成员具有的资源优势不一样，在联盟组织中拥有的地位也会不一样，资源投入占据高份额的成员在利益分配中占绝对地位，进而引发联盟成员情感方面的摩擦。其次，联盟成员之间因资源需求而产生相互依赖性，依赖方处在弱势，在决策过程中，依赖方往往是不信任被依赖方的。

任务冲突是组织成员对工作任务的见解和观点不同而产生的冲突（张钢和曹评，2010）。对联盟而言，任务冲突是由联盟成员之间的目标、文化差异引起的（周青等，2014）。联盟成员虽然致力于实现技术创新这一共同目标，但基于自身利益最大化考虑，对任务的看法以实现自我目标为中心，成员分目标难以达成一致。组织文化对组织的认知取向具有引导作用，从而产生对任务理解不一致的情况。

过程冲突是联盟运行过程中产生的关于成员的责、权、利、资源配置相关的争论（周青等，2014）。在联盟确定发展目标后，应制定具体的工作流程以及资源配置模式。如果沟通不良，信息不对称，造成流程安排和资源配置难以服众，便会引发冲突。例如，联盟各方对联盟整体人力资源状况了解不充分，却都希望占据主要职务，想法难以统一，在人员安排上就会产生很大的分歧。当联盟目标达成之后，就涉及合作成果的分配问题，联盟管理者能否秉持公正决定是否产生过程冲突。

11.2　基于神经网络的产业技术创新战略联盟冲突识别模型建立

11.2.1　人工神经网络与冲突识别结合的优势

1. 联盟冲突识别研究存在的问题

冲突产生既受到人格特质与行为类型等人文因素的影响，也受到组织结构环境、制度环境和文化环境的影响。影响因素较为复杂，变化难以描述，主要表现在以下两个方面。

（1）难以建立描述冲突类型的精确数学模型。冲突类型分析的相关研究较多，但存在一些问题。由于研究的角度问题，冲突分类见仁见智，应用比较广的是基于归因理论的冲突分类。引发冲突的因素以及这些因素的强度决定了冲突的类型，而引发冲突的现实事件往往难以定量描述，这使得研究者至今还不能用数量模型严格地描述冲突产生的过程，现有的冲突类型研究在许多方面仍主要借助定性分析或经验函数描述，这样的分析只涉及现象的抽象表达，而不涉及现象的直观体验，因此难以令人信服。

（2）冲突类型表达是高度非线性的。尽管也有一些研究采用线性模型来描述冲突类型与影响因素之间的关系，但两者之间的非线性特征是无法忽略的。首先，冲突影响之间互相促进和制约，涉及的作用机制较为复杂；其次，冲突类型之间也会在一定环境下进行相互转换。张钢和曹评（2010）从三个维度进行归因分析，由三者的联合作用，得到八种冲突类型。这种冲突类型表达方式属于典型的非线性表达，在冲突类型研究领域也较为常见。

2. 已有冲突识别方法的局限

以往识别联盟冲突的方法主要有层次分析法、专家评分法、加权综合评价法和聚类分析法。层次分析法不仅适用于存在不确定性和主观信息的情况，还允许以合乎逻辑的方式运用经验、洞察力和直觉，分析过程依赖于人的主观判断思维。专家评分法的准确性取决于专家对知识的了解程度以及评分时的心理状态，主观性较强。加权综合评价法的主观性相对较弱，且操作复杂性相对较大，由于冲突发生情况较为复杂，通过加权的线性处理方法难以达到需要的精度，而且加权综合评价法的权值主观认定不能自适应修改、对相关指标的均衡反应较为迟钝、易出现重要指标被其他指标中和而丧失有效性等问题。聚类分析法的主观性弱，且能处理非线性情况，但是其适用于多样本，对于单个案例分类没有意义，在实际运用中难以推广。

3. 神经网络与冲突识别结合的优势

根据联盟成员间的目标差异、文化差异、信息不对称、相互依赖性四个维度对产业技术创新战略联盟冲突进行分类，尝试运用神经网络方法对联盟冲突进行模式识别。其优点主要表现在以下几个方面。

（1）神经网络对于处理内在机理模糊，难以运用常规的数学模型进行描述的事物时，具有最优性能，它抛开直接描述事物的联系，而是通过对数据的反复训练，达到记忆效果，从而进行结果求解。在本书中，产业技术创新战略联盟冲突的影响因素与冲突类型之间不是简单的线性关系，这就需要运用到神经网络的优势，通过高度的非线性映射逼近，寻找联盟冲突影响因素与冲突类型间的内在规律，从而正确识别联盟冲突类型，利用 MATLAB 软件可方便地建立冲突识别系统。

（2）神经网络对于处理单案例少量数据或者多案例大数据，都能表现出极大的灵活性，这主要归功于模型的强移植性特点。

（3）神经网络通过学习正确分类的实例集，不断优化权值与阈值，以建立合理的求解系统，这种自学习能力突破了人工规定权重的局限性，大大提高了输出结果的精确度。因此，本章设计了一个神经网络模型，通过对该模型的反复训练与学习，自动优化成能够对联盟冲突类型定量识别的神经网络，该神经网络可以替代相关专家和管理层的主观分析，做出更为客观的联盟冲突类型识别。

11.2.2　模型建立准备

1. 数据收集及样本描述

实证数据的收集分为三个阶段。

第一阶段，2012 年 8 月到 2012 年 10 月，在国家自然科学基金项目资助下进行实证调研。该阶段属于调研探索性阶段，回收 46 份实证问卷，问卷全部有效，同时对问卷中表述有歧义、没有涉及联盟管理和专业术语表达错误等填答项进行了修正和完善。

第二阶段，2013 年 2 月至 2013 年 4 月，课题组参与了由浙江省经济和信息化委员会组织的关于重点安全生产高新技术企业发展状况的调研。该阶段共对 103 家企业进行调研。筛除信息过度缺失等无效样本，实际有效问卷为 26 份。

第三阶段，2013 年 3 月至 2013 年 5 月，浙江省温州市平阳县政府组织了关于其辖区内优势成长型企业创新联盟现状的调研。平阳县科技局向其辖区内的优势成长型企业通过电子邮件发放 146 份问卷，回收有效问卷 79 份。

通过以上三个阶段的数据收集，课题组共调研了 228 家样本企业，获取了 151 份有效问卷。神经网络模型对样本数据的准确性要求较高，通过数据筛选和处理，共获取符合本章研究设计所需的样本 117 份。对样本企业进行描述性统计，相关结果见表 11.2。

表 11.2　样本企业描述性统计

样本企业类别		频数	百分比	累计百分比
行业类型	房地产	5	4.27%	4.27%
	化工行业	12	10.26%	14.53%
	电气	5	4.27%	18.80%

续表

样本企业类别		频数	百分比	累计百分比
行业类型	食品	9	7.69%	26.50%
	塑编业	13	11.11%	37.61%
	通信	14	11.97%	49.57%
	皮具制造	21	17.95%	67.52%
	机械制造	34	29.06%	96.58%
	其他	4	3.42%	100.00%
企业规模	50 人以下	14	11.97%	11.97%
	50～100 人	20	17.09%	29.06%
	100～500 人	52	44.44%	73.50%
	500 人及以上	31	26.50%	100.00%
企业性质	民营企业	46	39.32%	39.32%
	外商投资企业	16	13.68%	53.00%
	股份有限公司	41	35.04%	88.04%
	国有企业	9	7.69%	95.73%
	其他	5	4.27%	100.00%

由表 11.2 可知，样本企业涉及的行业类型丰富，涵盖工业、建筑业以及服务业，其中制造业占有较大比例，其他行业所占比例较为均衡。样本企业规模分布合理，100 人以下、500 人以上以及两者之间的企业各占 30%左右。样本单位性质覆盖较全，包含国有企业、民营企业、外商投资企业、股份有限公司等形式。总体而言，调研对象选取具有代表性，满足实证分析样本要求。

2. 数据分析及样本分类

1）效度分析

在进行实证分析前，需要对问卷的理论结构效度进行验证，以检测能够达成问卷预定目标的程度，即样本数据的效度分析。本章利用 SPSS 统计软件进行因子分析来实现效度检验。

在进行因子分析时，一般采用 KMO 值和 Bartlett 球形检验值两个统计变量值来判断变量是否适合进行因子分析，判断原则如下。

（1）当 KMO＞0.9 时，表明相关数据非常适合进行因子分析；当 0.8＜KMO≤0.9 时，表明相关数据很适合进行因子分析；当 0.7＜KMO≤0.8 时，表明相关数据适合进行因子分析；而当 0.6＜KMO≤0.7 时，表明相关数据不太适合进行因子分析；当 KMO≤0.6 时，表明相关数据不适合进行因子分析。

（2）当 Bartlett 球形检验值的概率（*P* 值）小于 0.01 时，说明数据具有显著相关性，适合进行因子分析；当 Bartlett 球形检验值的概率（*P* 值）大于等于 0.01 时，说明不适合进行因子分析。

因此，为了保证数据的效度，本章选取的效度测量标准为：KMO＞0.7 且 Bartlett 球形检验的概率（*P* 值）小于 0.01。

将联盟冲突影响因素的具体表现指标的数据导入 SPSS 软件，进行因子分析，并按照特征值大于 1 的原则，对十个具体表现指标进行分析，采用最大方差法对成分矩阵实施正交旋转，以使因子具有命名解释性。结果见表 11.3。

表 11.3　具体表现指标的 KMO 和 Bartlett 球形检验

KMO 值		0.737
Bartlett 球形检验	近似卡方	427.63
	Dr 自由度	45
	Sig.（显著性水平）	0.000

结果显示：KMO 值为 0.737，说明变量间的共性因子较多；Bartlett 球形检验的统计量值为 427.63，相应的 *P* 值接近于 0，可认为单位矩阵和相关系数矩阵存在显著差异。因此，因子分析具有一定的可行性。

由正交旋转前的方差解释表（表 11.4）可知，利用特征值大于 1 以及最大方差法提取的三个因子的累计方差解释率接近 70%，说明指标体系的结构效度很好。

表 11.4　方差解释表

因子	特征值	方差解释率	累计方差解释率
1	3.54	25.081	25.081
2	2.12	22.035	47.116
3	1.169	22.29	69.406
4	0.683		

根据因子分析得到的因子载荷矩阵以及原始变量与新生因子之间的相关程度，符合理论研究中提取的三类冲突类型，因此将这三个因子命名为任务因子、过程因子和关系因子。结果见表 11.5。

表 11.5　方差解释表和正交旋转后的因子载荷矩阵

指标项		因子 1	因子 2	因子 3
		任务因子	过程因子	关系因子
文化差异	重要技术开发日程存在分歧	0.706	0.285	−0.052
	合作成果的技术实现方式存在分歧	0.836	0.068	0.198
目标差异	合作目标存在分歧	0.782	0.216	−0.062
	合作项目预算标准存在分歧	0.691	0.234	−0.038
沟通机制不健全	对合作创新项目人员安排意见不一致	0.194	0.771	0.11
	对合作创新项目工作流程意见不一致	0.17	0.876	0.098
	创新项目成果形式存在分歧	0.31	0.76	0.023
资源投入不均衡	出资方式不一致	0.152	0.134	0.879
	合作技术开发资金难以到位	0.034	−0.087	0.834
	技术共享严重不对称	−0.187	0.203	0.769

2）信度检验

指标决定了量化研究的精确度，因此需要对问卷指标进行信度检验。信度分析中，一般采用 Cronbach 一致性系数和 CITC（corrected item-total correlation）值两个统计变量值来判断数据信度，判断原则如下（吴明隆，2000）。

（1）当一致性系数 $\alpha>0.9$ 时，表明整体信度非常好；当 $0.7<\alpha\leqslant 0.9$ 时，表明整体信度较好；当 $0.35<\alpha\leqslant 0.7$ 时，表明整体信度中等；当 $\alpha\leqslant 0.35$ 时，表明整体信度很低。

（2）当 CITC>0.5 时，表明该项指标是可靠、可接受的，当 CITC≤0.5 时，表明该项指标不可靠。

（3）当删除该项后的 α 系数大于因子的标准系数 α 时，说明该项指标不太可靠，可删除；当删除该项后的 α 系数小于因子的标准系数 α 时，说明该项指标比较可靠，应保留。

综上，为了保证数据的信度，本章选取的信度测量标准为：一致性系数 $\alpha>0.7$，CITC>0.5 且删除本项后的 α 系数小于标准系数 α。

信度检验是检验根据因子分析法提取的三个因子，其测量指标是否满足可靠性原则。根据前面因子分析的结果可知冲突影响因素可细分为任务因子、过程因子和关系因子三类，三者的测量指标不同，将各测量指标导入 SPSS18.0 进行信度检验，结果如表 11.6 所示。

表 11.6 联盟冲突影响因素具体表现指标的信度检验

因子	测量指标	CITC	删除本项后的 α 系数	因子的标准 α 系数
任务因子	合作成果的技术实现方式存在分歧	0.6315	0.7342	0.7967
	合作项目预算标准存在分歧	0.5731	0.7634	
	合作目标存在分歧	0.5918	0.7541	
	重要技术开发日程存在分歧	0.6365	0.7315	
过程因子	对合作创新项目工作流程意见不一致	0.5692	0.7805	0.7843
	对合作创新项目人员安排意见不一致	0.7036	0.6270	
	创新项目成果形式存在分歧	0.6225	0.7139	
关系因子	出资方式不一致	0.7226	0.5733	0.7755
	合作技术开发资金难以到位	0.5832	0.7316	
	技术共享严重不对称	0.5386	0.7730	

由表 11.6 可知，任务因子各指标的 CITC 值均大于 0.5，且各项指标删除后 α 系数都变小，说明任务因子的测量指标可靠度较高，其总体的信度系数 α=0.7967，表明任务因子总体信度水平较高。过程因子的 CITC 值均大于 0.5，且各项指标删除后 α 系数都变小，说明过程因子的测量指标可靠度较高；总体的信度系数 α=0.7843，表明过程因子总体信度水平较高。关系因子也满足 CITC 值均大于 0.5，且各项指标删除后 α 系数都变小，说明关系因子的测量指标可靠度较高；总体的信度系数 α=0.7755，表明关系因子总体信度水平较高。

综合信度、效度分析，冲突影响因素的具体表现指标具备较好的信度和效度，适合作为实证分析的样本数据。

3）聚类分析

提取已准确分类的样本并将之作为训练样本，是构建高识别准确度的神经网络模型的重要环节。在联盟的实际运行中，冲突事件发生的情况较为复杂。传统分类方法主要通过对某一影响因素的评价实现维度分类，其有效性取决于评分者的专业素养与经验。将 K-Means 聚类方法引入联盟冲突分类，可实现基于多个分类因素对联盟冲突事件进行综合、动态的分类。尤其是在复杂情景中，利用专家的主观经验难以清楚分类时，利用 K-Means 聚类方法可根据样本或数据的相似性实现自动分类，从而可消除专家分类的主观性。同时，通过基于 Duncan 法的均值多重比较对已分类样本进行可解释性命名，可实现训练样本的准确、有效分类（Hannoun et al.，2000）。

将利用因子分析法获得的因子得分作为新的指标值，使用 SPSS 软件对新的指标值进行 K-Means 聚类分析，结果见表 11.7。

表 11.7　聚类结果

类型	类型 1	25
	类型 2	50
	类型 3	42
样本数量		117
缺失量		0

由结果可知：类型 1 有 25 个样本；类型 2 有 50 个样本；类型 3 有 42 个样本。

由于上述聚类给出的结果无法显示上述三类分别对应哪种冲突，但可以利用统计软件计算出各因素在各分组中的均值，同时判断该因素对一组的影响与其他组是否存在显著性差异。因此，我们采用基于 Duncan 法的均值多重比较，计算出每个因子在三类中的均值，通过比较均值确定三类对各因子的重视程度，同时根据因子在三组之间是否具有明显性差异来判定该因子是否对该类别具有显著性影响。结果见表 11.8～表 11.10。

表 11.8　任务因子在三种类别中的均值多重比较

类型	样本数量	显著性水平为 0.05	
类型 1	25	–0.511	
类型 3	42	–0.286	
类型 2	50		0.495
Sig.		1	1

表 11.9　过程因子在三种类别中的均值多重比较

类型	样本数量	显著性水平为 0.05		
类型 1	25	–0.996		
类型 2	50		–0.367	
类型 3	42			1.030
Sig.		1.000	1.000	1.000

表 11.10　关系因子在三种类别中的均值多重比较

类型	样本数量	显著性水平为 0.05		
类型 2	50	−0.553		
类型 3	42		0.091	
类型 1	25			0.953
Sig.		1.000	1.000	1.000

由表 11.8～表 11.10 分析可知，类型 2 对任务因子的重视程度高，而且任务因子在三种类型之间有显著性差异，即对类型 2 具有显著性影响。类型 3 对过程因子的重视程度高，而且过程因子在三种类型之间有显著性差异，即对类型 3 具有显著性影响。类型 1 对关系因子的重视程度高，而且关系因子在三种类型之间有显著性差异，即对类型 1 具有显著性影响。由此可以判定，类型 1 属于关系冲突，类型 2 属于任务冲突，类型 3 属于过程冲突。

3. 数据归一化处理

在进行神经网络仿真实验时，必须保证所有数据都在 0～1。而本章的研究数据不符合，因此使用变换法对数据进行归一化处理。公式如下：

$$x_i = \frac{Q_i - Q_{\min}}{Q_{\max} - Q_{\min}} \tag{11.1}$$

式中，$Q_{\max}$、$Q_{\min}$ 分别为每个影响因素的最大值和最小值。该变换可避免数据进入饱和状态（葛建华，2011）。

根据前面已划分的三类联盟冲突是一个无量纲的向量指标，向量元素值在 0～1。（1，0，0）表示关系冲突，（0，1，0）表示任务冲突，（0，0，1）表示过程冲突。

11.2.3　基于神经网络的冲突识别模型的建立与分析

1. 模型建立

根据前面的神经网络理论知识，建立的 BP（back propagation）神经网络具有反馈特性，主要包括输入层、输出层和隐含层。其中，相邻层神经元之间全连接，同层的神经元互不相连；输入层有 10 个神经元，输出层有 3 个神经元，隐含层应有 21 个神经元，神经网络结构见图 11.1。

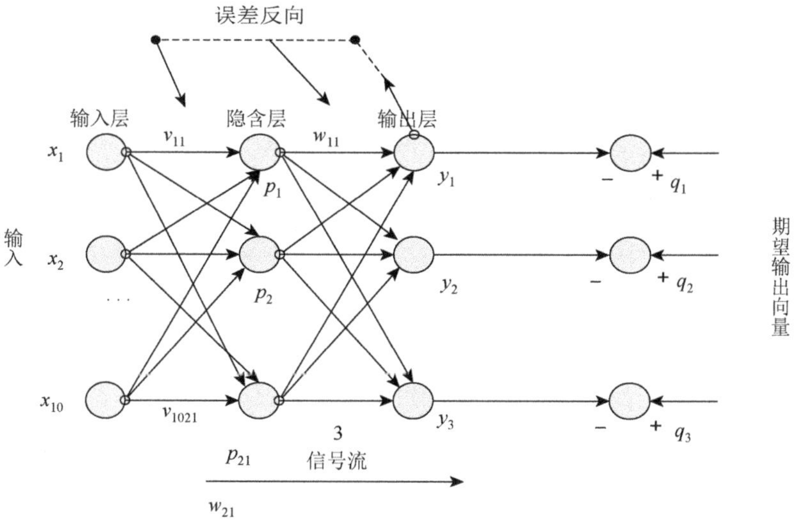

图 11.1　BP 神经网络结构图

其中，输入向量 $X=(x_1,x_2,\cdots,x_{10})^{\mathrm{T}}$。其中，$x_1$ 表示合作目标存在分歧；x_2 表示合作项目预算标准存在分歧；x_3 表示重要技术开发日程存在分歧；x_4 表示合作成果的技术实现方式存在分歧；x_5 表示对合作创新项目人员安排意见不一致；x_6 表示对合作创新项目工作流程意见不一致；x_7 表示创新项目成果形式存在分歧；x_8 表示出资方式不一致；x_9 表示合作技术开发资金难以到位；x_{10} 表示技术共享严重不对称。BP 神经网络模型如下（任宏等，2015）。

隐含层：

$$p_i = f\left(\sum_{j=1}^{10} v_{ji}x_j + \theta_{1i}\right),\quad i=1,2,\cdots,21 \tag{11.2}$$

隐含层的输出向量 $P=(p_1,p_2,\cdots,p_{21})^{\mathrm{T}}$。式（11.2）中，$\theta$ 为阈值，用以保证输入数据满足特定区间，从而刺激神经元输出；f 为输入层到隐含层的传递函数，神经网络模型中的传递函数有三种，即 purelin 函数、tansig 函数和 logsig 函数，由于 logsig 函数能够实现输出在 0～1，因此选择 logsig 函数。

输出层：

$$y_i = f\left(\sum_{j=1}^{21} w_{ji}p_j + \theta_{2i}\right),\quad i=1,2,3 \tag{11.3}$$

输出节点误差：

$$e_i = q_i - y_i,\quad i=1,2,3 \tag{11.4}$$

输出层的输出向量$Y=(y_1,y_2,y_3)^{\mathrm{T}}$。式（11.4）中，$f$为隐含层到输出层的传递函数；$\theta$为阈值，仍选择 logsig 函数；期望输出向量$Q=(q_1,q_2,q_3)^{\mathrm{T}}$；$y_1$和$q_1$表示关系冲突，$y_2$和$q_2$表示任务冲突，$y_3$和$q_3$表示过程冲突。

1）输入层至隐含层

权值修正：

$$v_{ij}(t+1)=v_{ij}(t)+\eta' p_j' x_i,\quad i=1,2,\cdots,10;\ j=1,2,\cdots,21;0<\eta'<1 \tag{11.5}$$

其中

$$p_j'=p_j\times(1-p_j)\times\sum_{k=1}^{3}q_k w_{jk},\quad j=1,2,\cdots,21 \tag{11.6}$$

阈值修正：

$$\theta_{1j}(t+1)=\theta_{1j}(t)+\eta' p_j',\quad j=1,2,\cdots,21;0<\eta'<1 \tag{11.7}$$

2）隐含层至输出层

权值修正：

$$w_{ij}(t+1)=w_{ij}(t)+\eta' q_j' p_i,\quad i=1,2,\cdots,21;\ j=1,2,3;0<\eta'<1 \tag{11.8}$$

其中

$$q_j'=y_j\times(q_j-y_j)\times(1-y_j),\quad j=1,2,3 \tag{11.9}$$

阈值修正：

$$\theta_{2j}(t+1)=\theta_{2j}(t)+\eta' q_j',\quad j=1,2,3;0<\eta'<1 \tag{11.10}$$

输出层到隐含层间的权值矩阵为

$$V=(v_1,v_2,\cdots,v_{10})=\begin{bmatrix} v_{11} & v_{12} & \cdots & v_{110} \\ v_{21} & v_{22} & \cdots & v_{210} \\ \cdots & \cdots & & \cdots \\ v_{211} & v_{212} & \cdots & v_{2110} \end{bmatrix}$$

其中，$v_k(1\leqslant k\leqslant 10)$为输入层第$k$个神经元对应隐含层的权向量；隐含层到输出层之间的权值矩阵为

$$W=(w_1,w_2,\cdots,w_{21})=\begin{bmatrix} w_{11} & w_{12} & \cdots & w_{121} \\ w_{21} & w_{22} & \cdots & w_{221} \\ w_{31} & w_{32} & \cdots & w_{321} \end{bmatrix}$$

其中，$w_k(1\leqslant k\leqslant 21)$为隐含层第$k$个神经元对应输出层的权向量。它们都是采用 Nguyen-Widrow 算法随机产生的。

2. 测试结果

对 117 份样本的数据进行归一化处理，再将前 107 份样本作为训练样本，应用 MATLAB 软件中的工具箱建立神经网络识别模型，最后输入训练样本。在该网络模型中，隐含层和输出层的传递函数都采用 logsig 函数，这既符合非线性模型的要求，也可保证输出结果在 0～1，然后调用 trainlm 函数训练神经网络。经过四次重复试验后，其误差变化见图 11.2。由图 11.2 可知，该神经网络经过 17 次训练后达到收敛状态，且误差小于 0.000 03，表明该模型具有一定的可靠性。利用联盟冲突识别模型，输入相应影响因素的量化数据，程序在运算后可自动给出联盟面临的冲突类型，以便管理者及时应对。

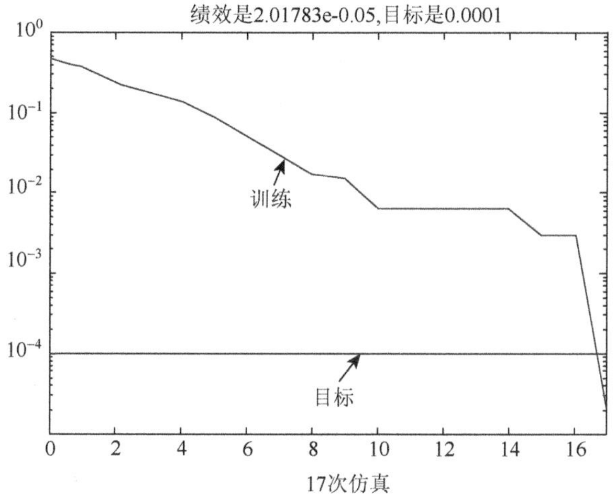

图 11.2　误差变化图

为了更科学、准确地识别联盟冲突类型，将后 10 份未经训练的样本作为测试样本，以测试该模型的识别效果，测试样本见表 11.11。对 117 份数据进行归一化处理，保证数据在 0～1，经归一化处理后的后 10 份样本，即测试样本见表 11.12。

表 11.11　测试样本

序号	x_1	x_2	x_3	x_4	x_5	x_6	x_7	x_8	x_9	x_{10}	冲突类型
1	3	2	4	3	2	1	3	3	4	3	（1，0，0）
2	5	4	5	4	4	4	4	5	4	4	（0，1，0）
3	3	3	3	2	3	3	3	3	2	4	（0，0，1）
4	4	4	3	4	5	5	3	4	3	5	（0，0，1）

续表

序号	x_1	x_2	x_3	x_4	x_5	x_6	x_7	x_8	x_9	x_{10}	冲突类型
5	4	3	4	2	4	3	3	4	3	3	（0，0，1）
6	4	4	3	4	1	3	3	5	5	4	（1，0，0）
7	3	5	4	4	3	3	4	3	3	2	（0，1，0）
8	3	5	4	5	5	3	3	3	4	2	（0，1，0）
9	4	5	4	3	3	4	4	4	5	5	（1，0，0）
10	4	3	4	3	5	5	5	5	5	5	（0，0，1）

表 11.12　归一化处理后的测试样本

序号	x_1	x_2	x_3	x_4	x_5	x_6	x_7	x_8	x_9	x_{10}	冲突类型
1	0.5	0.25	0.75	0.5	0.25	0	0.5	0.3333	0.75	0.3333	（1，0，0）
2	1	0.75	1	0.75	0.75	0.75	0.75	1	0.75	0.6667	（0，1，0）
3	0.5	0.5	0.5	0.25	0.5	0.5	0.5	0.3333	0.25	0.6667	（0，0，1）
4	0.75	0.75	0.5	0.75	1	1	0.5	0.6667	0.5	1	（0，0，1）
5	0.75	0.5	0.75	0.25	0.75	0.5	0.5	0.6667	0.5	0.3333	（0，0，1）
6	0.75	0.75	0.5	0.75	0	0.5	0.5	1	1	0.6667	（1，0，0）
7	0.5	1	0.75	0.75	0.5	0.5	0.75	0.3333	0.5	0	（0，1，0）
8	0.5	1	0.75	1	1	0.5	0.5	0.3333	0.75	0	（0，1，0）
9	0.75	1	0.75	0.5	0.5	0.75	0.75	0.6667	1	1	（1，0，0）
10	0.75	0.5	0.75	0.5	1	1	1	1	1	1	（0，0，1）

经过模型的运算，测试样本的输出结果与期望输出结果的对比如表 11.13 所示。

表 11.13　识别结果

样本	测试样本	神经网络输出结果	误差
1	（1，0，0）	（0.9743，0.9623，0）	（–0.0257，0.9623，0）
2	（0，1，0）	（0.9396，0.0533，0.0017）	（0.9396，–0.9467，0.0017）
3	（0，0，1）	（0.0002，0.0001，0.9991）	（0.0002，0.0001，0.0009）
4	（0，0，1）	（0.001，0，1）	（0.0001，0，0）
5	（0，0，1）	（0.0231，0.0184，0.8959）	（0.0231，0.0184，–0.1041）
6	（1，0，0）	（1，0，0）	（0，0，0）
7	（0，1，0）	（0，0.8856，0.0661）	（0，–0.1144，0.0661）

续表

样本	测试样本	神经网络输出结果	误差
8	（0，1，0）	（0.001，0.8369，0.0146）	（0.001，−0.1631，0.0146）
9	（1，0，0）	（0.9471，0.001，0.0071）	（−0.0529，0.001，0.0071）
10	（0，0，1）	（0，0，1）	（0.0001，0，0）

3. 结果分析

由以上分析结果可知，BP 神经网络模型的识别能力强、收敛速率快，对已分析的三类冲突都能准确识别，因此将该神经网络模型应用于产业技术创新战略联盟冲突类型识别是有效的，不过测试结果也出现了一些错误。例如，第 1 个测试样本应是关系冲突，但是模型没能识别出；第 2 个测试样本应是任务冲突，但是模型识别出的结果是关系冲突。模型对其他测试样本的识别结果均较好。究其原因：①样本数量是影响神经网络性能的一个重要因素，在识别过程中，关系冲突样本数量少于另两类冲突样本数量；②冲突之间存在相互转化的情况，边界处的分类一般较为模糊，不管是专家识别还是模型统计识别都易出现错误。对此，增加样本数量、对模型进行修正能较好地减少误差。

尽管存在一些需要改进的地方，但与以往的识别方法相比，该识别系统在创新性和准确性等方面都有一定程度的改进，具体表现在以下方面。

（1）创新性。首先，以往方法大多通过特定函数来描述变量之间的关系，这对于内部机制复杂的识别问题，难以实现有效表达，而神经网络模型可以在忽略内部关系的情况下通过非线性映射实现高精度输出；其次，通过 K-Means 聚类与基于 Duncan 法的均值多重比较，改进了训练样本的分类方法，从而实现了对训练样本的准确分类。

（2）准确性。神经网络通过学习正确分类的实例集，不断优化权值与阈值，以建立合理的求解系统，这种自学习能力突破了人工操作的局限性，大大提高了输出结果的精确度。

（3）可移植性。可移植性是模型性能评价的重要方面。神经网络识别模型可通过改变样本数据、网络层数等重新训练网络，移植到其他模式识别案例中，简单易行。

11.3　基于神经网络的冲突识别模型的应用

11.3.1　研究对象的选择

为验证神经网络识别模型的有效性，本章选取 TD 产业联盟作为测试对象。

TD 产业联盟的快速发展既有国家政策的支持，也是产业发展的需要。20 世纪末，随着我国综合实力的提高，经济、电信科技、电子设备等都得到了迅速发展，并具备一定的实力基础。尽管我国综合实力在提升，但许多产品所依赖的技术标准未能达到国际标准水平。为改变这一局面，社会各界自发组织积极参与标准研发，政府也鼓励并大力支持自主研发与创新。大众一心致力于提高科技实力，并改变相关领域中我国技术标准发展空白的尴尬局面。2002 年，在国家相关部门的推动下，7 家移动通信企业联合创立 TD 产业技术创新战略联盟，既是国家试点联盟，也是针对技术创新标准进行的第一批试点组织以及唯一一家服务于移动通信产业的专利协同运用试点单位。

TD 产业联盟致力于网络标准研发，TD-SCDMA 标准是 TD 产业联盟前期的技术支撑。1998 年，我国向国际电信联盟正式提交了 TD-SCDMA 建议草案。2000 年，在 ITU-R 全会上，中国政府提交的 TD-SCDMA 技术标准被国际电信联盟批准为第三代移动通信。2002 年，TD 产业联盟成立，进一步推动了 TD-SCDMA 技术标准的发展。2006 年，在国际三大 3G 标准中，TD-SCDMA 标准率先成为行业标准，这标志着我国移动通信技术得到国际的认可。2009 年，TD 产业联盟迎来 3G 牌照的发放，TD-SCDMA 开始正式商用。TD 产品商业化进程推动了 TD 产业联盟的成长，截至 2016 年 1 月，联盟成“百团之势”，企业涵盖了运营商、网络、终端、芯片、测试等产业链各个环节。而今，TD 产业联盟的影响力已进入国内同行业领先水平，2013 年，在产业技术创新战略联盟评估活动中，TD 产业联盟荣获 A 级联盟称号。TD 产业联盟将持续推动移动相关组织合作，为完善我国通信产业发展环境建设、增强产业协同运用能力而努力。

纵观 TD 产业联盟的发展历程，以其作为实证研究对象有其代表性。

首先，TD 产业联盟发展经历了鼎盛阶段，成果众多，联盟成员的总体参与度也较高；其次，联盟的发展周期较长，经历的冲突事件较多，涉及的冲突影响因素周详完整，冲突识别结果更加科学、有效；最后，联盟在 TD-SCDMA 标准研发期间，成员目标一致性、沟通与知识共享、资源依赖以及利益分配等方面的事件比较充足，对于冲突识别具有很好的代表性。联盟于 2002 年在大唐、华为、联想等企业的联合下成立，启动了 TD-SCDMA 标准的研发，之后也开启 4G、5G 标准的开发，在这十多年的发展过程中，受成员合作关系不稳固、资金筹措困难、4G 研发滞后和国外技术标准市场竞争压力增大等因素的影响，联盟在初期以及近几年的发展并不顺遂。TD 产业联盟在发展的同时冲突不断，满足本章的冲突识别研究需求。

11.3.2　三阶段的选取

为了更加科学、有效地评价 TD 产业联盟的冲突类型，本章选取了 TD 产业联盟三个不同阶段，并根据这三个阶段所发生的一些冲突事件及影响因素的情况，提取相关数据进行仿真。对于三个阶段的选取，本章依据联盟经历的生命周期阶段进行探索分析。根据联盟生命周期理论，联盟发展必然经历创建、发展、成熟、衰亡四个时期（张兰霞和刘杰，2006；孙学斌，2008；谢科范等，2001）。初创期是联盟从孕育到诞生，组建意向产生到正式形成的过程。联盟雏形刚刚形成，成员之间还未开展实质性的创新合作；成长期是联盟实体形成到成熟，沟通磨合并产生少量创新成果的一段快速发展的时期；成熟期是联盟实体已经成熟，成员合作模式固定，成员完全适应联盟创新形式，重要创新成果产生及创新效率最高的时期；衰退期是联盟开始衰退，成员背离产业技术创新战略联盟发展目标，创新效率低下，直至联盟解体的时期（张兰霞和刘杰，2006；李嘉明和甘慧，2009）。而 TD 产业联盟显然已经经历了前三个阶段。

TD 产业联盟从创立之初到现在硕果累累。在经过创建时期的艰难前进、成长时期的快速提升之后，TD 产业联盟进入成熟时期的鼎盛发展阶段。2009 年，TD 产业联盟开始推行 TD-SCDMA 产业化和商业化计划，并于同年 9 月实现产业链的成熟运营。12 月，TD-SCDMA 手机开始实现规模化的良性发展道路，TD-SCDMA 终端步入成熟期。同年，随着产品多样化发展以及市场的调节作用，产品越来越成熟，TD-SCDMA 市场也步入了成熟阶段。显然 TD 产业联盟已经历了鼎盛发展时期。随着 TD 标准产业化形成，联盟遇到了一些舆论压力以及成员关系紧张、产能下降压力，但在经历这些发展问题之后，又很快步入了正轨。2013 年，随着第四代移动通信业务 TD-LTE 牌照的发放，我国开启 4G 时代。同年，为了赶超世界通信发展，TD 产业联盟联合企业、高校等组织约 40 家参与国家 863 项目研发，即“第五代移动通信系统前期研究开发（一期）”，启动 5G 技术研发项目。与此同时，4G 技术也在如火如荼地进行。因此，尽管 TD 产业联盟已发展十余年，其间也遇到过较为严重的冲突问题，但经过联盟的自我调解和政府的宏观调控，之后也都步入正常发展，因此，联盟还未进入衰退期，但已经历鼎盛发展的成熟时期。

综上所述，TD 产业联盟经过了艰难的创建期，快速发展的成长期以及创造无数辉煌的成熟期。本章从初创阶段、成长阶段、成熟阶段三个阶段来探索分析 TD 产业联盟的冲突发展情况，根据模型运算变量需要，对 TD 产业联盟的分析主要从神经网络模型的 10 个输入变量指代的指标进行分析，并提取各个指标的相关数据。

11.3.3 数据提取

1. 初创阶段的影响因素探析与数据提取

在 TD 标准诞生之初，大唐、华为、中国普天、联想等都希望建立完整的 TD 产业链，深化行业交流，以期获得技术创新和经济收益，各企业之间需求互补、目标一致。1998 年，召开香山会议，并开始竞逐 3G 标准；2000 年 5 月，TD-SCDMA 标准成为国际 3G 标准；2002 年 10 月以大唐电信集团为主导，华为、联想、中兴等知名企业联合发起成立 TD 产业联盟；从 1998 年讨论联盟组建意向到 2002 年联盟正式成立，属于 TD 产业联盟的初创阶段。

联盟成立基于统一的发展目标和需求，因此在探讨成立 TD 产业联盟之际，相关企业成员之间合作目标较为一致。尽管总体目标一致，在 TD 标准研发初期，由于其商业化应用缺乏国家相关层面的政策支持，而联盟企业都希望通过商业化获取利益，因此一些成员对联盟前景持观望状态，个体发展目标和需求存在着一定的差异，综合而言处在中等水平。联盟在成立初期，成员之间合作项目不多，需投入的合作资金都在联盟成员可承受的范围之内，但由于成员对项目发展存在疑问，合作预算标准的分歧程度处于中等水平。综合上述分析可知，在 TD 产业联盟初创阶段，成员之间合作目标存在分歧以及合作预算标准存在分歧的程度处在中等水平。

在联合开发 TD-SCDMA 标准之前，企业自身的文化背景和发展历史对企业的选择影响较大，也导致联盟成员在投身 TD 研发和面对选择时有较多的迟疑与犹豫。首先，成员之间对何时启动 TD-SCDMA 标准研发意见不统一，且分歧较大。中兴、华为对 TD-SCDMA 标准并不看好，短期内不考虑 TD-SCDMA 标准，且在 WCDMA 标准和 CDMA2000 标准上投入较大。整体情况是大唐极力推进 TD-SCDMA 标准，还有一些成员参与其他标准研发，另一些成员希望参考这些研发企业的发展情况来决定何时启动研发；其次，由于对 TD 标准技术的认知不同，一场关于 TD-SCDMA 前途命运的技术选择也在激烈地展开着。TD-SCDMA 有两种制式，分别是 TSM 和 LCR。TSM 是在第二代移动通信（2G）的核心网上研发 TD-SCDMA，基于 2G 技术的娴熟，TSM 是较为保守且风险较低的，但属于 3G 技术的过渡产品。LCR 是在 3G 的核心网上研发 TD-SCDMA，风险较大，却是真正的 3G 技术开发制式。因此，面对 TSM 和 LCR 两种制式的选择，成员之间分歧较大。综合上述分析可知，在 TD 产业联盟初创阶段，成员之间关于重要技术开发日程以及合作成果的技术实现方式的分歧都较大。

联盟成立初期，相关制度较为薄弱，成员之间各自为政，大唐研发 SCDMA

无线用户环路系统，而华为正推出自己的 GSM 设备。在 GSM900/1800 系统方面，大唐研发全套系统设备，而中兴则在研发双频系统。此阶段，合作创新活动不多，涉及的人员安排和工作安排较少，因而这方面的矛盾较少。成员企业之间关系松散，缺乏信任以及有效的信息交流，沟通效率较低。在资金投入方面，由于前期联盟成员数量不多，且都属于通信行业的优势企业，出资方式较为一致和均衡，以资金和技术为主。联盟在成立之时，各成员发起人拟定并签署了相关协议，其中就包括各成员组织投入的约定，因此在联盟初期开发资金及时到位。尽管成员资金投入方面较为积极，但涉及关键技术时保留较多，技术共享存在较大的不对称，成员之间各自研发，集体意识不强。在联盟发展初期，各项制度与文化的规制作用不够明显，导致一系列问题的出现，但对于建立国家自主知识产权的通信技术系统，依然是整个行业最迫切的愿望。综合上述分析可知，在 TD 产业联盟初创阶段，成员之间关于合作项目人员安排、工作流程安排以及项目成果形式方面的分歧较小，而且出资方式较一致以及资金到位较及时，这方面的矛盾很少，但技术共享存在较大的不对称。

综合以上分析，提炼 10 个变量的相关数据，见表 11.14。

表 11.14　TD 产业联盟初创阶段的实证数据

变量	x_1	x_2	x_3	x_4	x_5	x_6	x_7	x_8	x_9	x_{10}
定性	中等	中等	较大	较大	较小	较小	较小	小	小	较大
定量	3	3	4	4	2	2	2	1	1	4

2. 成长阶段的影响因素探析与数据提取

成长期是联盟正式成立之后开始的。联盟的正式成立，是国家对完全自主知识产权的通信技术系统的渴望，对整合行业优先资源的需求，更是当时整个电信行业的共同需求和愿望。2003 年，联盟召开“TD-SCDMA 产业联盟峰会”，促进了联盟内部对 TD 标准产业化发展目标形成一致认识，加强了联盟产业链上下游企业之间的需求对接与合作交流。2005 年 TD 标准通过产业化专项测试证实 TD 标准具备大规模独立组网能力。2006 年，联盟完成产业链建设。2009 年 1 月，3G 牌照发放，TD-SCDMA 技术进入规模化商用阶段，从 2002 年 TD 产业联盟成立到 TD 产业链的建成以及规模商业化的发展，是联盟的快速发展时期，即成长期。

这一阶段，相比全球经济萎靡及国际 3G 发展的减慢，我国的 TD 产业联盟发展正盛，联盟成员在目标与前景认知上有了进一步的认识，推动了联盟的发展。因此，在发展目标与预算制定上，成员意见较为一致。联盟成立也将 TD-SCDMA 标准的研发推上日程，关于 TSM 和 LCR 制式的选择矛盾也随着 2003 年大唐打通

LCR 的空中接口而得到圆满解决。到 2003 年后期，除少数企业外，TD 产业联盟内大多数成员已经全身心致力于 LCR 的研发。LCR 制式的正确选择是 TD-SCDMA 发展阶段中由国家相关部门主导的一次重大转折，也是 TD 产业联盟成立后最大的一次转折。此后，TD-SCDMA 标准进入快速发展阶段。综合上述分析可知，在 TD 产业联盟成长阶段，成员之间合作目标以及合作预算标准的分歧有所缓解，变为较小；关于重要技术开发日程以及合作成果的技术实现方式的分歧也得到较大缓和，变为较小。

尽管 TD 产业联盟发展快速，联盟也面临着一些致命问题，即联盟的快速发展与联盟内部制度建设落后的矛盾突出。联盟成长过程中的重要一部分是信息渠道的建立，联盟成员之间信息传递方式和渠道在联盟成员的合作过程中逐渐形成，但由于缺乏进一步的规范，逐步落后于联盟发展的步伐，甚至存在一定程度的阻碍作用。大唐作为主导企业，在联盟成立初期占据着领导地位，控制着联盟的发展以及成员间的沟通交流，这种发展模式在成员关系松散的时期较为有效。但随着联盟的发展，大唐依然占据主导，甚至排斥其他企业的积极参与，尤其是在人员安排、工作流程制定、成果形式和成果共享方面，大唐以自身利益为先，导致联盟成员间的矛盾较大。这也使得后续合作资金筹集面临一些困难，但联盟在成立时订立的资源投入协议，抑制了联盟成员在显性资源上的弄虚作假。TD 产业联盟面临着较好的形势，但由于先天、后天与环境的不足，如果大唐不能联合其他企业一起奋斗，整个 TD-SCDMA 必然失败。在舆论与相关部门的影响下，大唐逐步放权，技术共享方面的矛盾得到一定的缓和。综合上述分析可知，在 TD 产业联盟成长阶段，成员之间关于合作项目人员安排、工作流程安排以及项目成果形式方面的分歧加剧；而出资方式以及资金到位方面的矛盾有所缓解，变为较小；技术共享方面的矛盾有所缓和，变为中等。

综合以上分析，提炼十个变量的相关数据，见表 11.15。

表 11.15　TD 产业联盟成长阶段的实证数据

变量	x_1	x_2	x_3	x_4	x_5	x_6	x_7	x_8	x_9	x_{10}
定性	较小	较小	较小	较小	较大	较大	较大	较小	较小	中等
定量	2	2	2	2	4	4	4	2	2	3

3. 成熟阶段的影响因素探析与数据提取

在 TD 产业联盟推动下，TD 标准实现了快速发展。2009 年，TD-SCDMA 的规模化商用化进程，推动并实现了产业链的成熟运营。12 月，TD-SCDMA 手机开始实现规模化的良性发展道路，TD 终端步入成熟期。同年，随着产品多样化发展以及市场的调节作用，产品越来越成熟，TD-SCDMA 市场也步入了成熟阶段。2010 年，联盟在 TD-SCDMA 标准的基础上开发了 TD-LTE，并被接受为国际 4G 标准。2015 年，TD 产业联盟呼吁政府、运营商和企业为 5G 发展争取更多频谱资源。这一时期，联盟创新成果丰硕，处在鼎盛发展阶段。

在 TD 产业联盟实现快速发展的同时，越来越多的企业加入联盟，带来正面和负面效应。一方面，新加入的成员大多希望在 TD 产业发展的过程中及时分一杯羹，成员企业间的博弈和“搭便车”行为越来越严重，而且，成熟市场带来的巨额利润使得部分成员直接转化为竞争对手，各自的战略目标开始发生改变，目标差异增大。另一方面，这对联盟管理机制提出了更高的要求，联盟进一步完善各项机制，协同利益关系，为联盟常态化发展奠定制度基础和组织关系基础。综合上述分析可知，在 TD 产业联盟成熟阶段，成员之间合作目标以及合作预算标准的分歧又有所加剧，回到中等水平；而在成熟阶段，产品开发已经进入常规化运作形态，在重要技术开发日程以及合作成果的技术实现方式上的分歧依然较小。

完善的管理机制使得人事安排与工作开展方面的矛盾减弱。首先，TD 产业联盟依据产业发展态势，在各个环节先后设立知识产权组、TD 技术研发组、TD 核心硬件组、测试组、市场推广组、资源管理组等多个工作组，各组由联盟成员企业派员加入，具有独立运作权。工作组模式不仅有利于头脑风暴、取长补短，也解决了人事安排方面的矛盾。其次，TD 产业联盟及时召开各工作组会议对所面临的问题进行协商，求同存异，达成一致，任务开展方面的分歧较少。2012 年，联盟建立起“专利共享、共同开发、协同组织”的运行机制，进一步优化了工作流程。综合上述分析可知，在 TD 产业联盟成熟阶段，随着沟通管理机制的完善，成员之间关于合作项目人员安排、工作流程安排以及项目成果形式方面的矛盾逐渐缓和。

在统一的发展方向下，各成员企业投入资源、协同发展，有力地推动了产业运作、市场推广等工作的开展。然而，伴随着产业化的成熟，一方面，联盟的技术创新步伐减速，取而代之的是成员间的竞争关系加剧。凯明公司在竞争中失利且最终倒闭，大唐转让一部分股份而退出 TD 芯片领域，此类事故进一步揭开了成员间的紧张气氛。另一方面，竞争关系引发核心成员的自我保护行为，对依附核心企业成长，且缺乏自主知识产权的企业带来较大的创伤，成员间的技术共享严重不对称。在联盟成员迎来井喷式发展的同时，成员的出资方式也出现了高度不一致与失衡。尽管不信任情绪在联盟内部蔓延，但产业发展带来的巨大利润使得投入资本全部收回，开发资金的筹集难易程度是中等。综合上述分析可知，在 TD 产业联盟成熟阶段，随着成员竞争的加剧，出资方式以及技术共享方面的矛盾加剧，变为较大，资金不能及时到位的程度也变为中等。

综合以上分析，提炼十个变量的相关数据，见表 11.16。

表 11.16　TD 产业联盟成熟阶段的实证数据

变量	x_1	x_2	x_3	x_4	x_5	x_6	x_7	x_8	x_9	x_{10}
定性	中等	中等	较小	较小	较小	较小	较小	较大	中等	较大
定量	3	3	2	2	2	2	2	4	3	4

11.3.4　结果分析

1. 初创阶段的测试结果分析

将初创阶段提取的影响因素相关数据输入模型代码中，得出结果为（0，0.9947，0.0169），即冲突类型为任务冲突，这与实际情况相符。

任务冲突是组织成员对工作任务的见解和观点不同而产生的冲突。在初创阶段，TD 产业联盟的一切技术创新活动处于设想和规划阶段，首要是确定联盟战略目标。战略目标决定了联盟的发展方向和步骤，联盟的总体方向是实现产业技术创新，具有一致性，但联盟的具体发展方向究竟会不会对成员企业带来可观利益直接决定联盟成员的积极程度。因此，在战略目标的探讨阶段，成员企业的参与度比较高，对任务的观点和看法纷繁多样，这容易引发任务冲突。此外，联盟成员企业的文化时刻影响着联盟成员对任务的理解。联盟初期，企业成员交流较少，文化融合度不高，在任务协商时容易出现分歧，导致任务冲突。而且，由于企业的历史发展特点，联盟对 TD 标准技术的认知不同，也导致任务冲突，而沟通的缺少会进一步扩大矛盾，进而影响工作进程。

2. 成长阶段的测试结果分析

将成长阶段提取的影响因素相关数据输入模型代码中，得出结果为（0.0001，0，1），即冲突类型为过程冲突，这与实际情况相符。

TD 产业联盟由初创阶段的缓慢前进，步入快速发展的阶段。一方面，联盟逐渐形成自身的创新能力，并内化为资本。另一方面，联盟的快速发展在一定程度上满足了部分成员的需求，坚定了联盟成员致力于开发产业共性技术的决心，尽管成员之间存在着个体差异和竞争，但在技术和市场尚未成熟前，这些影响因素都不足以动摇成员的统一目标。此阶段的主要问题是联盟针对具体创新内容的交流沟通与知识共享需求激增，然而联盟组织结构松散，成员沟通形式单一且次数不多，加之各企业之间的跨文化交流局限，使得交流不畅、信息不对称问题突出。过程冲突是联盟成员关于责、权、利、资源配置等相关的争论。而 TD 产业联盟沟通不良、信息不对称使得联盟内部的流程安排和资源配置难以服众，因此引发过程冲突。同时，交流沟通较少，成员相互了解不够，信任问题也较为严重，在资金投入上，成员存在一定的迟疑，在一定程度上影响着开发进度。基于以上分析可知，在 TD 产业联盟成长阶段，过程冲突较为严重。

3. 成熟阶段的测试结果分析

将成熟阶段提取的影响因素相关数据输入模型代码中，得出结果为（1，0，0），即冲突类型为关系冲突，这与实际情况相符。

关系冲突也称情绪化冲突，主要是联盟成员之间的情绪对立引起的。首先，TD 产业联盟成员具有的资源优势不一样，在联盟组织中拥有的地位也会不一样，资源投资占据高份额的成员在利益分配中占绝对地位，进而引发联盟成员情感方面的摩擦。其次，联盟成员之间因资源需求而产生相互依赖性，依赖方处在弱势，在决策过程中，依赖方往往是不信任被依赖方的，导致成员间关系紧张。最后，联盟成员在 TD 商业化过程中直接转化为竞争对手，成员之间按照市场发展规则进行产业化竞争，竞争关系强于合作关系，导致部分弱势成员出现经营危机，成员间的关系冲突较为明显。

第 12 章 产业技术创新战略联盟冲突类型对创新绩效的影响研究

产业技术创新战略联盟冲突是影响成员创新绩效的重要因素，而不同的冲突类型对成员创新绩效的影响方式和程度不尽相同。本章通过产业技术创新战略联盟不同冲突类型影响成员创新绩效的系统动力学分析和实证研究，分析和验证联盟不同冲突类型与成员创新绩效间的相关关系。

12.1 产业技术创新战略联盟冲突类型影响成员创新绩效的系统动力学分析

系统动力学是在系统行为与其内在机制间相互依赖的基础上，通过数学模型的建立与调控来逐步揭示系统要素间的因果关系，运用系统动力学方法对系统建模需要具备耗散结构、具有相对比较明确的边界、系统内部要素间有流的存在、系统动态性有一定规律且可以预期动态性等条件（常香云等，2013）。产业技术创新战略联盟冲突类型与成员创新绩效之间具有复杂的关系，符合耗散性的结构要求，且在联盟运作过程中各变量间的关系存在多重反馈性，但这种变化是有规律可循的，并且系统内部之间具有流的存在。因此，可以利用系统动力学方法分析产业技术创新战略联盟冲突与成员创新绩效的关系。在联盟运作的过程中，文化因素是影响冲突与联盟成员创新绩效的一个重要因素，如果联盟成员具备相似的价值观念和思维方式，则合作成员在制定合作目标、确定研发流程、进行人员安排和资源分配时更能达成共识，在整个联盟运作过程中也能有效抑制机会主义行为的产生，对联盟不同冲突的作用强度都具有一定的缓和作用。反之，联盟成员创新绩效的提升，促使联盟管理者加大在合作研发过程中的文化投入，如进行跨文化培训，寻找文化共同点等活动。因此，在联盟冲突对成员创新绩效的影响分析过程中也综合考虑文化因素的影响。

12.1.1 过程冲突与成员创新绩效间的关联分析

从联盟企业的角度来看，成员创新绩效包括通过合作研发获得更多的市场和技术信息，改进联盟企业的生产工艺，加快联盟企业新产品研发，提升联盟企业的管理能力，扩大联盟企业的合作关系网络以及扩大联盟企业的市场份额等。Jehn（1997）指出过程冲突会妨碍联盟绩效的达成，因为联盟过程冲突会引起成员间对合作目标认知模糊，对自身角色定位不清，有不公平感以及对工作进度把握不足等问题。当过程冲突水平较低，并且能够得到有效的任务分配措施解决时，过程冲突也可能会带来不错的联盟绩效（赵志泉，2009）。但这种好的联盟绩效的达成依赖于过程冲突的低水平和工作任务的有效划分。较高水平和频率的过程冲突使联盟成员花费更多的时间和精力在人员安排与责任划分的争论上，联盟成员工作职责不明确的一个可能的结果就是，合作研发工作不能顺利开展，成员生产工艺的改进、新产品开发以及管理水平的提升均会受到不良影响。当过程冲突带来不公平感时，成员可能采取措施保护自身资源，防止机会主义行为的发生，结果联盟内部无法出现知识、技术和市场信息等资源的畅通流动和共享，联盟合作关系也无法扩大。

当联盟沟通机制无法顺畅运作时，联盟成员之间难以进行有效沟通、合作研发过程可能产生重复劳动、工作进程无法进行有效衔接、工作任务超期等问题就有可能进一步加剧联盟的过程冲突。当联盟资源投入和分配制度出现问题时，合作研发过程中的人员安排、权利责任划分问题就缺乏制度层面的支撑，导致联盟成员间如任务分工不清、职责不明等问题，过程冲突水平也会升高。在实践过程中，联盟利益分配与过程冲突息息相关，在利益分配上缺乏制度保障，成员合法利益则无法保证。由于利益分配关系到成员核心利益，利益分配过程出现的不合理现象必然会导致成员间激烈的争辩，引发过程冲突。其中，联盟在文化上的投入有助于在联盟内部培育共同的文化基因，加深彼此间的理解认同，消除成员间的误解和分歧，因而会降低联盟过程冲突的水平。因此联盟过程冲突与成员创新绩效构成一个负向的反馈环路，二者的系统动力学流图如图 12.1 所示。

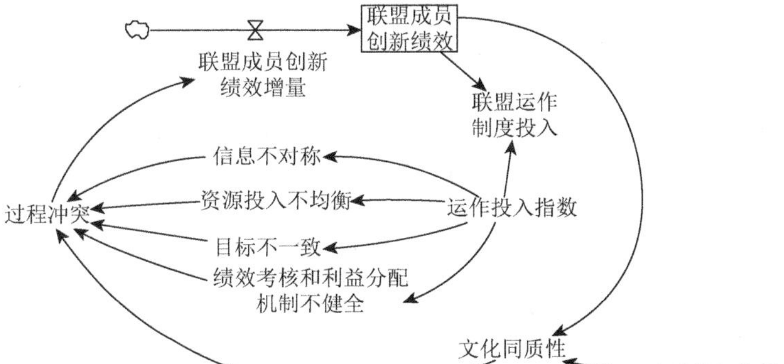

图 12.1　过程冲突与成员创新绩效的系统动力学流图

12.1.2　任务冲突与成员创新绩效的关联分析

联盟任务冲突与联盟具体任务相关，许多国外学者及企业实践者发现，与任务相关的分歧能够激发批判性思维，对替代方案进行更加详细以及切合实际的讨论可以提升组织绩效（Jehn，1995；Amason，1996）。任务冲突能够增加信息的给予量和获取量，让联盟中不同的观点发声，从而更加有效地确定正确方案。由此可知，任务冲突能够激发联盟成员综合各方的意见对工作任务的详细讨论，加深对问题的认知，以催生更加成熟的管理决策，最终提升成员创新绩效。对联盟具体工作任务详细探讨的过程中有助于联盟成员从其他成员中获得更多的市场和技术信息，优化工作流程，改进生产工艺，从全局的角度提出最优的解决方案。联盟优良绩效的取得一方面能够加深联盟企业之间的合作紧密度，另一方面也能吸引联盟外有实力的成员加入联盟，进而扩大成员的合作关系网络。然而，de Dreu 和 Weingart（2003）通过系统分析 1994～2001 年有关任务冲突、关系冲突及组织绩效的文献发现并没有足够的证据证明任务冲突对联盟成员创新绩效具有促进作用，相反，任务冲突与联盟成员创新绩效是负向相关的；其进一步指出，任务冲突对联盟成员创新绩效的影响是通过信息处理机制作用的，当任务冲突水平增加时，任务冲突带来的可能的积极影响很快便被加重的冲突水平和认知负荷溶解，导致信息处理机制出现故障，联盟成员创新绩效下滑。de Wit 等（2012）将任务冲突纳入研究对象，综合研究了 116 篇相关文献发现，在某些情况下联盟任务冲突的确会对联盟成员创新绩效产生消极影响；但当组织环境提倡沟通，鼓励以公开的方式争论问题，并且排斥人际间的冲突时，联盟任务冲突能够带来联盟成员创新绩效的提升。由此可知，联盟任务冲突对成员创新绩效的影响方式和程度依赖于一定的现实条件。

联盟成员创新绩效的提升，促使成员个体追加对联盟的投入，以确保联盟运作的有效性。在联盟信息沟通机制上追加投入，能够有效提升联盟的信息化水平，构建共享的信息化平台，从而增进信息流动的畅通性，防止联盟运作过程中出现问题，如各自的战略目标分歧能够得到更充分的讨论，从而激发任务冲突的积极作用。联盟在协调监管制度上的投入一方面能够确保联盟企业间的目标分歧在有效的制度框架内得到充分的讨论，产生适当的任务冲突；另一方面也能促进联盟预算等具体工作任务内容得到充分翔实的论证，而论证的过程就是任务冲突产生的过程。联盟在利益分配制度上的投入能够在某种程度上保证合作企业间获得合适的回报，促进成员新一轮的合作研发投入。在联盟利益分配制度保障的条件下，与研发投入相关的讨论又会引起新一轮适当水平的任务冲突。此时，联盟在文化上增加投入可带来一定的价值认同，能够适度缓解联盟任务冲突的水平，确保联盟任务冲突处于合适的水准。联盟任务冲突与成员创新绩效的系统动力学流图如图 12.2 所示。

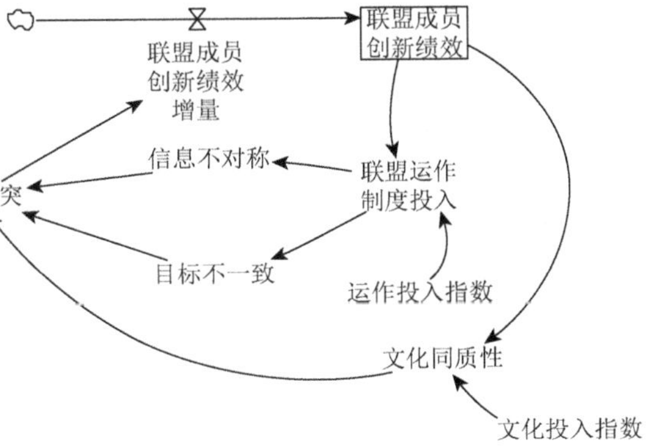

图 12.2　任务冲突与成员创新绩效的系统动力学流图

12.1.3　关系冲突与成员创新绩效的关联分析

联盟关系冲突是指与人际关系相关的冲突类型，涉及联盟企业在合作创新过程中感知到的紧张、厌烦、敌对情绪以及不信任（周青等，2014）。在联盟关系冲突对成员创新绩效的影响研究中，认为联盟关系冲突不利于成员创新绩效的提升和改进（周青等，2014）。当联盟中的某成员与另一方发生人际关系冲突时，该成员对联盟运作的满意度会下降，因为关系冲突会催生消极的行为，如紧张、害怕等；另外，当联盟中的某成员不认同另一方或不被另一方认同时，该成员会感到受挫；与低绩效表现的组织相比，高绩效表现的组织具有更低水平的关系冲突，关系冲突通过影响联盟中的信任、尊重、凝聚力等组织变量会降低联盟的运作效率，进而影响联盟和联盟企业的创新绩效（Jehn，1997）。在组织决策过程中，联盟关系冲突的存在会导致联盟企业刻板地坚持次优方案，最终导致决策的低效，阻碍联盟企业绩效的提升（de Wit et al.，2013；Zhou et al.，2016）。

联盟成员创新绩效不能按期完成会影响成员间相互信任和凝聚力，影响成员下一阶段的目标定位和资源投入策略，甚至会导致机会主义行为的产生。较差的绩效水平可能会导致成员之间相互指责，进而加剧联盟关系冲突（de Dreu and Weingart，2003）。联盟成员创新绩效的下降同样是通过联盟运作制度投入及文化投入两个因子影响联盟关系冲突的。联盟协调、监管制度的不健全致使联盟企业在资源投入的过程中缺乏有效的约束机制，联盟资源投入数量、质量可能达不到合作约定的水平。研发资金及所需的关键人才如不能及时到位，则直接影响联盟合作研发的进程，导致合作企业间的相互指责、埋怨，破坏联盟企业间的合作关系进而引发关系冲突。联盟协调和监管制度的不健全以及信息沟通机制的不完善导致联盟成员间的合作缺乏有效的管控，也会出现沟通障碍，进而引发合作企业间的信任缺失等问题。联盟成员间信任缺失则会导致机会主义行为产生，使成员从自身利益出发，私自修正自身的研发策略，做出有损联盟利益的行为，引发更大的关系冲突。联盟文化投入的降低会弱化联盟企业间的文化认同感，不利于成员间建立信任关系，文化对机会主义的抑制作用也会受到影响。文化投入同样可以直接作用于联盟关系冲突，缺少共同文化基因的联盟，在合作过程中由于价值观念、思维方式、管理风格等存在差异，难免会爆发人际关系冲突。由此可见，联盟关系冲突与联盟企业创新绩效也构成了一个负向的反馈环路。联盟关系冲突与成员创新绩效的系统动力学流图如图 12.3 所示。

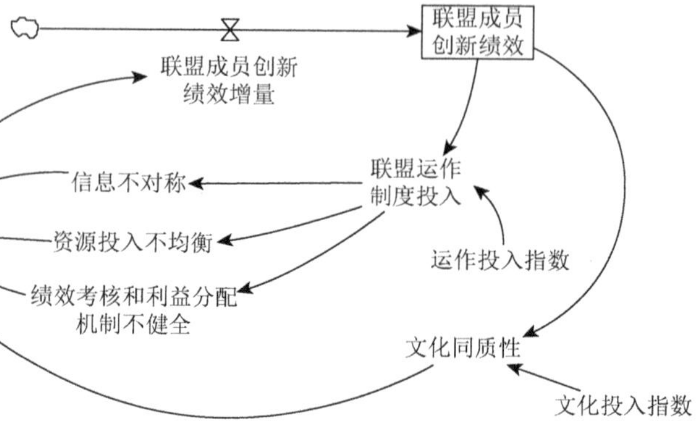

图 12.3　关系冲突与成员创新绩效的系统动力学流图

12.2　不同冲突水平影响成员创新绩效的系统动力学分析及仿真

12.2.1　模型主要方程设计

根据以上分析思路，产业技术创新战略联盟不同冲突类型与成员创新绩效间互动关联的系统动力学分析主要方程组可以设计如下。

（1）联盟成员创新绩效=*f*（联盟成员创新绩效增量）。联盟成员创新绩效在模型中是水平变量，是绩效增量的函数，二者具有一阶时滞关系，联盟成员创新绩效等于上一个时间周期值与联盟成员创新绩效增量值之和。

（2）联盟成员创新绩效增量=*f*（联盟冲突水平）。联盟成员创新绩效增量是速率变量，随时间的变动而变动，该变量是联盟冲突水平的函数。通过理论分析可知，联盟不同冲突类型与联盟成员创新绩效影响作用不同，在设置二者之间关系时需要考虑影响的正负性。

（3）过程冲突水平=f（成员间目标不一致，信息不对称，资源投入不均衡，绩效考核和利益分配机制不健全，文化同质性）。过程冲突水平与成员间目标不一致、信息不对称、资源投入不均衡、绩效考核和利益分配机制不健全等因素间存在正相关关系，与文化同质性间存在负相关关系。

（4）任务冲突水平=f（成员间目标不一致，信息不对称，文化同质性）。任务冲突水平与成员间目标不一致、信息不对称等因素之间存在正相关关系，与文化同质性间存在负相关关系。

（5）关系冲突水平=f（成员资源投入不均衡，信息不对称，绩效考核和利益分配机制不健全，文化同质性）。关系冲突水平与成员资源投入不均衡、信息不对称、绩效考核和利益分配机制不健全等因素间存在正相关关系，与文化同质性间存在负相关关系。

（6）联盟成员间目标不一致=f（联盟运作制度投入）。联盟成员间目标不一致是联盟运作制度投入的函数，二者是负相关关系。当联盟运作投入较多时，在制度的保障下联盟成员间的分歧能够缓解。

（7）资源投入不均衡=f（联盟运作制度投入）。

（8）信息不对称=f（联盟运作制度投入）。

（9）绩效考核和利益分配机制不健全=f（联盟运作制度投入）。

方程（7）、（8）、（9）变量间的关系与方程（6）的相类似。

（10）文化同质性=联盟成员创新绩效*文化投入指数。在文化投入指数确定的前提下文化同质性是联盟成员创新绩效的函数，联盟成员创新绩效的好坏直接决定文化投入水平。

（11）联盟运作制度投入=联盟成员创新绩效*运作投入指数。在运作投入指数确定的前提下，联盟成员创新绩效直接决定联盟运作制度投入水平。

（12）运作投入指数=C。运作投入指数可看作常量，不随时间发生变动。

（13）文化投入指数=C。文化投入指数也可看作常量，不随时间发生变动。

12.2.2　过程冲突水平影响联盟成员创新绩效的仿真分析

结合上述分析可知，联盟过程冲突水平与联盟成员创新绩效是负向的影响关系，联盟成员创新绩效通过作用于联盟运作变量和文化变量等冲突影响因素，进而影响联盟过程冲突，过程冲突通过自身的机制，影响联盟成员绩效增量，如此形成一种负向的反馈环路。根据理论分析和方程设计，将联盟成员创新绩效的初始值设为 100，考虑到联盟投入的现实情况，将文化投入指数和运作投入指数分别设为 0.03 和 0.05，将运行初始值设为 0，终值设为 10，运行时间步长设为 1 年。通过调试联盟过程冲突水平及其影响因素和联盟成员创新绩效的系数，利用 Vensim PLE 将流程图和模型输入软件可以得到过程冲突水平与联盟成员创新绩效在第 0～10 年的变动值，如表 12.1 所示。

表 12.1 过程冲突水平影响联盟成员创新绩效的输出数值表

时间/年	过程冲突水平	联盟成员创新绩效增量	联盟成员创新绩效
0	7.303	−1.249	100
1	8.086	−1.383	98.751
2	8.953	−1.531	97.368
3	9.913	−1.695	95.837
4	10.976	−1.877	94.142
5	12.153	−2.078	92.265
6	13.456	−2.301	90.187
7	14.898	−2.548	87.886
8	16.495	−2.821	85.339
9	18.264	−3.123	82.518
10	20.222	−3.458	79.395

从表 12.1 可知，在 t=0～10 年，过程冲突水平随时间的增长而增加，增加的幅度也越来越大，而联盟成员创新绩效则相应降低，绩效降低的幅度也越来越大。仿真结果表明，过程冲突水平与联盟成员创新绩效存在负向的相关关系，说明过程冲突水平越高，联盟成员创新绩效表现越差，当过程冲突持续增加时，其对联盟成员创新绩效带来消极影响的幅度也会加大。

12.2.3 任务冲突水平影响联盟成员创新绩效的仿真分析

联盟任务冲突水平与联盟成员创新绩效总体上是正向的影响关系，联盟成员创新绩效通过作用于联盟运作变量和文化变量等冲突影响因素，与任务冲突形成正向的反馈环路。将联盟成员创新绩效的初始值设为 100，将文化投入指数和运作投入指数分别设为 0.03 和 0.05，初始值、终止值及运行时间步长保持不变。通过调试联盟任务冲突水平及其影响因素和联盟成员创新绩效的系数，将方程组输入软件可以得到任务冲突水平与联盟成员创新绩效在第 0～10 年的变动值，如表 12.2 所示。

表 12.2　任务冲突水平影响联盟成员创新绩效的输出数值表

时间/年	任务冲突水平	联盟成员创新绩效增量	联盟成员创新绩效
0	38.974	8.691	100
1	41.492	9.253	108.691
2	44.172	9.850	117.944
3	47.027	10.487	127.794
4	50.065	11.165	138.281
5	53.300	11.886	149.446
6	56.743	12.654	161.331
7	60.410	13.471	173.985
8	64.313	14.342	187.456
9	68.468	15.268	201.798
10	72.892	16.255	217.067

从表 12.2 可知，在 t=0～10 年，任务冲突水平随时间的增长而增加，相应的联盟企业创新绩效也增加了。从增长率来看，联盟成员创新绩效增长率要高于任务冲突水平增长率。总体而言，该仿真结果表明任务冲突水平与联盟成员创新绩效存在正向的相关关系，说明任务冲突水平越高，联盟成员创新绩效表现越好。

12.2.4　关系冲突水平影响联盟成员创新绩效的仿真分析

联盟关系冲突水平与联盟成员创新绩效是负向的影响关系，联盟成员创新绩效通过作用于联盟运作变量和文化变量等冲突影响因素，与关系冲突形成负向的反馈环路。同样，将联盟成员创新绩效的初始值设为 100，文化投入指数、运作投入指数、运行初始值、终止值及运行时间步长保持不变。通过调试联盟关系冲突水平及其影响因素和联盟成员创新绩效间的关系系数，将方程组输入软件可以得到关系冲突水平与联盟成员创新绩效在第 0～10 年的变动值，如表 12.3 所示。

表 12.3　关系冲突水平影响联盟成员创新绩效的输出数值表

时间/年	关系冲突水平	联盟成员创新绩效增量	联盟成员创新绩效
0	26.202	−1.114	100
1	26.472	−1.125	98.886
2	26.746	−1.137	97.761
3	27.022	−1.148	96.625
4	27.301	−1.160	95.476

续表

时间/年	关系冲突水平	联盟成员创新绩效增量	联盟成员创新绩效
5	27.583	−1.172	94.316
6	27.868	−1.184	93.144
7	28.156	−1.197	91.959
8	28.446	−1.209	90.763
9	28.740	−1.221	89.554
10	29.037	−1.234	88.332

从表 12.3 可知，在 t=0～10 年，关系冲突水平随时间的增长而增加，相应的联盟成员创新绩效却明显下降。仿真结果表明，联盟关系冲突水平与联盟成员创新绩效存在负向的相关关系，说明关系冲突水平越高，联盟成员创新绩效表现越差。

通过产业技术创新战略联盟不同冲突类型与联盟成员创新绩效的系统动力学分析结果可以看出，联盟过程冲突水平、关系冲突水平与联盟成员创新绩效间具有负相关关系，而任务冲突水平与联盟成员创新绩效间具有正相关关系。这些结论为产业技术创新战略联盟的管理提供了重要的决策依据。作为联盟管理者，可以通过防范和控制过程冲突水平和关系冲突水平，适度引导任务冲突水平来提升联盟创新绩效；作为联盟参与者，可以通过及时判断预警与其他联盟成员间可能存在的冲突类型来确定应如何开展技术联盟活动。

12.3　产业技术创新战略联盟冲突类型影响创新绩效的理论假设

在产业技术创新战略联盟运行过程中，不同的产业技术创新战略联盟冲突类型对联盟企业创新绩效的影响是不尽相同的。本节在理论分析的基础上提出产业技术创新战略联盟不同冲突类型影响创新绩效的假设，进而通过实证分析验证这些假设的合理性和有效性。

作为一种契约型组织，产业技术创新战略联盟在运行过程中伴随着成员之间的利益博弈，从冲突产生的原因划分，可分为任务冲突、过程冲突和关系冲突（Jehn，1997；曾德明等，2005；Panteli and Sockalingam，2005；郭骁，2011）。沈灏和李垣（2010）认为关系冲突是指联盟成员在情感等因素方面存在不一致的感知，任务冲突是指联盟成员在实现联盟目标的过程中持有不一致的观点或看法，过程冲突是指联盟成员在实现联盟目标的过程中存在不一致的行为或行动。在学者现有研究的基础上，本章将联盟冲突划分为联盟过程冲突、联盟任务冲突和联盟关系冲突，分别探讨不同类型的联盟冲突对联盟成员创新绩效的影响。

12.3.1 联盟过程冲突对联盟成员创新绩效的影响作用

Jehn（1997）将过程冲突与任务冲突区分开，认为高水平的过程冲突会对组织绩效产生破坏作用。当组织成员过多地争论人员安排及责任分配时，组织将耗费更多的时间完成工作任务，组织成员会被由冲突带来的不确定性所困扰，同时组织成员的角色模糊感和不公平感会加剧（曾德明等，2005）。不公平感会导致出现组织成员间的信任问题，促使合作伙伴趋向于保护自身的核心资源，因此不利于联盟成员企业获得更多的知识和技术等资源。联盟成员间资源分配不合理、对工作流程的意见不一致会造成联盟成员的合作目标不明确、工作任务角色不清，进而影响联盟成员间的技术协同、延缓联盟技术研发进度，最后导致联盟企业的生产工艺不能得到改进，新技术难以出现。生产工艺能否改进以及新技术能否出现关系到新技术能否顺利与产品研发相结合，进而影响联盟的新产品开发。联盟成员企业在人员安排、工作流程以及利益分配方式方面难以达成共识，可能导致冲突各方以自我为中心，难以听取和接受对方的意见，从而加剧双方的矛盾和扩大认知差异。如果在联盟合作研发过程中产生的问题不能得到解决，那么联盟管理能力很难得到改善。联盟合作研发过程中产生的问题，使联盟成员企业的信誉受到影响，使其合作能力受到质疑，进而使得联盟成员企业的合作关系网络难以得到拓展。由于合作研发需要一个过程，而且联盟运行过程具有不确定性，因此联盟成员企业的市场占有率在短期内不会发生显著变化（Das and Teng，2002；周青等，2005）。企业市场占有率的提高主要来自两个方面：一是凭借高品质、合理定价的新产品迅速抢占市场；二是借助联盟的逐渐成长（包括企业规模的扩大、信誉的提升）逐步扩大市场。由此看来，联盟过程冲突对联盟成员企业的市场占有率具有间接影响。由于联盟过程冲突对企业新产品开发及管理能力的提升具有抑制作用，因此我们认为联盟过程冲突对联盟成员企业市场占有率的提升具有阻碍作用。据此，提出假设 12.1。

假设 12.1：联盟过程冲突影响联盟成员创新绩效的改善和提升。

12.3.2 联盟任务冲突对联盟成员创新绩效的影响作用

联盟任务冲突的焦点是联盟成员企业对联盟目标产生分歧及对具体任务内容所持的观点不一致。联盟任务冲突产生于对联盟具体工作任务的探讨过程中。在此过程中，联盟成员企业可以了解和借鉴其他成员对问题的意见与看法。联盟成员企业在合作研发过程中产生的新想法和新计划有助于技术的改进、升级和优化原有的生产工艺。陈晓红和赵可（2010）认为，任务冲突有助于集思广益，有助于提高员工对集体决策的接受度和满意度，有利于新观点的产生，进而正向影响创新绩效。联盟成员满意度的提升有助于在联盟内部营造一种信任的合作氛围，联盟成员在这种氛围下更愿意贡献自身的核心资源积极参与联盟合作研发活动，从而促进联盟内部的资源共享，联盟成员企业也因此会得到更多的市场份额和技术信息。高水平的信任能够减少联盟成员的机会主义行为、增加彼此的承诺和贡献、增进彼此的情感认同，较高水平的信誉和合作能力会吸引联盟外企业加入联盟，这些会使联盟成员企业的合作网络得到拓宽。联盟成员的不同意见发生碰撞，有助于企业集思广益、暴露问题、发现联盟运行的不足，同时会促使有效解决方案的产生。当联盟遇到复杂工作时，任务冲突有助于联盟成员企业进行多元思考，致力于形成满意的解决方案，最终有助于问题的解决（刘宁和赵梅，2012）。因此，联盟任务冲突有助于发现联盟研发工作流程及实际管理过程中存在的问题，促使联盟及时提出修正方案，并最终促使联盟成员企业管理能力的提升。de Dreu 和 Weingart（2003）指出，任务冲突对团队绩效具有负向影响作用，尤其是当组织任务更为复杂时，这种影响更为显著；他们进一步指出，只有当团队内部具有较高水平的信任、开放性和心理安全感时，任务冲突才会对团队绩效产生积极的效果。因此，联盟任务冲突保障机制的缺乏可能影响任务冲突对联盟企业绩效的正向促进作用。联盟任务冲突对成员企业的新产品开发和最终市场占有率的作用还受到许多外界因素的影响，从知识流动和共享到知识创新，再到新产品开发，这是一个复杂的过程。其间任何环节出现问题都难以保证合作创新成果的获得，市场占有率的提升也会变得难以实现。综上，提出假设 12.2。

假设 12.2：联盟任务冲突对联盟成员创新绩效的影响是双向的，既有促进作用又有阻碍作用。

12.3.3 联盟关系冲突对联盟成员创新绩效的影响作用

联盟关系冲突包括联盟成员间的人际关系冲突和不信任两个方面（高长元和单子丹，2009）。人际关系冲突表现为成员间在情感方面的摩擦、紧张、厌恶、愤怒和敌视等。Jehn 和 Mannix（2001）认为，日益增加的争吵和敌对行为不利于联盟成员探讨工作任务，或将精力放在重要的工作内容上，即使很小的关系冲突也会带来绩效水平的降低，与高绩效组织相比，低绩效组织具有更高水平的关系冲突。关系冲突甚至导致合作研发因合作成员间的私人恩怨而难以为继。联盟成员间的人际关系冲突导致冲突各方将矛盾聚焦于与工作任务无关的情感冲突上，成员的压力和焦虑程度不断提升，这使得成员各方的正常工作受到影响，其信息处理能力受到限制，进而导致与合作研发任务相关的分歧无法被有效处理，技术问题得不到及时解决，生产工艺无法取得进步。联盟成员企业的关注焦点偏离工作任务和其认知功能下降，导致联盟运行过程中出现的体制机制等问题不能得到更多的关注，进而使得联盟成员企业的管理能力难以得到提升。联盟成员间的不信任表现为：联盟成员在资源投入方面采取保守策略，注意保护自身的核心资源，联盟内部的共享资源无法得到丰富和及时更新，最终联盟成员企业无法获得更多的市场和技术信息。关系冲突带来的不信任和低效率使得联盟成员企业的信誉和合作能力受到消极影响，进而影响联盟成员企业合作关系网络的扩大。不信任同样会导致联盟合作创新所必需的关键人才和资金不能及时到位，进而影响联盟研发进度，使得计划的技术开发进度不能如期完成，最终影响联盟成员企业的新产品开发，相应地，由新产品开发带来的市场占有率提高也不能实现。据此，提出假设 12.3。

假设 12.3：联盟关系冲突对联盟成员创新绩效的提升产生负向影响作用。

12.4　产业技术创新战略联盟冲突类型影响创新绩效的实证研究

本章所采用的实证数据来源同第 10 章，具体的实证调研过程与数据处理可见 10.5.2 节。

12.4.1　测度指标体系的设计

1. 产业技术创新战略联盟冲突类型的测度指标选择

在联盟运行过程中，联盟成员首先要确定联盟的战略和目标，即联盟的目标是什么、完成目标的具体步骤是怎样的、具体的合作研发流程是怎样的、如何安排人员和划分责任等。当联盟目标达成后，联盟技术成果的分配，基于公正绩效考核的公平分配的实现及技术成果转让方式决定了过程冲突程度。本章用“对重要技术开发计划日程分歧较大”、“对合作创新项目人员安排的意见不一致”、“对合作创新项目工作流程的意见不一致”以及“对合作成果的技术转让方式分歧较大”来测量联盟过程冲突。

在确定了联盟目标后，联盟成员企业需要投入相关资源作为创新的必要条件。对于选择何种出资方式，是投入资金和设备，还是投入知识产权和技术标准，抑或投入人才，联盟成员企业可能有不同的看法。同时，预算标准的确定需要经过充分的讨论协商，在协商过程中也会发生联盟成员企业观点的分歧和不一致。上述观点的分歧均与联盟任务冲突相关。本章用“联盟目标设定存在分歧”、“合作项目预算标准难以达成一致”及“成员出资方式意见不一致”来测量联盟任务冲突。

联盟关系冲突包括情感和信任两个维度（高长元和单子丹，2009）。情感冲突是指联盟成员企业在情绪上对立，往往伴随着紧张、烦躁、厌恶、愤怒甚至敌对的情绪，如联盟成员企业因情感冲突导致关键技术人才无法进入研发团队开展有效合作。不信任表现为联盟成员企业因不信任对方而致使合作创新资金难以到位、成员中途改变合作意图等。联盟关系冲突针对个人或群体，是主观的。本章用“关键技术人才难以进入合作研发团队”、“合作技术开发的资金难以到位”及“合作伙伴在中途改变合作研发意图”来测度联盟关系冲突。

2. 联盟企业创新绩效的测度指标

测度联盟企业绩效，应既要衡量联盟企业的实际绩效，又要考虑联盟背景。由于合作创新具有不确定性，因此很难采用客观的硬性指标评价联盟企业的绩效，而主观测量方法被广泛应用（Fassin，2000）。主观测量法一般是通过参与者对合作成效的主观判断来获取研究数据（Cukor，1992），如目标的实现程度、合作伙伴的满意度等。因此，本章主要采用主观测量方法构建联盟企业绩效指标体系，认为产业技术创新战略联盟企业绩效包括：通过产业技术创新战略联盟合作创新“获取更多的市场和技术信息”、“改进联盟企业的生产工艺”、“加快联盟企业的新产品开发”、“提升联盟企业的管理能力”、“扩大联盟企业的合作关系网络”以及“扩大联盟企业的市场份额”等六项指标。

12.4.2 联盟冲突类型的因子分析

为划分联盟冲突的类型，本章利用统计分析软件 SPSS18.0 进行数据处理。按照特征值大于 0.6 的原则，利用主成分分析法对十个冲突表现变量进行探索性因子分析。结果表明，KMO 值为 0.86，Bartlett 球形检验的卡方值为 752.6，表明指标非常适合做因子分析。利用最大方差法提取因子，得到具有清晰结构的冲突类型，即过程冲突、任务冲突和关系冲突。三个因子的累积总解释方差为 76.4%。分析发现，提取的三个因子符合过程冲突、任务冲突和关系冲突的定义，因此用这三种冲突命名分析得到三个因子（表 10.5）。

12.4.3 假设检验与结果分析

在理论分析的基础上，利用 SPSS18.0 软件对三种类型的联盟冲突与联盟成员创新绩效的相关关系进行相关性分析，结果如表 12.4 所示。

表 12.4　不同类型联盟冲突与联盟成员创新绩效的相关性分析结果

联盟企业创新绩效表现变量	联盟冲突类型					
	过程冲突		任务冲突		关系冲突	
	相关系数	*P* 值	相关系数	*P* 值	相关系数	*P* 值
获取更多的市场和技术信息	−0.393***	0.000	0.272***	0.004	−0.115	0.228
改进联盟企业的生产工艺	−0.184	0.054	0.218**	0.022	−0.165	0.084
加快联盟企业的新产品开发	−0.155	0.104	−0.028	0.771	−0.358***	0.000
提升联盟企业的管理能力	−0.200**	0.036	0.292***	0.002	−0.255***	0.007
扩大联盟企业的合作关系网络	−0.317***	0.001	0.259***	0.006	−0.295**	0.002
扩大联盟企业的市场份额	−0.364***	0.000	−0.121	0.207	−0.401***	0.000

注：***和**分别表示在 0.01 和 0.05 的水平（双侧）下显著相关。

从实证分析结果可以看出，联盟过程冲突总体上对联盟成员创新绩效具有负面作用，这主要是因为联盟过程冲突会导致人员安排、责任及资源分配上的分歧，从而导致合作研发进程无法顺利推进，成员企业间的信任水平也因此受到消极影响。联盟任务冲突对联盟成员创新绩效具有双向影响作用，这一方面是因为产业技术创新战略联盟与一般联盟相比具有更稳固的合作基础、更少的利益摩擦，因此有助于提升联盟成员创新绩效。另一方面是因为联盟任务冲突水平超出了一定的水平或缺少必要的联盟内部环境保障（如信任、合作等），因而会阻碍联盟成员创新绩效。联盟关系冲突对联盟成员创新绩效的提高具有阻碍作用，主要原因在于关系冲突导致的人际关系冲突和不信任使得联盟成员企业无法将精力投向合作研发任务和建立信任感。

（1）联盟过程冲突不利于联盟成员企业获取更多的市场和技术信息、提升管理能力、扩大合作关系网络和增加市场份额。由表 12.4 可知，联盟过程冲突与上述联盟企业创新绩效指标之间存在负相关关系，其显著性水平都通过了检验。虽然联盟过程冲突对企业开发新产品及改进生产工艺的负向影响没有通过显著性检验，但是从实证结果可知，该影响作用总体上仍是负向的。未通过检验的原因可能在于上述指标除了受联盟过程冲突的影响，还受合作意愿和资源投入等其他因素的影响。

（2）联盟任务冲突有助于联盟成员企业获得更多的市场和技术信息、改进生产工艺、提升管理能力和扩大其合作关系网络，但对成员企业的新产品开发、市场占有率提升的影响作用不显著。实证数据表明：联盟任务冲突与“提升联盟企业的管理能力”、“改进联盟企业的生产工艺”、“获得更多的市场和技术信息”、“扩大联盟企业的合作关系网络”等的相关系数都通过了显著性检验；联盟任务冲突与“加快联盟企业的新产品开发”、“扩大联盟企业的市场份额”之间存在负向影响关系，但相关性没有通过显著性检验，表明联盟任务冲突对联盟企业创新绩效存在负向影响。

（3）联盟关系冲突对加快联盟企业的新产品开发、提升其管理能力、扩大其合作关系网络及增加其市场份额都具有显著的阻碍作用，这些得到了表 10.5 中数据的支持。联盟关系冲突对成员企业改进生产工艺、获得更多的市场和技术信息总体上也具有阻碍作用，但没有通过显著性检验，其原因可能在于关系冲突与任务冲突具有一定的相关性，两者的相互作用程度对联盟成员创新绩效的实际产出具有调节作用（刘宁和赵梅，2012）。

总体而言，实证检验结果表明：联盟过程冲突和关系冲突总体上对联盟成员创新绩效产生阻碍作用。由于产业技术创新战略联盟具有稳定性和低竞争性等特点，以及联盟任务冲突依赖联盟内部环境发挥作用，联盟任务冲突对联盟成员创新绩效产生双向的影响作用。本章的研究结论有助于联盟管理者加深对联盟冲突的认识，正确引导和管控不同类型的冲突，并最终改善和提升联盟成员创新绩效。

第 13 章　考虑冲突的产业技术创新战略联盟投资收益与决策

冲突是影响产业技术创新战略联盟投资和收益的重要因素。本章通过构建考虑冲突的产业技术创新战略联盟投资决策模型可以分析联盟成员的投资决策方式，讨论冲突对联盟共性技术投资和成员收益的影响。

13.1　考虑冲突的产业技术创新战略联盟投资组合模型

对合作投资组合的模型分析，D’Aspremont 和 Jacquemin（1988）较早建立两阶段博弈模型对研发战略进行了研究，得到当研发的溢出效应足够大时，协作研发能够达成比竞争型研发下更快技术进步的结论。随后一些经济学家从不同的角度对模型进行了拓展。de Bondt 和 Veugelers（1991）对存在溢出时不同的研发投资战略进行比较，讨论不同环境下研发战略的选择问题。Suzumura（1992）则将模型推广到两个以上企业，并对产品的需求函数以及成本函数作了更一般的假设。Choi（1993）在模型中分析了创新的不确定性和边际递减规律对研发收益的影响。Amir 和 Wooders（1999）则摒弃了随机溢出的假设，用一个二项分布来描述这种溢出过程，得出了采取联合实验室的方式进行创新总是可以提高消费者福利的结论。进入 21 世纪以来，更多学者把研发活动和网络经济发展联系起来。Bala 和 Goyal（2000）、Kranton 和 Minehart（2001）、Goyal 和 Joshi（2003）着重探讨了研发网络的形成及其对企业研发活动的影响。Goyal 和 Santa-Clara（2003）在以往研究的基础之上建立了整合自主研发与协作研发的战略博弈模型，分析在混合研发模式下企业的投资决策，在该模型中企业的研发活动分为两个部分，一部分为企业的自主研发投资，另一部分是企业参与的协作研发项目，协作项目主要是由企业间形成的一对一的协作同盟组成的，这种同盟的数量不确定。而企业通过自主研发和协作研发网络来开展技术创新活动，协作网络中的企业数量不确定是企业开展协作研发活动的一般特征，在此条件下存在着研发投资的重复博弈，从而使得研发收益最大化（曾德明等，2005；周青等，2008；毛崇峰等，2012）。

但现有的研究模型并没有基于不确定环境视角分析技术联盟研发投资组合决策，也未分析合作冲突对研发收益不确定性的影响程度。因此，本章在现有研究的基础上，利用模拟植物生长算法模型，分析冲突环境下联盟成员的合作研发投资决策，探究在不同冲突程度下产业技术创新战略联盟的最优化投资收益。

产业技术创新战略联盟冲突的产生具有逻辑必然性，成员之间的冲突表现出连续性。在冲突的作用下，产业技术创新战略联盟成员的投资决策会根据冲突程度进行适当的调整，投资组合方式会发生改变。本章利用模拟植物生长算法构建两阶段冲突约束条件下产业技术创新战略联盟的投资组合模型。

13.1.1 考虑冲突的产业技术创新战略联盟投资决策

在联盟投资决策过程中，联盟企业的决策过程可借鉴 Goyal 和 Santa-Clara（2003）的研究模型进行分析。设 $N=\{1,2,\cdots,n\}$（$n\geqslant 2$）是市场上的企业集，在 g 中有 $\lambda\in\{1,2,\cdots,n\}$ 个联盟成员，每个企业在联盟网络 g 中的协作研发投资为 x_{ig}，自主研发投资为 x_{ii}。考虑在联盟网络 g 中联盟成员之间存在着冲突，设冲突程度为 $k\in[0,1]$，冲突对联盟共性技术的投资具有挤出效应，设挤出额为 kx_{ig}，联盟成员将这部分挤出额全部用于自身的自主研发投资。则在冲突作用下，联盟成员在产业技术创新战略联盟的投资额为 $(1-k)x_{ig}$，联盟成员的自主研发投资额为 $x_{ii}+kx_{ig}$。

假设研发投资的生产函数由 $f(R)$ 决定（假设 $f'(R)>0$； $f''(R)<0$），R 是企业的有效研发投资，即若其他企业不进行研发投资，为了达成同等幅度的低成本，它所需单独进行的投资。企业 i 的自主研发投资收益为

$$f_{ii}(x)=f(x_{ii}+kx_{ig}) \tag{13.1}$$

在技术联盟中，企业 i 的协作研发投资收益为

$$f_{ig}(x)=f\left(\sum_{i\in g}(1-k)x_{ig}\right) \tag{13.2}$$

则企业 i 开展技术开发活动所取得的生产成本总减少量为

$$f_i(x)=f\left(\sum_{i\in g}(1-k)x_{ig}\right)+f(x_{ii}+kx_{ig}) \tag{13.3}$$

故企业 i 开展技术开发活动后的单位生产成本为

$$c_i(g,x)=\overline{c}-f_i(x) \tag{13.4}$$

其中，$\overline{c}$ 为技术开发前企业 i 的单位生产成本。

考虑成本 $c_i(g,x)$，企业通过选择一定的产量 $q_i(g,x)$ 参与产品市场的古诺

（Cournot）竞争，假设在对称性技术联盟（类似于网状联盟，在联盟中每个企业的研发投资方式相同）中企业 i 的产品需求反函数呈对称的线性形式，则有

$$p = a - (1 + \lambda\varepsilon - \varepsilon)q_i(g,x) \tag{13.5}$$

其中，p 为均衡价格；$q_i(g,x)$ 为均衡产量；a 为需求函数的截距；ε 为产品市场上的产品替代系数（$\varepsilon \in [0,1]$）。在供过于求的同类产品市场中，企业 i 的均衡产量（Bala and Goyal，2000；Kranton and Minehart，2001；Goyal and Santa-Clara，2003）为

$$q_i(g,x) = \frac{(2-\varepsilon)a - [(n-\lambda-1)\varepsilon + 2]c_i(g,x)}{(n\varepsilon - \varepsilon + 2)(2-\varepsilon)} \tag{13.6}$$

古诺利润可以表示为

$$\pi_i(g,x) = [q_i(g,x)]^2 - x_{ig} - x_{ii} \tag{13.7}$$

在产业技术创新战略联盟投资决策中，联盟参与者将面临二重决策，从联盟（行业）整体利益角度看，应该确保联盟共性技术投资最大化，以便突破行业瓶颈，提升行业竞争力。但是从企业自身的角度来讲，企业利益最大化是其重点考虑的目标。因此，在产业技术创新战略联盟投资决策中，联盟成员将面临二层规划问题。共性技术投资最大化将是第一层次的目标规划，第二层次的目标应该是其个体收益最大化，据此可以构建考虑冲突的产业技术创新战略联盟的投资组合优化模型。

$$\begin{aligned}
&\max_{x_{ig}} \quad T = \sum_{i\in g}[(1-k)x_{ig} + \sigma(x_{ii} + kx_{ig})] \\
&\text{s.t.} \quad x_{ii} + x_{ig} \leqslant \theta \\
&\qquad\ \ 0 < x_{ii} < (1-\rho)\theta \\
&x_{ig}\text{是下层问题的解} \\
&\max \quad \pi_i(g,x) \\
&\text{s.t.} \quad \rho\theta < x_{ig} < \theta \\
&\qquad\ \ f_i(x) < \overline{c} \\
&\qquad\ \ f_i'(x) > 0 \\
&\qquad\ \ f_i''(x) < 0
\end{aligned} \tag{13.8}$$

其中，ρ 为企业 i 加入联盟的研发投资协议比例；θ 为企业 i 的研发投资总额，$\theta = x_{ii} + x_{ig}$；σ 为企业 i 在联盟过程中核心知识的扩散系数；T 为联盟所获得的共性技术投资总额。

13.1.2 联盟投资组合的模拟植物生长优化分析

为求以上二层规划问题，可利用模拟植物生长算法进行模型构建和求解。模拟植物生长算法（plant growth simulation algorithm，PGSA）是以植物向光性理论为启发式准则的一种智能算法，是建立以生长规则为基础的植物系统演绎方式和以植物向光性理论为基础的概率生长模型（李彤等，2005；李彤和王众托，2008，2010；Zhou et al.，2014）。演绎方式和生长模型两者结合所形成的优化模式，就是实现模拟植物在优化问题的解空间中从初始状态到完整形式的终态的过程。通过模拟植物生长优化，可以较好地寻找出联盟成员通过技术联盟获得的最优投资组合方式，引入模拟植物生长算法的二层规划决策求解过程如下（毛崇峰等，2012；李彤和陈畴镛，2012；李彤等，2012）。

步骤 1：在上层决策变量解空间 T 中选择 k 个初始植物生长点 $(S_1,S_2,\cdots,S_k)$ 。

步骤 2：在 S_i 的各自合理反应集中选择下层决策变量解空间 $\pi_i(g,x)$ 的植物生长点 T_j（S_i）$\in M_x$（S_i），连接 S_i 与 T_j（S_i）形成树干，树干长度为 F（S_i，T_j（S_i）），其中 M_x（S_i）为下层规划问题对应上层给定值 S_i 的反应集。

步骤 3：计算 $(S_1,S_2,\cdots,S_k)$ 形态素浓度值 $P_i=\dfrac{F(S_i,T_j(S_i))}{\sum_{i=1}^{k}F(S_i,T_j(S_i))}$ 。

步骤 4：$P_{i+1}\leftarrow P_{i+1}+P_i$，$P_i\leftarrow P_i/P_k$。

步骤 5：如果 $P_i<\text{random}[0，1]<P_{i+1}$，则 $H\leftarrow S_i$。

步骤 6：上层变量初始状态：H。

旋转角度：$\delta=90^\circ$ 。

*生长规则：$F\rightarrow F[-F][+F]F$。

新生长点为：$S_i(1),S_i(2),\cdots,S_i(2n)$ ，其中 n 为上层规划决策变量维度。

*注：生长规则是 Lindenmayer（1975）所建立的 L 系统形式语法，设 (H,α) 为植物生长点的当前状态。其中 H 为其位置的坐标，α 为生长点的指向，节的长度为 d ，顶的角度增量为 δ 。“[”代表的含义是将当前信息记录下来，即将该节点（树枝的分叉点）的信息保存起来，先画第一个分枝；而“]”表示的含义是将“[”时刻记录的信息释放出来，当画完一个分枝后，利用“]”将上一个节点的信息（即上一分叉点的状态）取出，然后从该分叉点继续画第二个分枝。F 表示在当前方向上生长节长 d ，“+”表示逆时针旋转一个角度 δ（规定逆时针方向为正），“–”表示顺时针旋转一个角度 δ 。

步骤 7：$S_i\leftarrow\min\{F$（S_i，T_j（S_i）），F（S_i（1），T_j（S_i）），F（S_i（2），T_j（S_i）），

…，$F(S_i(2n),\ T_j(S_i))$}。

步骤 8：下层变量初始状态：L。

旋转角度：$\delta = 90°$ 。

生长规则：$F \to F[-F][+F]F$。

新生长点为 $T_{j1}(S_i)$，$T_{j2}(S_i)$，…，$T_{j2m}(S_i)$，其中 m 为下层规划决策变量维度。

步骤 9：$T_j(S_i) \leftarrow \min\{F(S_i,\ T_j(S_i)) + f(S_i,\ T_j(S_i)),\ F(S_i,\ T_{j1}(S_i)) + f(S_i,\ T_{j1}(S_i)),$

$F(S_i,\ T_{j2}(S_i)) + f(S_i,\ T_{j2}(S_i)),\ \cdots,\ F(S_i,\ T_{j2m}(S_i)) + f(S_i,\ T_{j2m}(S_i))\}$。

步骤 10：若连续 n 次迭代无新枝生长，则植物生长结束，否则返回步骤 3。

步骤 3～步骤 9 是上层植物生长点通过向光性概率机制选定后，与其对应反应集中下层生长点所形成的植物树干 S_i–$T_j(S_i)$ 在各自邻域中的一次生长过程。

13.2 考虑冲突的产业技术创新战略联盟的投资组合仿真分析

13.2.1 考虑冲突的联盟的投资组合最优解分析

设市场上有 15 家企业参与产品市场的古诺竞争，其中有 10 家企业通过技术联盟开展技术开发活动，其中每家企业在技术联盟中的最大投资比例为 0.3。在古诺市场上潜在的市场需求总量为 100 个单位，竞争企业间的产品替代系数为 0.25。在技术开发领域，企业对某项技术研发投资总预算为 80 个单位，该技术在技术市场的扩散系数为 0.2，企业研发投资收益为 $f(R) = 0.5\sqrt{R}$ 。即 n=15，$\lambda = 10$，a=100，$\bar{c}$=10，$\theta = 80$，$\varepsilon = 0.3$，$\rho = 0.25$，$\sigma = 0.2$ 。在市场竞争中，10 家技术联盟企业的古诺收益和核心研发能力不仅受到联盟成员投资组合的影响，同时也会受到联盟外企业投资额的影响，联盟成员间存在合作与竞争的关系。

$$\begin{aligned} \max_{x_{ig}} \quad & T = 2x_{ii} + 6x_{ig} \\ \text{s.t.} \quad & x_{ii} + x_{ig} \leqslant 80 \\ & 0 < x_{ii} < 60 \end{aligned}$$

其中，x_{ig} 为下层规划的解；

$$\begin{aligned} \max \quad & \pi_i(g,x) = \left[\frac{138 + 1.6(\sqrt{5x_{ig}} + \sqrt{x_{ii} + 0.5x_{ig}})}{10.54}\right]^2 - x_{ig} - x_{ii} \\ \text{s.t.} \quad & 20 < x_{ig} < 80 \end{aligned}$$

模拟植物生长算法用 Matlab 编程实现，在 Windows XP 平台上运行通过，试验中计算机为 Celeron（R）CPU 3.06GHz，1.00GB 内存。PGSA 在每个测试实例中均经过 5 万次迭代，分别进行 15 次计算，其中最好结果与最差结果之间误差值不超过 0.001%，表现出较好的计算稳定性。通过测试数据可得到模拟植物生长算法的 1 个全局最优解和 4 个局部最优解，如表 13.1 所示。

表 13.1　模拟植物生长算法的最优解

最优解	x_{ig}	x_{ii}	T 最优值	π 值
全局最优解	79.4490	0.5500	477.7940	424.6702
局部最优解 1	65.8440	5.9440	406.9520	415.8122
局部最优解 2	60.0000	20.0000	400.0000	439.5393
局部最优解 3	40.0000	40.0000	320.0000	448.3475
局部最优解 4	44.6240	24.6240	316.9920	424.1039

通过表 13.1 模拟植物生长算法最优解的投资组合数据可以看出，在冲突条件下联盟共性技术投资最大化和成员收益最优化目标可以达成一致，优化的投资方案可以有效地使两目标达到协同。这也可以为产业技术创新战略联盟的构建和运行提供重要的决策依据与参考价值，同时也可以进一步探讨联盟成员的投资行为。

首先，在全局最优解中，联盟成员的协作研发投资量远远大于成员的自主研发投资量，这说明联盟共性技术投资的最大化目标依赖于成员对联盟的投资力度。只有当联盟成员能够协同一致进行协作研发投资时才更有利于联盟共性技术研发开展。在实际过程中，联盟管理者应该更加重视和引导联盟成员的投资方式，让成员真正了解到共性技术的研发不仅是行业共性技术突破的关键所在，而且能够在一定程度上保障联盟成员获得较好的研发收益。当然，行业收益和联盟成员收益肯定是建立在双赢的基础之上的。

其次，通过表 13.1 可以看出，在联盟共性技术投资 T 最优值的目标下，联盟成员的协作研发投资量与自主研发投资量可以根据联盟成员的期望收益进行调整，但联盟成员在联盟中的投资量并不是与其期望收益 π 值呈正比关系。这说明在联盟过程中，联盟成员更有动力倾向于通过保留自身的技术来实现收益最大化。这种结果使得个体收益增大，但联盟共性技术的投资会严重受损，如局部最优解 3 可以使联盟成员的收益比全局最优解的收益多出 5.6%，但是联盟共性技术投资量会减少 33.0%。

13.2.2　冲突程度对联盟共性技术投资和成员收益的影响

进一步考虑当冲突程度 k 在[0，1]范围变动时，可以通过以上算例计算方式得出在不同冲突程度 k 的条件下，产业技术创新战略联盟共性技术投资 T 值和联盟成员个体收益 π 值。以 0.03 和 0.04 的步长在[0，1]的区间内选择了 30 个点作为冲突程度 k 值的仿真样本，分别计算在不同冲突程度下联盟共性技术投资和成员收益的最优值。将这些最优值提取出来，通过作图可以得到共性技术投资 T 值、成员收益 π 值随冲突程度变动而改变的趋势如图 13.1 所示。

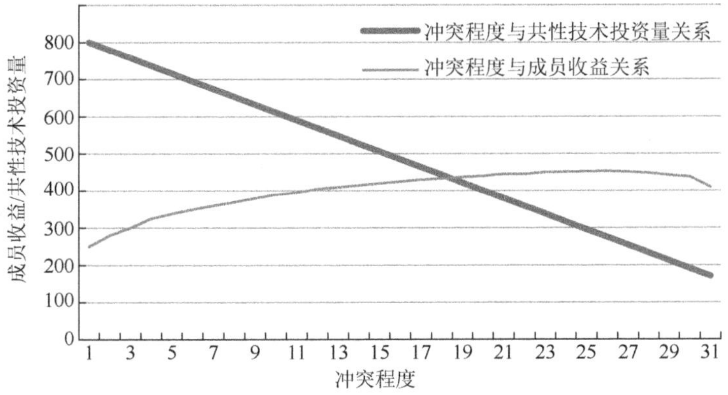

图 13.1　冲突程度与成员收益、共性技术投资量的关系图

从图 13.1 可以看出联盟成员冲突程度与联盟成员个体收益之间呈现出倒 U 形关系。这说明在联盟的运行过程中，联盟成员之间的冲突并不是传统意义上的影响和阻碍联盟成员的收益，冲突可以提升联盟成员的收益。其原因在于成员之间冲突的存在可以有效地激发联盟成员创新的思维，特别是对某项任务看法不一致的时候，不同的意见和冲突可以创新任务完成的路径与前景。这类似于“头脑风暴”的过程，通过激烈的思想碰撞和集成可以得到创新的想法。当然，冲突程度不能无节制地扩大，当冲突超过一定程度的时候又会阻碍联盟成员的收益。因此，在联盟冲突管理过程中，联盟管理者需要适度管理冲突，使冲突处于一个“适度水平”，通过冲突来激发联盟成员的创新动力，提升联盟成员的收益。

从图 13.1 也可以发现联盟成员之间的冲突程度与联盟共性技术投资 T 值之间呈现出负相关关系。这说明在联盟成员之间冲突程度增大时，联盟成员对共性技术的投资就会趋于保守，成员对共性技术投资的积极性会受到削弱。这符合常规事实，当联盟成员的冲突存在时，肯定会直接影响成员在联盟投资中的积极性。

对于联盟成员来讲，过分冲突的联盟更容易加大技术流失和投资的风险，和谐的联盟关系才是成员可靠投资的保障。因此，联盟管理者需要搭建一个和谐共赢的合作平台，提高联盟成员投资共性技术的信心。

因此，在产业技术创新战略联盟的管理过程中，管理者应该正确对待和认识联盟成员之间的冲突，不回避冲突，应该善于利用冲突推动联盟的创新活动。从冲突程度与成员收益、共性技术投资量的关系图中可以看出，在冲突程度不大的情况下，随着冲突程度的增大，联盟共性技术投资量减少，而成员收益增加；当冲突程度超过一定值时，随着冲突程度的增大，联盟共性技术投资量和成员收益均会降低。对于联盟管理者来讲，应该确定适度冲突环境来引导联盟成员的创新活动，联盟成员的投资不能以减少共性技术投资量为代价，也需要充分考量联盟成员的收益。适度冲突的控制将在联盟创新活动中起重要的作用，有利于提升联盟的创新绩效。

13.2.3 研究结论

冲突对产业技术创新战略联盟有着一定的影响，由于中国传统文化更加提倡中庸、回避冲突的思想，因此长期以来冲突在创新中的作用也被忽略或者没有被重视。在产业技术创新战略联盟过程中，冲突不可避免，也难以回避，但可以缓解和利用。面对产业技术创新战略联盟过程中的冲突问题，联盟管理者应该善于利用冲突，通过对冲突加以利用来推动联盟创新绩效的提升。

首先,充分发挥市场的作用来引导产业技术创新战略联盟冲突处于适度水平，提升联盟的创新绩效。市场是检验联盟成败的关键之所在，也是推动联盟创新绩效提升的内在动力。对于联盟管理者来讲，在联盟的运行过程中应该充分利用市场手段来引导联盟的良性发展。联盟成员可以通过市场来进行选择与检验，联盟成员的管理也可以通过市场手段来进行调整。在联盟运行过程中，市场竞争是导致也是调解冲突的重要手段，联盟管理者应该根据市场竞争程度来制定联盟冲突管理的措施。当市场竞争激烈时，联盟管理者可以通过化解主要冲突的方式缓解冲突的恶化。当市场非常稳定时，联盟管理者应该善于利用成员之间的冲突来推进成员创新。

其次，为了引导联盟处于适度冲突水平，联盟管理者需要构建完善的信息沟通共享机制，开发多种沟通方式，畅通沟通渠道，使得各方及时将自身的工作内容、进度及计划发布到信息沟通平台。通过信息共享平台，企业可以及时了解联盟成员的技术开发进度及所需要的支持，也能根据联盟成员的要求及时调整自身的技术开发进度。信息沟通平台的顺畅运行不仅有利于营造联盟成员之间相互信任的良好氛围，抑制机会主义的产生，还能够在冲突程度过大时起到缓冲的作用。

通过良好的沟通可以推进联盟成员之间的互信和协同，特别是在联盟冲突非常大的时候，更可以树立协同作战，充分信任合作伙伴的战略构思。在联盟过程中，也可以通过制定有效可行的要约来维持联盟成员之间的这种信任与协同关系，确保联盟成员之间的冲突处于一个适度水平。

最后，在适度冲突的引导过程中，政府支持政策将起着关键性的作用。由于产业技术创新战略联盟合作自由化、主体企业化等特征的存在，联盟成员之间的冲突随时可能产生和爆发，甚至超出联盟管理者的控制范围。此时，政府的关注和引导将会起到重要的作用，政府的引导作用将主要表现在作为第三方对联盟运行进行指导，通过政府的公信力来调解或者缓解冲突程度，使联盟冲突处于适度的水平。特别是当联盟成员在一些关键资源获取等方面存在冲突时，政府可以整合和优化资源的配置方式，提高成员对联盟创新的信心，这就相对容易引导联盟冲突处于适度发展的水平。

本篇主要参考文献

蔡继荣，胡培. 2007. 基于生产组织模式选择超边际分析的战略联盟稳定性边界研究[J]. 中国管理科学，（2）：141-148.

蔡继荣. 2012. 联盟伙伴特征、可置信承诺与战略联盟的稳定性[J]. 科学学与科学技术管理，33（7）：133-142.

常香云，钟永光，王艺璇，等. 2013. 促进我国汽车零部件再制造的政府低碳引导政策研究——以汽车发动机再制造为例[J]. 系统工程理论与实践，33（11）：2811-2821.

陈菲琼，范良聪. 2007. 基于合作与竞争的战略联盟稳定性分析[J]. 管理世界，（7）：102-110.

陈晓红，赵可. 2010. 团队冲突、冲突管理与绩效关系的实证研究[J]. 南开管理评论，13（5）：31-35.

陈震红，董俊武. 2004. 战略联盟伙伴的冲突管理[J]. 科学学与科学技术管理，（3）：106-109.

董媛媛，王宏起. 2014. 基于系统动力学 R&D 联盟知识转移行为研究[J]. 情报科学，32（6）：51-55，63.

高广文. 2008. 国际产业技术创新联盟的发展及启示[J]. 科技发展研究，12：1-8.

高洁，周衍平. 2012. Shapley 值在植物品种权价值链利益分配中的应用[J]. 运筹与管理，21（2）：168-172.

高长元，单子丹. 2009. 高技术虚拟企业的冲突类型及其形成机理研究[J]. 科技进步与对策，26（13）：61-64.

葛建华. 2011. 回归组织目标[J]. 企业管理，（7）：36-37.

郭骁. 2011. 创新网络强度、冲突类型与创新绩效的实证研究——一个交互效应模型[J]. 云南财经大学学报（社会科学版）：26（1）：38-44.

胡争光，南剑飞. 2010. 产业技术创新战略联盟：研发战略联盟的产业拓展[J]. 改革与战略，26（10）：38-41.

黄逸珺. 2004. 基于系统动力学的电信终端定制模式研究[J]. 华北工学院学报，25（5）：382-385.

蒋芬，黄晓蕾. 2009. "联合开发、优势互补、利益共享、风险共担"：产业技术创新战略联盟是产学研结合的趋势[J]. 华东科技，（12）：36-37.

李峰，肖广岭. 2014. 基于 ANT 视角的产业技术创新战略联盟机制研究[J]. 科学学研究，32（6）：835-840.

李嘉明，甘慧. 2009. 基于协同学理论的产学研联盟演化机制研究[J]. 科研管理，30（S1）：166-172.

李建玲，刘伊生，马欣. 2013. 共性技术联盟的利益分配研究[J]. 中国科技论坛，（7）：51-57.

李久平，姚乐野. 2012. 基于生命周期的图书馆联盟冲突管理研究[J]. 情报资料工作，33（3）：33-36.

李彤，陈畴镛，宿伟玲. 2012. 求解二层规划问题的模拟植物生长算法[J]. 运筹与管理，21（5）：123-128.

李彤，陈畴镛. 2012. 求解非线性二层规划问题的模拟植物生长算法[J]. 中国管理科学，20（4）：160-166.

李彤，王春峰，王文波，等. 2005. 求解整数规划的一种仿生类全局优化算法——模拟植物生长算法[J]. 系统工程理论与实践，25（1）：76-85.

李彤，王众托. 2008. 模拟植物生长算法在设施选址问题中的应用[J]. 系统工程理论与实践，28（12）：107-115.

李彤，王众托. 2010. 模拟植物生长算法与知识创新的几点思考[J]. 管理科学学报，13（3）：87-96.

李新男. 2007. 创新"产学研结合"组织模式构建产业技术创新战略联盟[J]. 中国软科学，（5）：9-12，42.

李新男. 2009. 推动产业技术创新战略联盟构建 提升国家自主创新能力[J]. 中国科技产业，（12）：21-23.

李学勇. 2010. 全面实施国家技术创新工程，深入推动产业技术创新战略联盟发展[N]. 科技日报，2010-11-12.

李雪，李菁华. 2008. 产学研联合的深化：产业技术创新战略联盟研究[J]. 科学管理研究，（1）：45-48.

林莉. 2004. 知识联盟中知识学习、冲突管理与关系资本[J]. 科学学与科学技术管理，（4）：107-110.

刘敦虎，陈谦明，高燕妮，等. 2010. 知识联盟组织之间的文化冲突及其协同管理研究[J]. 科技进步与对策，27（7）：136-139.

刘介明，游训策，柳建容. 2010. 基于生命周期理论的专利联盟运作机理研究[J]. 科学学与科学技术管理，31（4）：56-60，65.

刘宁，赵梅. 2012. 团队内任务冲突与关系冲突的关系与协调[J]. 科技管理研究，32（5）：179-182.

龙勇，付建伟. 2011. 资源依赖性、关系风险与联盟绩效的关系—基于非对称竞争性战略联盟的实证研究[J]. 科研管理，32（9）：91-99.

吕海萍，龚建立，王飞绒，等. 2004. 产学研相结合的动力—障碍机制实证分析[J]. 研究与发展管理，16（2）：58-62.

马建华，艾兴政，唐小我. 2014. 竞争供应链基于下游企业主导的纵向研发联盟研究[J]. 管理学报，11（4）：599-604.

马永红，王丽丽，王展昭. 2011. 产业技术创新战略联盟的运行机制分析与构建[J]. 科技和产业，11（8）：90-94，133.

毛崇峰，李彤，周青. 2012. 技术联盟投资决策的模拟植物生长优化分析[J]. 系统工程，30（2）：73-78.

任宏，马先睿，刘华兵. 2015. 基于 GA-BP 神经网络的巨项目投入评价的改进研究[J]. 系统工程理论与实践，35（6）：1474-1481.

阮平南，李红. 2010. 基于生命周期理论的战略联盟演化分析[J]. 武汉理工大学学报，30（10）：180-183.

单泊源，彭忆中. 2000. 战略联盟的稳定性分析[J]. 管理工程学报，（3）：76-78.

沈灏，李垣. 2010. 联盟关系、环境动态性对创新绩效的影响研究[J]. 科研管理，31（1）：77-85.

苏靖. 2011. 产业技术创新战略联盟构建和发展的机制分析[J]. 中国软科学，（11）：15-20.

孙学斌. 2008. 技术标准联盟生命周期研究[J]. 科技信息（科学教研），（14）：171，155.

唐乐. 2007. 产学研合作中的搭便车行为及其治理[J]. 科学与管理，（3）：38-41.

王发明. 2009. 基于市场导向的产学研合作障碍研究[J]. 科技管理研究，29（2）：171-173.

王实，顾新，杨立言. 2010. 知识链组织之间冲突类型分析与冲突管理策略探讨[J]. 软科学，24（12）：48-51.

王雪原，王宏起. 2008. 政府引导下的产学研战略联盟运行机制研究[J]. 科技进步与对策，（6）：32-35.

王玉梅. 2009. 产学研知识联盟运行和发展机理的系统动力学分析[J]. 情报杂志，28（9）：135-139.

魏纪泳，汤书昆，崔浩，等. 2005. 基于利益相关者合作博弈的决策优化与收益分配[J]. 运筹与管理，（2）：79-83.

魏修建. 2005. 供应链利益分配研究—资源与贡献率的分配思路与框架[J]. 南开管理评论，（2）：78-83.

吴海滨，李垣，谢恩. 2004. 战略联盟不稳定性的研究现状与展望[J]. 科研管理，25（5）：46-51.

吴朗. 2009. 产出分享模式下动态物流联盟利益分配方法[J]. 系统工程，27（5）：25-29.

吴明隆. 2000. 统计分析. SPSS 统计应用实务[M]. 北京：中国铁道出版社.

谢恩，黄缘缘，赵锐. 2012. 战略联盟控制机制对于联盟价值创造效率的影响研究[J]. 科学学与科学技术管理，33（2）：138-145.

谢科范，桂萍，张涛. 2001. 高科技企业战略联盟的生命周期[J]. 科学学研究，19（4）：32-36.

徐礼伯，施建军. 2010. 联盟动态稳定：基于互依平衡的理论研究[J]. 中国工业经济，（3）：97-107.

许学国，彭正龙，尤建新. 2005. 组织生命周期拐点特征与学习智障研究[J]. 管理评论，（1）：31-35.

杨燕，高山行. 2012. 联盟稳定性、伙伴知识保护与中心企业的知识获取[J]. 科研管理，33（8）：80-89.

殷群，贾玲艳. 2012. 中美日产业技术创新联盟三重驱动分析[J]. 中国软科学，（9）：80-89.

曾德明，周青，秦吉波. 2005. 高新技术企业 R&D 团队柔性冲突管理机制研究[J]. 管理评论，（2）：22-26.

曾晓丽. 2005. 企业技术联盟中的冲突及其化解[J]. 科技进步与对策，22（1）：87-89.

詹美求，潘杰义. 2008. 校企合作创新利益分配问题的博弈分析[J]. 科研管理，29（1）：8-13.

张道武，汤书昆，徐旭初. 2004. 合作创新联盟成员绩效评估的综合分析机制[J]. 系统工程理论方法应用，（2）：100-105.

张钢，曹评. 2010. 基于归因理论的冲突类型分析[J]. 管理评论，22（3）：86-92.

张俊，李忠云. 2001. 高校产学研结合的运行机制探讨[J]. 中国高等教育，（22）：37-38.

张兰霞，刘杰. 2006. 基于虚拟企业生命周期的冲突管理[J]. 东北大学学报（社会科学版），8（5）：336-339.

张青山，游明忠. 2003. 企业动态联盟的协调机制[J]. 中国管理科学，（2）：97-101.

张晓，盛建新，林洪. 2009. 我国产业技术创新战略联盟的组建机制[J]. 科技进步与对策，26（20）：52-54.

赵志泉. 2009. 产业技术创新联盟的运行机制研究[J]. 创新科技，（4）：18-19.

周青，曾德明，朱丹，等. 2005. 企业 R&D 网络化的动态博弈模型[J]. 预测，24（3）：61-65.

周青，曾德明，朱丹，等. 2008. 企业 R&D 网络化博弈与投资决策分析[J]. 管理工程学报，22（1）：24-28.

周青，毛崇峰. 2007. 高新技术企业协作 R&D 网络冲突管理的实证研究[J]. 研究与发展管理，（2）：7-13.

周青，王乃有，马香媛. 2014. 产业技术创新战略联盟冲突类型与影响因素的关联分析[J]. 科学学研究，32（3）：473-480.

Amaldoss W，Meyer R J，Raju J S，et al. 2000. Collaborating to compete[J]. Marketing Science，19（2）：105-126.

Amason A C. 1996. Distinguishing the effects of functional and dysfunctional conflict on strategic decision making：Resolving a paradox for top management teams[J]. The Academy of Management Journal，39（1）：123-148.

Amir R，Wooders J. 1999. Effects of one-way spillovers on market shares，industry price，welfare，and R & D cooperation[J]. Journal of Economics & Management Strategy，8（2）：223-249.

Bala V，Goyal S. 2000. A noncooperative model of network formation[J]. Econometrica，68（5）：1181-1229.

Brouthers K D，Brouthers L E，Wilkinson J J. 1995. Strategic alliances：Choose your partners[J]. Long Rang Planning，28（3）：2-25.

Bruhn M. 1995. Internes Marketing als Forschungsgebiet der Marketingwissenschaft—Eine Einführung in die theoretischen und praktischen Probleme[J]. Internes Marketing：15-44.

Caldeira J C. 2004. Joint Ventures for Innovation & Competitiveness[M]. E-Manufacturing：Business Paradigms and Supporting Technologies. Springer，Boston，MA：37-46.

Child J，Yan Y N. 1999. Investment and control in international joint ventures：the case of China[J]. Journal of World Business，34（1）：3-15.

Choi J P. 1993. Dynamic R&D competition，research line diversity，and intellectual property rights[J]. Journal of Economics & Management Strategy，2（2）：277-297.

Cukor P. 1992. How GTE laboratories evaluates its university collaborations[J]. Research Technology Management，35（2）：31-37.

Cullen J B，Johnson J L，Sakano T. 2000. Success through commitment and trust：The soft side of strategic alliance management[J]. Journal of World Business，35（3）：223-240.

D'Aspremont C，Jacquemin A. 1988. Cooperative and noncooperative R&D in duopoly with spillovers [J]. American Economic Review，78（5）：1133-1137.

Das T K，Kumar R. 2007. Learning dynamics in the alliance development process [J]. Management Decision，45（4）：684-707.

Das T K，Teng B S. 2002. The dynamics of alliance conditions in the alliance development process[J]. Journal of Management Studies，39（5）：725-746.

Davsten G，Kok G，Vaandrager M. 1998. Creating win-win situation：Partner selection in strategic technology alliance[C]//Technology Strategy And Strategic Alliance，Proceedings R&D Management Conference，Avila.

de Bondt R，Veugelers R. 1991. Strategic investment with spillovers[J]. European Journal of Political Economy，7（3）：345-366.

de Dreu C K，Weingart L R. 2003. Task versus relationship conflict，team performance，and team member satisfaction：a meta-analysis[J]. Journal of Applied Psychology，88（4）：741.

de Wit F R C，Greer L L，Jehn K A. 2012. The paradox of intragroup conflict：A meta-analysis[J]. Journal of Applied Psychology，97（2）：360-390.

de Wit F R C，Jehn K A，Scheepers D. 2013. Task conflict，information processing，and decision-making：The damaging effect of relationship conflict[J]. Organizational Behavior and Human Decision Processes，122（2）：177-189.

Duysters G M，Heimeriks K H. 2002. The Influence of Alliance Capabilities on Alliance Performance：An Empirical investigation[R]. Rotterdam：SMS Conference.

Fassin Y. 2000. Innovation and ethics ethical considerations in the innovation business[J]. Journal of Business Ethics，27（1/2）：193-203.

Freeman C. 1991. Networks of innovators：A synthesis of research issues[J]. Research Policy，20（5）：499-514.

Georgantzas N C，Katsamakas E G. 2010. Performance effects of information systems integration：A system dynamics study in a media firm[J]. Business Process Management Journal，16（5）：822-846.

Goyal A，Santa-Clara P. 2003. Idiosyncratic risk matters![J]. The Journal of Finance，58（3）：975-1007.

Goyal S，Joshi S. 2003. Networks of collaboration in oligopoly[J]. Games and Economic Behavior，43（1）：57-85.

Greiner L E. 1977. Evolution and revolution as organizations grow[J]. Harvard Business Review，10（4）：397-409.

Grulati R，Khanna T，Nohuia N. 1994. Unilateral commitments and the importance of process in alliances[J]. Sloan Management Review，35（3）：61-69.

Hannoun M，Boissier O，Sichman J S，et al. 2000. MOISE：An organizational model for multi-agent systems[J]. Advances in Artificial Intelligence：152-161.

Harrigan K R. 1988. Joint ventures and competitive strategy[J]. Strategic Management Journal，9（2）：141-158.

Hennart J F. 1988. A transaction costs theory of equity joint ventures[J]. Strategic Management Journal，9（4）：361-374.

Inkpen A C，Beamish P W. 1997. Knowledge，Bargaining Power，and the Instability of International Joint Ventures[J]. Academy of Management Review，22（1）：177-202.

Ireland R D，Hitt M A，Vaidyanath D. 2002. Alliance management as a source of competitive advantage [J]. Journal of Management，3：413-446.

Jap S D，Anderson E. 2007. Testing a life-cycle theory of cooperative interorganizational relationships：Movement across stages and performance[J]. Management Science，53（2）：260-275.

Jehn K A，Mannix E A. 2001. The dynamic nature of conflict：A longitudinal study of intragroup conflict and group performance[J]. Academy of Management Journal，44（2）：238-251.

Jehn K A. 1995. A multimethod examination of the benefits and detriments of intragroup conflict[J]. Administrative Science Quarterly，40（2）：256-282.

Jehn K A. 1997. A qualitative analysis of conflict types and dimensions in organizational groups[J]. Administrative Science Quarterly，42（3）：530-557.

Kim C，Song J. 2007. Creating new technology through alliances：An empirical investigation of joint patents[J]. Technovation，27（8）：461-470.

Kogut B. 1989. The stability of joint ventures：Reciprocity and competitive rivalry[J]. The Journal of Industrial Economics，38（2）：183-198.

Kranton R E，Minehart D F. 2001. A theory of buyer-seller networks[J]. American Economic Review，91（3）：485-508.

Lindenmayer A. 1975. Developmental algorithms for multicellular organisms：A survey of L-systems[J]. Journal of Theoretical Biology，54（1）：3-22.

Narayanan V K. 2001. Managing Technology and Innovation for Competitive Advantage[M]. New Delhi：Pearson Education.

Norman P M. 2004. Knowledge acquisition，knowledge loss，and satisfaction in high technology alliances[J]. Journal of Business Research，57（6）：610-619.

Nunnally J C. 1978. An Overview of Psychological Measurement[M]. Springer US：Clinical Diagnosis of Mental Disorders.

Osborn R N，Hagedoorn J. 1997. The institutionalization and evolutionary dynamics of interorganizational alliances and networks[J]. Academy of Management Journal，40（2）：261-278.

Panteli N，Sockalingam S. 2005. Trust and conflict within virtual inter-organizational alliances：A framework for facilitating knowledge sharing[J]. Decision Support Systems，39（4）：599-617.

Perry M L，Sengupta S，Krapfel R. 2004. Effectiveness of horizontal strategic alliances in technologically uncertain environments：Are trust and commitment enough？[J]. Journal of Business Research，57（9）：951-956.

Porter M E. 1990. The competitive advantage of nations[J]. Harvard Business Review，68（2）：73-93.

Ring P S，van de Ven A H. 1994. Developmental processes of cooperative interorganizational relationships[J]. Academy of Management Review，19（1）：90-118.

Sharma D，Sahay B S，Sachan A. 2004. Modelling distributor performance index using system dynamics approach[J]. Asia Pacific Journal of Marketing and Logistics，16（3）：37-67.

Soekijad M，Huis in't Veld M A A，Enserink B. 2004. Learning and knowledge processes in inter-organizational communities of practice[J]. Knowledge and Process Management，11（1）：3-12.

Spekman R E，Isabella L A，Macavoy T C，et al. 1996. Creating strategic alliances which endure[J]. Long Range Planning，29（3）：346-357.

Suzumura K. 1992. Cooperative and noncooperative R&D in an oligopoly with spillovers[J]. American Economic Review，82（5）：1307-1320.

Tsui A S，Zhang Z X，Hui W，et al. 2006. Unpacking the relationship between CEO leadership behavior and organizational culture[J]. Leadership Quarterly，17（2）：113-137.

Wall J A，Callister R R. 1995. Conflict and its management[J]. Journal of management，21（3）：515-558.

Zhou Q，Fang G，Wang D P，et al. 2016. Research on the robust optimization of the enterprise's decision on the investment to the collaborative innovation：Under the risk constraints[J]. Chaos，Solitons & Fractals，89：284-289.

Zhou Q，Li T，Yang W，et al. 2014. Investment decision model of industrial technologies and innovation strategic alliance regarding conflict based on plant growth simulation algorithm[J]. Applied Mathematics & Information Sciences，8（3）：1369-1375.

第四篇　协同创新生态系统的发展与管理

协同创新生态系统是一种跨领域、跨文化、多主体参与的创新组织，需要企业、高校、科研机构、政府的积极响应，并由其展开不同层次和不同形式的协同创新活动。

首先，从生态学视角分析协同创新生态系统的形成与运行机理。将产业类高校协同创新系统与自然生态系统进行类比分析后，认为其具有竞争、共生、寄生、物质和能量流动等生态特征。在此基础上，从生态学角度分析高校协同创新系统参与主体的功能作用、主体间的相互联系、系统特性等，构建协同创新生态系统运行图。进一步运用扎根理论对四个国家级产业类协同创新中心的运行资料进行编码分析和多案例比较分析，运用典范模式将构件分为六个层次，构成协同创新生态系统运行的组织架构和核心价值链，通过对比分析编码过程中相同的初始范畴数和不同的初始范畴数，得到四个案例在运行过程中的异同。总结出协同创新生态系统在科研组织、人事制度、资源配置与共享、人才培养、国际交流五个方面的运行特色，补充和修正协同创新生态系统运行图。

其次，从协同创新生态系统视角探究协同创新生态系统科技成果转化过程中参与主体的生态学功能定位，总结提炼出科技成果转化系统的四个生态学特征，提出协同创新生态系统视角下的三种科技成果转化模式，包括：校企协同转化模式，高校、企业交替主导动态转化模式，政府引导、多主体协同转化模式。进一步结合案例对三种发展模式进行深入研究，对模式的运行特征、主体定位和转化途径进行研究阐述。

最后，提出促进我国科技成果转化的对策和建议。

第 14 章　协同创新生态系统形成与运行的理论研究

14.1　产业类高校协同创新系统与自然生态系统的类比分析

董健康等（2013）认为协同创新系统是指高校、政府、企业、科研机构和科技中介等多种创新主体，以利益共赢为目标，展开协同合作，共建深度交叉融合的多维复合创新系统，同时具有开放性、动态性、稳定性和自我调节性等特点。产业类高校协同创新系统是指以产业发展为目标，通过高校、企业、科研机构、科技中介、政府等参与主体间的协同合作，实现国际领先技术的突破和产业影响力的提升。

纵观现有研究，生态学理论是揭示系统内在关联的重要研究基础，如区域技术创新系统、区域创新生态系统、高科技企业创新生态系统、国家创新生态系统、技术创新生态系统等（黄鲁成，2006；马媛，2015；张运生，2008；林婷婷，2012）。产业类协同创新系统在运行过程中呈现出生态学特征，本部分将采用隐喻的研究方法，以高校为核心，协同企业、科研机构、政府等为重要组成部分的协同创新系统与自然生态系统进行类比分析，借助生态学理论对其进行研究，揭示产业类高校协同创新系统主体间的关系和功能作用（蒋亚楠等，2016）。

通过文献梳理以及参与主体的数据分析，本书认为产业类高校协同创新系统的主要参与主体包括高校、企业、科研机构和政府。根据以往学者对国家创新生态系统、技术创新生态系统等创新生态系统的研究方法，黄鲁成（2003）认为建立某一学科运用生态学理论和方法的基础是将这一学科领域的研究对象与生态学系统的研究队形进行构成要素的比较。本书采用类比研究的方法对产业类高校协同创新系统进行生态学分析，探索其与自然生态系统之间的相似处，如表 14.1 所示。

表 14.1　自然生态系统与产业类高校协同创新系统构成要素对比（傅羿芳和朱斌，2004）

自然生态系统构成要素	内涵	产业类高校协同创新系统构成要素	内涵
个体	具有生长、发育和繁殖特征	创新组织	独立的个体创新单位
种群	同种有机体的集合群	创新种群	相同资源和能力的创新实体集合
生产者	利用无机物制造食物的自养生物	创新主体	实施技术创新的高校、企业等

续表

自然生态系统构成要素	内涵	产业类高校协同创新系统构成要素	内涵
消费者	消化或吸收有机生物	创新成果和人才的使用	使用新技术、聘用创新人才者
分解者	将动、植物残体中的有机物分解为无机物	技术的再创新者	对旧技术的再次创新和应用
互利共生	相互以对方的存在发展为前提	创新联盟	创新主体间的协同
信息传递	信息在生态系统中传递	知识传递	知识和成果在创新生态系统中传递
能量流动	能量在生态系统中流转	能量流动	能量在创新生态系统中流动
生态环境	生物个体和群体生活的具体生态环境	创新生态环境	创新主体所处的创新生态环境

表 14.1 中自然生态系统与产业类高校协同创新系统之间具有很多共性，两者在运行过程中都具有竞争、共生、寄生等现象，也具有生命周期，运行过程中存在物质和能量的流动，能够利用能量进行物质的转化（唐阳，2014）。两者也具有差异性：①产业类高校协同创新系统与自然生态系统相比是有意识的，其参与主体具有智能性，能够较准确地规划和预知未来的发展（Iansiti and Levien，2004）；②产业类高校协同创新系统的存在是为了创新而不是为了生存。

14.2　基于生态学理论的参与主体功能定位分析

李雪梅和程小琴（2007）认为生态学理论是生态学领域中一个极为重要的概念，是生态学最重要的基础理论之一。王艳杰和毕克新（2009）认为生态学理论揭示了每一生物单位在长期生存竞争中拥有的最适合自身存在的位置，综合了生态生命系统的共性。作为社会生态系统的一个子系统，协同创新生态系统同样遵循生态学原理，这对于研究和指导协同创新内部各参与主体在协同创新过程中寻求和扩展最适于自己生存与发展的位置具有重要意义。因此，本节将基于生态学理论对协同创新生态系统的各参与主体进行分析。完整的生态系统是由生产者、消费者和分解者三类种群构成的，不同的类群在生态系统中获取能量的方式和所起作用不同（田恒国，2013）。本章将产业类高校协同创新系统作为一个生态系统，将其中的高校种群、企业种群、科研机构种群和政府种群与自然生态系统中的生产者、消费者和分解者在功能作用上进行类比分析。

1. 高校种群

高校种群在产业类高校协同创新生态系统处于核心地位，是技术研发源头，在基础研究、专业人才、科研设施、科技信息的搜集方面具有一定的优势（曾国屏等，2013；李晨等，2015）。具体体现在以下几点：①牵头高校负责整个高校协同创新系统的筹划、建设和运行；②参与创新平台的建设；③拥有国内领先的技术、一流的科研队伍和国际领先的科研设施；④完善的人才培养体系，校校合作培养和校企合作培养；⑤注重学科的发展。

依据高校种群的功能作用，将其定位为生产者和分解者，作为生产者具有技术研发、培养创新人才功能，高校和科研机构种群与产业、企业、地方政府和国外科研机构深度地开展协同创新合作、共建研发平台，负责科研成果和创新人才的输出，为消费者提供基础科学研究、专利技术、知识产权、创新人才等。作为分解者则具有协调系统运行和对旧技术再利用的功能，一方面高校和科研机构种群参与到协同创新生态系统的培育、组建和运行管理工作中，起着协调者的作用；另一方面对生产者拥有的过时技术、消费者产生的过剩技术和产品等进行革新以期再次利用。

2. 企业种群

企业种群的主要诉求是获得知识产权并转化为企业的核心竞争力，引进高校中优秀的科研人员和管理人员形成人力资本优势，负责实施技术转化和生产，具有技术转化、资金充实、渠道应用、市场把握的优势，为协同创新生态系统的运行提供支持（蓝晓霞和刘宝存，2013；曾国屏等，2013；李晨等，2015）。具体体现在以下几点：①协同创新生态系统必须有企业种群的参与才能形成产业链；②企业种群能有效转化高校种群的理论研究；③企业能够提供各种资源，实现资源共享；④参与协同创新链的决策和管理，与行业骨干企业进行多次、深入的沟通，讨论和修订协同创新的发展目标与研究任务，明确分工；⑤参与科研创新活动，有助于企业实现科技成果转化，并实现商业化；⑥校企协同培养人才，企业为人才培养提供指导教师和实习平台，推动高校人才培养质量提升；⑦提供资金支持，骨干企业投入协同项目资金；⑧提供创新人才的支持。

根据企业种群的功能作用，即配合高校和科研机构种群的研发、成果转化、研究平台搭建和运行，提供人财物等支持，将其定位为生产者、消费者和分解者。作为生产者，大企业中的研发部门会协同高校和科研机构开展科研创新活动，为协同创新活动提供技术人才、资金、设施等支持，负责提供技术成果，为消费者提供科研成果、创新信息等。作为消费者，企业会直接将生产者输出的科研成果、专利技术等转化为生产力，满足市场的需求。作为分解者，一方面核心协同企业会参与到协同创新中心的管理工作，具有研发水平的企业对技术进行外延扩展或对旧技术进行再创新利用；另一方面企业种群利用自身对市场变化信息的敏感性，准确及时地把握市场动态，挖掘新的技术需求，向高校和科研机构传达市场的技术需求信息。

3. 科研机构种群

在参与主体构成的分析中，协同创新生态系统中的科研机构种群的数量相较于企业种群的数量较少，与高校种群的数量较为接近；科研机构种群作为协同创新生态系统的协同单位，参与运行管理、科研项目，提供科研人才、设施等，与高校种群的功能作用有几点相似。具体体现在以下方面：①参与创新平台的建设；②参与运行中的决策和管理；③提供科研设施和人才；④参与创新人才的培养。

通过对科研机构种群功能作用的分析，认为其扮演着生产者的角色，即科研机构种群和高校种群、企业种群等进行协同创新合作、共建研发平台，负责科研成果和创新人才的输出，为消费者提供基础科学研究、知识产权、创新人才等。作为分解者能够对生产者研发的过时技术、消费者产生的过剩技术和产品等进行革新以再次利用。

4. 政府种群

不是每一个高校协同创新系统都有政府种群的直接参与，但政府种群往往会间接参与到协同创新生态系统组建、运行管理等阶段。政府种群在协同创新生态系统中扮演组织模式的设计者和财政投入的承担者，也是高校、企业、科研机构等利益方的协调者（张忠迪，2015）。政府种群间接参与协同创新生态系统的运行，主要通过提供政策和资金上的优惠与便利来支持并引导系统的培育、组建和运行，营造有利于协同创新生态系统运行的良好环境，保证协同创新生态系统活动的顺利进行。因此，将政府种群归于生产者，其在运行中起到推动的作用。

政府种群作为直接参与者，在人才培养方面多是接受人员挂职锻炼、组织人员培训、鼓励在职人员进行继续教育、提供实习基地；在学科建设方面主要是合作建设研究机构、开放监管信息平台、支持硬件设施建设；在科学研究方面主要是提供监管需求、咨询调研、成果推广与应用的支持。第四批省级产业类协同创新中心之一的“智慧东海协同创新中心”中的舟山市政府（舟山市委组织部、经济和信息化委员会、科技局等）作为核心协同单位参与，政府在合作初期为中心的建设提供资金支持。因为该中心是市校合作，因此，在舟山建设新校区的过程中得到了政府超过20亿元的资金以及政策、土地等方面的支持。通过对上述协同创新中心的政府种群功能进行分析，认为政府种群在协同创新中心扮演着生产者的角色，其主要是提供资金、政策、人才等支持，促进协同创新中心的培育组建和发展。

政府种群不论是直接参与还是间接参与到协同创新生态系统的运行中，其功能作用具有一定的相似性。但是，两种方式下的政府种群在协同创新生态系统中的重要性是不同的，直接参与协同创新生态系统的政府种群的重要性优于间接参与的政府种群，且在协同创新生态系统中的功能更加明显。

5. 创新生态环境

生态环境是影响协同创新生态系统存在、发展的外部条件总和。协同创新生态系统的环境是指系统内与协同创新活动有联系的事物。诸多协同创新环境要素的共同作用，能够使协同创新活动顺利进行。协同创新生态系统的外部环境包括协同创新政策、协同创新资源、协同创新市场、协同创新文化等，这些外部环境共同组成了协同创新生态系统的非生物成分。

协同创新政策是政府干预协同创新活动的重要手段，政策能够对协同创新的各个阶段起到激励、引导、协调和保护的作用，主要是通过专项资金安排、科技服务体系等方面对协同创新活动予以政策支持。

协同创新资源是指协同创新生态系统得以持续发展的一切资金、人才、物质资源的获取渠道。目前，对于协同创新生态系统的运行，国家和省级政府都提供了人财物的支持。

协同创新市场与协同创新生态系统的发展有着密切的关系，主要是通过市场需求、市场竞争和市场秩序等方面来影响协同创新活动的。市场需求是创新活动的主要推动力，为满足市场和产业发展的需求，协同创新生态系统必须投入更多资源，提高科研成果转化的效率，实现创新产品的批量化生产。

协同创新文化是协同创新生态系统内的创新主体在长期协同创新活动中形成的行为准则和价值观。良好的协同创新文化环境能够鼓励中心成员积极探索、不断向前。硅谷是创新文化环境推动创新活动迅速发展的例子。良好的协同创新文化环境主要体现在创新主体的价值取向、创新意愿、市场需求等。

通过将产业类高校协同创新系统与自然生态系统进行类比分析，高校种群、企业种群、科研机构种群、政府种群和创新生态环境的功能作用与自然生态系统中生产者、消费者、分解者和非生物成分的功能作用存在对应的关系，两类系统具有可比性。通过对比分析，产业类高校协同创新系统具有生态系统的特性，能够将其视为协同创新生态系统。

14.3　参与主体间的相互关系及总体特性

生态学视角下的协同创新系统是由高校种群、企业种群、科研机构种群、政府种群和创新生态环境构成的，参与主体在功能作用上分别扮演着生产者、消费者、分解者和非生物成分的角色；构成要素间具有互利共生、反馈调节和信息传递的互动关系。根据以往创新生态系统、技术创新生态系统等文献的基础，为直观地表明协同创新生态系统主体间的关系，类比自然生态系统构建了协同创新生态系统（图 14.1），并对参与主体间的互动关系进行了详细论述。

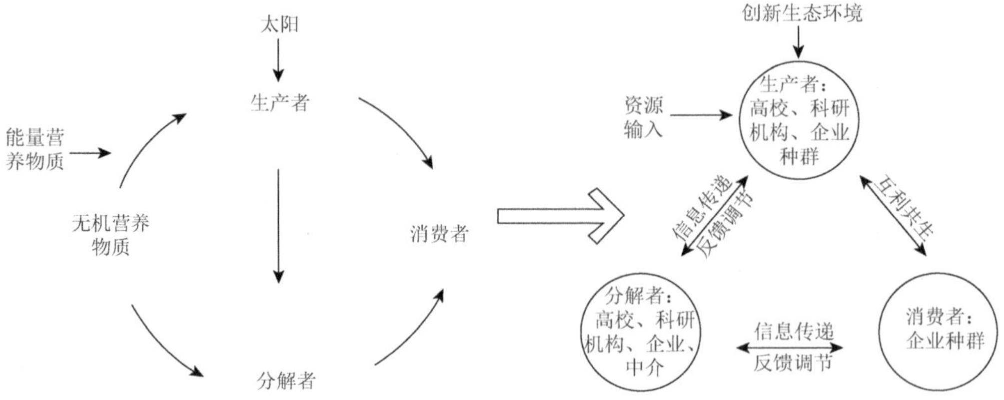

图 14.1　自然生态系统与协同创新生态系统类比图

1. 生产者与消费者间的互利共生

协同创新生态系统中技术创新的承担者主要是生产者，包括高校种群、科研机构种群和企业种群中的研发部门，主要进行技术成果的输出和基础研究；消费者主要是由企业种群构成的，企业种群通过与生产者联合进行技术成果化，实现专利技术等的市场化。自然生态系统中生产者与消费者之间是被捕食与捕食的关系，两者之间是单向的能量流动，但在协同创新中心生产者与消费者之间是互利共生的关系，能量流动是双向的。协同创新生态系统的生产者与消费者之间互利共生的关系主要体现在：首先在互利关系上，生产者能够为消费者提供技术供给，消费者能够为生产者提供物质方面的支持，生产者和消费者都能在创新线中获利（刘凡丰，2015）；其次在共生关系上，消费者在技术创新和应用上需要依靠生产者的技术输出，企业种群在技术创新上寄托于生产者，两者形成一条创新线。

2. 生产者、消费者和分解者间的反馈调节与信息传递

刘凡丰（2015）认为自然生态系统的生产者、消费者和分解者之间相互依存、相互联系，通过能量流动、信息传递的方式组建在一起。自然生态系统中分解者将有机物分解为无机物，供生产者再次利用。一方面，协同创新生态系统的生产者、消费者和分解者存在反馈调节关系。生产者对高校、企业没有输出的技术成果转移到分解者中进行再次改造和革新，并将成果转移到生产者和消费者中。冉奥博和刘云（2014）认为消费者与分解者关系中，消费者在利用技术后将不具有领先优势的技术转移到分解者，分解者则将新领域的技术衍生并转移到生产者或消费者。另一方面，三者之间存在信息传递的关系，能够维持生态系统的稳定，系统中的中介机构种群借助获取技术和市场信息的优势来传递信息，能够弱化生产者与消费者之间的信息不对称问题。

3. 适宜的协同创新生态环境

自然生态系统中生态环境是指由生态关系组成的环境，包括生物成分和非生物成分。协同创新生态系统的创新环境在生物成分上主要是指高校和科研机构种群、企业种群、中介机构种群间的创新关系，在非生物成分上主要是指政府种群的政策、资金等支持和协同创新大环境。协同创新生态系统的协同创新环境是指围绕中心创新资源、创新文化、创新精神等，政府和中心的运行为中心的发展提供适宜的创新环境，促进生产者积极地进行科研活动，刺激消费者探索市场的创新需求，提高分解者传递信息的积极性，提高种群之间反馈调节的效率。

14.4　协同创新生态系统的特性

自然生态系统的生产者、消费者、分解者和非生物成分间的关系反映了一种均衡、靠近、稳定、持续、互动、边界和动态性（Pickett and Cadenasso，2002）。罗发友和刘友金（2004）指出技术创新群落形成与演化的过程中具有协同竞争、互惠共生等特征。陈畴镛等（2010）认为区域技术创新生态系统具有多样性、结网群居和稳定性等特征。协同创新生态系统作为小型的生态系统也具有生态系统的特征，本部分将在区域创新生态系统、产业集群生态系统、技术创新生态系统等研究的基础上，进行协同创新生态系统的特性研究。

通过对协同创新生态系统参与主体功能定位和相互关系的研究，发现协同创新生态系统具有动态性、开放性、整体性和稳定性的特征。动态性是指协同创新生态系统处于不断的运行中，参与主体内部之间、内部与外部之间的信息和物质不断地传递与循环。开放性是指协同创新生态系统培育、组建、运行的进程都是依据国家、社会、市场的需求成立的，在运行的过程中不断地吸取和传递经验，与外界进行交流，使得中心朝着正确的方向发展。整体性是指中心在培育、组建和运行的过程中参与主体并不是独立存在的，而是以中心作为一个整体向外界展示。稳定性是指协同创新中心所需的人、财、物都是有保障的。

1. 动态性

协同创新生态系统作为一个实体组织，由相互独立的不同参与主体构成，其运行的过程是一个动态的过程。参与主体之间与外部环境之间处于不断地适应、变化和调节的动态变化中。生态系统的动态性能够促进知识的传播，加强参与主体间的互动，使得创新效率大大提高，协同创新生态系统运行的动态性体现出自组织性和共同进化性。例如，中国美术学院的视觉中国协同创新中心在运行的过程中采用“2 + X 动态协同模式”，根据不同阶段的目标需求，协同相关单位进行攻关，在研究与传播之间探索一种新型的协作模式。“2 + X 动态协同模式”揭示协同创新中心在运行的不同阶段按需变化参与主体之间的合作关系，完成阶段目标。

2. 开放性

从系统理论的角度来看，系统的开放程度决定其与外界环境进行物质能量交换的程度。与外界环境的交互，能够保证高校协同创新平台的有序性，增强平台的整体功能。高校协同创新是一个开放的系统，与外界环境之间存在物质能量的输入和输出关系，并不断地发展和进化（李玉琼，2007；Fang et al.，2019）。协同创新生态系统要进行人、财、物的输入和科研成果转化、创新型人才等的输出，只有生态系统保持足够的开放，其主体内部才能实现资金、技术和人才等的相互作用，才能吸引其他的创新资源，促进创新平台的发展和成长。例如，积极与国内外知名学者进行学术交流、定期开展学术报告等活动。通过开放式的学习交流，实现内外部学术、研究、管理等方面的交互，有利于其发展。

3. 整体性

协同创新生态系统的参与主体是由相互独立的各个部分组成的，但其作为一个整体存在于环境中，各个要素之间相互关联、相互影响、相互制约，且作为一个整体发挥其功能作用。协同创新生态系统内部不同的主体既是竞争关系也是合作关系，这样就能充分激活各种创新要素，实现资源的优化配置。整体性体现了“1 + 1＞2”的效应，能够实现整体的组合大于部分之和的效果，充分体现其作为完整的实体组织的价值。

4. 稳定性

稳定性在于其能够经常保持一定的活动性，与外界不断地进行交流，同时根据信息的反馈，调整内部的运行，使其能够稳定地运行（张磊等，2016）。在保障运行稳定性方面，建立相关的管理制度，如资源配置与共享制度、人员招聘制度、仪器设备管理制度等，这些制度规范了协同创新生态系统的运行，也增加了运行过程的稳定性。例如，绿色制药协同创新中心已经建立了平台建设与管理章程、理事会章程、重大事项协商制度、平台保密办法等 14 项规章制度，能够有效保障中心运行过程中的稳定性。同时，政府的政策倾斜支持、科研基地的支撑等也增强了协同创新中心运行的稳定性。

14.5　协同创新生态系统运行的理论分析

研究构建的协同创新生态系统是以高校为主的“产学研用”相结合的知识创

新与以企业为主体的“产学研用”相结合的技术创新协同对接，通过将两个创新体系进行无缝对接，形成一个完整的与“产学研用”相结合的协同创新生态系统。协同创新生态系统运行理论研究的文献较少，因此本部分将对高校协同创新平台的运行理论进行文献研究。根据 2.1 节对产学研协同创新文献的研究，本节关于协同创新生态系统运行理论的分析主要从主体间科研团队组织方式、协同单位间的人事制度、协同单位间资源配置与共享、高校协同创新平台的人才培养四个方面进行。

1. 科研团队组织方式

目前我国高校科研创新团队的模式可以分为三种，即学术带头人团队、项目管理型团队、学科方向型团队。学术带头人团队是指选择研究领域的顶尖学者作为团队的组织者和领导者，凭借学者的人格魅力和学术权威将众多优秀的学术人才凝聚在团队中，并以该带头人的名义进行课题的申请、科学研究等（杨宗仁等，2009）。项目管理型是因项目推动而组建的团队，项目导向是其明显的特征，通过项目聚集学者和资源进行科学研究，项目中的人员能够自由流动，已经完成工作使命的成员可以退出回到原来的组织中。学科方向型团队是以促进学科的发展而组建的科研创新团队，如通过建立学科平台，引进国内外优秀的人才组成创新团队来推动学科的发展（祁娟，2010）。协同创新中心的科研组织模式是在传统科研组织形式的基础上，吸纳传统科研组织的优势，并结合科技发展的需要，形成适合协同创新中心发展的科研组织模式。张园（2015）认为国家级协同创新中心主要采取的是协同化、集约化的科研组织模式，即首席科学家负责制（Principal Investigator，PI 制），即根据中心任务的大小和要解决的科学问题，构建协同化和集约化的科研组织模式，进行联合攻关、协同实施，其中协同创新的任务可以由一个 PI 带领开展，也可以由若干个 PI 共同推举的首席科学家带领。刘辉等（2015）认为，在具有持续创新能力的科研组织模式中，高校可以建立以需求为牵引的科技项目组织模式、以项目为纽带的组织和建设科研团队。

目前，我国高校科研组织方式有很多种，如学术带头人团队、项目管理型团队、学科方向型团队、首席科学家负责制、以需求为牵引的科技项目组织模式、以项目为纽带的组织和建设科研团队。产业类高校协同创新平台运行过程中涉及的科研组织方式有很多种，在协同创新生态系统中也存在多种科研组织方式。当前国内外学者对协同创新生态系统运行中的科研组织方式没有过多的理论研究，因此主要进行案例研究。

2. 人事制度

高校协同创新的运行效果很大程度上取决于组织中的“人”，因此人事制度在高校协同创新的运行中起到很高的作用。如何留住人才、安排人才等是充分利用人才、创造价值的关键。建立符合协同创新的人事制度是运行中面临的重大问题。喻春红（2012）认为高校协同创新平台需要在招聘、聘用、考核评价、培养等方面进行改革和创新，可以建立全球招聘的模式来吸引优秀的人才进入平台，建立优秀领军人才、青年拔尖人才计划来吸引杰出的创新型人才；通过灵活开放的人才聘用模式、人才评价考核机制、人才激励机制等方式来改进高校协同创新平台的人事制度。在对高校协同创新平台的研究中，并没有对其人事制度进行详细研究的文献。由于人事制度在高校协同创新平台的运行中处于比较重要的地位，本篇在对协同创新生态系统运行的研究中，将对人事制度进行细致的案例分析和总结归纳。

3. 资源配置与共享

随着“2011 计划”的实施，国家对高校的经费投入也大幅度提高，高校的仪器设备数量也快速增长，但是高校的仪器设备私有制管理导致了资源的浪费（贾延江等，2006）。高校协同创新平台搭建了协同创新仪器共享平台，提升了整体科研水平（张磊等，2016）。资源共享平台是以高校现有的资源为基础构建而成的，汇集协同单位等多方资源，通过制定资源共享制度进行管理，最终实现实验设备共享、科研成果共享、技术人员共享、大型企业合作等（肖坤等，2014）。构建资源优化配置机制是跨学校、跨学科、跨行业协同创新中心培育组建的有效保障。高校协同创新的资源包括人力资源、物力资源和财力资源，其中物力资源主要是指科研设施、仪器设备、图书文献等，财力资源主要是指协同单位的资金投入、国家和地方的投入等（孙清忠和黄方方，2014）。在中国知网对“资源共享”、“资源配置”和“资源共享与配置”等关键词进行检索，发现创新中心资源共享影响要素的研究主要采用扎根理论进行编码研究。本节研究的是协同创新生态系统的资源是如何配置和共享的，第 14、第 15 章将通过编码分析和多案例比较分析进行归纳总结。

4. 人才培养

高校作为知识创新的主体，是技术创新、产学研合作、协同创新体系的主力军。为积极参与国家创新体系中的“高层次创造性人才工程”，产业类高校协同创新平台通过不同的方式对本科生进行培养，以满足不同行业对高级创新人才的需求（边晓等，2016）。高校培养的人才在满足社会需求方面缺乏有效的调节机制，在一定程度上影响了我国研究生培养模式的优化升级（王海建，2012）。协同创新中心以人才、学科、科研三位一体创新能力的提升为核心任务，集聚高校协同创新平台内部与外部的教育资金、科研平台和师资力量等资源，通过对创新资源的深度融合和优势互补形成高水平的教育创新团队，培养拔尖创新人才。

目前，高校协同创新的人才培养模式具有较多的研究成果，在协同创新的视角下，高校的人才培养模式与传统的人才培养模式具有较为显著的区别。协同创新下的高校人才培养主体更加多元化、培养方式倾向于合作化、培养内容前沿化、培养目标多样化；协同创新生态系统下的人才培养模式是对传统高校人才培养模式的改革创新，培养出面向产业需求的高级创新人才。本章将对协同创新生态系统的人才培养模式展开研究，以期构建协同创新生态系统的人才培养模式。

14.6　协同创新生态系统运行图

协同创新生态系统运行图包括从高校种群、企业种群、科研机构种群、政府种群等协同创新主体组建协同创新联盟开始，到协同创新利益分配结束的整个过程，涉及各个环节的运行原理、相关制度及作用方式（张秀琦，2015）。运行图是基于各参与主体的功能作用、相互关系、系统特性和运行管理构建而成的，详见图 14.2。

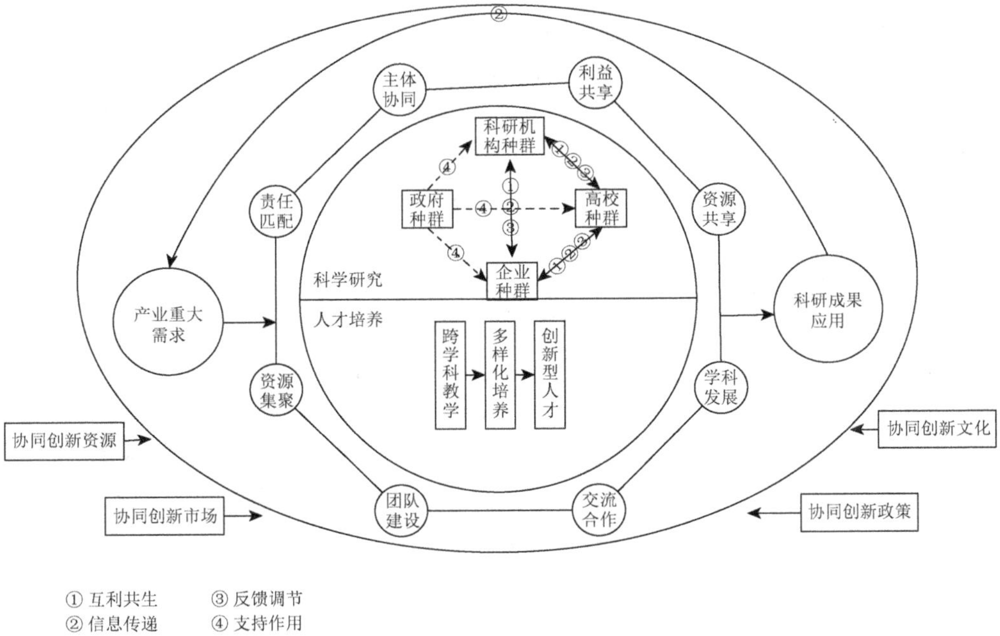

图 14.2　协同创新生态系统运行图

图 14.2 是依据对协同创新生态系统运行的相关理论分析构建而成的。首先在运行框架上，协同创新生态系统是在协同创新资源、协同创新市场、协同创新政策和协同创新文化的环境下面向产业的重大需求组建的高校协同创新生态系统，通过生态系统内部良好的运行实现科研成果的产出。运行图是以产业链式的结构为主体，即以产业重大需求—科学研究和人才培养—科研成果应用作为运行图的链式主体。协同创新生态系统主要是从科学研究和人才培养两个方面实现运行图的。

协同创新生态系统的科学研究部分是以实现解决产业重大需求为目标，协同高校种群、企业种群、科研机构种群、政府种群主体开展相关的基础研究—应用基础研究—应用研究，实现基础研究成果和应用研究成果的应用与科研成果的产业化等。科学研究主要包括基础研究和应用研究，严成樑（2013）认为基础研究主要是对基础原理和基础理论的研究；应用研究主要是针对某一具有实用价值产品的研究。在基础研究和应用研究的过程中需要高校种群、企业种群、科研机构种群和政府种群之间相互协作，通过种群之间的信息传递、反馈调节等作用实现协同主体间的互利共生，有利于协同主体充分发挥自身的作用，通过主体的协同实现创新平台的建设和创新活动的开展。

协同创新生态系统的人才培养主要以高校为主开展跨学科教学活动，并采用多样化的实践培养方式实现创新型人才的培养。如采用寓教于研、校企协同（本科生、硕士生、博士生）等多种模式的跨学科人才培养。人才培养是高校协同创新平台运行的一项重要任务，协同创新生态系统通过汇聚教学资源、企业资源等对学生进行多元化的培养，以满足产业对复合型创新人才的需求。

协同创新生态系统的科学研究和人才培养的良好运行还需要运行管理制度的支持。通过第 2 章和第 3 章的文献分析与理论研究，认为协同创新生态系统的运行管理制度包括团队建设、学科发展、资源聚集、交流合作、资源共享、利益共享、主体协同、责任匹配八个方面。其中团队建设主要是指创新人才的集聚、聘用、考核评价的管理制度；学科发展主要是指多学科交叉和新学科发展的管理规划；资源集聚主要是指对场地、仪器设备、资金的汇聚的管理；交流合作是指举办国际性学术会议、国外学者到访、全国性会议等；资源共享主要是指中心的参与主体之间进行人力、物力等资源的共享使用制度；利益共享主要是指实现成果转化等带来的利益如何分配的管理制度；主体协同主要是指各个参与单位如何协同进行科学研究的组织方式；责任匹配主要是指各个协同单位各自承担责任的规定。

第 15 章　协同创新生态系统及其运行的实证研究设计

15.1　研究方法和对象的选择

15.1.1　研究方法的选择

张梦中和应国瑞（2003）在对社会科学研究的多种方法（实验法、调查法、档案资料分析法等）进行对比总结后指出，案例研究能够回答“是什么”、“为什么”和“怎么样”的问题，适用于理论构建和理论检验。案例研究的要求是目前正在发生的事件且研究者对于当前正在发生的事件不能控制或极少能控制。鉴于研究对象是“协同创新生态系统是怎么运行的”，而且现实中的协同创新生态系统运行确实是存在的，且是无法控制的，因而采用案例研究方法来解决本研究所要回答的问题。

一般而言，案例研究可以分为三大类：探索性案例研究、描述性案例研究和解释性案例研究（Yin，1994）。其中，探索性案例研究能够为正式研究提供理论基础，描述性案例研究则通过对案例的细致说明来加深对研究问题的理解，而解释性案例研究擅长揭示事物间的因果关系。鉴于本章在文献梳理和研究的基础上构建的协同创新生态系统运行图，采用扎根理论进行编码分析和多案例比较分析，归纳运行理论并对运行图进行补充和修正。因此，采用探索性案例研究方法进行后续的研究。

相较于单案例研究，用多案例研究方法来建立理论模型，通常能够获得更为严谨、一般化以及可验证的理论（Eisenhardt and Graebner，2007）。多案例研究通过复制法则能够有效地提高其研究的外在效度，增加理论的普适性。因此，本章采用跨案例研究方法对多个案例进行分析，并在此基础上对原始模型进行适当修正，可以更加准确地揭示协同创新生态系统的运行，也可以避免案例数量过少造成的片面性和单一性问题。

15.1.2　研究对象的选择

本章选取了国家级面向产业类的协同创新中心作为案例分析对象，对其运行状况进行基于扎根理论的编码分析和多案例比较分析。当前国家级协同创新中心分为四种类型，分别是科学前沿类型、文化传承类型、产业类型、区域创新类型，这四类协同创新中心的协同创新重点和目标都是不同的。科学前沿类中心是依托高校的优势学科，通过高校与国内外高水平高校、学术机构、科研机构等展开实质性合作，充分汇聚人才和资源，成为引领和主导国际科研合作的学术中心。文化传承类中心是通过整合高校人文社科领域的创新资源，通过高校之间、高校与科研机构、政府部门、产业以及国际学术机构之间协同研究，增强中华文化的影响力。产业类中心是通过依托高校的优势学科，与产业紧密结合，从而支撑传统产业的转型和培育新型产业，通过高校之间、高校与科研机构、大型骨干企业之间协同创新，为产业培育高水平、实用化技术领军人才，推动技术创新，成为技术研发和转移的重要平台（王翠霞，2014）。区域创新类中心是以地方政府为主导，围绕地方政府的发展规划，以服务区域经济建设和社会发展为重点，通过高校与当地产业化基地和重点企业协同研发、深度融合，同时为地方政府决策提供战略咨询服务。科学前沿类型和文化传承类型的协同创新中心的理论性较强，强调的是原始创新成果；产业类型和区域创新类型的协同创新中心主要进行产业融合和技术研发，应用性强，需要协同体之间具备长期良好的合作基础。

目前两批国家级协同创新中心有科学前沿类协同创新中心 8 所，文化传承类协同创新中心 7 所，产业类协同创新中心 15 所，区域创新类协同创新中心 8 所。产业类协同创新中心占据两批通过国家认定的协同创新中心中总数的 39.47%，具有一定的科研性。陈强和胡雯（2016）认为产业类的协同单位之间的合作多基于委托合同或联合科研项目，与产学研合作更为接近。产业类协同创新中心实际上是以高校为主体的“产学研用”相结合的知识创新体系与以企业为主体的“产学研用”相结合的技术创新体系进行协同对接，通过将两个创新体系进行无缝对接，形成一个完整的面向产业的“产学研用”相结合的协同创新体系，相较于其他三类协同创新中心，产业类协同创新中心更贴合对协同创新生态系统运行的研究（张忠迪，2015）。因此，为保证研究样本资料的充足性和研究的适用性，本章选择产业类协同创新中心作为案例研究对象。

15.2　研究对象参与主体构成分析

国内外学者认为协同创新的主体包括企业、高校、科研机构、政府和中介机构（李忠云和邓秀新，2011；谢蕾蕾，2014；郁秋亚，2015；石新泓，2006）。朱鹏（2013）认为协同创新参与主体包括高校、主要参与方、次要参与方、教师和科研人员等。李祖超和梁春晓（2012）认为协同创新参与主体包括企业、高校、科研机构、金融机构、政府机构等；协同创新中心更多的是高校和大企业间的协同，目前已有的文献多是对协同创新参与主体的分析，缺乏对产业类协同创新中心参与主体的分析。因此，本节通过浙江省产业类国家级和省级中心申报书、网页资料和部分中心的中期考核报告等数据，分析产业类协同创新中心参与主体的构成。

国家级产业类中心有 15 所，浙江省省级产业类中心有 12 所，因国家级中的“先进核能技术协同创新中心”数据不齐全，故最终以 14 所国家级和 12 所省级产业类协同创新中心作为样本进行数据分析。数据来源于中心的申报书、网页资料和部分中心的中期考核报告，因此在一定程度上能够保证数据的真实性和可靠性。通过对数据的整理，将 26 个中心所涉及的所有核心协同单位和主要参与单位的类型划分为高校、企业、科研机构、政府四大类主体。部分不易分类的单位，将根据单位的功能作用分类至四大类主体中，如智能型新能源汽车协同创新中心的“国家信息中心”的主要功能是针对新能源汽车商业化应用环境系列规划，评估评价和决策支持等方面进行合作研究，围绕国家 973 项目配套课题“新能源汽车产业数据平台建设及应用研究”开展数据的收集、分析和处理，因此将其归类于科研机构；协同创新中心参与主体中众多的联盟主要是参与研究，因此将联盟归类于企业。高新船舶与深海开发装备协同创新中心的中国船级社船海装备规范和标准制定与实施单位主要起到中介的作用，因此将其划分至企业中；浙江省竹资源与高效利用协同创新中心的华东林权交易所和浙江省林产品质量监测站分别负责产品检测与评价、工程化产业化开发，因此将这两所单位划分至企业中。经数据分类和处理得到表 15.1 和图 15.1。

表 15.1　国家级和浙江省面向产业的协同创新中心各参与主体数量

协同创新中心名称		高校	企业	科研机构	政府
国家级	宇航科学与技术协同创新中心	4	1	0	0
	先进航空发动机协同创新中心	9	1	1	0
	轨道交通安全协同创新中心	3	2	1	0
	有色金属先进结构材料与制造协同创新中心	2	6	2	0
	信息感知技术协同创新中心	3	4	2	5
	地球空间信息技术协同创新中心	4	1	0	0
	高性能计算协同创新中心	5	2	4	0
	无线通信技术协同创新中心	8	4	0	0
	钢铁共性技术协同创新中心	4	5	1	0
	煤炭分级转化清洁发电协同创新中心	3	4	4	0
	高端制造装备协同创新中心	4	7	2	0
	高新船舶与深海开发装备协同创新中心	4	2	2	0
	智能型新能源汽车协同创新中心	4	11	3	0
	未来媒体网络协同创新中心	2	5	5	0

续表

协同创新中心名称		高校	企业	科研机构	政府
浙江省级	眼视光行业产业协同创新中心	3	2	1	0
	质量检测技术及仪器协同创新中心	4	5	0	1
	海洋设施养殖工程技术协同创新中心	2	1	3	0
	浙江省现代纺织技术协同创新中心	3	4	1	0
	城市公用事业政府监管协同创新中心	1	3	2	3
	绿色农药协同创新中心	3	5	0	0
	智慧东海协同创新中心	3	0	2	1
	新型飞行器关键基础与重大应用协同创新中心	9	0	1	0
	浙江省服装个性化定制协同创新中心	1	9	1	0
	免疫性疾病中医诊治协同创新中心	5	8	2	0
	浙江省竹资源与高效利用协同创新中心	2	6	4	0
	氟硅精细化化学品与材料制造协同创新中心	4	15	3	0

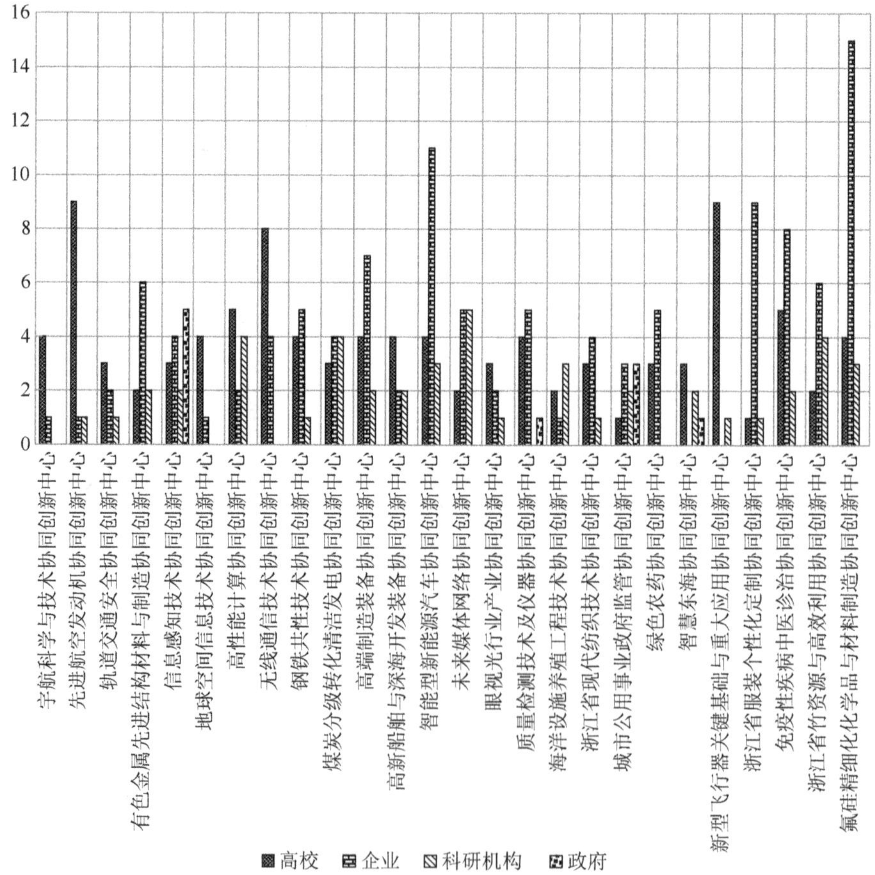

图 15.1　国家级和浙江省产业类协同创新中心参与主体数量分布柱形图

表 15.1 中的数据具有三个特点：①15 个中心的企业数量高于高校数量，其中 7 个是国家级中心，8 个是省级中心，主要是因为产业类协同创新中心的产业导向性和服务性更强，致力于推动产业发展，承担着较多的技术成果转化的重任，所以其参与主体中的企业数量比高校数量更多；②协同创新中心的直接参与主体都包括高校、企业和科研机构，政府一般作为间接参与主体为中心提供各种支持；③26 家协同创新中心中政府作为直接参与主体的有 4 家，另外 22 家中心的政府主体是以间接参与主体的身份出现的，如信息感知技术协同创新中心和城市公用事业政府监管协同创新中心，政府作为参与主体的数量分别是 5 家和 3 家，相较于高校数量、企业数量、科研机构数量，具有一定的数量优势，且其功能作用无法划分到高校、企业、科研机构的功能中，因此本章将政府视作参与主体。

通过对参与主体数量的整理和分析，发现产业类协同创新中心虽然在大的战略方向上是一致的，即通过各参与主体优势互补、协同共进，推动产业技术创新，为产业培育高水平、实用化技术领军人才，最终成为技术研发和转移的重要平台（仲崇娜和苏屹，2015），但各协同创新中心基于自身特定的目标诉求，在参与主体构成及数量要求上均具有不同的特点。总体而言，产业类协同创新中心参与主体构成上具有共性，即以产业的重大需求为导向，由高校牵头联合各参与主体形成一个创新产业链，实现重大的创新突破。产业类协同创新中心作为协同创新生态系统，其运行状况能够体现协同创新生态系统的运行架构。因此，通过对产业类协同创新中心运行状况的多案例比较分析，能够形成协同创新生态系统运行理论并补充和修正第 3 章中通过理论梳理构建的协同创新生态系统运行图。

15.3　程序化扎根理论的选择和使用

扎根理论强调其研究过程能够被检查和追溯，进而提高研究的信度和说服力；扎根理论系统的研究方法和规范的研究流程可以使得研究扎根实践、扎根数据，能够获得较有说服力和可信度的研究结论，故选择扎根理论作为本章的研究方法论。

扎根理论处于不断发展的过程中，当前国内外学者对扎根理论在使用过程中的研究存在不同的版本，总体可以概括成三大派系，详见表 15.2。本章选择了程序化的扎根理论，主要是以 Strauss 和 Corbin（1998）的程序化版本为基础进行研究。应用的基本逻辑是从经验数据中建立理论，通过对数据资料的不断比较分析，进行概念化和范畴化，进而提炼出核心范畴，并在此基础上构建实质性理论。扎根理论的研究流程如图 15.2 所示。

表 15.2 扎根理论三大流派的异同点比较

<table>
<tr><th rowspan="2">异同点
流派</th><th rowspan="2">相同点</th><th colspan="3">不同点</th></tr>
<tr><th>理论视角</th><th>资料和数据搜集</th><th>资料和数据分析</th></tr>
<tr><td>Glasser 和 Strauss 的原始版本</td><td rowspan="3">1. 在经验资料上建构理论
2. 研究结果能够追溯
3. 研究程序可重复
4. 多用于中层理论的建构
5. 强调对过程的研究
6. 归纳性的质性研究方法</td><td>实证主义（强调发现理论）</td><td>研究者在搜集的过程中尽可能保持中立</td><td>编码过程分为实质性编码和理论性编码两个主要步骤</td></tr>
<tr><td>Strauss 和 Corbin 的程序化版本</td><td>后实证主义（认为分析数据是研究者的一种解释）</td><td>研究者在搜集的过程中尽可能保持中立</td><td>采用开放式编码、主轴编码和选择性编码三级编码程序</td></tr>
<tr><td>Charmaz 的建构主义版本</td><td>解释主义（理论是解释性分析，是建构的）</td><td>强调研究者对资料提问的能力，并与被研究者发生互动关系</td><td>强调灵活使用，认为编码准则是自发性原则而非公式</td></tr>
</table>

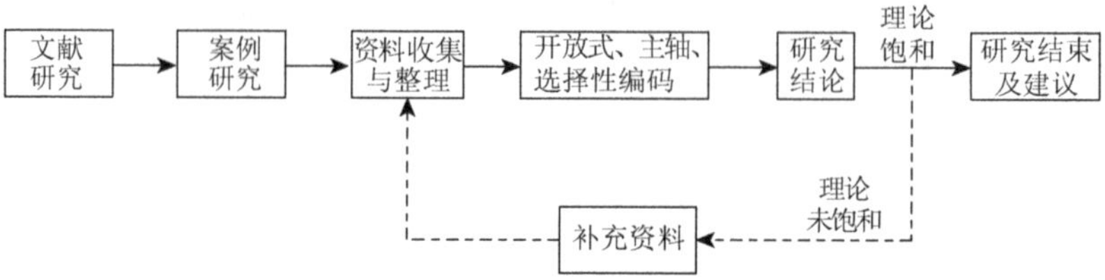

图 15.2 扎根理论的研究流程

15.3.1 文献研究

将产业类高校协同创新平台与自然生态系统进行类比分析，理论构建了协同创新生态系统运行图，属于探索性研究。因此，本章将用程序化扎根理论对协同创新生态系统的运行进行质性研究，希望从产业类协同创新中心的运行中归纳总结出协同创新生态系统的运行理论。

15.3.2 案例研究

选择产业类协同创新中心作为研究样本主要考虑以下两个因素。

（1）案例能够有力、全面地反映出产业类高校协同创新平台的运行状况。针对上述标准，笔者对四个产业类协同创新中心进行资料的搜集，并在此基础上按照产业类高校协同创新的运行框架对资料进行整合。在确定了所选案例后，在原始资料的基础上，对所选案例进行更深入和更广泛的资料搜集，建立案例研究的资料库，并多方面搜集关键资料，以此能够相互证明，形成案例分析的证据链。

（2）资料的易获取性。案例的编码和研究必须要有充足且准确的资料予以支撑，需要对资料的可获取性具有一定的认识。基于这一点，对国家级第一批和第二批产业类协同创新中心以及浙江省省级产业类协同创新中心的相关资料进行初步的搜集。其中，第一批的四个产业类协同创新中心和第二批的四个产业类协同创新中心的资料较为丰富，可以做案例分析。

由于研究条件限制和获取资源的局限性，本章选择了第一批国家级产业类协同创新中心中的有色金属先进结构材料与制造协同创新中心和轨道交通安全协同创新中心，第二批国家级产业类协同创新中心中的智能型新能源汽车协同创新中心和高新船舶与深海开发装备协同创新中心，共四个协同创新中心进行案例研究。详细案例资料分析见第 19 章。

15.3.3　资料收集和整理

案例研究资料搜集的渠道有很多种，一般分为文献、访谈、报告和二手资料等。鉴于研究内容的需要，本章主要通过搜集文献资料、档案记录和访谈等方法来收集资料，通过多种数据源形成证据链，能够相互印证。

（1）文献资料收集，从网络网页上搜集各种报道、文件资料来补充完善获取的资料。

（2）档案记录，主要包括所选产业类协同创新中心中期绩效考核书、协同创新中心申报书、官网和协同创新中心中期总结书等资料，这些档案记录能够保证案例资料的真实性和可靠性。

15.3.4　开放式、主轴和选择性编码

1. 编码策略

扎根理论在数据分析技术上是高度协同化程序，研究者有效执行操作程序，可以较好地满足研究的严谨性、准确性、复制性和可验证性（Glaser，2001）。本章的编码策略如下。①组成编码小组。为减少误差，本书作者与两位协同创新管理方向的硕士研究生组成编码小组，针对编码过程中出现的问题共同讨论寻求解决方案。对于存在分歧的问题，则向导师和该领域研究学者请教与咨询。②建立编码数据库。方便使用和查看编码的修改过程与结果。③编码过程的理论抽样和比较分析。针对编码过程中出现新的概念和范畴与已有的结果进行比较分析。

2. 开放式编码

1）标签化

对案例资料标签化是 Strauss 扎根理论的第一个步骤，首先根据案例的语义，

对涉及协同创新中心运行模式的句子贴标签，为概念化奠定基础。该协同创新中心的案例资料，达到 3 万多字，对资料进行逐字分析和数据分析的量非常大，且资料的一句话或一段话才能够表达一个完整要素的含义，因此对案例采用逐句编码。对案例中涉及协同创新中心运行的每个句子进行分析，并贴出初始标签，以客观资料为基础，不遗漏任何信息。在贴标签过程中，制定了编码规则，对案例贴标签号以 a1，a2，a3……表示，其中，a 代表协同创新中心运行模式的标签化，a 后面的数字表示编码的次序。

2）概念化

Strauss 扎根理论第二个步骤是对标签内容进行概念化的过程。将标签按照相同的标准进行分类，用能够反映标签本质的概念名进行命名。在概念化的过程中，概念要不断地进行比较分析、修正和完善。概念的编码规则与标签的编码规则相似。在对案例进行标签化的基础上，进行概念化的操作，可以编码为 A1，A2，A3……。其中，A 代表研究中的要素，即协同创新中心运行模式的概念化，A 后面的数字代表概念编码的次序。概念化的过程中需建立概念化模板，将所有概念整合到同一模板上，对相似或相同的概念进行整合。随着对新案例的编码分析，新的概念会越来越少，多数是在原来模板的基础上增添新的维度和性质。如果案例和概念出现饱和，就可以结束概念化的过程。

3）范畴化

范畴化是在概念化基础上进行更深层次的抽象，对案例的内容进行进一步的浓缩，对所有概念中相似的概念进行范畴化，并合并类似的维度和性质。该过程是在案例概念化结束后，在概念化模板的基础上进行的，其中范畴化的编码为 AA1，AA2，AA3……其中 AAA 代表范畴化在概念化模板 A 上生成，AA 代表本研究的研究要素，即协同创新中心运行模式，AA 之后的数字代表范畴化编码。

在开放式编码的实际操作中，概念化可能本身已经是一个大的概念，无法进行更深层次的抽象化。针对这种情况，需要比较各个概念能否进行合并，合并后能否还原这些概念本质，合并后的范畴有助于理清范畴之间的关系。经过标签化、概念化和范畴化三个步骤，将案例资料中涉及与协同创新中心运行、模式相关的范畴，即能够反映资料本质的内容集中到范畴化结果的表格上。

3. 主轴编码

主轴编码是发现和建立概念、范畴间的各种联系，如因果关系、结构关系、时间关系和过程关系等。主轴编码需要应用范式，范式可以让现有的条件、过程、结果、机制的特质明显化，也可以根据对个案的假设，看看不同情况下是否有不同的条件、过程、结果和机制。本章主轴编码的范式是运用“因果条件—现象—

情景—中介条件—行动/互动策略—结果”（Strauss and Corbin，1998），范式能够将开放式编码中的概念连成一条线。范式中的因果条件是用来解释个体或者群体以某种特定方式做出的某种反应的原因；现象是指具有核心地位的观念、事故、事件会有一组行动发生；情景是指对一个现象的事件、事故在他们面向范围内的位置的综合，是行动或互动策略发生的一组特殊条件；中介条件是指一种结构性条件，会在某一脉络中针对某一现象采取有助的或抑制的行动或互动上的策略；行动或互动策略是指凭借常规性或策略性的行动手段对遇到的问题或者情形做出反应的过程；结果是指针对行动或互动策略会出现不同的后果。

4. 选择性编码

首先，选择性编码是指将选择的核心范畴与其他范畴联系在一起，验证范畴间的关系，将概念化中未完备的范畴补充完整。

其次，选择性编码还要选择或识别出能够统筹其他范畴的核心范畴。

最后，利用范畴和范畴间的关系来说明案例现象，梳理出故事线。

15.3.5　理论饱和度与研究结论

通过编码分析，建立系统的理论架构，并判断理论的饱和度。若理论未饱和，即新加入的资料会增加新的概念和范畴，需要继续补充案例使理论达到饱和；若理论饱和即新加入的资料不会增加新的概念和范畴，但可能会增加维度和归因，则不需要补充案例资料；只有理论饱和后，才能得出研究结论。

第16章　协同创新生态系统运行的多案例比较研究

本章的案例研究是采用扎根理论对案例资料进行编码分析，通过对产业类协同创新中心的运行资料进行开放式编码，确定编码分析中的概念化数目、初始范畴数目和范畴数目。在主轴编码过程中通过利用因果条件、现象、情景、中介条件、行动/互动策略和结果这一典型范式梳理开放式编码中范畴之间的关系，确定开放式编码阶段得到的范畴之间的关系。选择性编码是指通过比较分析主范畴与原始数据后运行中的主范畴，经过故事线的梳理得到运行过程的核心范畴，并通过核心范畴重新组织案例资料中的其他范畴。扎根理论能够提高质性研究中的信度和效度，通过对案例资料进行编码，结果分析得到的运行理论具有效度和信度，保证案例研究结果的可信度。通过对四个案例的编码分析结果进行多案例比较分析，归纳总结协同创新生态系统的运行特色，为协同创新生态系统的运行提供对策建议。

16.1　案例1：有色金属先进结构材料与制造协同创新中心的案例分析

16.1.1　背景

有色金属先进结构材料与制造协同创新中心是第一批产业类国家级协同创新中心，组建单位详见表16.1。该中心的成立是为了满足国家在航空航天、国防和高端装备、有色金属行业等领域的重大需求，通过产学研的持续创新和紧密结合，建成集高性能有色金属结构材料研制—关键工程制备工艺技术与装备研发—高性能材料与构件工业试制为一体的科学—技术—工程融合的科技协同创新基地和“寓教于研”培养面向产业和领域高水平人才的重要基地。截至2015年12月，有色金属先进结构材料与制造协同创新中心创新团队数量19支，创新人才242人。目前有色金属先进结构材料与制造协同创新中心在资金设备设施方面，拥有场地面积为125 600m^2（不含试验田等土地面积），拥有设备价值2.5亿元，上级主管部门投入用于协同创新中心团队建设、人才培养等的资金为0.9亿元，依托高校的用于粉末冶金国家重点实验室运行经费及高性能复杂制造国家重点实验运行经费等的资金为0.85亿元，参与单位万泽集团投入的经费为0.65亿元。国际交流方面，中心承办国际性学术会议 36 次、地区及双边会议 9 次、全国性学术会议 38 次、派出学习交流人数 224 人、国外学者到访人数 103 次。

表 16.1　中心主要协同单位

名称	参与主体性质
北京航空航天大学	高校
中国航天科技集团有限公司	企业
中国航天科工集团有限公司	企业
中国铝业公司	企业
中国商用飞机有限责任公司	企业
中国第一重型机械集团公司	企业
中国第二重型机械集团公司	企业
中航工业第一飞机设计研究院	科研机构
中国航空动力机械研究所	科研机构

16.1.2　开放式编码

本节主要对搜集的资料和数据进行扎根理论的开放性编码分析。编码过程中，研究者保持着客观性，多次对原始资料、标签、概念、范畴之间存在的异同进行分析，从而减少结果的偏差。表 16.2 为有色金属先进结构材料与制造协同创新中心案例标签化、初步概念化的具体过程。表左侧是整理后的基础资料，首先对其贴标签化后标注 a1、a2……，贴标签的过程保持资料的原始性；随后对标签化的资料进行抽象化，归纳和整理得到概念化 A1、A2……。通过开放式编码从资料中挖掘 58 个概念和 20 个初始范畴，开放式编码范畴化举例见表 16.3，其他内容按此范式进行编码范畴化。

表 16.2　开放式编码分析表

案例相关资料	标签化	概念化
政府、高校、企业等在协同创新中心建设中进行人才、经费、场地等的优惠政策	a1：提供政策支持	A1：政策环境（a1、a2）
上级主管部门投入用于协同创新中心团队建设、人才培养等的资金额为 0.9 亿元	a2：提供资金支持	
面向航空航天、国防、交通运输与高端装备、有色金属行业等领域的国家重大需求而协同创新	a3：重大需求导向	A2：国家、行业需求（a3、a4）

续表

案例相关资料	标签化	概念化
载人航天与探月工程及大型运载火箭是我国正在实施的重大战略工程，围绕下一代大型运载火箭的大运力、高可靠性、长寿命和低能耗的创新需求而协同研发	a4：满足行业需求	A2：国家、行业需求（a3、a4）
中心提升我国重大基础产业、战略工程和武器装备所需高性能有色金属结构材料制备的自主创新能力和自主保障能力	a5：提升自主创新能力和自主保障能力	A3：发展目标（a5）
承担国家战略性新兴产业发展专项“高性能碳复合材料研发与产业化项目”	a6：承担该领域的重大研究项目	A4：核心科研任务（a6）
建立轻质高强有色金属材料与构件、高温耐热有色金属材料与构件、难熔金属高温材料与构件三个研究平台	a7：构建三个研究平台	A5：建设大型科研平台（a7）
粉末冶金国家重点实验室将设立的开放式课题作为创新点，吸引大批的科研人员加入中心的研究	a8：吸引科研人员加入研究	A6：加强研究合作（a8）
建设青年创新驱动基金和小规模条件建设基金等	a9：为各团队提供基金	A7：资金资助（a9）
组建涵盖了基础研究、成分设计、工艺设计、装备制造、大型构件以及服役性能评价全流程的研究团队	a10：团队人员涵盖基础研究、成分设计、工艺设计等流程	A8：功能一体化的团队（a10）

表 16.3　开放式编码范畴化

概念化	初始范畴	范畴化
A1：政策环境（a1、a2） A2：国家、行业需求（a3、a4）	AA1：外部环境（A1、A2）	AAA1：协同创新环境（AA1、AA2）
A3：发展目标（a5） A4：核心科研任务（a6）	AA2：内部环境（A3、A4）	
A5：建设大型科研平台（a7）	AA3：科研平台建设（A5）	AAA2：中心建设（AA3、AA4）
A6：加强研究合作（a8） A7：资金资助（a9） A8：功能一体化的团队（a10） A9：高质量的研究团队（a11） A10：多学科协同的研究团队（a12） A11：中心成员广泛（a13） A38：跨国跨单位跨领域团队（a45）	AA4：团队建设（A6、A7、A8、A9、A10、A11、A38）	
A12：应用研究（a14） A13：基础研究（a15） A35：国内外合作研究（a41）	AA5：科学研究（A12、A13、A35）	AAA3：运行管理（AA6、AA7、AA15、AA16）
A14：编制、非编制和客座人员共存（a16） A15：分级聘用人才（a17） A16：分类管理薪酬（a18、a19、a20、a21） A17：流动与非流动人员共存（a22）	AA6：人事制度（A14、A15、A16、A17）	

续表

概念化	初始范畴	范畴化
A18：建设组织管理模式（a23） A19：建立人才管理机制（a24） A20：建立人才培养机制（a25） A21：建立资源共享机制（a26） A22：建立人事制度（a27） A23：组织管理体系（a28） A24：高质量的管理团队（a29）	AA7：组织管理规范化（A18、A19、A20、A21、A22、A23、A24）	AAA4：协同创新（AA8、AA9、AA12、AA13）
A25：本科生开设卓越工程师实验班（a30） A26：本科生国际高校联合教学（a31） A27：本科生实践能力（a32）	AA8：本科生培养（A25、A26、A27）	
A28：个性化人才培养方案（a33） A29：研究生“双导师制度”（a34） A30：研究生创新实践（a35） A31：国外知名教授讲学（a36） A32：研究生创新实践（a37） A33：国外联合培养和学术会议（a38）	AA9：研究生培养（A28、A29、A30、A31、A32、A33）	AAA5：国际化（AA10、AA11）
A34：国际人才交流（a39、a40）	AA10：国际人才交流（A34）	AAA6：科学研究（AA5）
A36：承办国际会议（a42） A37：吸引国际人才参与合作研究（a43、a44）	AA11：国际交流（A36、A37）	AAA7：人才培养（AA8、AA9）
A39：产学研用联合攻关（a46） A40：协同体之间合作（a47）	AA12：主体协同（A39、A40）	
A41：责任明确，分工协作（a48）	AA13：协同单位责权分明（A41）	
A42：学科培养（a49） A43：学科排名提升（a50）	AA14：学科发展（A42、A43）	
A44：中心制度改革（a51） A45：人事制度改革（a52） A46：学科发展改革（a53） A47：科学研究改革（a54） A48：财政制度改革（a55） A49：人才培养改革（a56）	AA15：制度改革（A44、A45、A46、A47、A48、A49）	AAA8：学科发展（AA14）
A50：财力资源整合与共享（a57、a58、a59） A51：条件资源整合与共享（a60、a61） A52：协同体资源整合与共享（a62、a63）	AA16：资源整合与共享（A50、A51、A52）	
A53：人才培养产出（a64）	AA17：人才培养产出（A53）	

续表

概念化	初始范畴	范畴化
A54：学科影响力提升（a65）	AA18：学科影响力提升（A54）	AAA9：成果产出（AA17、AA18、AA19、AA20）
A55：基础研究成果产出（a66） A56：专利成果产出（a67）	AA19：基础研究成果产出（A55、A56）	
A57：解决重大技术难题（a68） A58：支撑行业发展和产业升级（a69）	AA20：应用成果产出（A57、A58）	

注：范畴化是对初始范畴的进一步归纳总结、可交叉重复。

16.1.3　主轴编码

本节的主轴编码运用范式分析模型梳理开放式编码，并得出范畴之间的关系。通过利用因果条件、现象、情景、中介条件、行动/互动策略和结果这一典型范式梳理开放式编码中范畴之间的关系。具体操作步骤是将 14 个副范畴放置于范式模型中，并根据整体范式模型描述出案例的主范畴。运用范式分析工具对范畴进行继续归类、抽象等，得到表 16.4 的有色金属先进结构材料与制造协同创新中心案例典范模型。

表 16.4　主范畴 AAAA：案例的典范模型

主线	主范畴
因果条件	协同创新环境（AA1、AA2）
现象	中心建设（AA3、AA4）、人才培养（AA8、AA9）、科学研究（AA5）、学科发展（AA14）
中介条件	运行管理（AA6、AA7、AA15、AA16）
行动/互动策略	国际化（AA10、AA11）、协同创新（AA12、AA13、AA8、AA9）
结果	AAA9：成果产出（AA17、AA18、AA19、AA20）
情景	在协同创新外部环境（AA2）和内部环境（AA2）的情况下，协同创新中心成立并进行科研平台建设（AA3）和团队建设（AA4），它的目标是进行科学研究（AA5）、本科生培养（AA8）、研究生培养（AA9）以及促进高校的学科发展（AA14）

16.1.4　选择性编码

选择性编码是扎根理论的关键部分，会影响理论的形成。通过比较分析主范畴与原始数据后发现，这九个范畴是中心运行的关键部分，构建的故事线是在协同创新环境和产业需求的引导下，高校协同高校、科研机构、企业等，形成协同创新中心网络，并通过组织管理和改革、资源共享、人才培养、团队建设、人事、交流合作等制度使得中心科研成果实现转化并培养出创新人才，也使得高校提升了学科影响力。

根据上述运用开放式编码和主轴编码的分析，本部分将再次结合资料进行验证分析，发现可以用资源获取机制、价值创造机制和价值实现机制这三个核心范畴重新整合案例中的其他范畴，如图 16.1 所示。

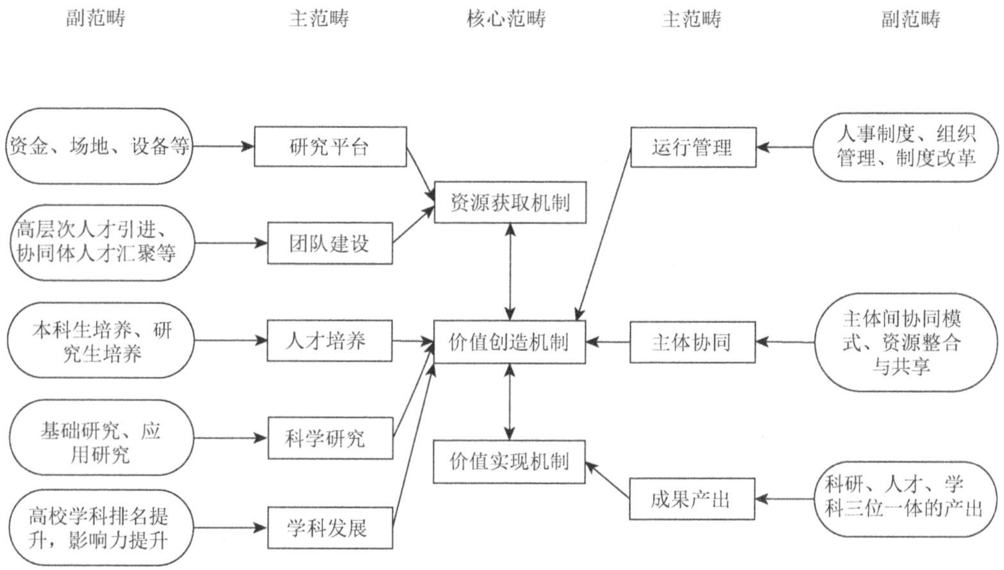

图 16.1　提取核心范畴的过程

有色金属先进结构材料与制造协同创新中心的运行紧紧围绕这三个核心范畴，其故事主线可以概括如下。

中心运行中资源获取机制主要包括“研究平台建设”和“团队建设”两个方面的内容。其中研究平台建设主要包括资金、场地和设备仪器的汇聚。例如，中南大学提供轻合金研究院中试厂房、科研教学楼、实验中心等八栋建筑楼；北京航空航天大学为难熔有色金属与高温合金材料和构件平台提供 5000m^2 的场地等。

团队建设方面主要包括高等次人才引进、国外人才引进、协同单位人才汇聚等，如吸纳国内外各层次顶级的科研人员，鼓励自主创新、团队协作，营造宽容适才、轻松健康、积极奋进的学术氛围和文化环境。目前，中心 240 余名研究骨干中，10%来自国外一流团队。在中心运行模式运作的价值创造机制中，人才培养、科学研究、学科发展、运行管理和主体协同是其核心活动。

人才培养方面主要是加强材料与制造方向本科生和研究生培养的支持力度，通过采用科技创新、构建双语教学课程体系、加强国际教育合作、参与企业国际大项目、国际学术交流等途径，积极探索国际化人才培养机制，培养国际化工程人才；通过对本科生继续实行《大学生创新创业项目》；通过资助研究生创新项目，开办研究生暑期学校、研究生学术论坛，对学校拔尖创新博士生提供奖学金等方式支持中心的研究生。

科学研究方面主要是与协同单位合作，邀请行业领军企业与科研院所进入协同中心，建立更加广泛的协同创新联席会议制度；结合材料与制造方面的平台，加强研发能力，积极申报国家重点研发计划和国家重大研发计划，努力建立有色金属方面的国家实验室，加大科技成果转化力度。

学科发展方面主要是在以大飞机工程、大推力火箭、新型飞行器等为代表的国家重大工程研制过程中，形成了与有色金属材料和先进制造相关的显著学科特色，大大推动了学科发展。

运行管理方面主要是建立了多方认同以计划任务责任制、合同制、股权制为基础的责权利明确的协同组织管理模式；建立了符合国际惯例的人员聘任、考评和激励机制，促进了学校的全局性机制体制改革；建立并实施了资源汇聚与共享、协同研究等机制。

中心运行的价值实现机制中主要是指其科研成果的转化、知识的产出、培养人才的数量、学科排名和影响力的提升。

16.1.5　有色金属先进结构材料与制造协同创新中心运行图

通过对有色金属先进结构材料与制造协同创新中心资料的搜集整理，中心的核心协同单位中企业主体占据较大比例，政府作为间接的参与主体参与到中心的发展建设中。经过四年的运行管理，有色金属先进结构材料与制造协同创新中心在团队建设、人才培养和科学研究等方面取得了一定成果。中心鼓励参与主体的相互协同、相互融合，通过适合的科研组织模式开展科研活动。在科研活动的进程中注重资源共享、团队建设、交流合作，同时注重创新人才的培养，对学生展开跨学科教学等多元化的培养模式，通过科研活动和人才培养产出科研成果和培养出创新型人才。中心能够形成一条创新链，在运行过程中也是围绕价值链进行价值的创造，中心创新成果的产出主要体现在人才培养、专利技术产出、学术成果产出和高校排名的提升，这为市场提供了技术的支持和人才的支持。根据对该协同创新中心的编码分析，结合中心的运行情况构建了有色金属先进结构材料与制造协同创新中心运行图，如图 16.2 所示。

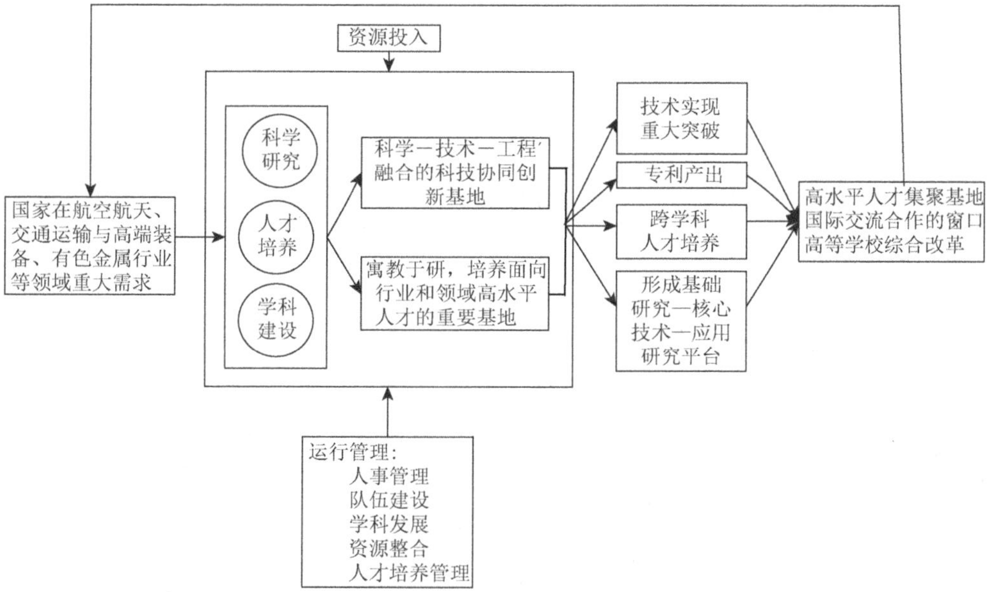

图 16.2 有色金属先进结构材料与制造协同创新中心运行图

16.2 案例 2：宇航科学与技术协同创新中心的案例分析

16.2.1 背景

宇航科学与技术协同创新中心是由哈尔滨工业大学牵头成立的国家级第一批面向产业的协同创新中心，其主要的协同单位包括中国航天科技集团有限公司、中国科学技术大学、北京航空航天大学，主要参与主体包括高校和企业。宇航科学与技术协同创新中心以航天领域国家科技重大专项、国家重大基础设施建设、核心关键技术演示验证等任务为牵引，面向科技创新、学科发展、人才培养、队伍建设、资源整合等若干关键方面，实现宇航科学与技术协同创新与国家战略发展需求相结合、与世界一流创新人才及队伍的汇聚和培养相结合、与宇航领域科学技术前沿研究相结合、与打造新模式体制机制保障相结合的“四结合”实施布局。目前中心拥有 38 个创新团队，人数达到 485 人；中心运行占用的场地面积为 5000m^2，拥有设备 465 套，总价值 5.2 亿元，其中牵头高校哈尔滨工业大学的设备总价值为 4.3 亿元。宇航科学与技术协同创新中心用于科技创新大楼、测试基地建设使用上级主管部门的资金为 6.32 亿元，仪器设备、孵化基金的资金为 1.7 亿元，参与单位投入用于科研的资金为 4 亿元。人才培养方面，宇航科学与技术协同创新中心目前未开展本科生的教学，主要是进行硕士生和博士生的培养。

16.2.2　开放式编码

按照扎根理论的编码要求和方式，宇航科学与技术协同创新中心开放式编码过程中案例资料的标签数为 48 个，概括为 39 个概念、16 个初始范畴和 9 个核心范畴。

16.2.3　主轴编码和选择性编码

将宇航科学与技术协同创新中心的资料进行标签化、概念化、初步范畴化和范畴化后得到九个范畴，随后运用典范模型对这些范畴进行管理梳理，从而得出核心范畴 BBBB：宇航科学与技术协同创新中心案例的典范模型见表 16.5。

表 16.5　主范畴 BBBB：案例的典范模型

主线	主范畴
因果条件	协同创新环境（BB1、BB2）
现象	中心建设（BB3、BB6）、人才培养（BB9）、科学研究（BB8）
中介条件	运行管理（BB4、BB5、BB7、BB11、BB12）
行动/互动策略	国际化（BB10）、协同创新（BB8）
结果	运行成果产出（BB13、BB14、BB15、BB16）
情景	在协同创新外部环境（BB2）和内部环境（BB2）的情况下，协同创新中心成立并进行科研平台建设（BB3）和团队建设（BB4），它的目标是进行科学研究（BB5）、本科生培养（BB8）、研究生培养（BB9）以及促进高校的学科发展（BB14）

通过对宇航科学与技术协同创新中心的开放式编码、主轴编码的分析，结合案例的典范模型，进行核心范畴的提取，发现该案例的核心范畴同样能够用资源获取机制、价值创造机制和价值实现机制作为核心范畴来组织其他的范畴，如图 16.3 所示。

通过典范模型可以发现该中心的运行模式与有色金属先进结构材料与制造协同创新中心的运行模式具有相似性。通过对各范畴之间关系的分析，可以将宇航科学与技术协同创新中心的故事线概括为：在协同创新中心政策、国家与产业的需求等环境中成立中心，通过对制度的改革构建多元化、交叉融合的科研团队组织模式，建立多种制度保障中心进行科学研究、人才培养和学科发展，使得中心的成果能够应用。

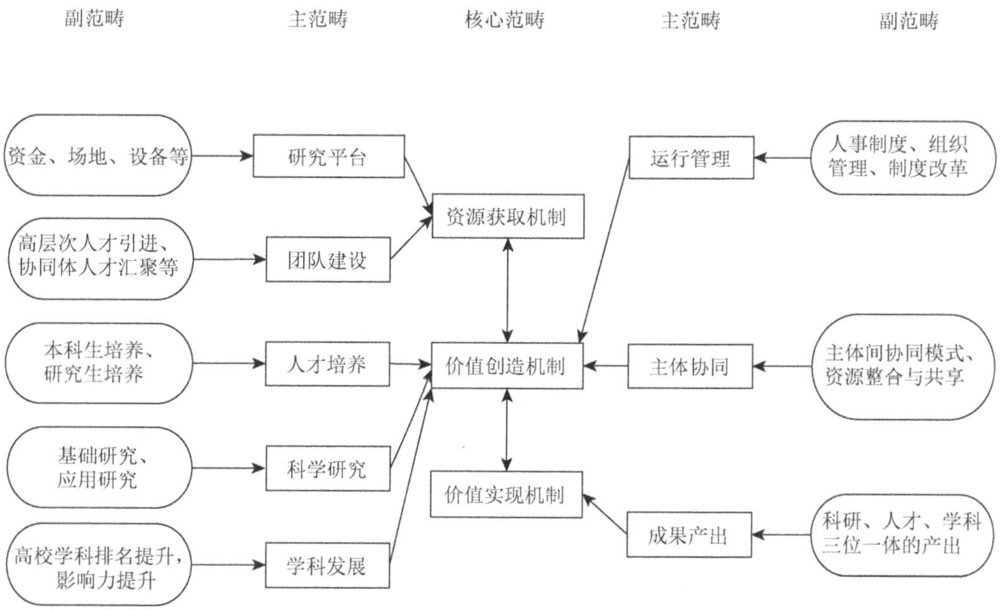

图 16.3　核心范畴提取过程

16.2.4　宇航科学与技术协同创新中心运行图

通过对宇航科学与技术协同创新中心的扎根理论分析，可见本案例在运行模式的框架上与有色金属先进结构材料与制造协同创新中心是相同的。但从扎根理论的原始资料和标签化的过程中可知，该中心在科研组织、人才培养、国际交流、资源配置与共享上的具体运行中具有差异性，见图 16.4。该中心在运行的过程中，通过协同单位间的优势互补，形成产业竞争优势，在科学研究、人才培养、学科建设三个方面展开运作，通过创新团队进行科学研究、人才培养和提高学科竞争力三个方面的实践，建立无缝衔接的创新科研平台、人才高地和政策特区等，实现了基础研究成果快速转化应用、跨学科复合型人才的培养、优势学科群的形成等。宇航科学与技术协同创新中心作为产业类协同创新中心，其运行过程中具有协同创新生态系统的运行特性，包括整体性、开放性、稳定性和动态性。生产者主要包括中国航天科技集团有限公司、中国科学技术大学、北京航空航天大学。高校—高校、高校—企业之间的协同合作，实现产出专利技术、复合型人才、学科提升、技术的突破和产业影响力的提升；消费者包括高校和企业，其中企业是消费者的主力军，企业实现技术成果的转化和创新人才的聘用，实现企业价值的增值；分解者主要是指企业和技术成果的使用者，通过分解者的信息反馈，能够形成循环，实现对需求的调整。

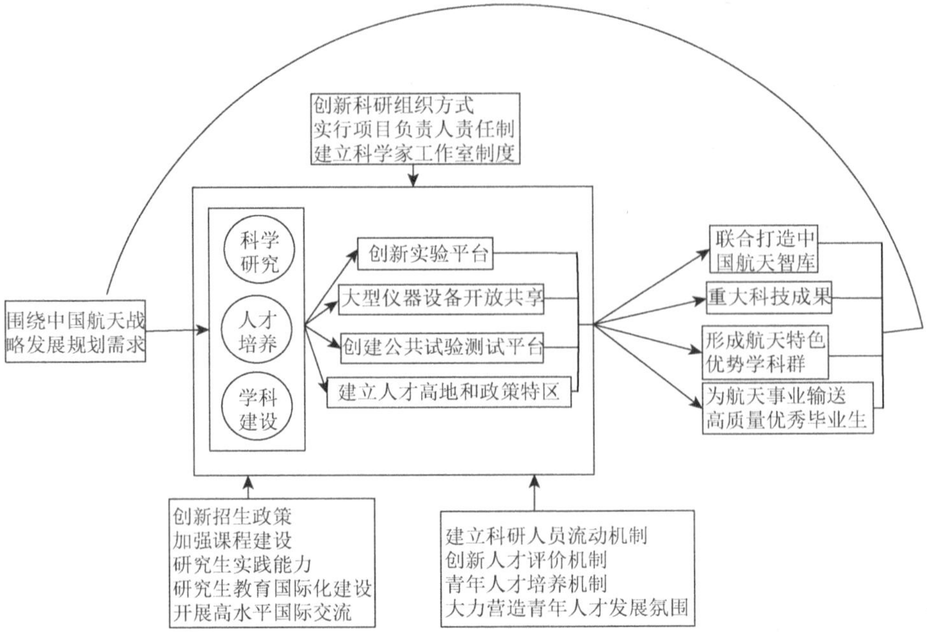

图 16.4　宇航科学与技术协同创新中心运行图

16.3　案例 3：先进航空发动机协同创新中心的案例分析

16.3.1　背景

先进航空发动机协同创新中心是面向我国航空发动机行业的紧迫需求而建立的，主要协同单位有 11 所，详见表 16.6。中心拥有的创新团队数量有 6 个，创新人才有 253 人；中心现有场地面积为 75 795m^2，仪器设备价值 53 246 万元，其中牵头高校设备总值为 32 305 万元。资金投入方面，上级主管部门投入的 9000 万元主要用于日常运行、团队建设、人才培养、合作交流，依托高校资金投入的 10 217 万元主要用于基本科研业务费用和学科建设，参与单位投入的资金有 5090 万元，其他单位投入的资金有 2000 万元。人才培养方面，中心开展本科、硕士、博士一体化的人才培养，中心也积极与国内外的学术组织展开交流合作，目前举办的国际性学术会议为 54 场，全国性学术会议为 93 场等。

表 16.6　中心主要协同单位

名称	参与主体性质
北京航空航天大学	高校
中航工业集团有限公司	企业

续表

名称	参与主体性质
西北工业大学	高校
南京航空航天大学	高校
清华大学	高校
北京大学	高校
上海交通大学	高校
西安交通大学	高校
浙江大学	高校
空军工程大学	高校
中国科学院工程热物理研究所	科研机构

16.3.2　开放式编码

按照扎根理论的编码要求和方式，先进航空发动机协同创新中心开放式编码的过程中对案例资料标签数为 53 个，概括为 43 个概念、17 个初始范畴和 9 个核心范畴。

16.3.3　主轴编码和选择性编码

通过典范模型（表 16.7）可以发现先进航空发动机协同创新中心故事线为：在环境的作用下，采用技术股份制的科研组织模式和“3 + X”的科研合作新模式进行科研项目的管理和运行，通过实施“专职”和“双聘”结合的动态调整制度进行创新团队成员的招募与管理，充分利用中心的资源对本科生和研究生进行精英式的人才培养，实现人才的培养、科技成果的创造和学科影响力的提升等。

表 16.7　主范畴 CCCC：案例的典范模型

主线	主范畴
因果条件	协同创新环境（CC1、CC2）
现象	中心建设（CC3、CC4）、科学研究（CC16、CC17）、人才培养（CC7、CC8、CC9）
中介条件	运行管理（CC6、CC15）
行动/互动策略	国际化（CC11、CC12）、协同创新（CC13）

续表

主线	主范畴
结果	运行成果产出（CC16、CC17）
情景	在协同创新外部环境（CC1）和内部环境（CC2）的情况下，协同创新中心成立并进行科研平台建设（CC3）和团队建设（CC4），围绕中心的目标进行科学研究、本科生培养（CC7）、研究生的培养（CC8）、非学历教育（CC9）以及促进高校的学科发展（CC10）

16.3.4　先进航空发动机协同创新中心运行图

先进航空发动机协同创新中心的案例资料在扎根分析范畴的归纳上与其他中心范畴相同，但在概念化的阶段出现新的概念，产生的新概念多数能够归纳到原来的初始范畴和主范畴中。由于出现新概念，但新概念主要是由中心在运行过程中具体执行办法的不同而出现的，因此经过三位编码人员的讨论，最终将新产生的概念在范畴化的过程中归类到已有的范畴中。该案例的扎根理论结果说明产业类协同创新中心在运行架构上与前两个中心具有较高的相似性，但在实施办法上具有一定的差异性，见图 16.5。

通过高校、企业和科研机构之间协同共建了集人才、学科、科研于一体的国家级航空发动机基础技术研究中心等创新平台。先进航空发动机协同创新中心的生产者是高校、企业和科研机构，通过生产者之间的相互协作，如共建技术股份

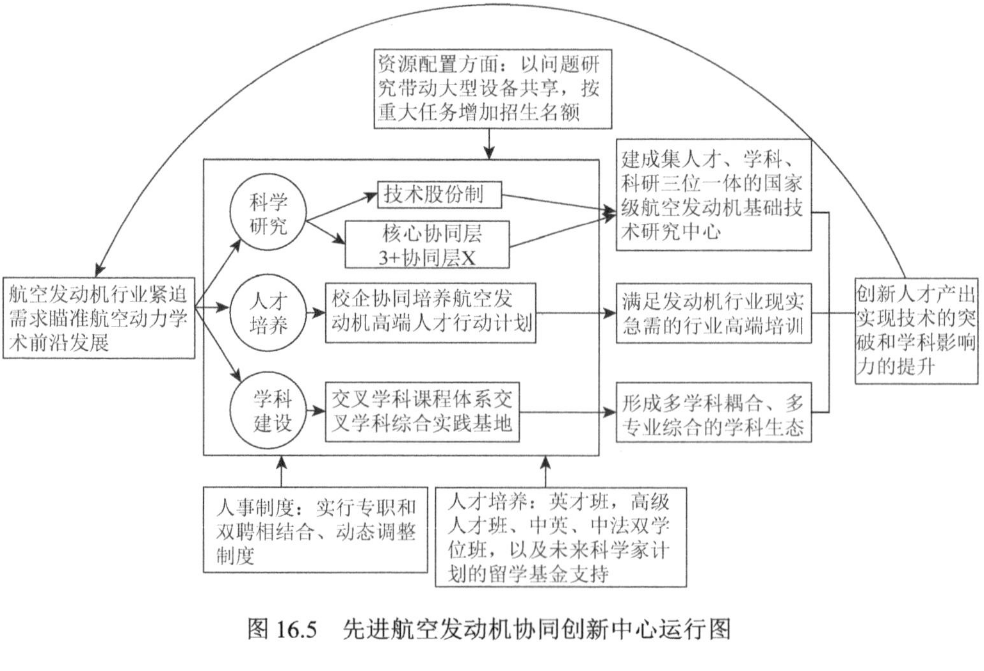

图 16.5　先进航空发动机协同创新中心运行图

制公司等实现科研成果的转化和产业化推广，通过校企协同培养发动机行业未来需求的本硕博连读精英人才，高校协同共建交叉学科课程体系和交叉学科综合实践基地。先进航空发动机协同创新中心的消费者主要是企业，企业实现技术的应用和人才的使用；分解者主要是中心技术和人才的使用者，通过应用，将需要优化改进的地方进行反馈，使得中心在技术创新和人才培养的过程中不断进行优化，以满足市场的需求。通过先进航空发动机协同创新中心运行图的构建，该产业类协同创新中心在运行过程中能够形成循环，具有稳定性、整体性、开放性和动态性。

16.4　案例 4：轨道交通安全协同创新中心的案例分析

16.4.1　背景

轨道交通安全协同创新中心的参与主体包括企业、高校和科研机构。中心定位于支撑引领轨道交通安全科学技术发展和人才培养的重要创新基地，以“轨道交通安全”为主要方向，实现运营控制系统自主可控、基础设施服役安全、移动装备安全保障提升等三大目标。截至 2015 年 12 月，中心创新团队数量有 21 支，中心人员有 382 人，中心现有场地面积为 101 478m^2，50 万元以上的仪器设备有 523 台，总价值 74 190 万元，其中牵头高校的设备总值 47 971 万元。中心已经培养毕业的学士为 1647 人、硕士为 1853 人、博士为 166 人。中心多次举办国内国际学术会议，与国际进行人才交流等活动。

16.4.2　开放式编码

轨道交通安全协同创新中心开放式编码的过程中对案例资料标签数为 58，概括为 43 个概念、16 个初始范畴和 9 个核心范畴。

16.4.3　主轴编码和选择性编码

通过编码分析（表 16.8），该案例也可以用三个核心范畴的故事线来概括，即中心在国家和产业重大需求的情况下，以创建创新团队和科研平台，开展高水平的创新研究和人才培养为价值主张，围绕科学研究和人才培养展开运作。在价值创造机制中，人才培养、科学研究、学科发展、运行管理和主体协同是其核心活动。在价值实现机制中，中心在人才培养、科学研究和学科提升方面取得了一定的成果。

表 16.8　主范畴 DDDD：案例的典范模型

主线	主范畴
因果条件	协同创新环境（DD1、DD2）
现象	中心建设（DD3、DD4）、人才培养（DD8、DD9）、科学研究（DD5）
中介条件	运行管理（DD6、DD7、DD13、DD14）
行动/互动策略	国际化（DD10）、协同创新（DD11）
结果	运行成果产出（DD15、DD16）
情景	在协同创新外部环境（DD1）和内部环境（DD2）的情况下，协同创新中心成立并进行科研平台建设（DD3）和团队建设（DD4），它的目标是进行科学研究（DD5）、本科生培养（DD8）、研究生培养（DD9）以及促进高校的学科发展（DD12）

16.4.4　轨道交通安全协同创新中心运行图

通过对轨道交通安全协同创新中心的案例分析，归纳得出该中心与另外三个中心在整体运行架构上具有相似性，能够将其运行架构归类于论文构建的协同创新生态系统运行图中，但在具体运行办法中与其他的协同创新中心具有差异性，见图 16.6。

轨道交通安全协同创新中心作为产业类协同创新中心，通过高校牵头，与行业内龙头企业、科研院所等协同，建设了一批轨道交通领域的国家级创新平台。在创新平台的运行方面，产业类协同创新主要是通过“政产学研用”的协同创新模式，以校企为主要完成人等多方参股的形式共同组建实体化公司“交控科技”，通过实体化公司推动成果产业化。成果转化的过程也由单一技术和成果的转让向集成技术的整体转化转变，由短期的项目合作型向长期的平台建设型转变，由“1 对 1”的转化向“1 对 N”的辐射式转变，推动高校科研成果的产业化与资本化进程。当前，自主研发的一大批科技成果已在我国铁路广泛应用，并且完全替代进口，为国家节约了巨额资金；人才供给方面，轨道交通安全协同创新中心通过校企合作、校校合作和国际合作培养高质量的创新人才；轨道交通安全协同创新中心的协同高校也通过校校协同和国际合作提高了学科竞争力。

图 16.6 中，在生产者西南交通大学、中南大学、中国铁道科学研究院、中国中车股份有限公司、中国铁建股份有限公司的协同合作下，建设创新平台，进行技术的突破、产业学术前沿的研究、拔尖人才的培养和协同高校学科交叉融合。

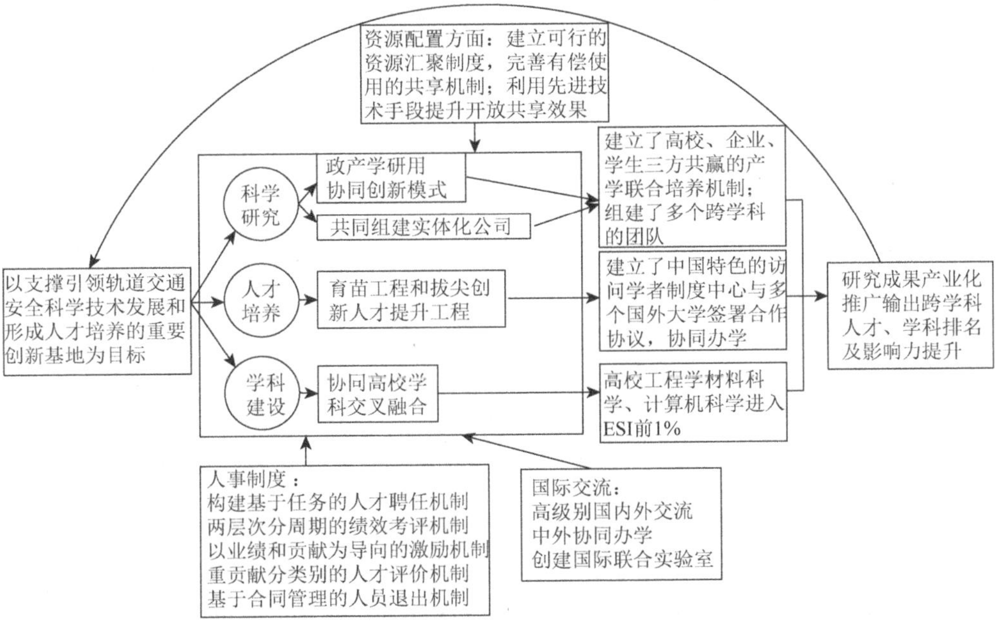

图 16.6　轨道交通安全协同创新中心运行图

通过生产者间的相互作用，实现高校研究成果的产业化推广，为企业提供跨学科人才，使得高校的学科排名和影响力提升。输出的过程中，消费者主要包括企业和高校，而分解者主要是使用产品的购买者，通过购买者的信息反馈，轨道交通安全协同创新中心对反馈信息进行加工再利用，不断地对运行过程进行优化，形成循环，构成协同创新生态系统。

16.5　案例编码结果分析

16.5.1　资料饱和度和效度分析

在对有色金属先进结构材料与制造协同创新中心编码分析的基础上，挖掘了 58 个概念、20 个初始范畴和 9 个核心范畴，通过主轴编码和选择性编码提取了核心范畴，并得到了该中心运行的故事主线；在宇航科学与技术协同创新中心的编码分析过程中，有 39 个概念、16 个初始范畴和 9 个核心范畴；先进航空发动机协同创新中心中有 43 个概念、17 个初始范畴和 9 个核心范畴；轨道交通安全协同创新中心有 43 个概念、16 个初始范畴和 9 个核心范畴。具体可见表 16.9。

表 16.9 四个案例范畴异同的比较分析

	有色金属先进结构材料与制造协同创新中心	宇航科学与技术协同创新中心	先进航空发动机协同创新中心	轨道交通安全协同创新中心
概念化数目	58	39	43	43
初始范畴	20	16	17	16
相同主范畴	9	9	9	9
相同的初始范畴	外部环境、内部环境、科研平台建设、团队建设、科学研究、人事制度、组织管理规范化、研究生培养、国际交流、主体协同、资源整合与共享、人才培养产出、学科影响力提升、应用成果产出			
不同的初始范畴	本科生培养、国际人才交流、协同单位责权分明、学科发展、制度改革、基础研究成果产出	制度改革、基础研究成果产出	本科生培养、非学历教育、学科发展、国际人才交流	本科生培养、学科发展

在对四个案例进行编码的过程中，宇航科学与技术协同创新中心在原始资料概念化的过程中出现新的概念，其初始范畴相较于有色金属先进结构材料与制造协同创新中心的初始范畴未出现新的初始范畴；先进航空发动机协同创新中心初始化范畴过程中出现非学历教育初始范畴，但未出现新的范畴；轨道交通安全协同创新中心编码过程中，既未出现新的初始范畴也未出现新的范畴，这说明对四个案例进行编码具有较好的信度和理论饱和度。

表 16.9 中四个协同创新中心具有相同的主范畴和核心范畴，但在对案例资料概念化和初始范畴化的过程具有一定的差异性。即虽然协同创新生态系统具有相同的价值链和运行框架，但在运行过程中具有一定程度的差异化，其差异化主要体现在人才培养和科学研究两大范畴中。因此，在归纳产业类协同创新中心价值链的基础上，从运行管理和人才培养两个方面对四个中心的运行进行多案例比较分析。

16.5.2 运行管理的多案例比较分析

通过对案例资料和扎根理论初始编码中的概念化资料整理，认为协同创新生态系统在运行管理和改革上主要集中在科研组织、人事制度、资源配置与共享、国际交流、人才培养五个方面，本节将从这五个方面展开。

1. 科研组织

四个协同创新中心的科研组织方式具有一定的相似性和差异化，比较分析见表 16.10。进一步通过对案例资料的深度分析，可以将协同创新中心的科研组织模式总结如下。

表 16.10　四个中心的科研组织的比较分析

	有色金属先进结构材料与制造协同创新中心	宇航科学与技术协同创新中心	先进航空发动机协同创新中心	轨道交通安全协同创新中心
科研组织模式	协同体科研高效协同创新模式、以计划任务责任制、合同制、股权制	法人负责制、两总制和 PI 制、项目负责人责任制	技术股份制、三方评价为抓手的评价体系、“3 + X”	政产学研用模式、共组股份制企业

1）以项目为纽带，产学研用一体化

协同体组成产学研用团队，围绕中心的发展目标，以项目为纽带，将中心的研究力量布置在产学研用的各个环节中，使得科研团队活跃在中心以基础研究、工程应用、产业化为主的产业创新链上。如有色金属的一个项目中，各协同单位分工明确，中南大学和北京有色金属研究总院负责研究超高强铝合金成分设计与组织优化等基础研究，东北轻合金责任有限公司负责工程试制与产业化，北京航空材料研究院和中航工业西安飞机设计研究所负责结构设计与考核评价，科研团队共同形成了产学研用一体化的创新链。

2）两总制和 PI 制相结合

宇航科学结合承担科研任务具有学科多、团队多、计划性强、系统集成和条件保障高等特点，实行两总制和 PI 制相结合的科研组织形式。两总制是指由航天集团选派总指挥，由高校选派总设计师，共同对重大工程任务和核心关键技术研究项目进行管理；PI 制是指按照学术研究方向建立不同学科的项目组，不同项目组之间形成交叉的矩阵式结构，以保证中心的原始创新能力，从而进行航天基础研究和前沿技术研究项目。PI 团队的基础研究成果能够推动航天重大任务的开展，两总团队则承担基础研究和前沿技术的开展，两种团队组织模式之间相互支撑。

3）技术股份制

技术股份制是指中心按照人力资源、科研积累来评估技术股份。根据企业需求，系统有序地开展基础研究和关键技术攻关。技术股份由两部分组成，一是根据各单位派出人员在团队中的任务、成果的总体表现，由各个 PI 给出的单位所有人员成绩的总和计算；二是根据单位和中心签订的任务书的完成情况，由中心根据任务完成情况给出。中心根据协同单位的任务书完成情况，可以计算出协同单位的技术股份，报理事会批准后，就可以进行下一年度中心的预算和拨款，将按照新的技术股份来执行。技术股份制的经费管理、团队成员激励等主要根据任务绩效和成果绩效进行分配与奖励，对协同单位的经费拨款的任务绩效根据各协同单位的任务量及完成情况按月发放；团队成员的成果绩效由 PI 根据该团队年度考核结果和该成员贡献情况，考核后一次性发放绩效奖励。动态调整的技术股份制，调动了协同单位的积极性；绩效奖励与任务、成果相关联，激发了科研工作者的积极性。

4）构建股份公司

中心在政产学研用一体化过程中，以高校、企业、地方政府和主要完成人等多方参股的形式共同组建实体化公司，如轨道交通安全协同创新中心在“完全自主创新的城市轨道交通电力牵引传动系统”等产业化应用和推广过程中，与地方、企业共建股份制企业来促进成果推广。构建股份公司使得成果转移转化模式由单一技术和成果的转让向集成技术的整体转化转变，由短期的项目合作型向长期的平台建设型转变，由“1 对 1”的转化向“1 对 N”的辐射式转变，助推了高校科研成果的产业化与资本化进程。

2. 人事制度

四个协同创新中心的人事制度的比较分析如表 16.11 所示，通过对案例资料的深度分析，可以将人事制度概括为以下几种。

表 16.11　四个中心的人事制度的比较分析

	有色金属先进结构材料与制造协同创新中心	宇航科学与技术协同创新中心	先进航空发动机协同创新中心	轨道交通安全协同创新中心
人事制度	“固定＋流动”人员、分级聘用、分类管理薪酬、绩效考核、青年人才培养机制	“固定＋流动”聘用模式、拥有职称评聘自主权、多元化的人才评价机制、青年人才培养机制	“专职”和“双聘”结合、临时聘用、动态调整制度、青年人才培养机制	任务导向的聘任制、两层次分周期的绩效考评机制、以业绩和贡献为导向的激励机制、重贡献分类别的人才评价机制、基于合同管理的人员退出机制

（1）“固定＋流动”人员：由事业编制人员、非事业编制人员和客座研究人员构成。

（2）分级聘用：中心主任聘用各平台主任和中心各职能部门负责人，平台主任聘用团队负责人，团队负责人聘用骨干成员。

（3）双聘：指对于兼职人员，中心实施“一岗双聘”的岗位聘任方式，如鼓励教师去企业工作，工作期间受中心和企业共同聘任。

（4）中心拥有职称评聘的自主权。

（5）动态调整：指中心基于科研任务需求，根据人员科研成效，实施团队科研人员动态优化调整。

（6）分类管理薪酬：指管理人员和公共平台实验技术人员实施职员制与技术岗位制，薪酬相对固定，根据考核情况决定是否继续聘用，各团队技术人员实施浮动绩效制度，根据任务完成情况，通过年终工作评估进行考核。

（7）多元化的人才评价指标：指中心针对基础研究和工程应用研究分别制定评价指标，同时以贡献为导向，量化考核指标体系，建立动态绩效薪酬体系。

（8）以业绩和贡献为导向的激励机制：指采取团队量化绩效与用户评价结果相结合的方式确定团队业绩与贡献，奖优罚劣。

（9）青年人才培养机制：指将培养青年科研骨干作为首要任务，并制定一系列的激励政策。

3. 资源配置与共享

四个协同创新中心的资源配置与共享的比较分析如表 16.12 所示。

表 16.12　资源配置与共享的比较分析

	有色金属先进结构材料与制造协同创新中心	宇航科学与技术协同创新中心	先进航空发动机协同创新中心	轨道交通安全协同创新中心
资源配置与共享	任务需求的仪器设备管理平台	成立资产管理办公室；建立资源共享信息管理平台	建设协同创新中心云试验平台；建立中心设备预约网站	“有偿共享，优先使用”的原则、贵重仪器设备开放服务共享平台

当前中心的资源配置与共享主要通过资源共享制度和建设资源共享平台来打破协同单位各实体单位间的界限与资源壁垒，合理规划新增资源，搭建开放、集成、高效的仪器设备管理平台，如建立资产管理办公室和资源共享信息管理平台。

通过建设资源共享信息管理平台对现有资源建立档案，统一登记备案，协调使用，明确各类仪器设备的所属单位和设备维护运行的管理主体，建立统一的设备使用收费标准，同时高校和集团公司的研究平台向中心开放。通过建立网络平台，充分利用现代化信息技术、网络技术汇聚资源建立贵重仪器设备开放服务共享平台，具有发布相关政策、公布开放共享的仪器设备信息和仪器设备的入网申请、使用预约、审批等功能，实现仪器设备资源在协同体内远程预约使用。

4. 国际交流

国家级协同创新中心面向国际学术前沿，与国际顶尖大学及研究机构开展国际交流与合作，打造高端国际学术交流与合作平台。通过对案例资料和扎根理论初始编码中的概念化资料整理，四个协同创新中心在国际交流方面的比较分析见表 16.13。

表 16.13　国际交流的比较分析

	有色金属先进结构材料与制造协同创新中心	宇航科学与技术协同创新中心	先进航空发动机协同创新中心	轨道交通安全协同创新中心
国际交流	共建科研平台、联合培养人才、技术合作、举办会议	国际合作平台	举办会议、“3 + X”的科研合作新模式、合作研究	国际协同办学、协同合作项目

通过对案例资料的深度分析，可以将四个协同创新中心的国际交流方式概括为以下几种。

（1）举办与参加国内国际会议。

（2）科研合作平台：协同高校根据中心的科研任务需要等，与国外高校或者研究所共建产学研合作研究平台，联合开展重大项目技术攻关和培养技术与管理人才。例如，先进航空发动机协同创新中心的中航工业、赛峰集团、北京航空航天大学三方以绿色航空能源与动力国际研究中心为平台，采用核心协同层“3”（北航＋中航工业＋赛峰）＋协同层“X”（西工大、南航、中国科学院等教育部直属高校）的合作模式建立了国际合作科研平台。该平台承担航空动力技术领域的基础研究和部分关键技术研究，建设航空动力基础实验设施，参与完成多项中欧合作项目。

（3）国际协同办学：中心和协同单位与国外高校共建国际学院，如轨道交通与中国铁建、中国中车等密切合作，与俄罗斯圣彼得堡国立交通大学共建中俄交通学院，成为我国首个走出国门、走入发达国家办学的理工科大学，已纳入中俄人文交流机制成果。

5. 人才培养

通过对四个面向产业的协同创新中心开放式编码过程中的标签化和概念化的资料整理，可以对四个案例的人才培养形式进行比较，探索产业类中心的人才培养模式，并进行进一步的分析和阐述，多案例比较分析见表 16.14。

表 16.14　四个协同创新中心人才培养形式的多案例比较

案例		人才培养形式
有色金属先进结构材料与制造协同创新中心	本科阶段	卓越工程师班、国际班、专门化实验室、建立海外学习基地
	研究生阶段	校企联合培养、设立自主创新课题、外聘海外教授讲学、资金资助
宇航科学与技术协同创新中心	研究生阶段	与国外学者共建研究生课程、企业人员授课、跨院系全校选课、交叉实践创新能力培养平台、建设实习基地、建设创新实践基地、国际联合培养、国际暑假学校、学术交流合作平台、校企联合培养
先进航空发动机协同创新中心	本科阶段	定制培养高级应用型人才、定制培养专业学术型人才、定制培养专业工程型人才、定制培养学科交叉型人才
	研究生阶段	校企融合、双导师制度、资金资助、国际联合培养
	非学历教育	新员工入职培训、高级人才专家级培训、企业总师和高管举办系统级培训
轨道交通案例协同创新中心	本科阶段	“育苗工程”、订单式培养
	研究生阶段	资金资助、“3＋1＋2”产学联合培养、校企联合培养、联合培养基地、定制式培养
	非学历教育	新技术培训、上岗认证工作

协同创新中心充分利用协同体的资源构建创新的人才培养模式，从实质上提高了学生的培养质量和科研能力，通过表 16.14 的多案例比较，认为产业类协同创新中心人才培养模式具有以下几类。

1）学科交叉培养模式

学科交叉课程设置方面，牵头高校和协同高校采取校内跨学院协同的模式，依托高校的某一学院，面向多种相关性专业创办交叉学科班，为学生配备专业导师和交叉学科专业导师，同时增加学生选择的自由度，推行学生跨院系全校选课。学科交叉创新能力培养方面，依托协同高校的国家级实验室，发挥高水平科学研究对人才培养的带动作用，搭建学生交叉实践创新能力培养平台，通过该平台促进学科融合和学生的协同攻关能力。

2）校企联合培养模式

聘请企业专家参与专业学位研究生的培养方案制定、课程教学和论文指导等培养过程，强化职业能力培训。在授课指导方面，积极聘请协同企业的总工等高水平工程师讲授专业精品课程和创新实践课程，提高学生理论实习与工程实践相结合的能力，并为每名学生安排高校学术指导老师和企业导师。

3）国际联合培养模式

高校开展与国际接轨的学历教育，培养适应产业未来需求的创新型人才，满足产业的急需；与国外知名高校签署双学位培养协议，开展“2 + 2”本科生联合培养，聘请国外知名大学教授全英文授课，每年选择部分优秀的学生到国外联合培养。国际联合培养的模式能够将国外的先进教学理念和教学资源直接引进到课堂，提高课程的授课质量。学生的国内外联合培养，有利于培养具有全球化视野的创新型人才。中心搭建学生与国际学术大师之间的学术交流合作平台，激发学生的学术兴趣与创新能力，拓展学生的国际视野，提供与高水平专家学者的交流机会。

4）定制式培养模式

定制式培养模式是指中心与协同企业签约共建人才定制班级，为协同企业订单式培养本科生或硕士研究生，协同企业参与到生源的选拔录取。定制班的学生会配备校内学术导师和校外企业导师，聘任院士或知名教授为班主任；为学生量身打造名企实习，如本科生“3 + 1”订单式培养方式中的“1”是指在协同企业中实习。

5）实践基地

依托高校的教学实验平台和协同企业的科研平台、生产基地，为学生提供灵活、便捷、指导性强的科研实践体验。将协同企业的实习实践纳入学生教学环节，建立校企合作的实践基地和科学合理的实践教学体系。同时也可以依托协同高校的国际中心和联合实验室等，为学生提供国际合作项目、学术交流、学生交换、建设海外实习实践基地的机会。通过实践基地的实践，学生可以提前掌握产业实践技能，提升创新实践能力。

6）非学历教育培养

中心的协同单位之间紧密协同，高校为企业进入该行业的新员工定制专门课程体系和实践体系，进行脱产入行培训，加强新员工专业基础知识和理论的学习，使得新员工加速成长为适应企业发展的人才。中心通过深入了解产业高级专业技术人才的培训需求，聘请国际一流产业技术专家或学术专家，协同企业高级技术专家进行专家级培训，帮助他们加速成长为专家级别的员工。通过分析协同企业相关的世界级公司的技术领军人才知识结构，针对企业总师和高管举办系统级培训，促使这些管理人员成长为企业系统型人才。

产业类协同创新中心人才培养的多种模式注重“创新实践”和“科学研究”两大能力的培养，以及理论与实践、学校与企业、国内与国外三者相结合的培养，形成了本科生—硕士研究生—博士研究生一体化的培养方案，构成了具有多学科知识、创新创业能力突出、适应产业科技创新发展的复合型创新人才培养体系。

16.5.3　协同创新生态系统价值链

根据四个中心的案例资料的扎根理论分析，认为协同创新生态系统运行过程中的价值链是在协同创新外部环境和内部环境作用下，中心通过资源获取机制即科研平台建设和团队建设、规范化的运行管理和主体间的协同，开展科学研究、人才培养和学科发展三位一体的活动。在科研成果产出、创新人才培养和学科影响力提升方面具有一定的成效，具体见图 16.7。

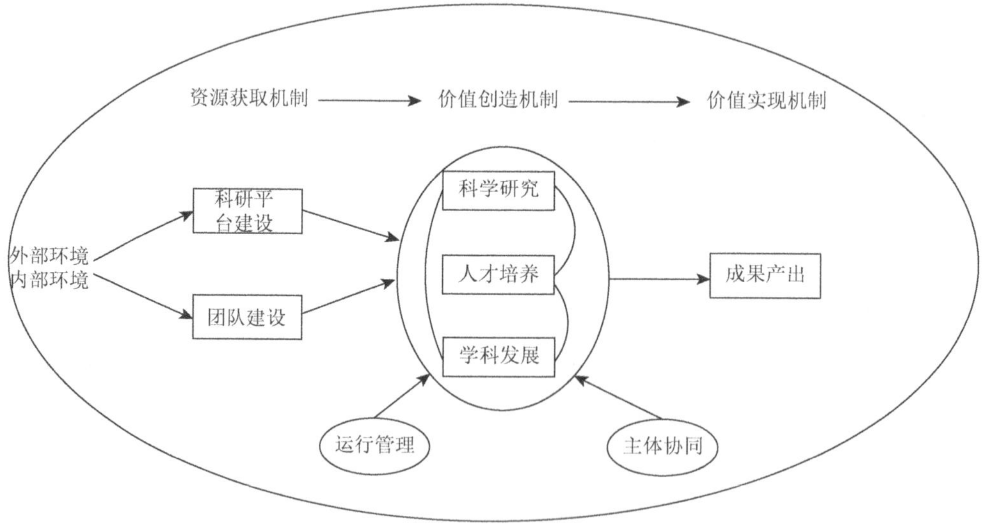

图 16.7　协同创新生态系统价值链

图 16.7 中的价值链是根据四个案例扎根理论分析中的三个核心范畴构成的协同创新中心运行价值链。在价值链中高校起着核心作用，主要体现在：高校牵头组建协同创新中心并进行科研团队组建，利用参与单位的各种资源，通过良好的运行管理进行科学研究、人才培养和学科发展，实现科研成果的产出、人才的输出和学科排名的上升。协同创新中心运行过程中，要注重价值链中的资源获取机制和价值创造机制，在主体协同、资源共享、团队建设等方面建立健全管理制度，实现协同创新中心创建的目标。

16.5.4　协同创新生态系统运行修正图

通过对四个国家级产业类协同创新中心的运行资料进行编码分析，对协同创新生态系统运行图架构与图 14.2 进行比较分析，发现经过扎根理论进行多案例分析后，协同创新生态系统的运行管理与图 14.2 有出入，主要中心在运行管理上的实践与理论有差异，因此本节通过对运行理论和图 14.2 的对比分析，对协同创新生态系统运行图进行补充修正。通过多案例比较分析发现四个产业类协同创新中心的运行管理主要集中在科研组织、人事制度、国际交流、资源配置与共享、人才培养五个方面。因此，对协同创新生态系统的运行图进行补充修正，将原来八个运行管理部分，修改为五个部分，并具体化其运行管理。

通过对案例资料的编码分析和多案例比较分析，对协同创新生态系统运行图的补充主要是对运行管理的五个具体实施部分进行归纳总结：①科研组织方面，具有以项目为纽带、产学研用一体化，两总制和 PI 制相结合，技术股份制，构建股份公司四种类型，不同产业类协同创新中心根据所属产业和拥有资源的不同，采用不同的科研组织方式，更有利于团队的组建和科研任务的开展。②人事制度方面，相较于传统的人事制度，协同创新生态系统具有更多的自主权，更加多元化的评价指标体系，更加灵活的人才流动、聘任制度和激励制度；灵活的人才管理对于吸引和留住高水平创新型人才起到积极的作用。③资源配置与共享方面，主要从完善资源共享制度、建立资源共享平台和资源共享管理平台三个方面进行管理，统一资源配置与共享有利于资源的聚集和分配，提高资源利用率和资源共享率。④国际交流方面，相较于图 14.2 中的交流合作，修正为国际交流，产业类协同创新中心是为了提高产业的产品竞争力，从而使得该产业在国际上具有话语权，积极地与国外学者进行学术和技术上的交流合作，国际交流包括学术交流、建立科研合作平台和国际协同办学三个方面。⑤人才培养方面，产业类协同创新中心主要由学科交叉培养模式、校企联合培养模式、国际联合培养模式、定制式培养模式、实践基地和非学历教育培养六个方面，多元化的人才培养方式为培养高级创新型人才提供了保障。经过对运行管理部分的补充修正，协同创新生态系统修正图详见图 16.8。

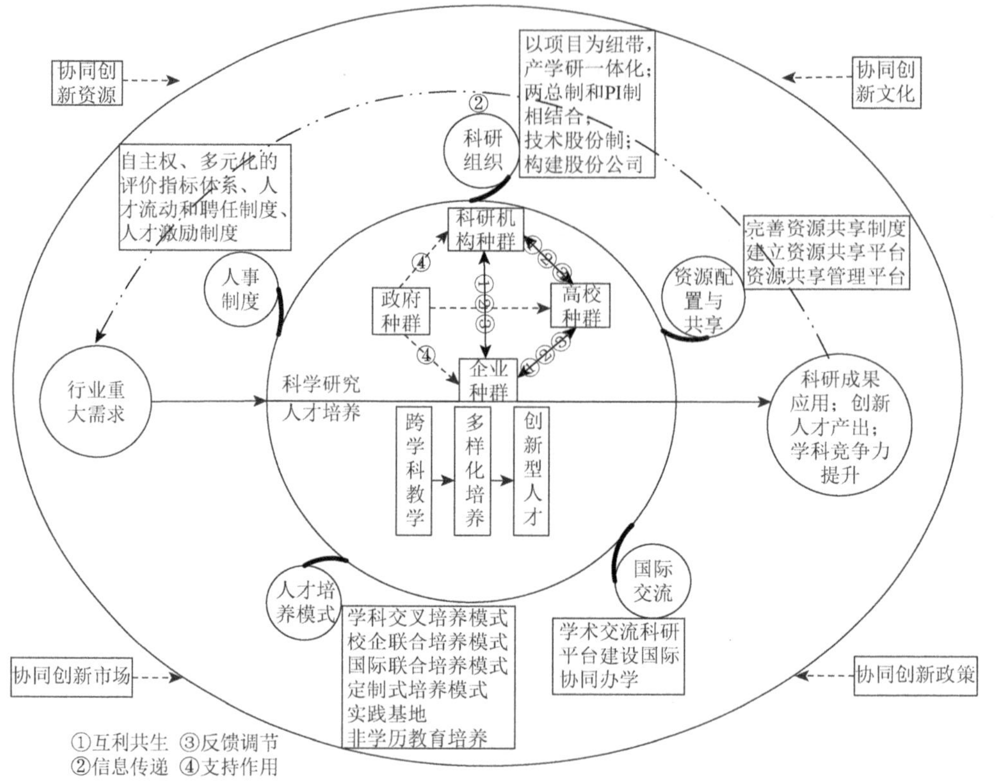

图 16.8　协同创新生态系统运行修正图

16.5.5　协同创新生态系统运行分析

通过对案例资料的编码分析、多案例比较分析和补充修正的协同创新生态系统运行图，本节从生态视角对协同创新生态系统的运行进行分析。协同创新生态系统中的高校种群、企业种群、科研机构种群承担着生态系统运行的主要工作，政府种群在生态系统中具有辅助性的作用，通过各种群之间的相互协同作用实现协同创新生态系统的良好运行，具体见图 16.9。

图 16.9 中的高校种群、企业种群和科研机构种群作为协同创新生态系统的生产者，三者之间互利共生。高校种群通过开展深度的协同创新合作输出科研成果和创新人才，为消费者提供基础科学研究、专利技术、知识产权、创新人才等；企业种群研发部门会协同其他主体开展创新活动，不仅提供技术人才、资金、设

施等的支持，还提供技术成果的转化，为消费者提供科研成果、创新信息等；科研机构种群通过与高校种群和企业种群的协同合作，共建研发平台，协同实现关键技术突破和创新人才的培养；政府种群在中心中扮演着生产者的角色，其主要是提供资金、政策、人才等的支持，促进中心的培育组建和发展。协同创新生态系统的消费者包括企业种群，企业会直接利用生产者输出的科研成果、专利技术等，将创新转化为生产力，满足市场的需求。协同创新生态系统的分解者包括高校种群、企业种群和科研机构种群，高校种群作为分解者主要具有协调系统运行和对旧技术再利用的功能；企业种群作为分解者主要是具有研发水平的企业对技术进行外延或对旧技术进行再创新利用，同时利用自身对市场变动信息的敏感性，准确及时地把握市场动态，挖掘新的技术需求，向高校种群和科研机构种群传达市场、技术需求的信息；科研机构种群作为分解者主要是对生产者研发的过时技术、消费者产生的过剩技术和产品等进行革新以期能够再次利用。

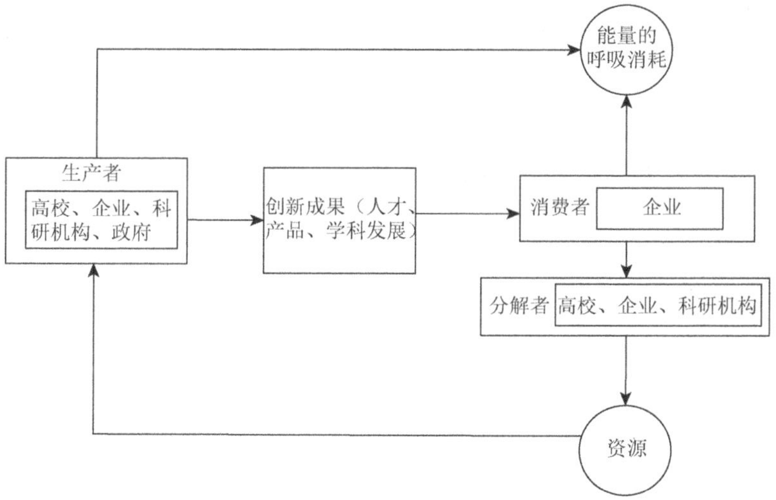

图 16.9　协同创新生态系统

图 16.9 与图 14.1 相比更加符合自然生态系统中生产者、消费者和分解者之间的关系。图 14.1 考虑生产者、消费者和分解者的构成主体存在相同的元素，将生产者、消费者和分解者之间的关系设定为相互关系；图 16.9 仅考虑生产者、消费者和分解者三者之间的关系，这种关系设定与自然生态系统中的关系设定相同，即生产者通过主体间的协同作用，输出科研成果、创新人才和提升学科影响力，科研成果和创新人才被消费者应用与聘用，实现科研成果的转化和创新成果的产出，消费者在应用过程中产生的过时技术和废弃物通过分解者的分解作用形成资源重新回到协同创新生态系统中，形成良性的循环。

第17章　协同创新生态系统中科技成果转化的路径与模式

科技成果转化在协同创新生态系统中兼具一般系统和生态系统的特征。例如，成果转化系统中，纷繁的知识、能量和信息流动于各创新主体之间以及创新主体与环境之间，这与生态系统中营养级之间的能量流传递类似。

17.1　协同创新生态系统中的科技成果转化

17.1.1　协同创新生态系统参与主体功能定位

目前，国内外学者有关成果转化系统、参与主体和成员结构的研究主要以企业为导向，论述企业与其他成员之间的协同关系，而从生态学视角分析各参与主体定位和互动关联的研究较少（马宁和王立，2005；周青等，2012；张波，2010）。成果转化系统具有生态学的一般特征，其参与主体与协同创新生态系统具有相近的特性，本节将从协同创新生态学视角分析各参与主体在成果转化系统中如何实现功能定位，并在此基础上进一步探讨相互之间的协同模式，如图17.1所示。

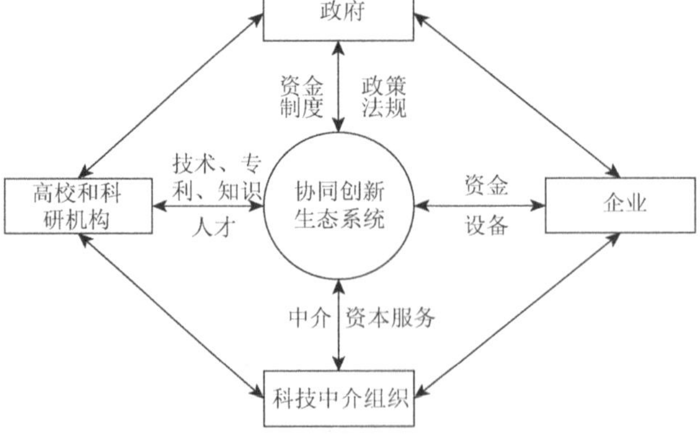

图17.1　协同创新生态系统参与主体功能定位

1. 高校和科研机构：技术输出主体

高校和科研机构为整个系统的正常运转提供了丰富的知识和信息，为系统提供了大量的人才和专利，是整个成果转化系统中人才和知识最主要的存储与输送主体。截止到 2014 年，高校作为卖方在技术市场达成的技术转让合同达 16.4 万项，占全国总数的 21.8%。相比于其他成员，高校和科研机构在成果转化系统中具有研发队伍基础研究能力更强、市场压力相对小等优势。在“2011 计划”的背景下，高校和科研机构应以共性技术研发为目标，以产业链技术拓展为核心，以集成技术为手段，充分利用一批国家协同创新中心平台以实现科技研发和成果商业化（黄玉兴和金勤献，2011）。

高校和科研机构既是科技成果的开发者，又是成果转化的重要参与者，在协同创新生态系统中发挥多样化的功能。高校和科研机构为整个系统提供知识与信息，同时把自身所产生的知识和信息加工转化为技术，供企业和科技中介组织消化吸收。高校和科研机构充分利用其在基础研究、人才培养以及技术创新等方面的特长，持续为企业提供针对需求的专利技术以及拥有熟练技能和丰富知识的专项人才，更好地发挥其功能定位。高校和科研机构还要接受系统中其他主体的反馈，即在进行科技研发之前，接受企业的信息反馈，充分利用企业在市场调研和市场预测上的优势，结合相关企业在项目或技术市场的应用前景上的判断，实时调整自身目标，并在战略上协同政府做好规划，协调各方利益。

2. 科技中介组织：转化“黏合剂”

科技中介组织是依照政府政策，以为技术企业、高校和科研机构服务为任务导向，把高校、科研机构积累的科研成果带入企业，发挥整合资源的作用，使科技成果转化为生产力的组织（李晓锋等，2012）。科技中介组织在协同创新系统中发挥着“黏合剂”的功效，它们承担着协调高校和科研机构、政府、企业之间的关系以及传播科技创新信息的桥梁与纽带作用（曹洋等，2007；周青等，2020）。一方面要受到企业的需求限制，通过企业的需求反馈来调节自身在系统中的活动；另一方面又要通过科技活动影响高校和科研机构的科技创新活动。

科技中介组织在协同创新生态系统中的主要作用就是从高校和科研机构吸收科技知识与专利，为企业成长提供亟需的知识和技术。一方面，科技中介组织在保证满足企业科技创新活动需求的前提下，通过对高校进行反馈，使高校和机构进行有利于企业成长的各种技术研发，完成信息和能量从企业到高校的传递。另一方面，科技中介组织通过人才和专利的存储，为企业生存发展提供更为良好的条件，以增强系统稳定性，完成知识和专利的双向互动。从而实现系统其他参与主体的完美对接，促使科技成果从高校和科研机构向企业流动，实现科技成果的商业化。

3. 企业：转化主体

企业作为系统的最主要层次，体现系统主体功能的同时又通过市场需求等系统要素影响其他层次。在科技成果转化过程中，企业通过发挥贴近市场、准确把握市场现在和未来技术需求的优势，能够迅速整合高校和科研机构的科技资源，同时通过科技中介组织把信息反馈到高校和科研机构，对其科研和创新活动施加影响，从而实现整个系统高效、有序运作，最终提高科技成果转化率，实现技术的商业化。但是，由于科技创新是一项资金要求大、投资周期长、风险不稳定的活动，在具体的实施中可能会面临多种意想不到的问题，如信息、资源、人员、时间等方面，市场的复杂多变性以及技术的不确定性是企业创新风险的主要来源，但是迫于生存和发展，企业必须要进行科技创新。这时候，企业通常会选择与自身技术贴合比较密切的高校和科研机构进行合作，这就要求企业认识到自身的优势和劣势，在发扬自己专项优势能力的同时，在自身短板上和其他参与主体进行协同，以消除市场和技术不确定性对科技成果转化的影响，从而实现整个系统共赢，即企业得到创新专利技术并对其进行产业化，最终形成产品。

成果转化系统是一个以营利为目的的系统，最大化利益是企业的核心宗旨，最能体现整个系统的价值。这要求企业要主动搜索和发布系统协同信息，向高校和科研机构提出自身的技术需求，引导高校和科研机构进行针对性的研发。与此同时，各层次要以企业反馈信息为导向，高校和科研机构及时调整科技创新活动，政府制定灵活政策，支持企业进行职责和利益分配，构建商业化过程中的利益分配机制和目标协调机制，促使整个协同创新系统健康有序地运转，最终实现科技成果的商业化。

4. 政府：环境引导者和保护者

无论是发达国家还是发展中国家，政府均是促进机构间积极合作的关键要素（Park and Leydesdorff，2010；游文明等，2004）。成果转化系统是一种为实现重大科技创新而开展的大跨度整合的动态系统，为维持系统健康、高效地运转，必须要有能够在战略高度上进行协调的参与主体，并且在资金和政策上对系统进行倾斜，在必要时给予系统保护，以保障系统的正常运行，而拥有这一明显特征的只有政府。首先，政府要做成果转化战略的领导者。政府具有较强号召力和协调力，起到协调多个层次的作用，能快速形成协作团队，高效地进行创新、科研以及成果转化。其次，政府要做成果转化环境的主导者。政府能够为各参与主体的协同创新活动创造良好的发展环境，起到为系统提供必需资源的作用（彭华涛等，2013）。最后，政府要做有利于成果转化机制改革的推动者。政府应通过机制创新和项目引导，建立分层实施优化机制，逐步建立各个生态层次积极参与成果转化的良好局面（张忠迪，2014）。

政府在协同创新生态系统中的主要作用是设立协同合作组织管理协调机构，建立各层次协调机制。政府为系统提供良好的科技创新环境与条件，完善技术创新、科技成果转化运营机制。与此同时，在系统运行期间通过政策引导各参与主体协同互动。政府要营造自由开放、鼓励创新的学术环境，提倡拼搏进取、求真务实、团结合作的精神环境，构建有利于成果转化的文化环境。总的来说，政府要在系统运行缺乏活力的时候，为系统注入活力，维持系统的良好运作；在系统健康运行时，尽量减少冗余影响，以实现协同创新系统的自发演化与运行。

5. 科技成果转化中参与主体的协同关系

在科技成果转化过程中，政府作为模式运行环境的提供者和保护者，通过战略支持为模式运行提供良好的生存环境；企业是模式运行的主体，对成果进行消化吸收；高校和科研机构是成果转化的源泉，也是系统运行要素的主要供给者；科技中介组织在科技成果转化中具有黏合剂的作用，为系统提供信息和技术服务。协同创新生态系统中科技成果转化的新定位要求以上这些主体之间形成一个有效的协同模式来实现各自功能上的互补和利益上的合作互惠。

17.1.2 协同创新生态系统中科技成果转化特征

结合前人的相关研究成果，本节从协同创新生态系统观察科技成果转化并将出现的特征归纳总结为：整体性、开放性、动态非线性、自组织性等（陈畴镛等，2010；李恒毅，2014；屠凤娜，2016）。

1. 整体性

协同创新生态系统中科技成果转化不是体系内各参与主体的一般叠加，而是各要素之间通过协同转化形成的生态整体。通过各参与主体之间的相互协同作用，系统内各参与主体之间形成特定的生态网状结构，确保系统的良好健康运行。各参与主体之间以及参与主体与环境之间的相互联结和协同，构成了一个有机生态整体，各种参与主体要素在该生态整体内进行技术、信息以及人才等资源的交流与共享，它们之间相互协同关联和相互协同影响，使整体系统显现出单个参与主体无法比拟的功能。健康的科技成果转化过程涉及高校和企业之间的协同以及其他各参与主体之间的紧密联系。

科技成果转化系统的整体性，除了对各参与主体在系统运行过程中功能定位提出更高的要求，还对各主体在系统运行过程中的协同能力提出了更高的要求，从而产生了单一主体无法具备的协同效应。通过参与主体要素之间的相互协同及相互影响，促使合作双方拓宽生存发展空间，衍生出新功能和作用，推进系统在复杂的相互作用中整体进化发展。

2. 开放性

科技成果转化系统的开放性是指系统在正常运行过程中与外界环境进行能量及信息的交换。科技成果转化系统与相关外界系统进行交流和联系在所难免。开放性是协同创新生态系统条件下科技成果转化的必备特性之一，协同创新生态系统的开放程度直接决定了科技成果转化的顺利与否。虽然科技成果转化主要在系统内实现，但在当今开放的世界经济环境下，在更为宽阔范围内实现技术到生产力的转化，是科技成果在人力、资源和信息等方面的进一步拓展。协同创新生态系统中科技成果转化的开放性，促使成果转化相关因素的双向流动，改变了系统原有的知识和信息流动方式，进一步加强了系统的创新和转化能力。

协同创新生态系统中科技成果转化的开放性，鼓励模式内外部信任合作。要保障科技成果转化模式的良好运行，保持开放性，一方面要注重系统内成员间的合作与信任关系，另一方面必须加强系统自身的学习能力与技术创新能力。

3. 动态非线性

协同创新科技成果转化的动态非线性是指系统不再是由企业、高校、政府和科研机构等参与要素简单加权得到的母系统。科技成果转化的动态非线性造成系统中参与要素之间以及要素和环境之间的一些微变化都将导致科技成果转化结果发生巨大改变。

系统的动态非线性主要体现在技术自身、商业化过程和市场变化三个方面。技术自身的不确定性，主要来源于本身不成熟的技术，以及成熟技术在发展过程中，受到强有力的技术竞争，导致原有技术被取代。商业过程不确定性的最大来源是技术模仿，该现象的出现使得该技术创造者或者持有者不能完全享受技术转化为成果的全部利益。市场变化的不确定性，使得协同创新生态系统中科技成果转化的成果与市场真实需求存在差异，导致待转化的成果在适应市场方面存在一定的缺陷。

4. 自组织性

协同创新生态系统中科技成果转化的自组织性是指，在成果转化过程中，各参与主体以及系统具备自主适应环境变化的特征，通过不断调整自身功能定位，以适应系统环境，从而保持系统的稳定发展。自组织性要求各参与主体对环境变化及时做出反馈，通过各参与主体之间以及主体和系统之间的协同互动活动，维持系统的良好健康运行。

同其他系统一样，协同创新生态系统中科技成果转化的自组织性要通过外部环境的刺激才能体现出来。变化的外部刺激是系统出现自组织性的先决条件。伴随着外部环境的动态改变，协同创新生态系统的科技成果转化参与主体必须随时自动进行动态调整，以便更快、更高效地适应持续变化的环境，实现更高效的资源配置，提高科技成果转化率。如果外部变化的环境是自组织的外部动力，那么系统内部各参与要素之间的竞合关系则是其内部动力。各参与要素之间既对立又统一的功能定位促使系统自组织性的出现。内部动力促使各行为主体持续地产生动力来推动科技创新成果转化，外部动力促使参与主体及时动态调整自身功能定位，从而在科技成果转化过程中表现得更好。

17.1.3　协同创新生态系统运行的科技成果转化路径

通常情况下高校科研成果转化过程会经历四个阶段，即确立科研目标、产生科技成果、转移科技成果、使用和扩散科技成果。

通过研究高校科研成果转化过程中各阶段之间的相互转化关键因素，可以找出高校科研成果转化过程和阶段转换机制这两方面存在的缺陷。只有找到缺陷并且提出相应的克服办法，才能使整个高校科研成果转化系统更加完善，进一步促使区域经济朝着良性方向发展。

具体的转化过程，用图 17.2 表示。

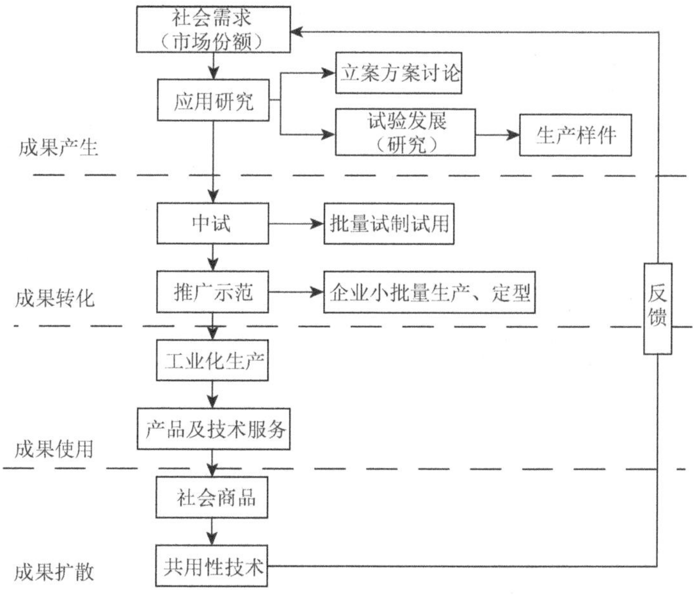

图 17.2　科技成果转化流程图

1. 开发性研究

科技成果的可转化性是整个过程能否实现转化机制的基础。与应用研究成果相比，开发研究成果具有的可转化性更高，所以科技成果转化的起点是开发研究成果。

开发研究成果主要是指企业为了能够充分了解市场的需求情况，对市场进行调研。通过交换系统内部各个要素的信息，得到相关的问题和结果，再把这些问题和结果反馈给高校，高校对立项的可行性进行评判，决定是否对此进行研究。应用研究成果与开发研究成果不同，作为转化前提而存在的应用研究成果，主要是指新产品能够契合市场一些与以前不相同的要求，具体表现在专利、图纸的设计、改善部分工艺等方面。应用研究成果能否很好地转化高校科技成果，取决于成果本身的可转化性，而所说的可转化性是指科技成果有没有具备能够形成产品进入市场的特点。

2. 中试环节

科技成果转化过程的第二个环节就是中试环节。它在科技成果转化为商品生产之间起着链接作用，决定着科技成果能否在实验室进行开发并实现批量生产。一般情况下，中试环节具有实验室和规模生产这两个方面。

实验室方面，判断检验那些从研发中心接收到的成果是否满足产业化要求。接收的研究成果是在实验室条件下获得的，并不是通过现实的生产条件直接获得的。因而，对于已经接收过检验的成果而言，它们只是建立在苛刻的理论环境上。所以，那些成果能否真正满足进行现实规模生产的要求，还必须在非实验室环境下对其进行技术方面的判断，对其不适应外界的地方进行调整，确保生产出来的产品是可靠且优质的。

规模化生产方面，判断检验那些待转化的成果能否得到消费者的认可。对于那些通过中试环节的产品，不仅可以从技术方面逐渐完善，还能让其面向市场，找出这些成果面向市场所必需的条件。虽然此时的检验包括技术方面的改善，但是成果转化的经济指标和市场适应程度才是检验的重点。为了获得市场在新技术和新产品方面的反馈情况，可以把小批量的产品投放到市场中，获得市场对该产品的需求量、消费者对新产品的反应以及其他商家的反应等方面的反馈信息。利用回收到的这些反馈信息，可以进一步调整新产品和新工艺，从而使得转化的结果达到最好。

3. 商业化和产业化

科技成果的商业化和产业化对于科技成果转化系统来说并不能代表整个运行

过程的结束。但就单个科技成果项目而言，它可以标志着这一科技成果项目转化已经完成，而且下一个转化的周期也由此开始。商业化、产业化过程也具有两个主要的特点。

一是有序层次逐步推进。通常情况下，系列化、产品化、产业化以及工厂化等都包含其中，而且科技成果的工厂化、系列化、产业化都是紧密联系在一起的，缺一不可。在演进的过程中必须遵循一个有序的层次，即下一个过程开始的基础是上一个过程的完成。

二是收益实现。获得经济收益是企业参与成果转化的主要目标，更是衡量科技成果实现商业化是否良好的准则。也就是说，科技成果经历前面一系列过程，必须达到甚至是超过企业的预期投资收益率，如果没能达到企业的预期投资收益率，那么就表明此次的科技成果转化没能成功。

4. 成果扩散与连续转化

为了促使经济快速稳定地发展，创建良好的科技成果转化氛围，完善的科技成果转化系统是必不可少的。所以，商品化和产业化阶段并不能说明科技成果转化的结束。使用科技成果创造出来的高额利润，会吸引其他企业在这方面尽力模仿，从而形成一个新型企业集群，最终形成一个新兴的产业。在这个新兴产业内部，相关技术产品及工艺会以较快的速度进行扩散，从而形成一个以该科技成果转化为基础的主导产业。

科技成果转化一定是一个完整的循环过程，其发展具有连续性。虽然我们为了方便研究科技成果转化而人为地把它划分为几个阶段，但从上面的分析可以看出，这几个阶段组成了一个不可分割的有机整体，其中任何一个环节不能顺利进行，都会造成循环的断裂，最终导致科技成果不能成功进行转化。

17.2　协同创新生态系统中科技成果转化模式研究

17.2.1　校企协同转化模式

1. 校企协同转化模式的内涵与特征

校企协同转化模式以人才培养为核心。高校和科研机构作为新知识、新技术、新学科、新文化的发源地，拥有基础研究和人才培养的绝对优势以及专利持有的强大后盾，是人才培养的主要阵地，是整个系统存在的基础。企业作为人才需求方，为人才培养提供良好的实训基地，也为人才实现自我价值提供平台。校企联合为系统培养高素质专项人才是必然趋势，而人才培养的绝对优势，在校企联合开发时可以得到更充分的体现（康德宝，2007）。校企协同转化模式是以高校和科研机构培养熟知该专利技术的人才为重点，以建立人才实训基地为手段，通过人才培养完成层次之间的协同互动，把高校知识和技术融入企业，针对性地开展“知识—技术—产品”转化，直至企业可以完全独立地进行商业化的一系列过程。

2. 校企协同转化模式的方式与途径

校企协同转化模式的转化途径主要是通过人才培养完成层次之间的协同互动，把高校知识和技术融入企业，实现知识到产品的转化。企业还需要定期派遣专业人员去高校进行参观学习，随后作为项目相关人才跟随项目进入企业，直至该项科技成果完全实现商业化。具体而言，高校和企业在进行科技成果转化的过程中，通过建立协同互动机制取长补短，建立人才、资本、信息、技术共享平台。即由企业出资，提供具体的市场信息和人才要求等内容，高校和科研机构通过对企业个性化需求进行研究分析，结合企业特点建立人才培训基地，以专项人才作为技术载体，通过专项人才把企业所需的专利技术带到企业，在企业内完成技术到商品的转化。而反过来，企业也需要定期对人才基地进行考察反馈，把转化过程中遇到的各种问题反馈给人才培训基地，以确保基地针对性地调整人才培养方案。高校和企业建立紧密的长期合作关系，直到完成双方所需，实现诸多方面的共赢。

目前，众多高校已经积极与企业开展合作，探索校企协同开发的模式化道路。为了攻克我国在航空发动机高端技术方面的瓶颈，中航工业与北京航空航天大学于 2015 年 9 月 8 日在北京签订了两项战略合作协议，协议内容包括共建航空发动机基础技术研究中心以及组建北京航空航天大学能源与动力工程学院。与此同时，中航工业和北京航空航天大学拟定在未来五年，双方各投入约 5 亿元科研经费，重点围绕在航空科学技术，尤其是在航空发动机等重点领域协同开展科学技术研究和人才培养。

3. 校企协同转化模式的优缺点

该模式在实际操作中，可以有效解决校企合作科研范围窄，校企合作只停留在一个阶段或者一段时间等方面的问题。以人才培养为核心的校企协同转化模式，以人才培训基地作为纽带，有效地延长两者之间的合作时间，大大促进双方在人才、信息、资金和技术方面的共享，从而从战略上形成产学合作机制。

校企协同转化模式的优点是：①可以有效提高高校和科研院所在科技成果转让方面的资金收入，为企业和社会更好地培养优质专项人才提供资金保障，与此同时也可以增加科研人员的收入，调动他们进行科技研发和人才培养的积极性、主动性，增加科技成果产出。②能够缩短科技成果从研发、生产到最终商业化的周期和过程，该模式以科技专项人才为技术载体，实际上是消除了科研中介组织这一主体，在缩短科技成果转化周期的同时，避免了科技成果的浪费，大大提高了科技成果转化率。③集中产业领先企业和特色研究型大学的优势学科，有助于实现强强联合，打破国外对我国关键技术的垄断，实现我国在高精尖技术领域的有效突破。

校企协同转化模式的缺点是：①适用于处于产业领先地位，能够为人才提供良好实践机会的企业，并且要求高校和科研机构具有完善的高端人才培育机制。②对于资金投入要求较大，一旦国家投入的科研经费不足，或者高校和企业缺乏后续资金投入，则成果中试和产业化难以进行，将会大大阻碍科技成果的转化进程，造成资源浪费。③受到政府政策影响较大，主要是建立在政府对关键共性技术的需求之上，如果政府政策发生变化，将会对其运行造成相当大的影响。所以，如何提高校企协同转化模式的运行稳定性，还值得我们进一步研究。

17.2.2　高校、企业交替主导动态转化模式

1. 高校、企业交替主导动态转化模式的内涵与特征

高校、企业交替主导动态转化模式是指在把科技成果转化为产品并推向市场的过程中，在基础研究、应用研究、中试、试生产、批量生产等不同阶段，主导模式运行的主体并不是一成不变的，企业和高校都要在科技成果转化过程中随时动态调整自身定位，以便最大限度地提高科技成果转化率的一种模式。具体而言，高校和企业要在科技成果转化的不同阶段，充分发挥自身优势。高校和科研机构作为新知识、新技术、新学科、新文化的发源地，拥有基础研究的绝对优势以及专利持有的强大后盾，理所当然在科技成果转化前期担负起主导任务。企业作为市场活动的主体，其在把握市场需求以及感知市场变化的敏锐感知方面无可替代，所以在转化后期，企业应当主动把握模式的运行主导权。这时，高校和科研机构应当尽量配合企业进行商业化。

2. 高校、企业交替主导动态转化模式的方式与途径

在该模式中，科技成果转化各参与主体要在不同阶段，根据需求方以及反馈情况动态调整自身定位，担负起主导转化模式的重任，以避免脱离市场、专利持有高但是产业化低等问题。该开发模式与之前的技术转让模式的不同之处在于避免了科技成果源与吸收体相分离等问题。在该模式中，企业获取商业化技术和平台机会更多，也有利于快速高效地解决市场化过程中的相关问题。该模式适用于经济和文化较为发达的地区，政府急需先进科技成果以及前沿技术人才，以实现当地的快速发展，而高校和企业所培养出来的专项技术人才也有自我实现的需求，

双方协同合作，形成在科技成果转化过程的双赢局面。

该模式的主要特点是在不同阶段，起到主导作用的主体根据市场反应动态而变化。具体而言，在科技成果转化过程的前期，高校通过派遣专家到企业进行调研主导模式运行，企业以专家提出技术改进的意见进行自身调整；中期，企业利用高校和科研机构的技术优势，结合自身在市场的敏锐性主导模式运行，向科技产出方提出需求，高校以企业目标导向进行研发；后期，高校通过凝练企业需求，研发关键共性技术，担负起主导责任，企业结合前两个阶段的积累，消化吸收高校关键技术以实现商业化。

3. 高校、企业交替主导动态转化模式的优缺点

动态转化模式可以有效解决高校专利脱离市场以及企业找不到适合专利进行商业化的问题。动态转化模式，在科技成果转化的不同阶段，都以满足需求方的需求来指导自身活动，充分发挥各参与主体的优势，有效弥补两者之间在各自需求上的差异，在一定程度上可以解决成果源与吸收主体之间相分离的问题。

动态转化模式的优点是：①在不同阶段，高校和企业根据需求方以及反馈情况动态调整自身定位，担负起主导协同模式的重任，有效避免了专利持有高但是产业化低、成果脱离市场等问题。②高校和企业在不同阶段在主导地位和辅助地位的不断转变，有助于在两者之间形成动态互动合作机制，紧密的合作关系对于解决科技成果源与吸收体相分离等问题具有良好的帮助。③两者合作关系的加深使得企业获取商业化技术和平台机会更多，也有利于快速高效地解决市场化过程中的相关问题。

校企协同转化模式的缺点是：①对于参与主体的灵活性要求较高，高校和企业要有灵活的动态转变机制，以响应复杂多变的市场。②运行要求建立完善的从科技创新到产业商业化的流程平台，这就把一些不具备平台的企业和高校排除在外，所以该模式针对性较强。③结合我国科技成果转化的现状来看，模式运行的前期，需要高校主动对企业进行技术需求调查，这对于一直处于被动方的高校是一个不小的挑战。

17.2.3 政府引导、多主体协同转化模式

1. 政府引导、多主体协同转化模式的内涵与特点

协同创新系统已经到了全面协同阶段，过去单纯的计划经济以及现在全面的市场经济都不能完全适应国内经济发展需求，科技成果转化模式也显现出生态学的特征，其转化模式主要表现为“政府引导、多主体协同转化”。政府引导、多

主体协同转化模式是指企业在将科技成果转化为产品并进行商业化的过程中，政府的战略需求决定模式的存在与发展，同时各参与主体在战略上协同政府需求找准自身定位，各参与主体之间形成协同机制，充分发挥自身优势，迅速而高效地把科技成果转化为现实生产力。具体而言，政府站在国家战略的高度引导制定科技成果转化的相关政策、策略，并负责为模式的运行提供必要的设施，为模式的健康高速运行提供保护。高校、企业以及科技中介组织之间通过搭建科技转化平台或者成立科技成果转化中心等方式形成协同互动共同体，通过相互之间复杂的化学反应，形成各主体联合协同促进科技成果转化的新模式。该模式通过政府战略需求把高校、企业、科技中介组织密切协同起来，推进科技成果高效、快速地转化为现实生产力。

2. 政府引导、多主体协同转化模式的方式与途径

在该模式中，政府作为科技成果转化外在环境的提供者和保护者，中央与地方政府财力支持对提高科技成果转化率具有积极的正相关作用（原长弘等，2012）。该模式的特点在于政府在模式中起到主要引导作用，其他各参与主体在政府引导下协同互动。该模式以中央政府重大战略为引导，通过政策倾斜以及资金注入为系统的运行提供先行动力，由国家出面对科技成果转化过程进行引导和支持，各参与主体以政府大环境为导向进行相关共性、关键技术研发，科研成果直接为政府所用，最终提高科技成果转化率，实现科技成果商业化。整个过程形成了一个以中央政府战略需求的大环境为导向，各参与主体协调合作进行科技创新，产出科技成果直接为地方政府服务的稳定循环系统。

3. 政府引导、多主体协同转化模式的优缺点

政府引导、多主体协同转化模式的优点是：①由政府引导，政府具有较强号召力和协调力，能快速形成协作团队，因此能够高效地进行创新、科研以及成果转化。②多个主体协同参与科技成果转化，彼此之间通过同盟等形式建立协同互动机制，扬长避短，促进科技成果迅速转化为现实生产力。③企业作为多主体的参与者之一，能够有效地为多主体同盟提供准确及时的市场信息，有效解决合作效益的滞后性等问题。而政府作为模式运行的保护者，又为模式的健康顺利运行提供了必要的法律政策保护，以便各方在保证自身利益的同时，承担自身应尽的义务和责任。

政府引导、多主体协同转化模式的缺点是：①以政府需求为存在的必要条件，一旦政府需求得到满足，那么该模式将如何继续运行还有待研究。②运行顺利与否取决于多主体之间的协同机制是否完善，协同平台能否照顾各方利益，进而调动各方积极性为模式运行献策献计，然而模式并没有给出切实可行的协调各方利

益的方式。③还具有一定的条件限制，仅仅适用于满足政府大战略需求，而最后要能服务于政府，这就决定了该模式在市场上可能会有一定的局限性，不能像其他模式一样以市场需求为导向，在满足国家需求和市场需求之间的度将不太容易把握。

17.2.4 协同创新生态系统中三种新模式对比研究

为了更方便地比较现有科技成果转化模式之间的异同，本节将从模式导向、科研管理、参与主体灵活性、参与主体协同度等四个维度来分析对比各种模式之间的特点，如表 17.1 所示。

表 17.1 协同创新生态系统中科技成果转化模式对比

转化模式		模式导向	科研管理	参与主体灵活性	参与主体协同度
协同创新生态系统视角下科技成果转化模式	校企协同转化模式	计划导向	高校主导：以专项技术人才培养为载体	较低	很高
	高校、企业交替动态主导转化模式	市场导向	动态主导：企业和高校动态主导灵活转化	很高	很高
	政府引导、多主体协同转化模式	政府导向	政府主导：以重大战略为导向，协同主体定位明确	较低	很高

通过对表 17.1 分析可知：

（1）三种协同创新生态系统中科技成果转化模式市场导向更为多样化，但是参与主体灵活性却很高，这就必将会发挥单一主体不具有的优势，在一定程度上加快科技成果转化进程。

（2）在科技成果转化过程中，参与主体的功能定位主要由其模式运行特点决定。除此之外，在转化过程中已经出现在不同时期各主体主导地位发生转变的情况，这表明各参与主体在进行科技成果转化的过程中，已经呈现出动态非线性等生态学特征，各参与主体在选择科技成果转化模式时，需要着重考虑这一现象。

（3）通过对科技成果转化的参与主体灵活性和参与主体协同度的研究可知，三种现有转化模式的参与主体协同度相对较高。这说明在新模式中，各参与主体已经进行战略上的协同。但是，校企协同转化模式和政府引导、多主体协同转化模式的参与主体灵活性较低，说明新模式下，各参与主体存在不适应的情况，还未完全找准自身定位。

第 18 章　协同创新生态系统中科技成果转化模式多案例比较

18.1　校企协同转化模式分析——以先进航空发动机协同创新中心为例

18.1.1　先进航空发动机协同创新中心概况

航空发动机作为航天飞行器的核心部分，是高端复杂技术以及高附加值的集中体现。借此可窥探国家的综合国力、研发水准及制造业实力。航空发动机研发过程相当复杂，需要集成包括基础研究在内的多方面研究成果，而基础研究又是一个国家进行发展和自主创新的源头与基石。因此，先进航空发动机协同创新中心采用校企协同转化模式存在一定的合理性。

先进航空发动机协同创新中心以“穷理致用、支撑引领”为发展理念，坚持“需求”和“技术”两两结合的“两轮驱动”发展创新模式，通过校企合作的方式，以培养带有关键共性技术的人才为核心，以在基础研究设施、学科布局、研究队伍建设、人才培养等方面做到“五个一流”为发展目标，以进一步推动“中国心”的自主化为核心思想。中心主要由北京航空航天大学牵头，联合中航工业、西北工业大学、南京航空航天大学等核心参与主体组建而成。该中心把高校知识和技术融入中航工业，从产品研发到生产进行深度转化，形成了“2 + X”的举国协同创新模式，由此开辟了科技成果由产生到生产力深度融合的新气象。

先进航空发动机协同创新中心的创新性发展模式，推动北京航空航天大学以及协同参与主体在人才机制改革方面作出了重大贡献，初步呈现了人才—学科—科研三位一体协同进步的局面。学科之间相互交融，指明了新学科的发展方向，北京航空航天大学的先进工业协作伙伴计划也有了实质性的进展。

18.1.2　校企协同转化模式的转化途径

先进航空发动机协同创新中心是典型的校企协同联合培养模式。该模式的特点在于：高校和科研机构不再单纯地直接提供技术，而是把培养熟知该专利技术的人才作为重点，针对性地进行知识—技术—产品转化。校企协同转化模式转化示意图如图 18.1 所示。

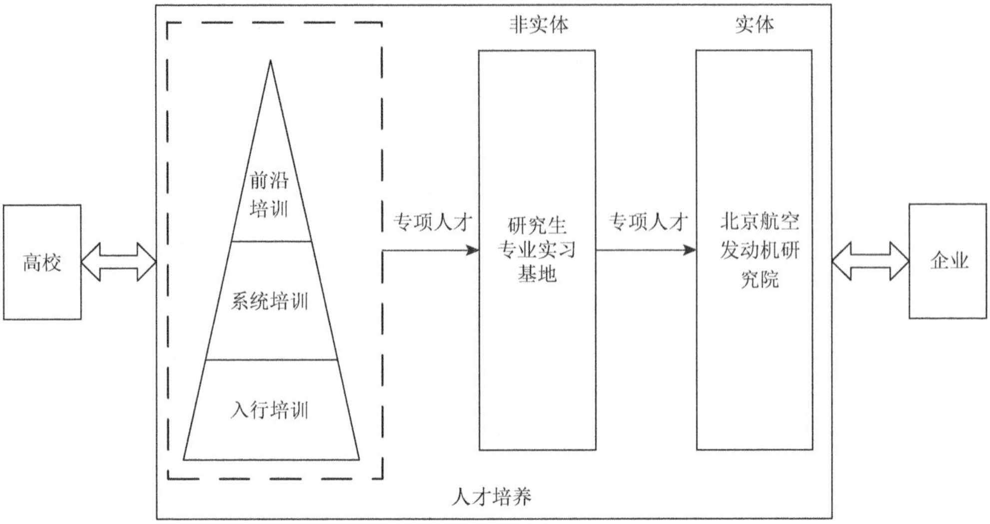

图 18.1　校企协同转化模式转化示意图

该模式的主要内容是北京航空航天大学联合中航工业建立“研究生专业实习基地”，通过人才培养完成层次之间的协同互动，把高校知识和技术融入企业，实现知识到产品的转化。与此同时，协同高校定期派遣青年骨干人才到企业进行参观学习，从高校带出项目相关人才作为技术载体，跟随项目进入企业，直至企业可以完全独立进行商业化。

为解决中航工业在科技人才培养上滞后，以及北京航空航天大学等高校资金短缺的问题，中心充分发挥北京航空航天大学等参与高校在人才培养基础、学科方面的优势，发挥众多国家重点实验室和相对完善的人才培养与科研体系的作用，结合中航工业在市场需求和资金方面的独特优势，通过专项人才培养完成层次之间协同互动，把高校知识和技术融入企业，把企业资金引流到高校，从而实现科技成果产业化。与此同时，企业需要定期派遣专业人员去高校进行参观学习，之后作为项目相关人才，跟随项目进入企业，直至该项科技成果完全实现商业化。如在某型涡轴发动机的研制过程中，由于遇到了前所未有的困难，其核心技术没有突破，造成用户对产品技术含量不认同，使该研制项目进度一度停滞不前。为解决这一问题，中航工业基于校企联合协同发展的基本模式，派遣企业骨干员工到北京航空航天大学进行专项培训，与北京航空航天大学陈懋章院士和其研究团队通力合作，在关于压气机叶片技术研究上大胆创新，并持续进行相关工程化应用研究，最终攻克技术难关，进一步提升该型发动机的功率。这一案例也成为校企协同创新、航空发动机技术发展过程中的又一典范。随后，受训专项人才作为技术载体，把核心技术带到中航工业，新改进的涡轴发动机使用性能大大提高，有效化解了中航工业直升机动力局部受制于人的难题。

18.1.3　校企协同转化模式的特征

1. 校企协同转化模式的整体性

为在航空科学技术领域开展科学研究和人才培养的深入合作，进而更有效地开展协同创新，加快对协同科技资源的协同汇集，实现全方位的整体性协同。各大高校、企业、不同单位等各个要素之间相互配合，围绕人才、技术、资金等资源进行交流和共享，构建了全新的创新机制体系。

根据目前产业战略需求，中心制定了整体完善的专项人才培养体系。针对不同层次的人才开展不同的培训，包括前沿、系统、入行三个层次。同时，为了进一步完善人才培养体系，拓宽培养人才的国际化视野，中心还会定期举办学术会议进行人才交流。其中曾于 2013 年上半年，两次举办产业前沿课程培训，邀请产业顶级教授 Renvier 进行现场交流。此外，中心对高级人才培养模式也进行了探索，其中包括成立行业高级人才定制班。各层次和各方面的人才培养机制，为先进航空发动机协同创新中心的人才培养提供了坚实的基础。同时，培养出来的人才作为产业领域专业人才进入企业，进一步拓宽了企业市场，企业受益的同时反过来作用于高校和科研机构，形成以人才为核心要素的整体良性循环，进一步显示了该模式的整体性。

2. 科技成果转化的自组织性

校企协同转化模式在科技成果转化过程中还具有自组织性。在先进航空发动机协同创新中心进行科技成果转化过程中，相关的研究单位、研究人员、专家针对某一研究课题会自行进行合作，共同攻坚克难，实现科技成果的转化，而不需要领导指派，整个系统以自组织形式进行运作。例如，在中心统一组建高超声速新型航空发动机及叶轮机团队的基础上，技术研发人员还自发组织了航空发动机气动热力与结构耦合布局团队、发动机仿真及涡轮基组合动力团队、航空推进系统流体与声学团队等五个技术创新团队。从主要围绕开发军民两用航空发动机技术的战略需求，拓展到高压压气机基础技术研究、回流燃烧室头部设计准则、跨声速轴流压气机三维叶片优化设计等领域进行自行研发创新。在此过程中成功研发出一批具有国际先进水平、自主知识产权的发动机制造特色技术。中航工业下属企业通过对中心关键技术的消化吸收，实现其西瑞 SR 系列高性能活塞飞机连续 13 年稳居世界最畅销飞机的宝座，并有 6500 多架飞机在 60 多个国家运行，创造了良好的经济效益。校企协同转化模式成功缩短了航空技术创新成果从研发、生产到最终商业化的周期和过程。可见正是科技成果转化中的自组织性作用，使各参与主体的优势都得到更好的发挥，在多领域中实现技术突破和成果转化，为提高我国科技成果转化率作出了重要贡献。

18.1.4　校企协同转化模式的不足之处

（1）校企协同交流平台尚未完善，知识转化成本过高。高校没有为企业获取、吸收外部知识提供全方位的信息服务，以致知识流动、传播和吸收利用不能顺利实现。技术信息、技术咨询和专业化技术服务有机结合的技术服务系统尚未建立，高校和企业内外部知识交流平台搭建不完善。校企协同内外部知识交流网络以及创新系统中各个参与主体的信息沟通渠道不完善，知识消化吸收成本过高。

（2）协同创新中心还未建立较为合理的评估标准。协同创新中心发展速度较快，质量却参差不齐，还存在很多有争议的评估标准问题。①协同创新有效性的评测标准。目前各高校拥有不同的评价标准，还未重视协同创新的有效性，政府还未统一协同创新中心的考核制度和评估标准。②协同单位的评估标准。协同创新中心的共建单位一般来说都是专业绝对对口的企业，但是数量众多的协同单位，专业存在一定的多元化。就目前的研究结果显示，多元化会在一定程度上加剧校企合作产生矛盾，使得协同合作无法有效展开。

18.2　高校、企业交替主导动态转化模式分析——以长三角绿色制药协同创新中心为例

本案例选取长三角绿色制药协同创新中心为研究背景。中心地处长三角地区，中小企业众多，特别是拥有全球最多的制药企业，长三角绿色制药协同创新中心选取高校、企业交替主导动态转化模式具有其必然性。

18.2.1　长三角绿色制药协同创新中心概况

该中心由浙江工业大学主导，协同浙江大学以及上海医药工业研究院等成员

单位，与众多国际创新力量和制药业龙头企业共同组建而成。中心以浙江省新药创制科技服务平台和药学、生物化工、环境科学与工程等重点学科为基础，遵循“继承优化、创新发展”的思路，通过不同要素之间的相互配合和相互转化，实现资源的交换和共享。

中心以“做精原料药，做强制剂”为己任，按照“国家急需、世界一流、制度先进、贡献突出”的要求，在方式上主动对接江浙地区制药产业协同发展的重大需求，实施“科技创新”以及“人才培养”两轮驱动，重点进行人才队伍建设、跨地区协作和行业机制体制改革三大方面的工作。中心努力推动协同创新新模式发展，完善科技成果转化新机制，努力打造成具有国际影响力的行业品牌，为健康用药作出自己的贡献，为实现中国梦、加快推进我国向制药强国转变作出重大贡献。

18.2.2　高校、企业交替主导动态转化模式的转化途径

长三角绿色制药协同创新中心是典型的高校、企业交替主导动态转化模式。该模式的主要特点是在不同阶段，起到主导作用的参与主体是根据市场反应动态调整的。如图 18.2 所示。

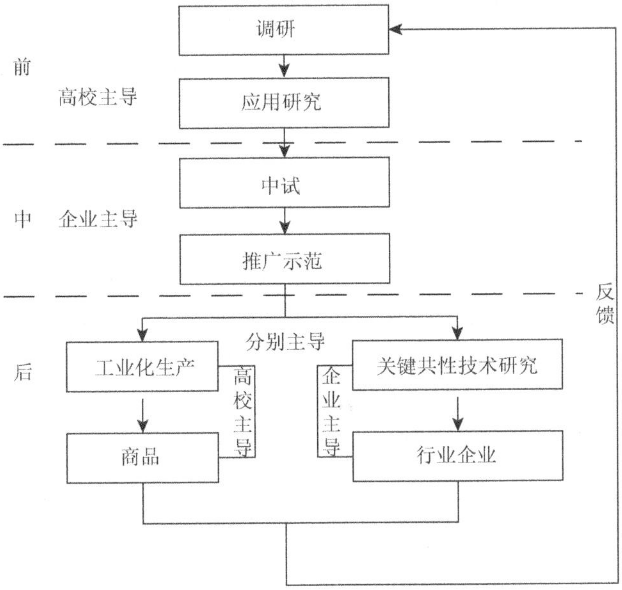

图 18.2　高校、企业交替主导动态转化模式转化示意图

前期，高校通过派遣专家到企业进行调研主导模式运行，企业以专家提出的

技术改进意见进行针对性的调整。由于浙江经济环境受挫，大批化工厂亟须产业转型，浙江工业大学抓住这一时机，充分利用浙江工业大学化工学院的基础优势，以苏为科教授为代表的一大批专业人员，自发到企业进行制药关键技术推广，帮助浙江本地化工企业进行问题提炼。教授团队进入企业后，结合科研人员自身在工艺创新优化强化方面的积累，充分发挥团队在发现问题以及提炼问题方面的优势，发现需要改进的地方。通过与企业签订长期合作合同，建立具有针对性的研发中心，结合企业特色和发展规划总结提炼特殊技术。截止到 2015 年 5 月，中心已经与各类企业共同成立了 32 个联合研发中心。关键共性技术提炼完成后，根据合作协议，企业要进行定向委托。2013 年，长三角绿色制药协同创新中心的基础平台——浙江省新药创制科技服务平台和 A 集团成立了联合研发中心。该联合研发中心旨在针对珍珠的物质基础进行基础研究，开发功能食品、护肤产品，共同致力于现有产品技术改进和新产品开发，兼有学术交流活动、人才联合培养等。该中心充分发挥基础平台拥有科技专利人才储备和集团拥有市场开发、产业化的优势，在协同创新中心体制下由学校牵头，以市场为导向，以企业为科技成果转化主体，共同服务地方经济。

中期，企业利用高校和科研机构的技术优势，结合自身在市场的敏锐性主导模式运行，向高校提出需求，高校辅佐企业目标进行研发。此时的合作方式根据合作规模和性质不同主要分为两种：第一种是企业委托的大项目，高校和企业可以灵活采用分段合作方式。还以 A 集团为例，自联合研发中心成立以来，根据协议，A 集团就采用分段委托方式，每年提供基本运行费用 900 万元，企业委托项目的研发经费每年 2000 万元左右，集团与浙江工业大学合作运用超微化技术、生物酶解技术和纳米技术进行深加工，还有组织下属子公司与浙江工业大学对集团规划项目课题进行开发等。第二种是培育性质的，主要是针对中心内部 300 余家中小企业参与主体单位。这类企业的共同点在于，企业可用研发资金较少，关键需求依赖外部专业机构把控。培育性质要求中心讲究经济性，引导企业按照比例签订投资协议。此外，A 集团挂牌的工程技术研究中心还聘请了长三角绿色制药协同创新中心的教授为学术委员会主任，指导并协同攻克产业关键技术。联合研发中心一共设置了 2 名主任、2 名副主任，其中 1 名主任和 1 名副主任由浙江工业大学在中心兼职的教师担任，另 1 名主任和 1 名副主任则由集团内部人员任职。

后期，高校进行关键技术研发，鉴于高校拥有技术的知识产权，由高校主导该项技术全面推广到浙江省乃至整个中国市场。企业则结合前两个阶段的积累，充分利用自身优势，通过消化吸收高校关键技术主导市场推广，以实现商业化。此时，科技成果转化模式已经运行到产品化、商业化阶段，企业作为市场的主体，可以快速反应市场，开始主导重大产品评估。

18.2.3　高校、企业交替主导动态转化模式的特征

长三角绿色制药协同创新中心在不同时期主导运行的主体都有所不同，体现了动态转化的过程，运行的不同时期体现整个科技成果转化系统的动态非线性、整体性及自组织性。

1. 高校、企业交替主导动态转化模式的动态非线性

在长三角绿色制药协同创新中心成果转化的高校、企业交替主导动态转化模式中，每个子系统均相对独立，各组成之间相互制约、相互关联并伴随有复杂的动态非线性。市场、技术研发等存在的诸多不确定因素，往往会造成诸多技术研发难题。科技成果转化的动态非线性是其最突出的特征。因此，长三角绿色制药协同创新中心必须清楚地认识到这种科技成果转化存在的动态非线性特征，采取有效手段加以防控，从而确保科技成果能够转化。

为有效应对珍珠粉吸收率、利用率低等问题，A 集团充分利用浙江工业大学在化工行业的技术优势，向浙江工业大学提出技术改进研发需求。浙江工业大学结合自身在化工行业的技术积累，通过对 A 集团需求进行主导研发，最终浙江工业大学和 A 集团协同合作，成功开发出机械化学超微粉碎技术，解决了传统粉碎技术存在的细度不够、颗粒不规则等一系列问题，此过程中 A 集团主要起到需求的提炼以及资金的供给等辅助作用。之后，A 集团结合自身在珍珠粉研发市场的敏锐性主导模式运行，通过对浙江工业大学关键共性技术消化吸收，提炼出针对本企业的珍珠处理亚微米技术，开发出亚微米珍珠并以此为核心原料开发出珍珠保健品、珍珠护肤品 30 多种，截至目前已经累计新增产值 8 亿元，出色地完成了从科学技术到现实生产力的有效转化。此外，由于市场变化莫测，一旦项目不具有发展性，那么就可以及时停下来以减少技术研发的投资损失，这也是高校、企业交替主导动态转化模式的特征之一。还以 A 集团为例，自联合研发中心成立之时，A 集团就根据协议采用分段委托方式，每年提供基本运行费 900 万元，企业委托项目的研发经费每年 2000 万元左右，而这 2000 万元是分段支付的，根据科技成果转化情况进行投入。

2. 交替主导的自组织性

鉴于科技成果转化系统参与主体的多样性，转化过程面临因素的复杂性，各参与主体在进行科技成果转化过程中必须时刻调整自身定位，以满足整个系统需求。各参与主体只有具备一定的自组织性才能在系统内生存和发展，系统只有具备一定的自组织性才能高效健康运行。高校通过对企业需求凝练，担负起关键共性技术研发的主导责任，企业结合前两个阶段的积累，消化吸收高校关键技术以实现商业化。

在实践中，中心充分利用协同主体在各细分市场上的优势，各参与主体精确定位自身功能，实现与胡庆余堂、青春宝、康恩贝、朱养心药业等其他参与主体之间的协同合作，各单位通过建立战略性合作关系，有效地避免了重复研发和同质化竞争的情况。与此同时，浙江工业大学药学院和浙江中医药大学药学院等科研机构的科研实力强化了技术创新链，实现了共享技术设备资源，这种自组织性极大地加快了科技成果转化的进程，缩短了科技成果转化的周期，有力促进了浙江省制药行业规范化生产技术、制药加工技术、制药技术及装备、质量控制技术等的全面提升。

18.2.4　高校、企业交替主导动态转化模式的不足之处

（1）政企、校企之间缺乏信任基础。并非所有的面向企业创新能力提升的高校与协同单位互动都是有效的，有很大一部分原因是政府与企业、高校与企业之间还缺乏信任基础，导致多方合作出现一些漏洞，相关配套动作未能连续、紧密地接上。高校、企业交替主导动态转化模式在运行过程中充分体现了动态非线性的生态学特征。转化过程中各参与主体需要灵活进行动态调整，校企缺乏信任基础，直接影响转化效果。具体来讲，政府与企业之间还未存在较好的信任基础，最直观的反映就是政府出台了“2011 计划”，企业是信息被告知者，但是认为这个政策与自己相关性不大，仍然按照之前的合作模式，这也是对协同创新中心缺乏信任。同样地，高校与企业之间也未存在较好的信任基础，最直观的反映就是企业在创新人才培养方面的滞后，害怕“为他人作嫁衣”。如此薄弱的信任基础，即使政府有决心有魄力，高校肯无怨无悔地付出，但是企业接受得小心翼翼、有保留，那么就算高校知识大量溢出，企业全盘接受也是不可能的。

（2）拔尖创新人才培养数量与质量堪忧。在拔尖创新人才培养数量上，根据 2012～2016 年长三角绿色制药协同创新中心培育组建阶段的目标体系，四年内计划招收学生 1000 人，其中博士研究生 100 人，硕士研究生 400 人，本科生 500 人，并招收培养一定数量的海外制药人才。截止到 2014 级学生，根据已有的年增长率预测，本科生和硕士研究生的数量可能会不足，博士研究生因为是第一年招生所以暂时无法预计未来数量。

18.3　政府引导、多主体协同转化模式分析——以河南粮食作物协同创新中心为例

18.3.1　河南粮食作物协同创新中心概况

河南粮食作物协同创新中心是按照教育部、财政部《高等学校创新能力提升

计划》的文件精神，在河南省人民政府引导下，由河南农业大学主导，协同河南工业大学、河南省农业科学院等协同参与主体共同组建而成。2013 年 5 月被认定为首批“2011 协同创新中心”。

中心在河南省人民政府的引导下，以“国家急需、制度先进、世界一流、贡献突出”为发展目标，主要由河南农业大学牵头管理，以国家粮食安全战略需求为导向，以粮食作物产业链条为划分，凝练出五个协同创新方向与任务，并优化整合作物学和国家小麦工程技术研究中心等 10 多个重大科研平台的优质资源，通过引进国内外优秀相关行业创新人才，建设了小麦新品种选育与种质资源创新等七个协同创新平台，同时组建了 12 个创新团队。

18.3.2　政府引导、多主体协同转化模式的转化途径

该中心是典型的政府引导、多主体协同转化模式。该运行模式的特点在于政府在模式中起到主要引导作用，其他各参与主体在政府引导下协同互动，是典型的政府引导、多主体协同转化模式，如图 18.3 所示。

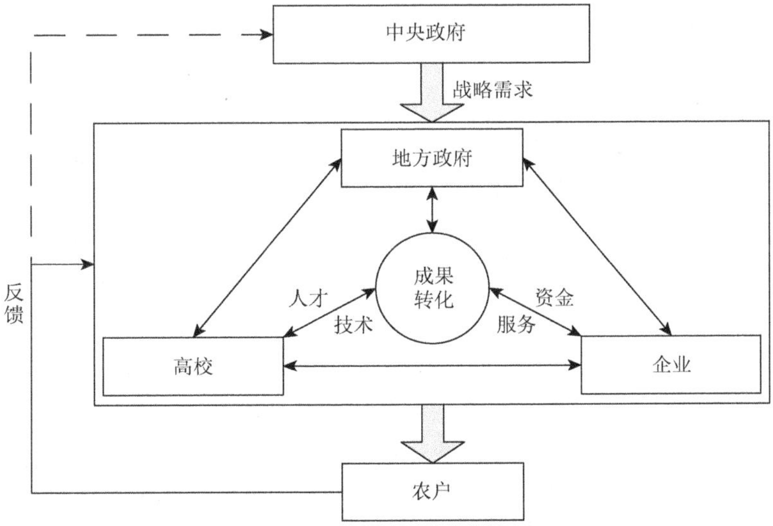

图 18.3　政府引导、多主体协同转化模式转化示意图

（1）模式以中央政府基于粮食安全大战略，对中心各参与主体进行引导、政策倾斜和资金注入，为系统运行提供先行动力。河南省人民政府成立了专管中心领导小组。河南省人民政府与主导中心高校协同先行先试，为支持中心顺利运行，省政府设立专项援助资金。与此同时，中心还受到政府在基地、项目等

方面的有效协助，严格追随世界粮食主流研究风向，结合河南本地粮食生产实际情况，凝练出我国粮食发展的关键共性问题，总结提出四个粮食协同创新发展方向。

（2）各参与层次紧密协同。2014 年 3 月，由袁隆平院士主持，协同国家杂交水稻工程技术研究中心等参与主体，实施超级杂交稻“百千万”示范工程。2014 年 7 月 11 日中心与方城县、河南五谷神农农业发展股份有限公司共建“2011 计划”现代农业试验区，为地方经济和社会发展提供智力、科技与政策支持。与此同时，中心还在三方面加强各方协同作用：①继续深化学校和方城县的合作，围绕试验区建设，不断完善措施，加大人才、智力、政策支持力度；②把试验区建设纳入“2011 计划”协同创新中心建设范围，使之享受更多的优惠政策；③进一步拓宽与方城县的合作内容，加强双方的合作。

（3）中心科技成果通过企业最终服务于农民客户，实现由政府引导，各参与主体协同转化，最终为农户服务，间接为政府所用的整个循环，实现科技成果的商业化。整个过程形成了一个以中央政府战略需求的大环境为导向，各参与主体协调合作进行科技创新，产出科技成果直接为地方政府服务的稳定循环系统。

18.3.3　政府引导、多主体协同转化模式的特征

河南粮食作物协同创新中心在科技成果转化上采取政府引导、多主体协同转化模式，从而能够使多个主体整合在一起，发挥共同作用，实现整体性发展。首先，模式以中央政府基于粮食安全大战略，对中心各参与主体进行引导、政策倾斜和资金注入，为系统的整体运行提供先行动力。中心以政府为主导相互协同，形成有机整体，呈现出单个主体无法发挥的功能。在政府引导下，各参与层次紧密协同，科技成果转化过程呈现了较强的整体性。以河南农业大学和农业技术推广中心的农业创新技术为依托，以种粮大户、种植专业合作社等经营主体为骨干，以农户为主体，以中原农险为保障，以乡镇和村民委员会为协作单位，构建现代农业共同体，探索新的农业科技成果转化模式。

河南作为国家粮食战略工程的核心产区和中原经济区的农业大省，粮食生产优势明显，并在国家粮食安全中占有举足轻重的地位。中心根据世界未来粮食发展趋势、国家粮食安全的重大战略需求和区域粮食生产的重大技术需要，并通过环境变化信息的反馈，及时调控参与成员之间协同结构参与主体，进行自身的调整，构建全体参与成员的系统网路，实现整体联动。以实现小麦、玉米周年两熟高产高效为目标，立足产前、产中、产后全产业链条，瞄准国际前沿，抓住中原经济区未来粮食生产发展的关键科学、技术问题，凝练出四个协同创新方向。

18.3.4　政府引导、多主体协同转化模式的不足之处

（1）交易代价和信息获取花费昂贵，模式运行发展动力不足。河南粮食作物协同创新中心是一个协同创新独立个体，主要由政府、企业、高校、科研机构等协同个体参与，获取利益是所有协同个体的共同目的。但鉴于成员各自利益不一致以及市场机制不完善，存在协同成员之间信息不对称等问题，中心发展面临严重的动力不足问题。中心应逐步完善市场机制，通过市场调节来改善交易代价和信息获取花费过高的问题，从根本上焕发模式运行动力。

（2）利益分配机制不完善。通过对中心与协同单位协议的分析发现，绝大多数协议规定根据投入比例分配中心的利益。此利益分配方案表面看起来很公平，但掩盖了科技成果转化过程中成员不同贡献的差距。在中心运行过程中，高校将其专利技术或非专利技术以优惠或无偿的方式提供给中心其他参与主体，帮助中心突破技术难关。协同企业成员资金运作能力强，有效地提高了模式运行过程中资金的运作效率，为中心的运行作出了相当大的贡献。然而，有的合作伙伴则希望通过中心获得有利于自身发展的技术支持、政策信息、政府资助等，并未想过如何对中心贡献自己的力量，对中心安排的工作不积极地予以配合完成，而是相互推诿，直接影响了中心技术研发。因此，中心各成员为中心利益所作的贡献程度不一，中心的利益分配必须考虑各个成员的贡献或在中心的重要性。

18.4　多案例的比较分析

国家级协同创新科技成果转化模式的选择受到参与主体能力、内外部环境、宏观政策等多方面因素的影响，并随着市场的改变而进行动态调整。在重点分析三个国家级协同创新中心案例后，本节将从运行特征、转化方式与途径、参与主体功能、模式适用条件这四个方面来分析三种科技成果转化模式之间的异同点。其对比结果如表 18.1 所示。

表 18.1　协同创新生态系统中科技成果转化参与主体功能与模式比较

转化模式	运行特征	转化方式与途径	参与主体功能	模式适用条件
模式一：校企协同转化模式	以任务为导向，以培养掌握关键共性技术人才为核心；国家战略需求引导、国内学科带头院校和行业领先企业强强联合；参与主体主动目标契合，以人才为载体，最终实现商业化	校企协同转化以校企结合共建人才培训基地，发挥高校和企业不同的教育特点和资源，采取学习加实践有机结合的方式，培养关键共性技术专项人才	高校和科研机构作为技术研发源头，为整个模式培育人才，协同企业为高校和科研机构提供资金及人才实践机会，人才最终汇聚企业，协助企业实现技术商业化	政府扶持力度较大；参与主体处于行业领先地位；具有完善的高端人才培育机制；中介组织具有规范、完善的高端人才管理体系；企业能够为人才提供良好的实践机会

续表

转化模式	运行特征	转化方式与途径	参与主体功能	模式适用条件
模式二：高校、企业交替主导动态转化模式	以市场为导向，科研自治、国家干预为辅、高校与地方政府分权管理；参与主体灵活性高，能够在模式运行不同阶段主动调整地位，完成在主导和辅助之间动态转变	高校、企业交替主导动态转化模式以项目牵头，校企动态协同发展，中心参与其中。除此之外，中心还引进企业技术人才作为校外客座教授，建立需求协同机制	参与转化各主体在需求方和被需求方之间灵活转换。处在需求方时引导模式运转，协调其他参与主体；处在被需求方时，主动调整目标定位满足需求方要求，动态调整定位，灵活实现商业化	企业机制灵活，能迅速响应市场；拥有完善的从科技创新到产业商业化流程平台；政府干预少，主要起到辅助作用
模式三：政府引导、多主体协同转化模式	以国家战略需求为导向，参与主体通过主动调整自身定位契合和尊重其他参与主体目标，实现和政府之间的协同互动，从政府目标需求出发，服务于政府	政府的战略需求决定模式的存在与发展，同时各参与主体在战略上协同政府需求找准自身定位，各参与主体之间形成协同机制	政府作为协同创新战略实施的领导者，在该模式中起到主导作用，提出战略需求，参与转化的各主体通过协同创新平台实现政府需求，最终实现科技成果商业化	国家需求决定模式存在与否，地方政府扶持起到关键作用；各参与主体之间有良好的协同沟通平台；最终成果能直接为国家服务

通过对表 18.1 的分析可知：

（1）基于协同创新生态系统的科技成果转化模式正在慢慢形成，各模式根据自身协同目标，在运行过程中突显出生态学特征。如模式一和模式二在运行过程中体现自组织性和动态协同特征。模式三在运行过程中要在系统内外实现完整循环，要求各参与主体之间实现资源共享，体现开放性和整体性。

（2）各参与主体在不同的转化模式下，其功能定位不是一成不变的。如参与主体之一的高校，在模式一中是整个模式运行的人才和技术源头，在模式二中就要根据需求实时调整自身定位以实现主辅转换，而在模式三中则与别的参与主体一样要协调自身以满足政府需求。

（3）通过对科技成果转化适用条件研究可知，模式一主要适用于产业高精尖技术的突破，重点在于攻克产业关键共性技术瓶颈，以实现技术重大创新；模式二在运行条件上有较多的限制，适用于中小企业众多的江浙沿海地区；而在模式三中，国家战略在选择科技成果转化运行模式中起到非常重要的作用。

本篇主要参考文献

边晓，王飞，周颖. 2016. 基于协同创新中心的研究生培养体系构建研究[J]. 中国高等医学教育，（2）：117-118.

曹洋，陈士俊，王雪平. 2007. 科技中介组织在国家创新系统中的功能定位及其运行机制研究[J]. 科学学与科学技术管理，28（4）：20-24.

陈畴镛，胡枭峰，周青. 2010. 区域技术创新生态系统的小世界特征分析[J]. 科学管理研究，28（5）：17-20.

陈强，胡雯. 2016. 两类协同创新网络的特征与形成：以“2011 协同创新中心”为例[J]. 科学学与科学技术管理，37（3）：86-96.

董健康，韩雁，梁志星. 2013. 协同创新系统中各类主体的角色及定位[J]. 中国高校科技，（6）：52-54.

傅羿芳，朱斌. 2004. 高科技产业集群持续创新生态体系研究[J]. 科学学研究，22（z1）：128-135.

黄鲁成. 2003. 区域技术创新系统研究：生态学的思考[J]. 科学学研究，21（2）：215-219.

黄鲁成. 2006. 区域技术创新生态系统的制约因子与应变策略[J]. 科学学与科学技术管理，27（11）：93-97.

黄玉兴，金勤献. 2011. 产业技术研究院的发展模式[J]. 高科技与产业化，（8）：20-22.

贾延江，林明河，陈步云，等. 2006. 高等学校仪器设备共享系统管理及运行的激励机制研究[J]. 实验技术与管理，23（10）：12-14.

蒋亚楠，陈亚男，王文亮. 2016. 我国协同创新中心生态机制影响因素分析—基于扎根理论的多案例研究[J]. 河南科学，34（3）：446-452.

康德宝. 2007. 高校科技成果转化中技术经纪人的作用及转化机制研究[J]. 研究与发展管理，（5）：138-142.

蓝晓霞，刘宝存. 2013. 美国政府推动产学研协同创新的路径探析[J]. 中国高教研究，（6）：64-68.

李晨，吴伟，韩旭. 2015. 以体制机制改革激发创新活力—国家首批 14 家协同创新中心案例综述[J]. 高等工程教育研究，2：34-38.

李恒毅. 2014. 技术创新生态系统协同发展研究[D]. 长沙：中南大学.

李晓锋，王双双，金鹿，等. 2012. 科技中介服务机构协同创新模型及协同方式研究—基于天津的案例[J]. 科学管理研究，30（6）：45-48.

李雪梅，程小琴. 2007. 生态位理论的发展及其在生态学各领域中的应用[J]. 北京林业大学学报，29（z2）：294-298.

李玉琼. 2007. 网络环境下企业生态系统创新共生战略[M]. 北京：经济科学出版社.

李忠云，邓秀新. 2011. 高校协同创新的困境、路径及政策建议[J]. 中国高等教育，（17）：11-13.

李祖超，梁春晓. 2012. 协同创新运行机制探析—基于高校创新主体的视角[J]. 中国高教研究，（7）：81-84.

林婷婷. 2012. 产业技术创新生态系统研究[D]. 哈尔滨：哈尔滨工程大学.

刘凡丰. 2015. 高校研发平台成功因素的案例分析—以长三角某协同创新中心为例[J]. 中国高校科技，（11）：75-77.

刘辉，张琰，赵镇，等. 2015. 基于协同创新的高校科研组织管理模式[J]. 中国高校科技，（6）：18-20.

罗发友，刘友金. 2004. 技术创新群落形成与演化的行为生态学研究[J]. 科学学研究，22（1）：99-103.

马宁，王立. 2005. 企业主导型产学研合作创新模式分析[J]. 科学学研究，（S1）：244-248.

马媛. 2015. 高校协同创新中心的发展现状及对策分析[J]. 中国轻工教育，（4）：16-19.

彭华涛，马龙，吴莹. 2013. 推动协同创新应不断强化政府的主导作用[J]. 经济纵横，（8）：13-17.

祁娟. 2010. 高校科研创新团队组建模式与运行机制分析[J]. 市场周刊（理论研究），（5）：11-12，6.

冉奥博，刘云. 2014. 创新生态系统结构、特征与模式研究[J]. 科技管理研究，34（23）：53-58.

石新泓. 2006. 创新生态系统：IBM Inside[J]. 哈佛商业评论，（8）：60-65.

孙清忠，黄方方. 2014. 高校协同创新中心资源优化配置机制构建探析—基于管理协同理论视角[J]. 高教探索，（5）：26-29.

唐阳. 2014. 高校协同创新中心生命周期研究[J]. 中国高校科技，（6）：36-37.

田恒国. 2013. 关于生态文明建设若干关系的思考与辨析[J]. 福建行政学院学报，（4）：54-59.
屠凤娜. 2016. 京津冀产业协同创新生态系统运行机制研究[J]. 城市，（3）：22-25.
王翠霞. 2014. 国家创新系统产学协同创新机制研究—基于复杂系统理论视角[D]. 杭州：浙江大学.
王海建. 2012. 基于协同创新思想的创新型人才培养[J]. 扬州大学学报：高教研究版，16（5）：38-41.
王艳杰，毕克新. 2009. 基于生态位理论构建高校创新团队核心竞争力的分析[J]. 黑龙江高教研究，（1）：51-53.
肖坤，夏伟，卢晓中. 2014. 论协同创新引领技术技能人才培养[J]. 高教探索，（3）：11-14，30.
谢蕾蕾. 2014. 高校协同创新中心发展的若干问题及对策[J]. 中国高校科技，（10）：28-29.
严成樑. 2013. 基础研究、应用研究与最优 R&D 配置[J]. 系统科学与数学，33（8）：879-891.
杨宗仁，巨有谦，李盈洲. 2009. 创新理论的嬗变和我国科技创新团队建设[J]. 甘肃社会科学，（3）：239-242.
游文明，丛曙，张煜. 2004. 产学研合作中政府职能的研究[J]. 科技与管理，6（3）：121-123.
郁秋亚. 2015. 国内高校协同创新研究的热点分析—知识图谱的新视角[J]. 江苏高教，（4）：50-52.
喻春红. 2012. 关于构建促进协同创新的人事制度的思考[J]. 中国高校师资研究，（6）：1-5.
原长弘，孙会娟，王涛. 2012. 存在双元：政府支持与高校知识创造转移效率[J]. 科学学研究，30（9）：1397-1404.
曾国屏，苟尤钊，刘磊. 2013. 从“创新系统”到“创新生态系统”[J]. 科学学研究，31（1）：4-12.
张波. 2010. 中小企业协同创新模式研究[J]. 科技管理研究，30（2）：5-7.
张磊，贺强，林卫峰. 2016. 天津化学化工协同创新中心共享平台模式探究[J]. 实验室研究与探索，35（3）：275-278.
张梦中，应国瑞. 2003. 案例学习研究：设计与方法[M]. 广州：中山大学出版社.
张秀琦. 2015. 基于“2011 计划”的高校协同创新中心运行模式的研究[J]. 黑龙江生态工程职业学院学报，28（2）：62-63.
张园. 2015. 国家级协同创新中心新型科研组织模式发展[J]. 人民论坛，（11）：85-87.
张运生. 2008. 高科技企业创新生态系统边界与结构解析[J]. 软科学，22（11）：95-97，102.
张忠迪. 2014. 协同创新中心建设中政府的角色定位[J]. 中国高校科技，（8）：30-32.
张忠迪. 2015. 地方高校协同创新中心建设路径探索[J]. 中国高校科技，（Z1）：33-36.
仲崇娜，苏屹. 2015. 高校协同创新平台组织结构与运行机制研究[J]. 科技进步与对策，32（6）：29-34.
周青，聂力兵，毛崇峰，等. 2020. 中小企业微创新实现路径及其关键机制研究[J]. 科学学研究，38（2）：323-333.
周青，杨伟，马香媛. 2012. 浙江企业产学研合作主体性的实证研究[J]. 科学学与科学技术管理，33（4）：142-146.
朱鹏. 2013. 协同创新中心组织管理体系构建研究—基于利益相关者视角[J]. 高教探索，（3）：15-18.
Eisenhardt K M，Graebner M E. 2007. Theory building from cases：Opportunities and challenges[J]. Academy of management journal，50（1）：25-32.
Fang G，Zhou Q，Wu J，et al. 2019. The relationship between network capabilities and innovation performance[J]. Industrial Management & Data Systems，119（8）：1638-1654.
Glaser G B. 2001. The Grounded Theory Perspective：Conceptualization Contrasted with Description[M]. Beijing：Sociology Press.
Iansiti M，Levien R. 2004. The Keystone Advantage：What the New Dynamics of Business Ecosystem Mean for Strategy Innovation and Sustainability [M]. Boston：Harvard Business School Press.
Park H W，Leydesdorff L. 2010. Longitudinal trends in networks of university-industry-government relations in South Korea：The role of programmatic incentives[J]. Research Policy，39（5）：640-649.
Pickett S T A，Cadenasso M L. 2002. The ecosystem as a multidimensional concept：Meaning，model，and metaphor[J]. Ecosystems，5（1）：1-10.
Strauss A，Corbin J. 1998. Basics of Qualitative Research Techniques[M]. Thousand Oaks，CA：Sage publications.
Yin R K. 1994. Discovering the future of the case study method in evaluation research[J]. Evaluation Practice，15（3）：283-290.

第五篇　新时期技术创新联盟的理论创新与发展

伴随着互联网、物联网、大数据、人工智能、区块链等信息技术的高速发展，技术创新联盟的发展形态和模式也发生了巨大的变化，特别是对技术创新联盟产生了深刻的影响，“互联网+”协同创新生态系统应运而生。“互联网+”协同创新生态系统是互联网时代创新生态系统演化发展的新阶段，也是中国创新驱动发展战略和“互联网+”战略在创新组织层面的有机结合。第19章首先论述“互联网+”协同创新生态系统的背景和意义，在梳理“互联网+”协同创新生态系统的理论演进脉络、“互联网+”协同创新生态系统组织和运行模式相关研究的基础上，提出“互联网+”协同创新生态系统的研究方向与趋势，包括互联网与协同创新生态系统融合机理、“互联网+”协同创新生态系统的组织模式和运行机制研究等重点内容。第20章进一步探讨“互联网+”企业创新生态系统价值共创行为与模式，基于服务主导逻辑分析“互联网+”对企业创新生态系统价值共创的影响，从发起主体、核心能力、价值主张、推进机制和价值实现五个维度总结了三种价值共创模式，并以多点公司、虎扑社区和微信小程序为例进行案例分析。

“一带一路”倡议是国家重大发展需求，将企业技术标准联盟创新融入国家“一带一路”重大发展需求中，是契合与服务国家重大发展需求，探索面向“一带一路”企业技术标准联盟发展与管理的理论创新与现实需要，实现理论创新与国家需求的有机融合，更是新时代中国企业技术标准“走出去”的重要途径。第21章从企业技术标准联盟的理论溯源着手，系统梳理其研究脉络；基于企业技术标准联盟内涵与成因、形成与发展机制等文献述评，凝练面向“一带一路”的企业技术标准联盟研究需求和方向；提出进一步的研究展望，包括面向“一带一路”企业技术标准联盟的特定内涵、属性与创新模式，联盟形成、运行、治理机制和创新生态系统，以及促进其发展的政策体系与行动路线等。第 22 章基于国内外文献梳理与总结，定义面向“一带一路”企业技术标准联盟的内涵和特征，利用“中国一带一路网”和“一带一路数据库”公开发布的 782 条有效案例数据进行扎根理论总结提炼面向“一带一路”企业技术标准联盟驱动因素。

第19章 “互联网+”协同创新生态系统的创新与发展

2015年7月，《国务院关于积极推进“互联网+”行动的指导意见》明确指出要顺应“互联网+”发展趋势，大力拓展互联网与经济社会各领域融合的广度和深度，形成以互联网为基础设施和创新要素的经济社会发展新形态。“互联网+”可以理解为互联网技术及其社会制度属性与其他领域的深度融合，其本质是传统产业的在线化、数据化，同时也是一种全新的发展范式（杨伟等，2018；游五洋，2015；柳洲，2015），通过其强大的连接能力，推动创新与开放，跨界与融合，重塑社会组织结构，进而促使经济发展方式与价值创造方式的改变。“互联网+”协同创新生态系统是实现创新驱动发展的重要载体，是创新生态系统理论研究的新问题新动向。本节在分析“互联网+”协同创新生态系统的背景和意义，综述“互联网+”协同创新生态系统的相关研究现状及发展动态的基础上，提出“互联网+”协同创新生态系统的研究方向与趋势。

19.1 “互联网+”协同创新生态系统的背景和意义

在以互联网为代表的信息技术快速发展的背景下，人类社会正在经历以智能化、信息化为核心的第四次工业革命。“互联网+”具有广阔前景和无限潜力，正在对我国经济社会发展产生战略性和全局性的深刻影响。2015年7月，《国务院关于积极推进“互联网+”行动的指导意见》提出要顺应世界“互联网+”发展趋势，大力拓展互联网与经济社会各领域融合的广度和深度，形成以互联网为基础设施和创新要素的经济社会发展新形态。“互联网+”是新一代信息技术在经济、社会生活各部门的扩散和应用过程，其本质是传统产业的在线化、数据化（游五洋，2015）。尽管理论和实践界理解互联网的角度存在差异，但对于“+”的含义基本达成共识：它不是物理意义上的简单叠加，而是化学意义上的深度融合。“互联网+”是利用互联网改造传统产业业态、组织模式甚至经济主体的行为方式，从而实现转型发展。互联网与企业协同创新实践的融合体现在互联网技术在企业协同创新中的深度应用，以及企业协同创新活动对互联网技术的适应性改造。

现有理论和实践的研究成果已经认识到，“互联网＋”协同创新生态系统的内涵是通过互联网连接企业、高校及科研机构、科技中介组织等创新主体以及用户、极客等个体创新者，结合物理空间和赛博空间，使知识、技术和信息等创新资源自由流动与优化组合的平台化、生态化组织。“互联网＋”协同创新生态系统是协同创新生态系统与互联网深度融合的组织形态，具有明显的时代特征和重要价值。

（1）培育“互联网＋”协同创新生态系统是增强经济发展新动能的重要途径。习近平在 2017 年达沃斯论坛主旨演讲时提出：与以往工业革命相比，第四次工业革命是以指数级而非线性速度展开的。我国将坚持创新驱动的战略，应对世界经济面临增长动力不足的根本问题。中国正在实施“互联网＋”行动计划，推进“数字中国”建设，支持基于互联网的各类创新，提高发展质量和效益，致力于构建新技术条件下经济发展的新模式。“十三五”期间国家支持以企业为主体的，利用互联网等新平台新模式的创新组织模式，加强产学研协同，深化全方位协同创新，“互联网＋”协同创新生态系统正是企业抓住智能化、信息化的第四次工业革命发展契机，整合各类创新资源，应对国际、国内挑战，突破地域限制和行业发展瓶颈的重要方式，并成为增强经济发展新动能的重要途径。

（2）“互联网＋”协同创新生态系统研究是互联网时代创新生态系统理论创新的重要内容。在互联网的影响下，协同创新生态系统出现了新的变化：一方面，平台型生态系统大量涌现（陈劲，2013），出现核心企业不谋求通过创新解决供需矛盾，而是通过其平台整合创新资源的创新 3.0 模式（蒋德嵩，2013）；另一方面，越来越多的个体通过众创众包等方式加入创新生态系统中，交互式的协作方式快速发展，运行机制也随之发生改变。“互联网＋”协同创新生态系统的研究成为创新生态系统理论研究的新趋势。

（3）“互联网＋”协同创新生态系统的研究是管理科学与信息科学交叉研究的新领域。随着互联网时代的到来，工业经济时代管理科学以劳动分工原理为基础的研究发生了转变，“互联网＋”使生产者直接与消费者衔接，更加关注个性化需求，生产方式由大规模单一品种向小规模个性化定制的柔性生产转变（辜胜阻等，2016；周青，2016），强调注重共性技术创新、功能融合和整体效益，强调柔性的管理和应变能力（乌家培，2000）。从信息科学视角看，创新是一个信息处理的过程（付睿臣和毕克新，2009），协同创新是以知识创新需求为向导，打破传统的部门界限，在不同主体之间确立一种有效的交互机制和协作机制，以实现创新目标。“互联网＋”协同创新生态系统不仅对信息技术、资源提出了开放共享的要求，还形成创新主体独特的共享策略和模式，以及创新主体互动构成生态系统的全新过程。

19.2 “互联网 + ”协同创新生态系统的相关研究现状及发展动态

19.2.1 “互联网 + ”协同创新生态系统的理论演进脉络

产学研创新的演变路径从单位制到项目制再到生态系统，是一个追求价值增值的过程（张国昌和胡赤弟，2017；De Vasconcelos Gomes et al.，2018）。“互联网 + ”协同创新生态系统是信息经济时代创新系统理论演化发展的产物。在此演化发展的过程中，受到商业生态、协同创新、“互联网 + ”概念的影响。图 19.1 描述“互联网 + ”协同创新生态系统的理论演进脉络。

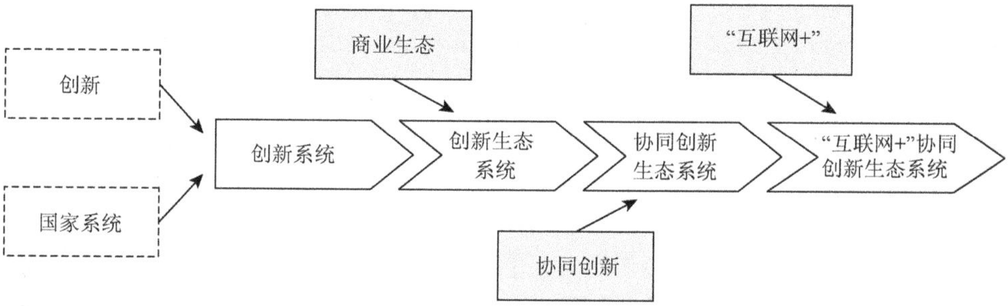

图 19.1 “互联网 + ”协同创新生态系统的理论演进脉络

创新生态系统是在创新系统理论和生物学类比思想基础上产生的新概念。在 Schumpeter（2017）的创新理论和李斯特（2013）的“国家系统”概念基础上，Freeman（1987），Lundvall（1992）等开创了创新系统理论。20 世纪 70 年代，生物学隐喻在经济社会研究中再度复兴，催生了组织生态（Hannan and Freeman，1977）、商业生态（Moore and Hamalai，1993）等新的概念和研究视角，并扩散至创新系统领域，产生了创新生态系统理论（Gastaldi et al.，2015）。综合现有研究，创新生态系统的内涵主要包括如下三个方面。

（1）从结构看，创新生态系统是典型的复杂系统，创新主体间具有非线性交互关系，并形成生态化组织体系。一方面，创新主体之间具有共生耦合、竞争合作等非线性交互关系和复杂网络特征（Iansiti and Levien，2004；陈畴镛等，2010；曾国屏等，2013）。另一方面，创新生态系统是一种生态化组织体系（吴金希，2014），其结构既可以按照生态层次划分为物种、种群和群落（李万等，2014），也可根据其功能划分为研究、开发与应用三类群落。

（2）从与外部环境的关系看，创新生态系统是开放系统，创新主体与创新环境之间相互作用。创新环境不仅包括经济环境，还包括社会和自然环境（Mercier-Laurent，2011），它们构成了创新的“栖息地”（李钟文，2002），为创新主体与创新行为提供资源支持，并受到创新主体的影响（赵放和曾国屏，2014）。

（3）从功能来看，创新生态系统是可持续发展的系统。不仅表现为创新活动的持续性和多样性，还要实现系统自身的持续进化（Fukuda and Watanabe，2008；Almirall et al.，2014；柳卸林等，2016）。

协同创新生态系统是创新生态系统的特殊表现形式。协同创新是以知识增值为核心，企业、政府、知识生产机构（高校、科研机构）、中介机构和用户等为了实现重大科技创新而开展的大跨度整合的创新组织模式（陈劲和阳银娟，2012）。协同创新生态系统强调企业不仅是参与者，还是主要的组织者，从多主体协作的角度进一步凸显企业在创新中的主体性地位。同时，从组织和运行机制看，协同创新生态系统还强调整体在共生竞合中的动态演化，分析系统自身的组织、资源流动以及与外部环境的交互规律等（Agostini et al.，2015；Schilling，2015）。

“互联网＋”的内涵有狭义和广义之分。狭义上，“互联网＋”是新一代信息技术在经济、社会生活各部门的扩散、应用过程，其本质是传统产业的在线化、数据化（游五洋，2015）。广义上，“互联网＋”可以被理解为一种新的发展范式，甚至是“互联网文明”（柳洲，2015；黄璜，2015；刘渊，2016）。但不管从狭义还是广义角度来看，“＋”均为融合之意。由此，“互联网＋”可理解为互联网所代表的新一代信息技术，及其对应的思维方式和行为偏好与其他领域的深度融合。相应地，“互联网＋”协同创新生态系统是协同创新生态系统在信息经济时代的新发展。

综上所述，“互联网＋”这一概念正在从实践界走向学术界，相关研究方兴未艾，对诸多管理理论构成挑战。“＋”实质是“融合”或“深度融合”的形象化表示。在创新生态系统理论基础上，协同创新生态系统进一步凸显了企业的主体性地位以及创新过程与结果的协同效应，为“互联网＋”协同创新生态系统提供了重要的理论基础。同时，关于“互联网＋”和协同创新生态系统的理论研究已取得了一定的成果，但两者的结合研究还不多见，与蓬勃发展的实践相比，理论明显滞后，这既是现有研究最重要的不足，也为“互联网＋”协同创新生态系统提供了广阔的研究空间。

19.2.2 “互联网＋”协同创新生态系统组织模式的相关研究

协同创新生态系统作为自然生态系统的类比概念，个体之间借助物质循环、能量流动、信息传递而相互影响、相互依赖，形成具有自适应、自调节和自组织功能的复合体组织（Iansiti and Levien，2004）。作为一种松散网络组织，它为成员创造了共生条件，提供了灵活的关系选择与系统设计条件（Li，2009；Eisenhardt and Martin，2000；Das and Teng，2002）。就企业间关系而言，协同创新生态系统将商业战略由简单的联合作业向协同、系统的合作转变，从产品竞争向平台竞争转变，从企业独立的发展向共生演化转变（Sahay，2017；Veugelers，2016）；就企业与环境的关系而言，随着创新生态系统中成员组织与环境动态性的增强，只强调自身生存和发展权利而无视利益相关者群体的整体利益及生态系统共生发展与繁荣的经营理念已经落后，企业不再将自己看成是单个封闭组织，而是有意识地与相关组织组成一个整体，将自身命运与整个生态系统紧密联系在一起，努力实现共生演化（Almirall et al.，2014；Battistella et al.，2013；Best，2015）。伴随成员的共生演化，协同创新生态系统逐步演变为由一个参与者到为多个核心产品提供互补性资产增值、并遵照统一标准的多组织社群组织，并最终创造单一企业无法创造的价值。

1. 协同创新生态系统的组织模式

（1）主导型协同创新生态系统组织模式。主导型协同创新生态系统是指在核心企业主导下形成的协同创新生态系统。该类型组织成立的目的在于整合不同类型合作伙伴的互补资源，从而围绕核心企业形成协同效应（张运生，2009）。其中，核心企业拥有众多技术模块供应商，在其主导下能够较容易地整合相关技术模块，为终端客户提供一整套技术解决方案（Boschsijtsema and Bosch，2015；Clarysse et al.，2014；Dedehayir and Seppänen，2015），而技术模块供应商之间也存在一定的合作关系，从而围绕核心企业形成技术创新模块供应商间的生态网络关系，增强创新生态系统的组织柔性与差异化。通过核心企业及其配套技术模块供应商之间“模块化知识”的传递与耦合（Gawer and Cusumano，2014；Gawer，2014；Gómez-Uranga et al.，2014），核心企业能够将创新生态系统内分散的节点整合为一体化的组织结构。

（2）平台型协同创新生态系统组织模式。平台型协同创新生态系统是应对复杂系统创新的一种基本制度安排，其网络构架的主要联结机制是企业间创新的基础技术平台。创新生态系统本质上是围绕这一基础技术平台形成的各种正式与非正式协作关系的总结构（Isckia，2009；Isckia and Lescop，2014；Kapoor and Lee，2013）。与主导型协同创新生态系统组织模式不同的是，平台型协同创新生态系统组织模式中不存在明显的主辅配套、知识异化、互为依赖的协作关系，而是基于共性基础技术平台而展开联合攻关（程强和石琳娜，2016；贺新闻和辛吉勋，2015；叶伟巍等，2014）。

（3）经济型协同创新生态系统组织模式。经济型协同创新生态系统是企业不断寻求最适合于市场竞争的合作伙伴而形成的联盟组织，其目的是以最小的经济成本实现技术的内部化（梅亮等，2014；冉龙等，2013），形成动因在于自由市场竞争环境下，企业可以不断与新的合作伙伴交换各自积累的知识、技术与经验，以不断整合新的竞争优势（Letaifa，2014；Lindgren et al.，2015；Madsen and Macgregor，2013；常绍舜，2015）。与以上两种协同创新生态系统组织模式不同的是，经济型协同创新生态系统组织模式既不追求主辅配套，也不致力于技术平台的联合攻关，而是从防止技术外溢、追求研发规模经济、分散研发风险等经济性视角展开协同合作。

2. 互联网时代的协同创新生态系统组织新元素

许多学者对协同创新要素进行了系统分析，如解学梅和方良秀（2015）从地理接近性、信任、沟通、机制环境等层面评述了协同创新的要素。在互联网时代，协同创新生态系统组织模式逻辑下的新元素正在逐渐形成，但协同创新生态系统组织模式背后存在共同的逻辑，即以社群为中心的平台模式或称为社群逻辑下的平台模式（简称社群平台）。互联网时代协同创新生态系统的独特元素主要有以下几种。

（1）新元素之一：社群。社群是聚集在一起的拥有共同价值观的社会单位，部分存在于具体的地域中，有的存在于虚拟的网络里。有学者认为在互联网模式中社群是一个两两相交的网状关系，用于满足顾客和服务顾客，而社群发展到一定程度会自我运作，是一个自组织的过程（Mäkinen et al.，2014；Overholm，2015；Rong et al.，2015）。在社群逻辑下，市场不再只是在现实生活中厂商与消费者双方进行价值交换的场所，已经成为厂商与社群消费者合作网络各成员之间的知识碰撞、交流与增值的场所；而顾客作为知识创新的另一种来源，既是参与者和建设者，也是直接受益者。在互联网模式下，厂商获得资源进行价值创造，对于社群的依赖度很高（Lee and Berente，2012；Ordanini and Rubera，2010；Chung et al.，2019）。

（2）新元素之二：平台。产品和平台是当今市场成功的必要战略资产。平台强化了在信息和沟通技术下组织模式的安排能力（Wareham et al.，2014；Williamson and Meyer，2012）。一方面，平台提供供需双方互动的机会，强化信息流动，降低受众搜索有用信息所需的成本，提供双方实现价值交换、完成价值创造的场所，因此平台消除了信息的不对称性，打破了以往由信息不对称带来的商业壁垒，为跨界创造了条件；另一方面，平台的存在有利于建立制度，通过对平台的管理，防止功利主义行为，保护消费者和供应商的利益，使得平台中参与者的凝聚力增强（Wareham et al.，2014；Borgh et al.，2012；Vargo et al.，2015）。

3. 互联网对协同创新生态系统组织模式的影响

互联网背景下的协同创新生态系统是一个开放的、松散耦合的、自组织的、基于各类社区的系统（Adner and Kapoor，2010）。系统中的各个主体同时承担着创新供给者和需求者的角色，即可能在为其他主体服务的同时作为客户发布创新需求。整个协同创新过程中没有固定的组织结构，也不存在中心化的控制和详细的角色划分，随时的交流和合作是整个系统的主要活动（Solee et al.，2013；Fernandez et al.，2014；Gressgard et al.，2014）。在该生态系统中不同的创新种群具有类似的特征，能够进行直接或间接的交流，能够共同制定任务和共享问题（Overholm，2015），从而通过互联网形成不同组织结构的系统：当交流渠道被限定时，创新种群可以形成一个层级结构，当创新种群面临某个创新任务且合作创新流程已经得到较好的界定时，可以形成一个顺畅的工作流程。部分情况下，也可以形成一个环形的合作创新组织，即每一个创新种群都自我协调，且进行资源共享，共同解决问题（欧阳桃花等，2015；Rehm and Goel，2017）。

"互联网 + "背景下的协同创新生态系统与以往的各类合作创新组织存在较大的区别：需求—供给模式中的创新交流是基于中心化和命令的环境；点对点模式中每一个创新个体都具有确定的创新角色，要么是创新供给者，要么是创新需求者，不能二者兼任；创新联盟组织中合作创新伙伴相互连接并进行资源共享，但是避免不了搭便车和机会主义行为；创新网络组织/协同创新生态系统中一般拥有一个中心化的中介结构，而需求者和供给者是分布式的，但是这种混合的结构并不能保证信任（张妍等，2015；Gastaldi et al.，2015）。然而，互联网 + 背景企业协同创新生态系统是一个开放的在线社区，并且没有中心控制或者固定的角色，其演变阶段见图 19.2，各阶段特征见表 19.1。

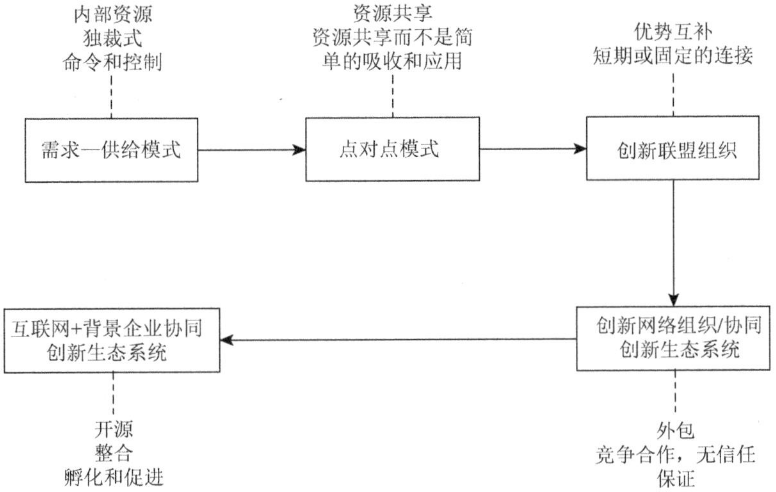

图 19.2 "互联网 + "背景下协同创新生态系统的演变

表 19.1　各类创新组织的特征

	需求—供给模式	点对点模式	创新联盟组织	创新网络组织/协同创新生态系统	互联网＋背景企业协同创新生态系统
模式	中心化	分散化	分散化	中心化和分散化混合	分布式的种群和社区化
组成部分	不同的需求者和一个供给者	个体组织	节点组织	中介，需求提供和供给提供者	种群
角色	需求者或者供给者，不能改变	每一个个体组织具有一个固定的角色	遵循相关的协议	主体具有一个界定的较好的角色，且不能改变	双重角色，既可以成为需求者也可以成为供给者
交流	单向	需求侧出发	需求侧出发	需求、寻找和组合	供给和需求
目标	信息知识库	文件共享，匿名交流	资源共享	电子交易平台	协同、均衡、成长和繁荣

基于此，互联网对协同创新生态系统组织的影响可以归纳为以下几点。

（1）创新主体间信息交流方式的改变。传统的协同创新环境下，创新主体相互之间的交流是需求、搜索、寻找或者整合，但“互联网＋”协同创新生态系统中是基于互联网的供给和需求来完成的（Mantovani and Ruiz-Aliseda，2016；Liu et al.，2015；黄紫微和刘伟，2016），其中供给是一项免费的服务，由具有某种意愿来共享想法和意见的创新主体提供，需求来源于正在搜索服务、意见或者帮助的主体。建立在互联网基础上的协同创新平台会对供给和需求进行聚合以有利于快速匹配和整个生态系统的发展（Kim et al.，2016）。

（2）创新主体组织角色的两面性。对同一个创新种群而言，如果交流是通过各种供给活动实施的，那么该种群就是一个供给方；如果交流是通过需求活动实施的，如搜寻一项创新知识服务，那么该种群就是一个服务方（Dingler and Enkel，2016）。以往协同创新系统中的交流方向是单向且指定的，包括需求、搜索、寻找或者整合，但在“互联网＋”协同创新系统中供给和需求方的交流是多向的。

（3）组织服务平台的多功能化。“互联网＋”协同创新生态系统还提供了一种服务的平台，包括两个组成部分：聚集到该平台的各个创新种群与信任、声誉、服务质量和产品建议系统（Schleimer and Faems，2016）。该平台会为协同创新系统中的其他主体提供各项服务，且会扩散各个创新主体的供给和需求信息，如产品使用中的反馈和经验等，而且“互联网＋”协同创新生态系统会加速这种反馈，且为服务供给方和需求方都提供各种快速响应的信息（Héroux and Fortin，2016；Scheeren et al.，2013；Durmusoglu and Barczak，2011）。

4. 本节述评与启示

现有研究主要围绕产业链构建协同创新生态系统组织，强调组织间联盟关系及其对资源流动的影响，组成个体主要是生产环节的各类企业、供应商、高校和科研机构、金融机构等。研究的要点具体可以归纳如下。

（1）协同创新生态系统组织注重稳定关系基础上的资源流动以及由此产生的协同创新。因此，其研究方向在于如何构建稳定的信任关系。特别是在创新强调多样化和异质性知识获取的背景下，如何与组织边界外个体构建信任关系从而有效获取和整合外界知识资源是研究的重点内容。

（2）对社群和平台组织的研究仅限于对其自身的研究。在社群研究方面，虽然已经意识到社群对厂商的作用，但是研究重点在于如何挖掘社群的商业价值，对平台组织的研究主要强调某个企业如何将自身打造为平台型组织，构建从属于某个企业的平台。

（3）针对互联网对协同创新生态系统组织影响的研究主要集中于文字的描述，包括信息交流方式、组织角色和平台功能等。互联网在促进信息交流方面的研究较多，在进一步对个体与组织、组织与组织间关系方面的深入研究较为零散。

现有研究的不足主要体现在：首先，现有研究关注的重点在于组织间关系，忽视了协同创新生态系统组织构建的目的在于创新，也未能够把握互联网下创新民主化、分布化等方面的特征，由此而产生的混序组织演化过程、促进创新民主化的机理以及组织管理过程中的分布式等问题有待进一步分析；其次，现有研究未能体现互联网时代协同创新生态系统组织构建中的消费者需求价值导向，未能准确把握社群和机构创新主体围绕价值共创而形成的新型组织关系；最后，对现有的观点也缺乏相应的数据和案例支持。基于此，关于“互联网 + ”协同创新生态系统的组织模式研究，需要在现有协同创新生态系统的基础上考虑“互联网 + ”所带来的各类新型组织、组织关系和价值创造的影响，进而揭示“互联网 + ”协同创新生态系统的价值共创机理。

19.2.3 “互联网 + ”协同创新生态系统运行机制的相关研究

1. 创新生态系统运行机制的相关研究

创新生态体系强调系统的自组织生长性，是一个自增益循环的生态系统。系统中，各要素的相互联系、制约和共生共荣导致创新生态系统具有自适应、自发展的鲁棒性，并保持不断演化、不断促进优势新物种的成长、不断自我超越的能力（刘丹和闫长乐，2013；曾国屏等，2013）。解学梅和徐茂元（2014）研究揭示良好的协同创新机制能够拓展企业的协同网络，提高创新绩效。在分析创新生态系统运行机制时，很多研究都是从生态系统理论出发，来界定所分析对象的边界、结构和构成的。洪银兴（2014）认为产学研协同是一个系统工程，须构筑一个透明的使产学研各方互利互惠、利益共享、风险分担的利益机制。张笑楠（2016）从创新生态视角出发构建了战略性新兴产业创新生态系统的结构模型，分析了系统内种群间的互动关系，并探讨了我国战略性新兴产业创新生态系统的运行机制，包括聚集机制、竞争与共生机制、传导与扩散机制。

创新生态系统的发展是动态变化的过程，只有保持或增强系统运行的稳定性才能促进产业技术创新生态系统的协同演进（徐建中和王纯旭，2016；张笑楠，2016a），其中降低创新风险、合理调配资源、加强企业协作、合理分配利益与环境协调一致等都需要合理的运行机制作为保障。Fukuda 和 Watanabe（2008）提出的四条创新生态原理为通过替代而可持续地发展、通过共同进化而自我增值、组织惯性和受激于向竞争者学习、异质协同。黄鲁成（2003）指出区域技术创新生态系统的生存机制包括反馈调节机制、鲁棒调节机制、多样性调节机制。李湘桔和詹勇飞（2008）采用“知识发酵”模型分析创新生态系统，从知识获取渠道和创新所需知识性质的角度，构建创新生态系统管理矩阵。张运生和邹思明（2010）认为高科技企业创新生态系统治理机制包括决策机制、谈判协调机制、平台定价机制和约束机制，提出俱乐部型治理、辐射型治理和渗透型治理三种模式。周大铭（2014）基于核心企业视角，归纳企业技术创新生态系统运行风险的类型，包括企业融合风险、机会主义风险、核心资源流失风险、外部环境风险和创新单元风险。

2. 互联网对协同创新实现机制的影响

协同创新是不同组织的知识和技术整合的结果，组织间的关系影响创新的互动和互补效应（Johnsen and Ford，2000），涉及知识、资源、行为、绩效的全面整合（Serrano and Fischer，2007）。这种复杂关系形成的基本目标是使技术发展和创新成为可能，是经济动力学而不是能量动力学（Jackson and Ladley，2012）。协同创新的运行需要对各阶段内在的知识活动及各阶段之间相互嵌入的知识活动进行控制与引导（涂振洲和顾新，2013）。传统的协同创新包括“产学研”创新、区域产业创新等，虽然同样着重于知识和技术的开发与利用，但是这个创新过程中知识的概念是狭隘的。例如，何郁冰（2012）提出针对“战略—知识—组织”三重互动的产学研协同创新模式，阐述了三维协同之间的逻辑关系；金惠红等（2015）指出从反应过程来看，协同创新的本质在于知识创新，提出知识协同模型来反映“协同池”内知识的协同创造过程；唐震等（2015）从平台结构和协同创新路径两个方面深入挖掘了产学研协同创新实现的内在机制。此外，也有些学者从特定的产业来分析协同创新，如张治栋和唐宏骏（2015）基于物联网产业协同创新现状与趋势，在确立创新主体和创新要素的基础上构建物联网产业协同创新模型，并探索其运行机制；欧阳桃花等（2015）以小卫星龙头企业

DFH（Dong Fang Hong）为对象进行案例研究，探讨了航天复杂产品创新生态系统动态演化的特征及其实现机制，剖析了航天核心企业在创新生态系统的不同发展阶段如何实现动态适配。

传统协同创新运行机理已不适应于互联网环境下的协同创新。在协同创新价值增值过程中，互联网技术为知识资源的开发、更新提供了保障（Zhou and Li，2012）。互联网上网页存档、用户点击、网页链接、商品信息、用户关系等数据形成了持续增长的海量数据集，这就扩充了知识的范畴（Yayla and Hu，2014；Yeh et al.，2012）。在积累阶段，这些浩瀚信息资源经过积累、创新、扩散，通过组织内部已有知识以及外部信息技术资源的积累，搭建协同创新系统的平台，为后续知识创新奠定基础；在创新阶段，通过互联网信息分析技术，对信息资源的共享和吸收，将新知识应用于市场生产经营中，实现信息资源的价值增值；在扩散阶段，信息资源商品化后的产品通过满足经过互联网技术分析后的用户精准需求得到共享，同时再通过互联网获得新的信息资源（Manser et al.，2015；Yoo et al.，2010；欧阳桃花等，2012）。进一步，魏如清和唐方成（2016）基于互联网平台的创新生态系统网络结构理论，探讨了基于互联网的用户价值创新及实现路径，以及用户价值创新和企业管理策略的选择。Wu 等（2016）分析认为基于互联网的协同有利于供应商产品创新绩效的提高，但过多依赖互联网则会阻碍产品创新。Levine 和 Prietula（2014）认为开放式协同创新最大的特点在于基于开放式的源软件，如在线社区等。因而，“互联网 + ”给协同创新的运行带来了巨大挑战和改变，亟须新的与此情景相匹配的运行机制。

3. 本节述评与启示

通过对协同创新以及创新生态系统运行机制等领域研究成果的梳理，认为虽然从创新生态系统的角度分析协同创新运行机制问题已经取得了一定的研究成果，但是整合互联网时代背景特征与创新生态系统视角来分析协同创新的运行机制仍值得更多关注。

（1）有关协同创新运行机制的研究大都停留在对协同过程的分析，或者对企业与其他某种特定的组织与群体进行合作创新的分析，鲜有研究挖掘互联网背景下，协同创新运行的整体机制与情景发生的重大改变，进而在这个特定的基础上讨论协同创新的运行机理与运行方式。

（2）现有研究在讨论创新生态系统运行机制时，大都停留在通过类比生态系统的方式来完成对创新生态系统结构、要素以及关联等特性的描述，从而对运行机制的研究也就停留在类比的或者归纳的定性分析上。

（3）现有的研究在分析互联网时代背景下协同创新的运行机制时，大都只是将互联网技术当成一种知识与信息的传播工具，对互联网背景下协同创新运行过程与方式的深刻变革没有引起足够的重视，更加缺乏将互联网时代背景与创新生态系统理论结合起来分析协同创新过程的研究。

总体看来，虽然现有协同创新运行机制的研究已经很难完全解释互联网技术深度融合背景下协同创新运行的实际规律，但现有的研究为开展“互联网＋”协同创新生态系统运行机制的研究提供了理论基础与指引。一方面，在信息技术的推动下，创新生态系统的发展已经突破了传统的地域、产业和国家的限制，并开始向非科技型产业渗透；另一方面，不断增长的技术复杂性和市场动态性，使得创新生态系统内主体间的网络性和交互性日益频繁与深入，企业边界不断模糊、创新生态系统的开放性不断增强（吕一博等，2005）。“互联网＋”协同创新生态系统作为一种特殊的创新生态系统，更加强调知识和技术的快速流动与融合，更加重视包括互联网技术在内的信息技术和创新过程的交汇与互动。

在“互联网＋”协同创新生态系统中，创新主体、创新资源的类型与分布呈现出民主化、去中心化等趋势，有效的运行机制将为整个系统的协同提供关键性的整合作用。因此，相关研究将在借鉴创新生态系统、协同创新以及信息管理等领域最新研究成果的基础上，从以下两个方面来重点分析“互联网＋”协同创新生态系统的运行机制。①揭示“互联网＋”协同创新生态系统的运行机理。基于“互联网＋”的核心内涵，探讨在“互联网＋”协同创新生态系统培育阶段的生长基础搭建机理、成熟阶段的共生关系形成与稳定机理以及自我更新阶段的自适应演化机理，并从知识、组织、制度三个方面探讨“互联网＋”协同创新生态系统如何逐步实现协同。②总结并凝练“互联网＋”协同创新生态系统的运行方式，探讨运行方式对协同创新绩效的影响。重点分析创新民主化、全球化、开放共享、价值重构等特征带来的企业创新生态系统的创新主体聚合方式、资源聚集方式、创新迭代方式以及利益配置方式的根本性转变，并进一步深入分析具有“互联网＋”典型特征的运行方式对协同创新的影响。

19.3 “互联网＋”协同创新生态系统的研究方向与趋势

关于协同创新生态系统的相关研究非常丰富，主要体现在以下三个方面。①研究范围广泛，既涉及整个生态系统的整体发展趋势与特征，又涉及主体间资源配置和流动等多方面。②研究内容丰富，既体现了由浅入深、由表及里的分析过程，又剖析了新形势下协同创新生态系统发展的现实表征和未来趋势预测。③研究成果体现出综合性和交叉性的特点，形成了管理学、信息学和经济学等跨学科的融合研究。总体来看，众多的研究成果为研究“互联网＋”协同创新生态系统提供了扎实的理论基础，但也存在对互联网与协同创新生态系统融合机理揭示不深入、“互联网＋”协同创新生态系统组织模式和运行机制研究不系统等问题，通过对上述各部分的文献小结和综述，可以总结本领域进一步研究的方向与趋势如下。

（1）互联网与协同创新生态系统融合机理研究。须以中国特定区域在新常态下的特征为依据，创建一套符合科学性、前瞻性和可操作性特征的互联网与协同创新生态系统融合发展的理论体系。

（2）“互联网 + ”协同创新生态系统的组织模式研究。构建适合中国“互联网 + ”协同创新生态系统发展的组织支持体系，探讨在互联网影响下协同创新生态系统的新型组织模式及其发展路径。

（3）“互联网 + ”协同创新生态系统的运行机制研究。结合互联网背景下协同创新生态系统的新特征，研究“互联网 + ”协同创新生态系统运行过程机理与方式，提炼具有互联网典型特征的协同创新生态系统运行机制。

第20章 “互联网+”企业创新生态系统价值共创行为与模式

“互联网+”作为一种新业态和新范式促进产业转型，驱动企业创新生态系统价值共创行为的演变。本章基于互动、融入、授权三个维度将价值共创行为划分为机构发起的价值共创行为、社群发起的价值共创行为、机构和社群共同发起的价值共创行为，并从服务主导逻辑视角分析“互联网+”企业创新生态系统价值共创模式。

20.1 “互联网+”驱动企业创新生态系统价值共创行为的作用机理

在过去几十年中，价值创造的理念随着互联网的发展发生了根本性的变化，传统的价值驱动力已经不能起到往常的作用，信息和通信技术将主体间互动加速发展为企业价值的源泉，用户体验成为品牌创新和价值创造的基础（Kucuk，2011；Skålén et al.，2015）。数字化平台成为企业不可或缺的一部分，通过数字化平台将跨越时间和空间的个体联系起来，以创造企业价值。数字化创新不仅会改变单个企业及其商业模式，而且会改变整个创新生态系统，使得其内外部组织结构得以更新（Adner and Kapoor，2010；Loebbecke and Picot，2015；周青，2020）。此外，数字经济增长所带来的价值变化特征凸显了一个事实，即价值不再是静态的，而是在数字环境下的多维价值创造实践中不断革新的动态价值。同时，用户的角色也随之变化，个体消费者通过社群作为价值提供者进入价值网络并成为创新体系的重要成员，从单纯的产品接受者成为价值的共同创造者，因而用户参与程度和用户感知利益的程度会对价值共创产生较大的影响（Nambisan and Baron，2013；Gupta and Kim，2004）。价值共创行为随之发生结构性的转变，虚拟环境下的价值共创既可以由企业发起，也可以由顾客自发，因此可以划分为发起的价值共创和自发的价值共创（Zwass，2010）。为了鼓励创新生态系统的参与者积极参与价值共创过程，必须努力确保生态系统的清晰愿景和共同价值基础（Ketonen-Oksi and Valkokari，2019）。在“互联网+”背景下，价值处于创新生态系统的核心位置，是由通过特定网络配置进行资源整合的参与者共同创造的，不同的价值共创行为创造不同的价值。从价值共创的实践来看，价值共创可能成功也可能失败，这与整个创新生态系统的互动、融入、授权行为密切相关（朱良杰等，2017）。成功的价值共创实践需要有效的互动、全方位的融入、合理的授权，以达到主体间行为的一致性，失败的价值共创实践则往往伴随着某种不匹配，如价值共创过程缺乏公平性、主体间缺乏共识等（Gebauer et al.，2013）。因此，我们有必要理清"互联网 + "对价值共创行为的作用机理，以更好地推动价值共创实践。

20.1.1 "互联网 + "驱动企业创新生态系统价值共创行为的研究框架

"互联网 + "可以理解为互联网技术及其社会制度属性与其他领域的深度融合（杨伟等，2018），其本质是传统产业的在线化、数据化，同时也是一种全新的发展范式，通过其强大的连接能力，推动创新与开放，跨界与融合，重塑社会组织结构，进而促使经济发展方式与价值创造方式的改变。"互联网 + "发展到今天，呈现出鲜明的六大特征，即跨界融合、创新驱动、重塑结构、尊重人性、开放生态、连接一切（马化腾等，2015）。可以看出，"互联网 + "具有强大的能量，是推动创新与经济转型的核心战略，也是促进经济转型的催化剂，受其影响，企业创新生态系统价值共创发生显著变化，主要体现在互动、融入和授权三个方面，利益相关者之间的互动、融入和授权催生出不同的价值共创行为。"互联网 + "驱动企业创新生态系统价值共创行为的研究框架如图 20.1 所示。

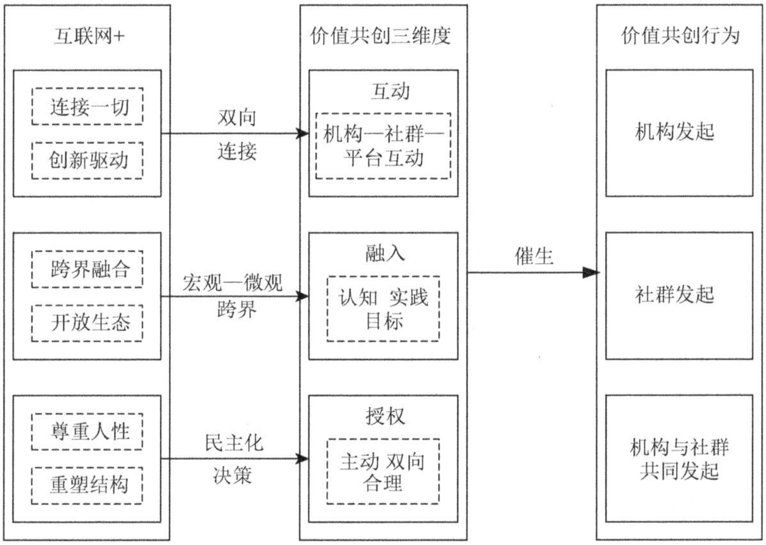

图 20.1 "互联网 + "驱动企业创新生态系统价值共创行为的研究框架

（1）连接一切和创新驱动创新互动形式。互联网使企业间的联系数字化、顾客互动直接化，企业将因具备“连接万物”的能力而获得“连接红利”（罗珉和李亮宇，2015）。互动反映了相关利益者之间的关系，是实现价值共创的必要条件，互动会产生反馈，从而产生有益或有害的新特性。“互联网 + ”连接一切的特性使得线上线下无缝连接，各种数字化平台的建立使得利益相关者之间的互动和跨界协作更加便利，良好的互动可以促进彼此间的协作和优势能力的互相转化，提升信任度与默契度，具体体现在知识、技能、组织、战略等各个方面，达到多维化协同，进而为创新具有针对性和有效性的价值共创推进机制创造良好条件。

（2）跨界融合和开放生态加快融入进程。融入是一个循序渐进的过程，包含认知、实践和目标的融入，其实质是提升企业实践与社群实践的匹配度（Corsaro and Snehota，2011）。价值共创过程是一个开放系统，通过与外部环境的相互作用，执行持续的交换、自我调节、自我成长。“互联网 + ”的发展促使企业创新生态系统的生态构成发生明显变化，具体表现在新主体的出现和主体角色的多元化，重塑了系统结构。互联网与传统产业的跨界融合推动产业转型升级，催生了一些之前不存在的主体，如云服务商和虚拟社群等。并且，“互联网 + ”企业创新生态系统中各主体的角色不再单一化，成员既可以担当发起者，又可以担当参与者，使得价值共创发起主体发生改变。这些改变促使机构与社群的相互融入，为探索更好的价值共创行为而持续。

（3）尊重人性和重塑结构优化授权机制。企业创新生态系统内部授权行为也发生了明显变化。企业创新生态系统中的价值共创必须满足两个条件：一是个体在价值共创中发挥积极作用；二是个体可以从参与过程中获得一些好处（Saarijärvi et al.，2013）。要满足这两个条件，就必须开放生态，吸引更多的利益相关者参与，同时尊重人性，打破以往核心企业权力过于集中的现象，转而实行分权，使得用户和社群拥有更大的权利，权利的分散有利于增强顾企契合程度，减少信息不对称，加强顾客对组织提供物和发起活动的关注程度及参与强度（Ruokolainen and Kutvonen，2006），激发其创造活力和参与热情。另外，双方的契合程度越高，即价值目标、价值主张一致性越高，资源和能力越匹配，则资源整合效率就会显著提升，双方共创价值的收益也就越高。

（4）企业创新生态系统主体间的互动、融入与授权催生出多种价值共创行为。在互联网时代，企业创新生态系统组织模式逻辑下的新元素正在逐渐形成，平台和社群成为价值共创的场所，对传统的价值共创行为带来了极大的冲击，为新的价值共创行为的出现奠定了基础。机构与社群间的互动更加深入和频繁，用户通过社群加速融入价值共创进程中，同时，用户获得了比以往任何时候都大的权利，可以自主或联合发起价值共创，并从中获取应得的收益。因此，在“互联网 + ”背景下，不仅机构可以发起价值共创，社群同样有能力和意愿发起价值共创，两者联合发起价值共创或是发展趋势。

20.1.2 “互联网 + ”驱动企业创新生态系统价值共创行为的作用方式与过程

“互联网 + ”带来的一系列变化将在企业内部、企业之间、企业与用户之间发挥作用，为人们提供持续的价值创造甚至是价值破坏的机会。“互联网 + ”可以自然地重塑系统格局，以创建“互联网 + ”创新生态系统，随着创造价值和获取价值的新机会的出现，这种变化已显而易见。不断变化的公司边界、价值流的扩展、新兴价值的创造实践和技术进步使企业能够在日益复杂的环境中释放已分配的价值。因此，线性的、集中的价值创造过程已经演变成非线性的、分散的价值创造过程。

1. “互联网 + ”驱动机构与社群的双向连接

在企业创新生态系统中，机构主要包括企业及其相关联的异质性利益相关主体，如高校、科研机构、政府、供应商、中介机构和合作者及竞争者等。社群是指基于共同的兴趣、目标、需求而形成的群体，个体消费者通过社群作为价值提供者进入价值网络并成为创新体系的重要成员。其形成目的是交流信息并影响其他用户对产品和服务的了解。社群是价值共创的催化剂，社群成员在价值共同创造过程中扮演着动态角色，通过充当提供者和受益者，从而为自己和组织共同创造价值（Hatch and Schultz，2010）。随着社群平台的兴起，由社群发起的价值共创现象更加普遍，社群与机构成为对比鲜明的两个群体。由于认知资源和技术能力有限，用户并不总是广泛参与或共享他们的价值共创过程。然而，技术进步有助于弥补这一障碍，“互联网 + ”的发展使得用户的技术复杂性和技术成熟度大幅提升（Macdonald and Uncles，2007），有利于机构与社群的双向连接。主体角色对价值共创行为选择具有重要影响，企业往往扮演价值促进者和共同创造者的角色，而顾客则扮演价值共同创造者和共同生产者的双重角色。企业创新生态系统价值共创必须考虑使用价值、客户背景和客户体验，拥抱客户发起的价值共创的企业有望提高其总体价值水平，从而刺激组织绩效（Heinonen et al.，2010）。

“互联网 + ”驱动机构与社群连接的作用机理主要表现在关系连接、产品连接和场景连接。①关系连接是指企业、高校等机构基于共同目标达成战略共识，针对市场痛点联合提出价值主张并引导用户接受，或根据用户反馈改进价值主张，创新产品和服务，提升用户体验。②产品连接即机构针对市场需求和用户的差异化体验，利用自身技术优势和资源能力，并通过与利益相关者的合作、用户和社群的反馈建议推出具有市场差异化的产品，用以吸引更多用户，并通过社群的传播，产生社交裂变效应，使得企业通过差异化产品连接到更多的用户，从而建立企业的竞争优势和市场地位。③场景连接指企业利用“互联网＋”技术制造出的消费场景，从线上线下两处入手，一方面针对线下市场痛点，在线上开发相关程序，吸引大量用户，另一方面在线下设置更多消费场景，满足用户的长尾需求，使得用户能够更容易地连接到线上，从而打通线上线下，促使机构与社群的有效连接。

驱动过程表现在主体间连接的顺序。首先是平台以自身影响力吸引机构进驻，共建平台，开发产品，进而利用差异化产品吸引用户参与，用户间通过信息交流影响其他用户对产品和服务的了解，在互动过程中形成社群，并在价值共创过程中扮演价值共同创造者和共同生产者的双重角色，而企业转而扮演价值促进者和共同创造者的角色，使得双方关系更加密切，形成命运共同体。

2.“互联网＋”驱动宏观—微观跨界

“互联网＋”的发展使得各主体通过技术及服务交换更容易寻找到优势互补的合作伙伴，通过资源整合推出具有吸引力的新产品，创新服务流程，提升用户体验，并利用用户的反馈意见再次升级服务，形成良性循环。数字化对各产业、行业和专业的渗透使得各方面彰显出一定的共性，促使企业创新生态系统内外部跨界更加频繁和有效。

首先，从宏观来看，产业跨界是指农业、工业和服务业之间的界限不再像以往一样清晰，三大产业的跨界融合为传统产业的发展注入了活力，使得各产业的优势资源实现更好的互补。各产业机构掌握了互联网最新技术，尤其是企业与高校、科研机构之间的合作使得机构拥有强大的技术能力，并能够通过技术来呈现自己的价值主张。彼此间资源整合的广度和深度较高，这是因为各产业机构创新主体拥有丰富的资源和经验，通过技术优势能够更好地整合资源。其次，从中观来看，行业跨界是指衣食住行各行业之间的融合，“互联网＋”推动企业的多元化发展，尤其是一些技术垄断性企业，凭借其强大的技术优势和市场地位实行跨界，通过并购、契约关系和战略联盟等形式进入相关领域。各行业的划分变得模糊，“互联网＋金融”“互联网＋出行”“互联网＋旅游”等各种新名词层出不穷，为行业市场带来生机与活力，同时为传统的行业发展方式带来挑战，促使行业发展升级换代。最后，从微观来看，专业跨界更多是对个人来讲的，“互联网＋”对个人的影响是显而易见的，局限于某一专业领域可能不能像以前一样取得重大成就，而必须加强专业间的合作，个人与个人之间、个人与企业之间的专业交流可以激发更多建设性创意，开发差异化体验，推动价值共创的健康与可持续发展。

驱动过程表现在从认知的融入，到实践的融入，再到目标的融入。首先要保证各主体在认知上达成一致，从而能够协调后续相关实践活动，保持清晰的整体发展思路。其次要促进实践过程中各主体间的匹配度，加强合作默契，以便发挥资源的最大效用。最后要在目标上达成一致，各主体在实践进程中不断探索与磨合，可能要修改目标，甚至重新制定目标，但最终一定要保证目标的合理性，得到多数人的认同，才能促进价值共创的有效开展。

3. “互联网 + ”驱动民主化决策

“互联网 + ”的发展使得信息更加透明，减少了信息不对称，有利于增强顾企间的信任关系，创造公平、透明、民主化的价值共创环境。在价值共创进程的不同阶段应采取不同的决策机制，这样才能更好地保证价值共创的平稳进行。

首先，在价值共创的初期应采取集中的决策机制。这是因为在初期生态系统结构还不稳定，没有确定明确的发展目标、发展方式、合作伙伴等，应由核心企业来最终决定，有利于落实政策及规则，建立初步的系统结构与运行体系。其次，随着用户涌入平台以及社群的形成，应采取平衡的决策机制。因为此时的平台产品随着用户的增加而增加，但是质量难以保证，容易出现投机、违规等现象，平台规则及运行机制需要根据发展现状作出改变，用户建议甚至投诉会大幅增加，机构应充分吸取用户建议，根据用户需求修改完善规则体系、制定发展路径。最后，伴随系统结构的逐步稳定，规则的逐步完善，应采取分散的决策机制。因为此时的平台已经呈现出健康的发展态势，基本杜绝了不良现象，任务应转变为激发用户创造意识和参与意愿，打造充满活力与创意的大环境，应把权利充分下放到用户和社群，增强用户的民主化意识和主人翁精神，以有利于价值共创的可持续发展。

驱动过程应是循序渐进的，从机构主动授权，到机构社群双向授权，最后形成合理的授权机制。首先，机构应表现出授权的意愿，主动将部分权利让予用户和社群，激发起参与热情，打破僵化的组织结构。其次，社群也应回应机构的行为，允许其获取自身特有的权利，只有双向授权，才能更好地促进民主化决策。最后，应保证授权机制的合理性，避免权利滥用，维护良好的生态环境。

20.1.3 企业创新生态系统价值共创行为及其特征比较

1. 价值共创行为划分

根据上面的分析，企业创新生态系统价值共创在“互联网 + ”影响下发生了显著变化，主要表现在互动形式、融入机制和授权行为三个方面。系统主体间的互动因此更加深入和频繁，更好地融入价值共创进程中，权利的重新分配提升了系统活力，社群相比以往具备了更强的价值共创能力和意愿，由社群发起的价值共创现象更加普遍，社群与机构成为对比鲜明的两个群体。本章将“互联网＋”企业创新生态系统的价值共创行为划分为三种，即机构发起行为、社群发起行为、机构与社群共同发起行为。

（1）机构发起行为是指企业、高校、政府等机构基于共同目标达成战略共识，针对市场痛点联合提出价值主张并引导用户接受，或根据用户反馈改进价值主张，创新产品和服务，提升用户体验。各机构通过整合各自的优势资源创新技术，如企业的资金、高校和科研机构的专利知识、政府的政策支持以及合作伙伴的异质性资源，互相之间创造性地融合，容易开发出领先的技术，并根据用户需求开发个性化产品，为用户提供差异化体验。

（2）社群发起行为是指社群用户为实现现时或潜在需求而采取的主动行为，其需求和创意可以引发连锁效应，刺激机构调整发展方向，赋予用户更多权利，以更好地满足社群需求，从而共创价值。“互联网＋”的不断发展赋予了社群更多的功能，社群成员的知识和技能更丰富，对自我实现的需求更加迫切，这都为社群发起价值共创创造了条件。社群往往是自生成的兴趣社群，用户基于共同的爱好聚集在一起，内部互动频繁，自生产内容并进行传播，成员积极参与企业产品的设计与生产，提供创意想法，促使企业生产出更受用户欢迎的产品与服务，是企业持续成长的优势和基础。

（3）机构与社群共同发起行为是指机构和社群基于双方互补资源提出互惠的价值主张，在价值共创过程中互相学习和进步，促进生态能力不断演化，追求价值的多样化、新颖化和可持续化。伴随着互联网技术的进一步发展，消费者个性化需求的日益提升，单方面发起的价值共创已经难以满足各利益相关者的需求，机构与社群两者共同发起的价值共创将会是发展趋势。因为机构与社群共同发起价值共创使得主体间的协作配合更加默契，资源整合的过程更加透明，广度和深度达到最佳状态。

2. 三种价值共创行为的特征比较

三种价值共创行为既有相同点又有不同点。虽然发起主体不同，但是本质上都具有开放、互动、共享的创新生态系统基因，这也是价值共同创造的必要条件。机构发起行为与社群发起行为都可以自生产产品或内容，这由自身技术和创意能力所决定；机构发起行为和机构与社群共同发起行为都遵从用户至上的原则，这由自身利益所决定，产品被用户接受和使用才能实现价值；社群发起行为和机构与社群共同发起行为都有明显的去中心化趋势，这由内外部环境共同决定，社群内部成员之间、社群与机构之间构建平等关系有助于破除束缚，增强价值共创的可持续性。然而，三者在核心能力、可持续性、制度属性、资源整合能力、用户权利、价值内容等方面还是有所不同的。

（1）在制度属性和可持续性方面，机构发起的价值共创以正式制度为主，虽然可以通过建立规则制度来保障价值共创过程的规范化，但是也容易导致社群的积极性和主动性不高，因而影响价值共创的可持续性。社群发起的价值共创以非正式制度为主，主要依靠共同建构的文化环境和共同信仰来促进价值共创，可以激发参与者的热情和团结度，可持续性相对更高。机构与社群共同发起的价值共创则结合了两者的优点，正式与非正式制度之间的协调性更好，既能激发参与者的积极性，又能保障过程的规范化，因而具有最高的可持续性。

（2）在核心能力和资源整合能力方面，机构发起的价值共创是以技术驱动的，这是因为各机构掌握了互联网最新技术，尤其是企业与高校、科研机构之间的合作使得机构拥有强大的技术能力，并能够通过技术使自己的价值主张诚信。同时，在机构发起的价值共创中，资源整合的广度和深度较高，这是因为各机构创新主体拥有丰富的资源和经验，通过技术优势能够更好地整合资源。社群发起的价值共创则是以创意驱动，通过社群内部成员之间的沟通互动，以及与机构间的互动，激发出有价值的创意，进而推动价值共创。但是由于社群是由消费者等普通个体所组成的，缺乏资源整合的经验与能力，因此资源整合能力是其薄弱之处。机构与社群共同发起的价值共创中，技术与创意两者融合在一起，迸发出极大的能量，同时，机构与社群的协作配合更加默契，资源整合的过程更加透明，广度和深度达到最佳状态。

（3）在用户权利和价值目标方面，在机构发起的价值共创中，虽然企业注重提升用户的体验，并善于倾听用户的反馈意见，但是用户被赋予的权利依然有限，因为他们很难参与到产品的设计与生产过程当中，只能被动地接受企业提供的产品，并运用自身的经验和知识创造使用价值，在这一过程中，还是以经济价值为导向，各机构追逐利润而忽视了用户所追求的情感价值。在社群发起的价值共创中，用户被赋予了前所未有的权利，变被动为主动，有更多的机会参与到产品的设计与开发之中，使自己的知识和创意发挥最大价值，从而在情感上得到极大的满足，以更大的热情参与到价值共创中。机构与社群共同发起的价值共创使得机构与社群间的关系更加紧密，用户的权利达到平衡状态，既不影响价值共创过程又不至于打消用户的热情与积极性，同时，价值导向也得到平衡，经济、情感、社会价值兼顾。

综合上述分析，三种价值共创行为的主要特征对比可总结如表 20.1 所示。

表 20.1 三种价值共创行为的主要特征对比

主要特征	机构发起	社群发起	机构与社群共同发起
发起主体	机构	社群	机构 + 社群
核心能力	技术	创意	技术 + 创意

续表

主要特征	机构发起	社群发起	机构与社群共同发起
资源整合能力	较强	较弱	强
制度属性	以正式制度为主	以非正式制度为主	正式＋非正式
可持续性	较低	较高	高
用户权利	较低	高	较高
价值目标	以经济价值为主	以情感价值为主	混合价值

20.1.4 微信小程序案例分析

微信小程序是“互联网＋”发展的产物。微信最核心的价值，就是连接实现人与人、服务和设备的连接。为实现这一目标，2017 年 1 月，腾讯在经过一年的筹备工作后正式推出微信小程序，云端部署、不用安装、体量轻便、不占内存、又无处不在、随时可用、用完即走、无须卸载等是小程序最大的特点，也是其与 APP（应用程序，application）最大的不同。上线以来，微信小程序已实现日活用户超 2.5 亿人，小程序数量突破 230 万个，并且融入人们日常生活、学习的各种场景之中，为市场带来了巨大变化，各大互联网巨头纷纷宣布开发自己的小程序平台，小程序生态初步形成，借助“互联网＋”连接、跨界和民主决策的作用机理促进价值共创实践的发展。微信小程序价值共创行为分析如图 20.2 所示。

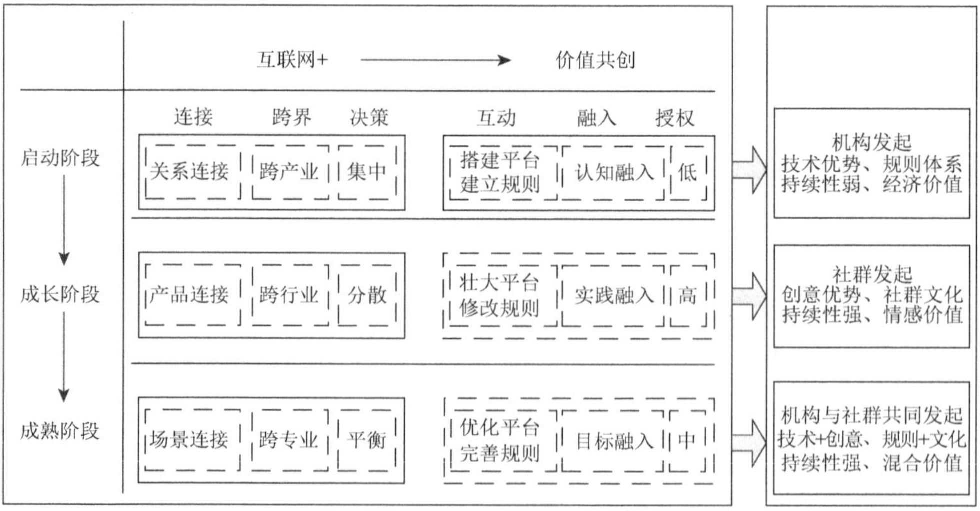

图 20.2 微信小程序价值共创行为分析

1. 启动阶段“互联网＋”驱动企业创新生态系统价值共创行为的作用机理

1）启动阶段的作用方式与过程

微信小程序的原动力是让创造价值的人体现价值，在微信小程序启动阶段，其驱动价值共创的作用方式主要为关系连接，寻找合适的合作伙伴，表现为微信公众平台和各企业、科研机构、政府的连接，以及机构和机构之间的交流。跨界形式为跨产业，“互联网＋”最鲜明的表现形式即产业转型，借助小程序这一平台，各企业能够更好地实现这一目标。决策方式较为集中，主要由微信及一些重要的合作伙伴机构进行决策。

驱动过程则表现为平台的搭建及规则的建立，各机构整合资源，依靠自身的技术、资金等资源协力搭建小程序平台，并通过沟通交流提出平台的规则建议，建立小程序规则体系。融入主要是认知融入，表现在价值主张的统一。各机构拥有不同的价值主张，对微信小程序未来的发展路径、潜在的用户群体及变现形式尚不明确，要形成合力，必须要在认知上达成一致，以便达到更好的协同效果。授权则主要体现在机构主动授权。因为这时平台刚刚启动，参与用户较少，所以机构应主动授权吸引用户参与，扩大平台影响力，但考虑到平台的有序发展，授权程度较低。

2）启动阶段的价值共创行为分析

这一阶段是机构发起的价值共创行为，微信联合合作机构凭借技术和资源优势搭建平台，通过其强大的资源整合能力和平台优势吸引拼多多、摩拜单车等第一批企业入驻，借助微信这一超级流量入口进行宣传，打响平台知名度。依据自身经验和调研建立初步的平台规则体系——《微信小程序运营规范》，此时平台的功能还不完善，用户的需求难以满足，用户数量较少，程序开发权限集中在各企业手中，用户的权利较低，只能被动接受服务，平台和企业的目标为宣传平台与获取经济利益，机构和社群的互动较少，用户留存率低，价值共创的可持续性较弱。

2. 成长阶段“互联网＋”驱动企业创新生态系统价值共创行为的作用机理

1）成长阶段的作用方式与过程

随着微信小程序正式上线，大量的用户涌入，并逐渐形成用户社群，包括兴趣社群、交易社群、开发者社群等。在成长阶段，其驱动价值共创的作用方式主要是产品连接，用户数量暴增，各小程序只有把产品做好，才能连接到更多的用户，并通过不断改进产品服务来提升用户留存度。跨界形式则表现为跨行业，因为这一阶段的小程序平台进驻了不同行业的企业，生活服务、内容资讯、旅游出行等各行业企业各显神通，以性价比和差异化体验吸引用户流量。决策方式较为分散，因为这时平台需要用户的创意和建议来开发产品，吸引更多用户参与，分散的决策方式有利于避免平台僵化。

驱动过程表现为平台的壮大及规则的修改，平台利用社交快速扩散的能力，提升其影响力，吸引更多机构入驻，并根据运行期间的状况，修改和完善平台规则体系。融入则表现为实践的融入，经过一段时间的运行实践，平台、机构和用户间的了解进一步深入，根据彼此的需求改进实践，使得各方之间的实践活动更加匹配。授权体现在机构与社群间的权利分配，机构主动把部分权利让予社群，以激发其参与意愿和创造活力，有效促进产品的开发，社群也把部分权利授予机构，以便机构更加了解用户需求，努力提升用户体验。

2）成长阶段的价值共创行为分析

这一阶段是社群发起的价值共创行为，平台的壮大以及产品的增多、功能的完善吸引大量用户加入，用户之间基于兴趣、需求等形成社群，包括兴趣社群、交易社群和开发者社群等，并在频繁沟通中形成社群文化，用以规范社群行为。平台对个人开发者开放权限，个人或社群可以凭借自身的知识和创意开发小程序并上线，同时可以获取广告收入，机构与社群间的互动更加频繁和深入，平台活跃度明显提升，但社群的资源整合能力较弱，其发起价值共创的目的主要是满足自身或社群的产品使用体验，在情感上得到满足，可持续性相比机构发起的价值共创有所增强。

3. 成熟阶段“互联网＋”驱动企业创新生态系统价值共创行为的作用机理

1）成熟阶段的作用方式与过程

在成熟阶段，其驱动价值共创的作用方式主要是场景连接，开发者瞄准市场痛点，深入挖掘用户需求，洞察用户需求场景，将用户与平台、机构更加紧密地连接在一起。跨界形式表现在跨专业，多个个人开发者运用自身不同的专业知识，结合生活实践，共同开发小程序。决策更多地体现出平衡的特点，既可以保持决策的正确性，又可避免组织僵化。

驱动过程表现为平台的优化及规则的完善，因为大量的小程序上线带来了管理上的混乱，小程序质量参差不齐，更有的甚至无视平台规则，破坏小程序生态，所以平台、机构与社群间应通过更多的沟通互动来优化平台及运行体系。融入体现在目标的融入，开放个人开发权限之后，用户与机构、平台的目标更加一致，那就是更好地维护平台，为用户提供更好的服务，达到经济价值、社会价值与情感价值兼顾。授权依然体现在机构与社群间的权利分配，此时双方的地位应是平等的，不存在明显的角色划分，权利相互制衡，形成合理的授权机制，防止一方为谋取更大利益而做出不利于整体的行为，以有利于价值共创的可持续发展。

2）成熟阶段的价值共创行为分析

这一阶段是机构与社群共同发起的价值共创行为。平台规模已经逐渐稳定，大量产品之间进行竞争，更加注重用户的差异化体验，机构与社群凭借自身的技术和创意联合发起价值共创，双方资源互补，资源整合能力达到最强状态，并针对平台的一些违规现象、规则漏洞进行优化和完善。此时的平台环境需要规则体系和社群文化共同维护，在治理平台乱象的同时保持活跃度，用户的权利较高，但基于安全和平台优化的考虑，相比成长阶段有所下降。价值共创的目标趋向多元化，经济价值、情感价值和社会价值兼顾，可持续性最强。

20.2 “互联网 + ”企业创新生态系统价值共创模式

商业模式创新是企业竞争优势的重要来源，其本质是企业价值创造逻辑的变革（Teece，2010），是企业以共创价值为导向，开发新的价值服务，重塑价值链结构，重新配置资源并颠覆现有企业架构的动态过程。传统的以企业为中心的价值创造模式未能系统而持久地利用用户的创造潜力，缺乏创新性和演化活力（Hienerth et al.，2011）。如今，在互联网技术进步的推动下，现实物理世界逐步向数字化世界转变，其带来的高度开放性和连通性为企业带来了全新的价值创造机会（Timmers，1998）。创新性的价值共创模式越来越多地被认为是快速变化的用户需求、更短的产品生命周期和不断增长的竞争环境所催生的结果，用户真正意义上成为价值的共同创造者和创新价值创造模式的关键。

价值共创模式很大程度上取决于各利益相关者的价值共创行为选择（Vargo and Lusch，2004），不同的价值共创行为选择为价值共创实践带来了不同的结果（Yi and Gong，2013）。互联网时代下组织间的连接与互动得以加强，以互联网技术为基础构建的商业生态系统将创造新的价值（Kandiah and Gossain，1998），在“互联网 + ”的影响下，创新生态系统往往以平台的形式展现，价值创造需要在平台交互中配置异构关系，从而在联合领域提供多种价值创造环境与交互机制，因此，平台是价值共创的场所（Avlonitis and Karayanni，2000；Ramaswamy and Gouillart，2010）。此外，社群成为企业的异质性资源，跨界协作成为常态（罗珉和李亮宇，2015），在合适的场景下，针对特定的社群，利用有传播力的内容通过社群网络中人与人的连接而产生的社交裂变实现扩散，可以获得有效的价值（唐兴通，2015）。这些行为变化将促使“互联网 + ”企业创新生态系统形成新的价值共创模式。此外，在互联网时代，所有社会和经济参与者都是资源整合者，价值共创是通过参与者创造的制度和制度安排进行协调的，在这个过程中，操作性资源是战略利益的根本来源（Vargo and Lusch，2008，2016），这一观点反映出价值共创模式必然是多样化的。对于企业创新生态系统价值共创模式的研究有助于企业转变价值创造思维，更好地适应数字化世界的竞争，不断创新产品和服务，力求企业收益最大化（吴瑶等，2017）。

20.2.1 价值共创模式分析框架

腾讯《“互联网 + ”系列报告之一：愿景篇》提出“互联网 + ”的四大要素：技术基础、实现路径、表现形式和最终形态，即利用大数据、人工智能等先进技术促进互联网和传统产业的跨界融合，推动产业转型，催生新产品、新模式，最终形成“互联网 + ”新生态。在基于“互联网 + ”快速发展而形成的数字化世界中，日常物质充满了嵌入式智能，并且连接到互联网，将数字世界的互动带入影响我们日常现实的物理世界（Iansiti and Lakhani，2014；Wuenderlich et al.，2015）。在这个数字化世界中，平台领导者可以与为平台生产互补产品和服务的公司形成企业创新生态系统，以提高创新的价值。因此，“互联网 + ”四大要素贯穿企业创新生态系统价值共创的始终。“互联网 + ”企业创新生态系统价值共创模式分析框架如图 20.3 所示。

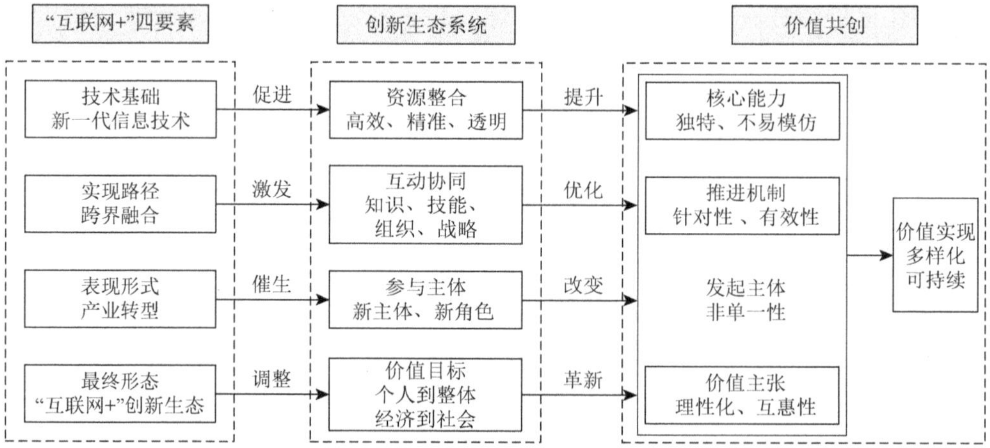

图 20.3 “互联网 + ”企业创新生态系统价值共创模式分析框架

（1）“互联网 + ”技术基础提升创新主体核心能力。资源是价值共创的基础，而技术是加强资源交换和价值共同创造的最有效工具（Ruokolainen and Kutvonen，2006）。随着大数据、云计算等新一代信息技术的快速发展，以往纷繁复杂的信息和数据处理起来更加方便，各主体所拥有的资源更加透明，在智能化分析与匹配技术的辅助下，把相关资源与各主体的需求精准匹配，使得资源配置更加合理有效，有利于加强企业内和企业间资源整合的广度与深度，而这会进一步提高组织的动态适应性，避免组织僵化，构建柔性化组织结构（余东华和芮明杰，2007），为主体创造独特的、不易模仿的核心能力提供物质与组织基础。

（2）“互联网 + ”实现路径优化企业创新生态系统推进机制。价值共创本质上就是企业与其客户之间的互动，通过互动产生反馈，从而产生新的特性（Vargo and Lusch，2008；Prahalad and Ramaswamy，2004b）。“互联网 + ”连接一切的特性使得线上线下无缝连接，各种数字化平台的建立使得利益相关者之间的互动和跨界协作更加便利，良好的互动可以促进彼此间的协作，优势能力的互相转化，提升信任度与默契度，具体体现在知识、技能、组织、战略等各个方面，达到多维化协同，进而为创新具有针对性和有效性的价值共创推进机制创造良好的条件。

（3）“互联网 + ”表现形式改变价值共创发起主体。“互联网 + ”的发展促使企业创新生态系统的生态构成发生明显变化，具体表现在新主体的出现和主体角色多元化。互联网与传统产业的跨界融合推动产业转型升级，催生了一些之前不存在的主体，如云服务商和虚拟社群等。并且，“互联网 + ”企业创新生态系统中各主体的角色不再单一化，成员既可以担当发起者，又可以担当参与者，使得价值共创发起主体发生改变。

（4）“互联网 + ”最终形态推动企业创新生态系统价值主张演变。企业创新生态系统中的价值共创必须满足两个条件：①个体在价值共创中发挥积极作用；②个体可以从参与过程中获得一些好处（Saarijärvi et al.，2013；周青等，2015）。传统的价值共创往往由企业主导，重视经济价值的产出，而忽视个体及社会价值，但在“互联网 + ”情境下，经济价值不再是唯一的价值目标，用户可以通过参与产品的开发设计等活动实现自我满足，追求情感价值，机构与社群的合作可以提升社会民众的满意度，促进社会和谐，具有极大的社会价值。价值目标的调整体现了参与者的现实需求，促使企业价值主张向理性化和互惠性的方向演变，进而推动价值共创模式的演化发展（Foss and Lindenberg，2013）。

（5）“互联网 + ”四要素共同促进企业创新生态系统的价值实现。“互联网 + ”改变了企业创新生态系统内参与主体的构成及其目标，以及主体间的互动与资源整合方式，进而对价值共创进程产生巨大影响，发起主体、核心能力、价值主张、推进机制等维度的变革和创新共同推动了价值实现的多样化与可持续性。

服务主导逻辑主张价值是由通过特定网络配置进行资源整合的参与者共同创造的，价值并非简单的交换价值，而应是使用价值（Vargo and Lusch，2004），并且是由受益者独特地用现象学的方法决定的（Vargo and Lusch，2008）。在整个价值共创过程中，发起是价值共创的起点，根据虚拟环境下价值共创发起主体的不同，可将价值共创分为发起的价值共创和自发的价值共创。“互联网 + ”情境下，随着社群平台的兴起，由社群发起的价值共创现象更加普遍，社群与机构成为对比鲜明的两个群体。不同的发起主体基于其核心能力提出不同的价值主张，并围绕技术和制度开发有针对性地推进机制促进主体间的互动和资源整合，得到不同的价值共创结果。其中，技术属于操作性资源，是知识的实际运用，企业把自己的价值主张通过技术呈现给用户，参与者可以通过虚拟而非物理接口交换资源，从而共同创造价值。制度通常不独立于其他制度，而是作为由生态系统的参与者进行社会建构和内化的制度安排的一部分，使参与者能够在时间和认知限制下实现服务交换与价值共创（Berger and Luckmann，1991）。在技术与制度的双重作用下，企业创新生态系统形成不断演化的能力架构和有效的价值共创推进机制，促进价值共创模式的演化。

基于以上分析，以发起主体为切入点，从价值共创的发起主体、核心能力、价值主张、推进机制和价值实现五个维度出发，将“互联网 + ”企业创新生态系统的价值共创分为机构引导型、社群推动型和机构-社群协同型三种主要模式。

20.2.2 机构引导型价值共创模式

在企业创新生态系统中，机构主要包括企业及其相关联的异质性利益相关主体，如高校、科研机构、政府、供应商、中介机构和合作者及竞争者等。服务主导逻辑认为所有经济都是服务经济（Vargo and Lusch，2004），在“互联网 + ”情境下，各主体通过服务交换更容易寻找到优势互补的最佳合作伙伴，通过资源整合推出具有吸引力的新产品，创新服务流程，提升用户体验，并利用用户的反馈意见再次升级服务，形成良性循环，机构引导型价值共创模式的核心内容如下。

（1）发起主体：机构创新主体。企业、高校、科研机构等基于共同目标达成战略共识，针对市场痛点联合提出价值主张并引导用户接受，或根据用户反馈改进价值主张，创新产品和服务，提升用户体验。

（2）核心能力：领先的技术。各机构通过整合各自的优势资源创新技术，如企业的资金、高校和科研机构的专利知识、政府的政策支持以及合作伙伴的异质性资源，互相之间创造性地融合，容易开发出领先的技术。

（3）价值主张：基于对自身和合作伙伴的战略资源与核心能力的清楚认知，以及对用户需求的深度了解，提出有利于各参与者的价值主张，注重可接受性。因为价值是主观的，各方所认同和追逐的价值必定是有差异的，企业更多追求经济价值，政府考虑社会价值，用户注重情感价值，因此，必须充分考虑各方需求，提出合理的价值主张。

（4）推进机制：首先，核心企业引导建立良好的伙伴关系和具有灵活性的系统结构。包括确定潜在参与者，制定有利于系统良好运行的制度和规则。各机构之间首先通过信息共享和沟通协调确定要优先解决的问题，达成一致目标，然后在价值创造的每个环节提供互补能力，这要求主体间资源和技能的创新组合，以及彼此间构建信任关系。此外，在整个互动过程中，机构不可试图控制整个过程，寻求比参与价值共创的其他个体更多的利益，否则将会导致负面结果，如社群参与意愿降低，对机构的信任程度下降，创造力遭到压抑等。其次，激励社群参与，引导其理解企业的业务逻辑，通过机构与社群价值观和实践的匹配促进双方价值目标的实现。由于机构与社群的群体属性、价值观、资源不同，双方互动的过程中难免会产生误解甚至冲突。这就要求机构设法满足社群在服务体验、自尊和自我价值实现等方面的需求，社群才能更加积极主动地参与到价值共创的过程中。必要时应适当授权，协调双方关系，激发其积极性和主动性，确保价值共创有序、高效地进行。

（5）价值实现：经济价值为主，可持续性较弱。在机构引导型价值共创模式中，虽然企业注重提升用户的体验，并善于倾听用户的反馈意见，但是用户被赋予的权利依然有限，他们很难参与到产品的设计与生产过程当中，只能被动地接受企业提供的产品，在这一过程中，还是以经济价值为导向，各机构追逐利润而忽视了用户所追求的情感价值，维护手段以正式制度为主，虽然可以通过建立规章制度来保障价值共创过程的规范化，但是也容易导致社群的积极性和主动性不高，因而影响价值共创的可持续性。

综上，机构引导型价值共创模式可以归纳为：核心企业 + 合作伙伴通过沟通协作提出合理的价值主张，引导和激励以消费者为核心的社群参与，在不断互动中达到双方价值观和相关实践的匹配，并借助良好的伙伴关系和具有灵活性的系统结构共创价值。

20.2.3 社群推动型价值共创模式

服务主导逻辑认为价值是主观的，并且是由受益人所决定的，而受益人又总是价值的共同创造者（Vargo and Lusch，2008）。社群作为价值的共同创造者是指基于共同的兴趣、目标、需求而形成的群体，个体消费者通过社群作为价值提供者进入价值网络并成为创新体系的重要成员（Gupta and Kim，2004）。在“互联网 + ”环境下，创新社群推动的价值共创更具时代意义，与机构引导的价值共创不同的是，社群推动的价值共创中的社群往往是自生成的兴趣社群，用户基于共同的爱好聚集在一起，内部互动频繁，自生产内容并进行传播，成员积极参与企业产品的设计与生产，提供创意想法，促使企业生产出更受用户欢迎的产品与服务，是企业持续成长的优势和基础，社群推动型价值共创模式的核心内容如下。

（1）发起主体：创新社群。Heinonen 等（2010）认为客户发起的价值共创必须考虑使用价值、客户背景和客户体验，拥抱客户发起的价值共创的企业有望提高其总体价值水平，从而刺激组织绩效。社群可以看作企业的客户联合体，社群成员为实现现时或潜在需求而采取的主动行为，其需求和创意可以引发连锁效应，刺激机构调整发展方向，赋予用户更多权利，以更好地满足社群需求，从而共创价值。

（2）核心能力：经验与创意。社群成员作为企业产品的使用者与价值的决定者，在使用过程中积累了丰富的经验，并凭借自己的创意想法使同样的产品产生不同的价值，成员间的分享与互动可以形成新的创意，使得社群的核心能力具有高度演化活力。

（3）价值主张：基于社群内部成员的创意能力和产品使用过程中积累的经验提出价值主张，满足自身需求的同时促进企业发展。价值是由受益者独特地用现象学的方法决定的，同样的产品在不同的用户手中会发挥不同的价值，因此价值具有经验性，在现实生活中，企业作为产品的生产者却非使用者，其使用经验比社群用户要弱，并且，“互联网＋”的不断发展赋予了社群更多的能力，社群成员的知识和技能更丰富，对自我实现的需求更加迫切，这都为社群发起价值共创创造了条件。

（4）推进机制：首先，以社群凝聚力和内部激励推动价值共创。一般意义上的消费者社群成员更注重自身的利益，往往会忽视整体的利益，成员之间各自为战，很难共同作为价值共创的发起者。因此，团结社群成员、形成凝聚力和社群精神是社群发起价值共创的前提，而这需要在社群内部创造成员共同认同的文化和价值观，有共同认同的价值观和共同信仰的社群精神，就会产生内部激励，成员之间发自内心的分享和互助，创意不断碰撞，形成创意社群。其次，社群作为发起者，机构扮演促进者的角色，双方通过包容性谈判与互动共创价值。机构在价值共创的过程中更多地扮演促进者的角色，即利用自身资源和经验来帮助社群，以弥补社群在这方面的不足。但是由于双方价值目标的差异，在机构与社群双方的互动与协同中，可能会发生一些纠纷，如运行制度方面的不同意见，产品设计方面的不同看法等，这就需要双方在不断磨合中找到解决的办法，可以通过谈判等方式来解决，重要的是双方要相互尊重，有一种包容的态度。

（5）价值实现：情感价值为主，可持续性较强。在社群推动型价值共创模式中，用户被赋予了前所未有的权利，变被动为主动，有更多机会参与到产品的设计与开发之中，使自己的知识和创意发挥最大价值，从而在情感上得到极大的满足，以更大的热情参与到价值共创中，并且社群推动型价值共创模式以非正式制度为主要维护手段，依靠共同建构的文化环境和共同信仰来促进价值共创，可以激发参与者的热情和团结度，可持续性相对更高。

综上，社群推动型价值共创模式可以归纳为：通过“社群文化 + 社群精神”，形成“凝聚力 + 内部激励”，以创意为核心资源发起价值共创，机构扮演价值促进者的角色，双方通过包容性谈判与互动共创价值。

20.2.4 机构-社群协同型价值共创模式

服务主打逻辑主张价值是由所有参与者共同创造的，因而服务中心观点必然是受益人导向和关系性的（Vargo and Lusch，2016）。伴随着互联网技术的进一步发展以及消费者个性化需求的日益提升，单方面发起的价值共创已经难以满足各利益相关者的需求，机构与社群两者共同发起的价值共创将会是破局之道。共同发起的价值共创中的社群多为开发者社群，因为开发者社群和机构双方之间的资源依赖程度更高，往往无法单方面发起价值共创，机构缺少了开发者的技术和创意支持，在产品和服务上的优势会大打折扣，消费者体验也会下降，开发者缺少了机构的支持，就会显露出在资金和经验上的短板，也就难以生存。机构—社群协同型价值共创模式的核心内容如下。

（1）发起主体：机构创新主体和创新社群。基于双方互补资源提出互惠的价值主张，在价值共创过程中互相学习和进步，促进生态能力不断演化，追求价值的多样化、新颖化和可持续化。

（2）核心能力：技术和创意。共同发起的价值共创中，技术与创意两者融合在一起，双核驱动，迸发出极大的能量，同时，机构与社群的协作配合更加默契，资源整合的过程更加透明，广度和深度达到最佳状态。

（3）价值主张：基于机构和社群双方能力的兼容与互补，创新合作方式，让所有参与者体现价值和回报，注重互惠性。靠一个人的力量可以走得很快，但靠一群人的力量可以走得更远，在“互联网 + ”情境下，价值创造方式应更多地体现互联网思维，给予所有人参与的机会，并充分开发和利用每一个个体的潜力，凸显其价值，并使其得到应有的回报。

（4）推进机制：首先，创造性地融合和利用对方的核心能力，打造具有可连接性、包容性、可再生性和可演化性等特征的能力生态系统（Ramaswamy and Ozcan，2014）。在“互联网 + ”连接一切的特征下，机构之间、社群内部成员之间、机构与社群之间相互连接，形成高密度的网状关系，使得彼此间的互动更加具有活力，易于激发双方的创新思维，利用对方的能力提升自身的同时，融合双方能力创造出全新的、稀缺的能力，提升整体竞争优势，为达成多样化的价值目标增添砝码。其次，注重机构与社群双方的平等地位，推进民主化的决策机制。在价值共创过程中，双方不应有明显的角色划分，而是基于彼此在资源和能力上极强的互补性，形成密不可分的“命运共同体”，相互授权，互相尊重，打破传统价值共创模式的束缚，共同制定和优化决策，共创“民主化进程”，只有这样，才能为双方权利提供合理保证，减少或避免利益纠纷，最大限度地维护和提升双方关系，保持生态的健康性和演化能力，共同发展可持续性价值共创。

（5）价值实现：经济、社会、情感价值兼顾，可持续性最强。机构和社群双方的资源及能力的兼容性与互补性更强，双方关系更加紧密，信任程度加大，目标更加一致，正式与非正式制度之间的协调性更好，用户权利达到平衡状态，既能激发参与者的积极性，又能保障过程的规范化，这为价值共创增添了额外动力，价值共创推进过程中的决策民主化和利益分配的公平合理性共同推进价值共创的可持续进程。

综上，机构—社群协同型价值共创模式可以归纳为：基于双方资源与能力的兼容性、互补性和地位的平等性，在互动中达成一致目标，共同发起价值共创，在共创过程中相互授权、民主决策，促进多样化价值的产出和可持续性价值共创。

根据以上分析，三种价值共创模式的主要特征可总结如表 20.2 所示。

表 20.2 “互联网 + ”企业创新生态系统价值共创的三种典型模式

价值共创模式	发起主体	核心能力	价值主张	推进机制	价值实现
机构引导型价值共创模式	机构创新主体	领先的技术	注重可接受性	价值观与实践相匹配机制	经济价值为主，可持续性弱
社群推动型价值共创模式	创新社群	经验与创意	注重经验性	内部激励机制与包容性互动机制	情感价值为主，可持续性较强
机构—社群协同型价值共创模式	机构创新主体和创新社群	技术和创意	注重互惠性	能力演化机制与民主化决策机制	混合价值，可持续性最强

20.2.5 “互联网 + ”企业创新生态系统价值共创模式的案例分析

1. 机构引导型价值共创模式案例：多点

多点（Dmall）是一家线上线下一体化的全渠道新零售平台，依托与各地大型商超和供应商的深度合作，共建新零售生态，通过数字化赋能使其服务更加贴合互联网时代用户的消费习惯，引导并激励用户参与价值共创。多点价值共创模式的运行方式如图 20.4 所示，核心内容如下。

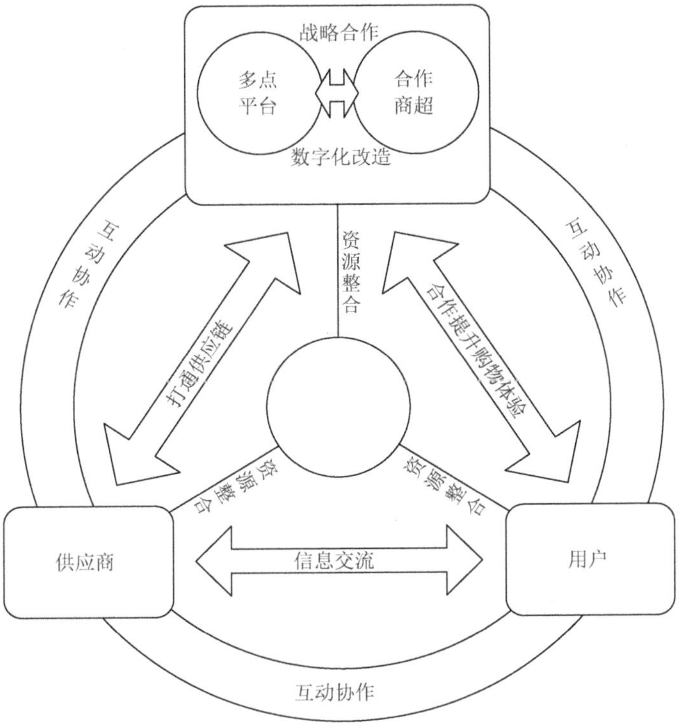

图 20.4 多点价值共创模式的运行方式

（1）服务主导逻辑主张参与者不能传递价值，而只能参与创造和提出价值主张（Vargo and Lusch，2016），针对传统零售行业在数字化转型过程中技术能力不足这一痛点，多点与合作伙伴达成战略共识，提出利用自身技术优势对传统零售进行数字化升级。在数据获取、数据存储和数据应用三方面进行一系列改造，将线下用户升级为电子会员，方便获取用户的基础数据、消费数据和行为数据，并通过分析数据，了解用户的购物偏好，以便改进服务，与消费者建立信任关系，吸引用户参与，有利于商超和供应商实现精准化营销与个性化生产。

（2）注重对用户的引导和激励，通过数字化改造，连接线上线下，打通上下游，实现全方位深度服务，激发用户参与热情，提高其对企业的贡献度。利用独创的“美杜莎”“潘多拉”“雅典娜”三大系统实现会员喜好匹配、点对点促销和智能化配送，推出多点秒付、多点自由购、自助购，打通购物全流程，解决排队难的问题，提升用户体验。通过一系列基于社交的活动，如“邀请朋友得积分”“分享订单赚钱”等，提高消费者留存，并利用消费者的宣传，达到社交裂变，吸引更多的客源，提升平台影响力。

（3）通过与物美集团等区域大型商超的合作，多点不断在实践中总结经验，力求与利益相关者一同创造更大的价值，成功打造零售新模式——“多点＋”模式，使得多点以数字化推动零售行业消费升级的目标与用户提升购物体验的需求完美匹配，其优质服务理念和数字化实践得到用户的支持与观望者的肯定，推动这一模式快速扩散。

2. 社群推动型价值共创模式案例：虎扑

虎扑是中国最具人气的体育社区，具有极强的用户黏性。依托强大的社群基础和丰富的体育营销资源，虎扑由传统在线社区向“互联网＋”转型，打造体育生态，促进其与社群的共同成长。虎扑社区价值共创模式的运行方式如图 20.5 所示，核心内容如下。

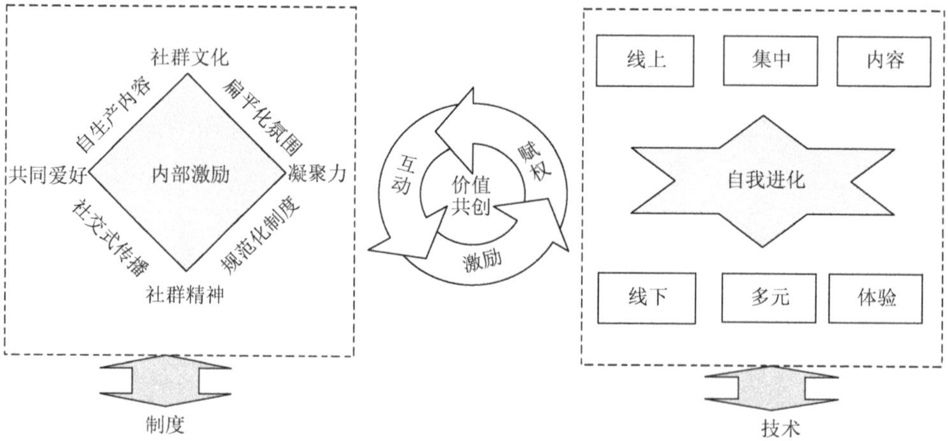

图 20.5　虎扑社区价值共创模式的运行方式

（1）内部激励促进社群能力的形成。广大球迷基于对篮球的共同爱好入驻虎扑，自发创造高质量的文章和战术分析，打造出著名的“Free Army”这一社群文化，通过去中心化的运营思路，如帖子的排序机制、“点亮”和“转水”功能，维护社区秩序和价值观，构建扁平化社群氛围，形成社群凝聚力，成员之间相互鼓励与支持，共同抵御外部不良文化侵入，打造社群精神，虎扑用户更是被称为“JRS（家人们）”。在共同爱好—社群文化—凝聚力—社群精神的作用下，用户形成使用习惯，产生内部激励，有助于提高社群整体的创意能力。

（2）社群推动机构进化。社群规模的扩大和用户忠诚度、创新能力的提升促使虎扑转变经营思路，整合社群资源，与更多的机构展开合作，构建体育生态。线上开设更多专区，如足球、赛车、电竞等，吸引俱乐部官网入驻，同时下设虎扑识货、虎扑鉴定，聚焦核心用户，进军电商领域，在完善盈利模式的同时更好地满足用户需求；线下开展“路人王”系列篮球赛和世界篮球明星赛，与各地机构合作，带动线下社群运动热情，提升用户体验；在社群的推动下，虎扑完成了从专注线上、聚焦内容、领域集中到连接线上线下，平衡内容和体验，集中走向多元的转变。

（3）利用包容性互动与谈判推动价值共创的良性循环。对于用户自由度欠缺的问题，为满足用户需求，虎扑 APP 创建主播专用后台，鼓励用户申请赛事直播，提升用户的自由度和参与度。对于用户的个性化需求，利用大数据分析，向用户推荐他们喜欢的内容，让用户自主选择主队和赛事，并允许用户参与竞猜，激发参与热情。用户还可以通过投票等形式参与制定社群新规范，产生更强的主人翁意识，自觉维护社区大环境，促使社群健康发展。

3. 机构-社群协同型价值共创模式案例：微信小程序

微信小程序是随“互联网＋”发展而来的产物，目前已实现日活跃用户超 2.3 亿人，小程序数量突破 230 万个，深切融入人们日常生活、学习等各种场景之中，实现了人与人和人与服务的连接，做到了让创造者体现价值和回报，小程序生态逐渐形成。微信小程序价值共创模式的运行方式如图 20.6 所示，核心内容如下。

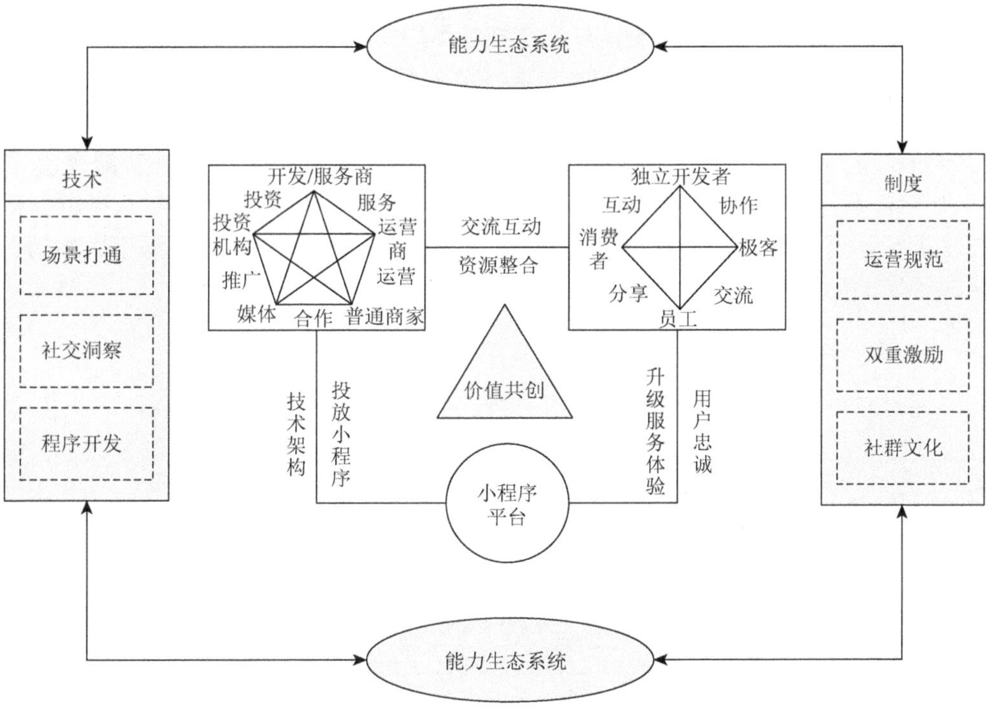

图 20.6 微信小程序价值共创模式的运行方式

（1）基于社交的互动与资源整合创新服务流程，使所有参与者受益。依靠微信这一超级流量入口，充分发挥社交价值，打通生活全场景，累计开放 60 多种入口，包括分享、扫码、搜索、附近的小程序等，用户可以更轻松地找到自己需要的服务。平台通过分析用户数据为商家提供社交洞察，以便商家精准定位，轻松地获得更多顾客，降低获客成本，将线下商业场景上移，解决了“长尾”问题。利用用户分享实现社交裂变，为小程序的扩散和变现增添动力，运营商和开发服务商可以根据用户的反馈对小程序进行迭代升级，使得小程序功能完善、操作简化，更好地满足用户需求。

（2）正式＋非正式制度避免“野蛮生长”，构建和谐生态。服务主导逻辑主张利用参与者创造的制度和制度安排来协调价值共创，小程序仅用两年的时间就超越了苹果商店的应用数量，一方面体现出小程序的火爆态势，另一方面，如此急速的增长也不可避免地引发一些乱象，对小程序生态的健康发展提出了严峻的挑战。因此，微信小程序从完善运营规则入手，严格审查小程序上线资格，拒绝“无良”小程序，并公示处理结果，保护开发者权益。与开发者一同探索新的变现方式和激励机制，如小程序广告收入与开发者共同享有，建立“突出贡献者”排序机制和“满意度体系”，正确引导开发者和用户的价值观，激发开发者热情，打造和谐健康的可持续生态。构建良好的社群文化，开发者专区由问题反馈平台变为知识共享平台，有利于开发者之间增进友谊和激发创意。

（3）技术和制度与能力生态系统共生演化，推动可持续性价值共创。技术和制度是建立能力生态的基础条件，自上线以来，小程序不断释放新的能力，由无须安装、用完即走的技术基础服务能力到日益成熟和完善的运营、运维能力，小程序的能力生态不断演化。同时，能力生态反向重新配置企业创新生态系统的技术与制度，可连接、包容、可再生和可演化的能力生态促使技术架构的升级改造和制度的灵活应对。这种共生演化关系使得小程序生态拥有源源不断的动力与活力，增强价值共创的可持续性。

4. 三个典型案例的比较分析

通过对以上三个典型案例的对比分析，可总结归纳如表 20.3 所示。

表 20.3　三个典型案例的比较分析

案例	模式	发起主体	核心能力	价值主张	推进机制	价值实现
多点	机构引导型	多点与合作商超	数字化技术	通过数字化改造提升用户体验	价值观和实践相匹配机制	提升用户购物体验，促进模式扩散
虎扑	社群推动型	虎扑社区	用户创意	建设多元化体育社区	内部激励机制与包容性互动机制	社区成功转型，用户与企业共同受益
微信小程序	机构-社群协同型	微信与开发者社群	技术和创意的融合	让创造者体现价值和回报	能力演化机制与民主化决策机制	开发者价值得到体现，实现连接一切的愿景

从三家企业的价值共创实践来看，主要以技术和创意等操作性资源作为战略利益的根本来源，并借助其向参与者呈现自己的价值主张，以制度和制度安排保证价值主张的良好贯彻与价值共创过程的有序运行，并以零售商品、体育产品和高科技产品作为向用户输出服务的载体，注重机构和社群的良好互动，创新资源配置方式，激发创新活力。此外，合作与契合、凝聚力与包容、民主化和可持续作为三种价值共创模式最典型的特征，彰显“互联网 + ”时代社交网络的巨大价值，同时，以服务为逻辑主线推进企业创新生态系统价值共创的持续发展是必然要求。

第21章 面向“一带一路”企业技术标准联盟的创新与发展

“一带一路”倡议为促进国内经济转型升级，推动中国企业跨国贸易投资便利化、产业标准对接融合提供了重要机遇，是我国经济新常态下实现全方位对外开放格局的重要方略。2017 年 12 月，中国发布《标准联通共建“一带一路”行动计划（2018—2020 年）》，提出要充分发挥标准化在推进“一带一路”建设中的重要作用。在“一带一路”倡议的时代背景下，国家所颁布的一系列科技和标准化政策均为我国大中小企业发展提供了前所未有的发展契机和政策支持。但是从我国的发展状况来看，目前很多企业的技术创新能力还相对薄弱，缺乏优势资源与核心技术的支撑，这在很大程度上阻碍了企业的创新发展与进步。在现有的 ISO/IEC 国际标准中，由我国制定的国际标准仅仅占据 1.3%的份额，这与我国的世界第二大经济体地位极不匹配（王九云等，2005）。

在围绕技术标准的企业竞争、行业竞争中，越来越多的高技术企业开始采用面向“一带一路”的企业技术标准联盟这一重要的战略方式。海尔乘着“一带一路”倡议的东风，通过“10 + N”的全球开放创新体系，将全球资源投入自身的产品和技术创新之中。海尔凭借研发、制造、销售“三位一体”的本土化海外布局，快速响应市场需求，为其参与当地标准建设打下了深厚的市场基础，成为海尔打造“一带一路”标准输出样板的重要支撑。华为 70%的销售是在海外，而主战场就是“一带一路”沿线国家，“一带一路”见证了华为从模仿到创造，再到打造自己的核心技术与先进标准的成长历程。华为通过一系列技术标准联盟活动实现标准的制定和推广，如积极参与阿拉伯国家联盟、非洲联盟等宽带政策的标准制定及产业落地，通过技术联盟合作的形式在“一带一路”沿线国家和地区中推广 5G 相关标准及其应用。

从更多的企业案例中可以看出，面向“一带一路”企业技术标准联盟已经成为中国企业走出去、中国标准走出去的重要手段，但是联盟背后又有其复杂的驱动因素体系，所以研究面向“一带一路”企业技术标准联盟的驱动机制对于指导中国企业与“一带一路”沿线企业共建技术标准联盟具有重要的意义。当前国内外学者对联盟的研究主要以国内或跨国企业战略联盟为研究对象，而关于面向“一带一路”企业技术标准联盟的研究不多，而且研究方法大多是从思辨的角度进行概念辨析或理论分析，缺乏根植于具体联盟合作案例的研究。本研究立足于“一带一路”倡议的政策背景，以国内外大量的研究文献和相关的数据为支撑，探究面向“一带一路”企业技术标准联盟的研究趋势与方向。

21.1　面向“一带一路”企业技术标准联盟的背景和意义

在 2017 年 5 月“一带一路”国际合作高峰论坛上，习近平强调共商、共建、共享的发展理念，首次对“一带一路”的未来发展提出五个重要内容，就是要在互联互通的基础上，把“一带一路”建成和平发展之路、繁荣之路、开放共赢之路、创新可持续性发展之路和文明之路。在十九大报告中又强调，“要以‘一带一路’建设为重点，……遵循共商共建共享原则”，“积极参与全球治理体系改革和建设”。2017 年 12 月推进“一带一路”建设工作领导小组办公室印发《标准联通共建“一带一路”行动计划（2018—2020 年）》。相较于 2015 年发布的《标准联通“一带一路”行动计划（2015—2017）》，多增加了“共建”两字，从中可以看出面向“一带一路”的标准化工作，需要更加注重“建”，在面向“一带一路”的“标准化 + ”建设中重视标准化的过程和方案。企业技术标准联盟是“共建”标准的重要途径和方式，在共建的过程中，基于“共商共建共享”和“互联互通”的发展理念，充分发挥中国企业的主导作用，推动构建面向“一带一路”企业技术标准化的中国方案是时代赋予中国企业的神圣使命和历史责任。

1. 面向“一带一路”企业技术标准联盟是落实共商共建共享发展理念的重要体现

“共商共建共享”原则与理念以中国的发展实践和世界经济全球化发展趋势为依据，以国际上一切主张经济全球化的国家、社会力量和人民群众的期盼为回应，清晰勾勒了其时代特征、价值目标和实现路径。共商、共建、共享的发展理念是推动“一带一路”建设的准绳。面向“一带一路”的企业技术标准联盟是落实“共商共建共享”发展理念的重要体现，是充分发挥中国企业在“一带一路”建设中的作用，助力“一带一路”区域企业共赢发展的重要抓手。

进一步，《标准联通共建“一带一路”行动计划（2018—2020 年）》提出要充分发挥标准化在推进“一带一路”建设中的基础性和战略性作用。面向“一带一路”企业技术标准联盟是推动标准联通共建“一带一路”的重要途径，也是技术标准“走出去”的有效组织保障。企业技术标准联盟是以拥有较强研发实力和关键技术知识产权的企业为核心，以推动某种技术标准的主流化为目标的企业间成员组织（吕铁，2005）。构建企业技术标准联盟有助于实现资源互补、风险共担和价值共创，是促进技术标准制定及产业化的有效组织形式。就推动标准联通共建“一带一路”的实践来看，企业技术标准联盟也是当前阶段的必由之途。一方面，推动技术标准“走出去”的关键是我国制定和使用的技术标准能为“一带一路”沿线国家（地区）所用，这离不开与沿线国家企业和机构的合作。另一方面，与欧美等发达国家的跨国公司相比，我国企业在技术标准制定和产业化方面的经验与能力还有所欠缺，“抱团出海”是更加理想的战略选择。

2. 面向“一带一路”的企业技术标准联盟是中国企业从“走出去”到“走进去”的重要选择

回顾中国企业实施“走出去”战略以来的漫长历程，不难发现其中充满着艰辛和曲折，许多企业取得了成功。2017 年 4 月新华网盘点十大走出去的中国企业，包括联想集团、海尔集团、万达集团股份有限公司、阿里巴巴网络技术有限公司、华为技术有限公司、万兴科技集团股份有限公司、复星集团、香港中旅（集团）有限公司、浙江吉利控股集团、中粮集团有限公司等电子信息产业、制造业和服务业等领域的领先企业。“国际竞争标准先行”，技术标准在中国企业“走出去”进程中发挥了重要作用，特别是电子信息产业和制造业领域的中国标准国际化，以标准“软联通”打造合作“硬机制”，为中国企业的国际化进程赢得机遇。“一带一路”倡议为中国企业“走出去”提供了重大机遇，但如何在“一带一路”倡议下实现真正“强起来”还需要更加注重顶层设计，充分发挥技术标准的引领作用，面向“一带一路”的企业技术标准联盟是中国企业从“走出去”到“走进去”，直至“强起来”的重要方式。

面向“一带一路”的企业技术标准联盟是借助联盟的方式实现中国企业技术标准国际化的重要方式，是促进中国企业自身发展与壮大的重要选择，有利于推动中国企业与“一带一路”沿线国家（地区）领先企业加快实现技术合作与智力交融，更有利于中国企业，特别是领军企业更好地融入“一带一路”沿线市场，占领产业发展制高点。

3. 面向“一带一路”企业技术标准联盟催生新的组织管理理论研究命题

与已有的技术标准联盟或战略联盟相比，面向“一带一路”的企业技术标准联盟所处的外部环境越来越复杂，构成主体更加多元，联盟的功能和愿景也更具特色，已有的联盟理论及发展经验不完全适用，如何创建、运作和管理面向“一带一路”的企业技术标准联盟组织成为首先需要解决的理论与现实问题。

面向“一带一路”的企业技术标准联盟是跨国的企业联盟，受到国家间制度文化差异的深刻影响。尤其是部分“一带一路”沿线国家（地区）的经济基础设施、制度建设和企业发展水平还相对薄弱，联盟所处的经济社会环境高度复杂。

同时，联盟以技术标准的制定、实施和产业化为核心功能，需要企业、科研机构、中介和相关政府部门的通力合作，成员异质性强且关系复杂。由此，从外部环境和内在结构上看，面向“一带一路”的企业技术标准联盟迥异于少数企业根据产业关联形成的战略联盟，是一个更加复杂的技术—社会生态系统，需要一个新的理论范式来打开这一复杂生态系统的“黑箱”，揭示其内在规律。与此同时，面向“一带一路”的企业技术标准联盟服务于“一带一路”倡议，通过联盟合作提高标准体系的兼容性，支持基础设施互联互通，促进国际产能与装备制造合作，服务投资贸易便利化。要想实现这一目标，中国企业在联盟形成发展过程中需要发挥主导作用，在联盟发展中体现中国方案和中国智慧，贯彻“共商共享共建”的指导原则。这为创建、运作和管理面向“一带一路”的企业技术标准联盟组织管理理论研究提出了新的要求。

21.2　面向“一带一路”企业技术标准联盟的相关研究现状及发展动态

21.2.1　面向“一带一路”企业技术标准联盟的理论溯源与研究趋势

2017 年 12 月，《标准联通共建“一带一路”行动计划（2018—2020 年）》提出要充分发挥标准化在推进“一带一路”建设中的基础性和战略性作用。新计划凸出了“共建”在面向“一带一路”标准化工作中的作用，强调标准化的过程和方案。面向“一带一路”的企业技术标准联盟是推动标准联通共建“一带一路”的重要方式。

组建技术标准联盟开展跨国合作与竞争并非新生事物。20 世纪 80 年代，随着经济全球化的发展，以市场进入为目标的跨国联盟越来越多（Hood and Young，1979）。Glaister 和 Buckley（1994）研究企业跨国联盟时发现，跨国联盟的根本动机是实现市场和地缘开拓。为了实现这一目标，跨国技术联盟往往伴随着与目标市场地区成员企业的技术和知识转移（Minbaeva，2007），以符合市场所在国的政策意图（Mellewigt et al.，2017；Fabrizio et al.，2017）。Lavie 和 Miller（2008）通过实证研究发现跨国联盟中的国别差异和企业竞合关系，使得企业绩效与组建联盟国际化程度呈 S 形关系（减—增—减），联盟国际化程度提升并非总有利于企业绩效。但联盟主导企业通过在技术发明阶段确立行业技术规格和技术标准，实施标准和专利的“打包”许可，建立技术壁垒，控制技术联盟的价值链上游和新产品的周期，标准联盟作用逐步显现。近年来，针对标准联盟的相关研究逐年增加（图 21.1）。

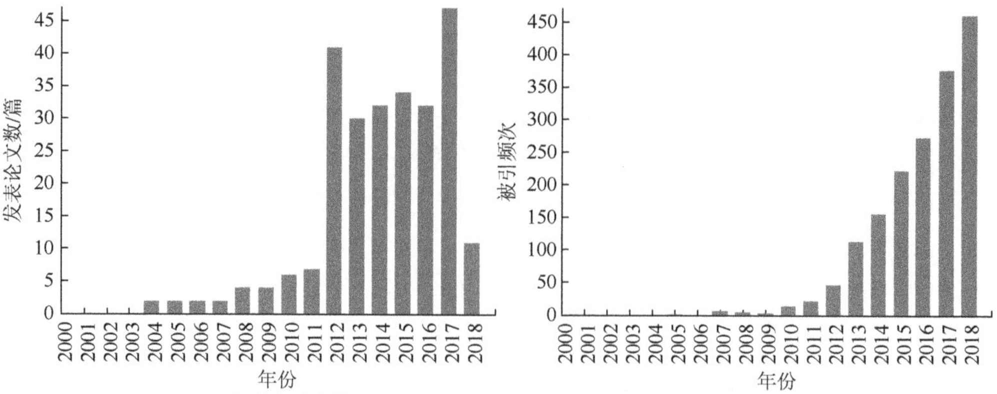

(a) 年发表论文数　　(b) 年被引频次

图 21.1　“标准联盟”相关研究的数量趋势

数据来源：Web of Science 数据库；截至 2018 年 12 月

加快推进面向“一带一路”的标准化工作是国家推进“一带一路”建设的重要举措，国家社会科学基金和国家自然科学基金均将此作为重点资助研究领域。国家社会科学基金作为政策研究和传播的重要阵地，明确将“一带一路”作为 2018 年度的重点研究领域，共资助了 126 项“一带一路”相关的研究课题；同时，国家自然科学基金在 2016～2018 年共资助了 23 项“一带一路”相关课题。但是上述课题中仅孙迎春（18BZZ073）①和冯芬玲（18BJY169）②的两项国家社会科学基金课题与“标准化”相关。国内学术界尚缺少对面向“一带一路”标准化建设和面向“一带一路”企业技术标准联盟等相关理论和实证研究的成果。本章对国内外涉及企业技术标准联盟研究的文献进行全面的总结和述评，探究企业技术标准联盟的内涵、形成原因、研究框架体系和热点；以“一带一路”为背景，系统分析技术标准联盟国际化、标准联通“一带一路”建设等相关研究的重要结论，提出面向“一带一路”的企业技术标准联盟研究的关键科学问题和研究展望。

21.2.2　技术标准联盟的内涵与成因研究

技术标准联盟由战略联盟逐步发展而来。20 世纪 80 年代以来，战略联盟在全球范围内迅速兴起和发展，成为企业参与全球竞争的重要手段。学者也对战略联盟相关理论展开了研究。受 Wernerfelt（1984）提出的资源基础理论（resource-based view，RBV）的影响，早期研究主要采用关注企业资源分配和使

① 孙迎春．“一带一路”过程中政策、规则、标准“三位一体”软联通研究（一般项目 18BZZ073）．国家行政学院

② 冯芬玲．“一带一路”中欧班列沿线国家铁路货运价格比较及中国标准研究（一般项目 18BJY169）．中南大学

用，建立资源观的研究范式。由于技术是企业重要的资源之一，战略技术联盟（strategic technology alliances）或技术战略联盟（strategic alliances in technology）逐步成为学者分类研究战略联盟的重要议题，并形成了技术联盟这一重要研究领域（王飞绒和陈劲，2010；周青，2012）。

技术联盟与其他形式战略联盟的主要区别是，存在控制交易成本或运营成本之外的技术动机。20世纪80年代以来，学者最初从动机出发研究了技术联盟的特征，主要包括“开展基础和应用研发及其他创新活动”与“进入市场和搜寻机会”两类主要动机（Hagedoorn，1993），并给出了技术联盟的界定：技术联盟是一类企业技术合作的形式，无论出于何种动机，联盟协议中至少包括“联合创新或技术交换”等内容（Harrigan，1988）。具体研究如表21.1所示。

表21.1　战略联盟和技术联盟的主要研究问题

研究对象	研究视角	主要研究学者
战略联盟	资源的优势互补、兼容性、组织多样化	Rothaermel（2001）；Sarkar等（2001）
	联盟企业成长，创新绩效、财务绩效提升	Baum等（2000）；Dell Era和Verganti（2010）
技术联盟	技术联盟的类型	Hagedoorn（1993）；Chan和Heide（1993）
	技术联盟的成因	Hagedoorn（1993，1996）；Chan和Heide（1993）
	联盟伙伴选择、成员关系维系、联盟契约和协议管理（信任、利益分配机制、冲突协调机制）	Chan和Heide（1993）；Vanhaverbeke等（2002）；Gulati（1995）；Daellenbach和Davenport（2004）；Hagedoorn等（2000）；韦小彦和方放（2015）；Yayavaram等（2018）
	知识学习、知识转移、技术获取、人力资源培养	Shan等（1994）；Kale和Singh（2007）；Hamel（1991）；Roijakkers和Hagedoorn（2006）；Vanhaverbeke等（2002）

技术标准联盟是一类新的战略联盟（Krammer，2016）。首先，技术标准联盟符合战略联盟的三个基本特征（Yoshino and Rangan，1995）：①联盟成员相互独立；②联盟成员对共同关注的战略领域持续做出贡献，技术标准联盟成员共同开发或审核相关领域的标准，尤其是技术标准；③联盟成员分享利益并共同控制相关任务和产出绩效：技术标准联盟一般建立标准化联盟委员会，共同控制标准化进程并分享利益（Blind and Mangelsdorf，2016）。其次，技术标准联盟往往具备三个独特的特点：①联盟成员的异质性，标准化的过程不仅由企业推动，消费者组织和政府也会参与其中（Cabral and Salant，2014；周青和武健，2018）；②产出是技术规范或标准，既具有公共物品属性，存在搭便车等行为，又会给联盟成员带来私有收益，如知识溢出效应或标准实施成本降低；③技

术标准联盟遵守特定规则（Howell，2018），关于标准开发过程中联盟成员相互开放程度、达成共识要求、知识产权保护等。可见，技术标准联盟是技术标准竞争的常用方式，技术标准之间的竞争往往表现为不同技术标准联盟之间的竞争。同时，技术标准联盟也是解决知识产权和标准化矛盾的主要方式（严清清和胡建绩，2007）。总体来说，技术标准联盟同时涵盖技术研制与技术产业化两项功能，一定程度上可以将其理解为以研发联盟和专利联盟为基础的联盟组合（李薇，2014）。

对于联盟技术标准化阶段的划分，现在主要有技术标准化过程标志事件与标准专利数量变化两种方法（韦小彦，2013）。根据技术标准化过程标志事件可以将联盟技术标准化阶段划分为研发阶段、产业化阶段、市场化阶段（王珊珊等，2012）。技术标准化过程标志事件注重分析不同阶段的目标与标志事件，在研发阶段的目标主要为标准技术体系的研发、构建与完善；在产业化阶段的目标主要是技术标准产业链的构建与完善；在市场化阶段主要关注大规模的市场扩散，并成为事实标准（韦小彦，2013）。根据标准专利数量变化，可以分为导入阶段、成长阶段、成熟阶段与衰退阶段。其中，导入阶段技术分支多，可构成技术标准的专利数量少；成长阶段市场核心技术确定，围绕核心技术的专利数量大量增加；成熟阶段专利的申请数量趋于稳定；衰退阶段新技术出现，围绕现有标准的专利申请量下降（韦小彦，2013；Haupt et al.，2007）。对于不同标准化阶段，构成技术标准联盟主导企业技术标准化能力的研发能力、管理能力和资源能力，会不断地相互影响与动态发展（王道平等，2017）。并且，随着联盟技术标准化进程的展开，整个联盟的中心与主导组织是可以动态变化的，如在闪联技术标准化三阶段中，在研发阶段处于最中心的是中国科学院计算技术研究所，产业化阶段的核心主导企业为联想，而在市场化阶段处于中心位置的是中国电信（韦小彦，2013）。

通过文献回顾，我们发现现有研究界定了技术标准联盟的内涵，对联盟作用和动机的研究也正在不断深入（表 21.2），为界定技术标准联盟奠定了坚实的基础。现阶段“一带一路”倡议为技术标准联盟赋予了新的情境要素，需要进一步回顾技术标准联盟的研究框架，形成新的科学问题。

表 21.2　技术标准联盟的主要研究问题

研究对象	研究视角	主要研究学者
联盟作用	影响消费者使用习惯和选择，形成技术的网络外部性优势	Arthur（2018）；Katz 和 Shapiro（1985）
	产品技术标准兼容性	Brem 等（2016）；Axelrod 等（1995）
	形成路径依赖，获得主导地位	Axelrod 等（1995）
	提升创新绩效	戴海闻等（2017）

续表

研究对象	研究视角	主要研究学者
联盟成员动机	减少技术和市场风险，联盟成员企业动机，创造“先动者优势”	Glaister 和 Buckley（1994）；Hagedoorn（1993）
	知识或技术获取：通过知识转移，知识溢出，提升成员企业的创新绩效和竞争优势	Hamel（1991）；Sampson（2007）
	达到产品的市场准入门槛，减少开拓海外市场阻力	Glaister 和 Buckley（1994）；de Vries 和 Slob（2006）
	响应政府政策，与所在国政府和企业共同建立技术标准联盟	Hargrave 和 van de Ven（2006）；Blind 和 Mangelsdorf（2016）；李再扬和杨少华（2003）

综上所述，现有研究界定了技术标准联盟的含义，并深入分析了成因、作用和动机，奠定了坚实的研究基础。在分析技术标准联盟的动机时，从 Hamel（1991）的技术动机到 Glaister 和 Buckley（1994）的市场动机，再到 Hargrave 和 van de Ven（2006）的政策动机，直至最新的研究强调联盟将技术标准进行市场扩散（Blind and Mangelsdorf，2016），学者对企业技术标准联盟的认识逐步加深。现有研究为“一带一路”倡议下的技术标准联盟相关研究提供了坚实的理论基础，然而面向“一带一路”的企业技术标准联盟具有全新的背景和使命，具有规模大、主体多样性高、与联盟所处的经济政治文化环境关联密切等显著特征，特别是强调要充分发挥中国企业的主导作用，推动构建面向“一带一路”企业技术标准化的中国方案，这是一种全新的技术/商业生态系统，无论是现有研究中广泛使用的双边联盟视角还是网络化联盟视角，都不足以有效刻画如此复杂的研究对象，因此需要一个全新的研究框架体系。

21.2.3　企业技术标准联盟的形成与发展机制研究

企业技术标准联盟的形成过程中存在着“创建—组织—运行—治理”等机制，且往往是多种机制同时起作用。企业、政府等主体以及制度、文化等要素在其中扮演着重要的角色。企业技术标准联盟形成机制的关键在于通过联盟合作使得企业在技术创新过程中发挥各自的优势，提升联盟合作企业的创新能力（原长弘等，2006；王安宇和赵武阳，2008）。因此，文献重点关注有利于合作的联盟创建方式和规则，促进创新的联盟组织、运行和治理机制，并重点梳理关于联盟伙伴选择、知识共享、创新模式、风险控制等相关文献，点面结合综述企业技术标准联盟形成与发展机制。

1. 企业技术标准联盟的构建方式与规则设计

总的来说，企业技术标准联盟的构建方式主要包括：①混合式，即单个企业自主研发技术与多企业合作进行技术推广相结合的形式来设定技术标准；②多企业合作式，即多个企业共同参与构建联盟；③谈判式，即多个企业联盟成员分别进行自主技术研发，互相协调最终达成通用的标准，然后以联盟的形式将标准引入市场（曾德明等，2007）。

实际上，企业技术标准联盟构建规则研究是一个系统工程，涉及联盟伙伴的选择、技术标准联盟的知识共享等内容。从协同学视角来看，联盟伙伴选择以及联盟网络知识共享对企业技术标准联盟的创建起着关键作用。目前联盟合作的失败率很高，很多企业没有理解合作伙伴的需求就匆忙加入联盟是导致联盟失败的重要原因（Das and Teng，2002）。根据联盟所处的不同发展时期，从萌芽期到成熟期，从技术标准研发阶段到市场化阶段，学者对伙伴选择提出了不同的看法（龚艳萍和董媛，2010；王道平等，2015；Li et al.，2013）。国内外关于联盟伙伴选择规则的研究主要关注两个方面：①联盟伙伴企业的能力，包括企业的无形资产、管理与文化、信息化程度、研发能力、市场能力、技术标准能力等（Hitt et al.，2004；Chen et al.，2010）；②联盟伙伴间的协作效果，包括合作伙伴间的能力互补性、知识共享性、文化合作性、目标兼容性和风险相称性等（Brouthers et al.，1995；徐小三和赵顺龙，2010；辛德强等，2017）。

知识共享是联盟构建规则的另一项重要研究内容。知识共享，尤其是隐性知识共享，难以通过市场交易来实现，创建企业合作联盟成为知识共享的可行途径（Graham and Badaracco，1993），并且往往在知识共享的收益大于成本时，企业才愿意参与创建联盟（郑向杰和赵炎，2013）。联盟网络作为现阶段企业技术联盟的主要组织方式，其知识共享能力对技术标准联盟创建有很大的作用。因此联盟知识共享规则的研究大多从联盟网络与知识共享之间的关系入手，例如，Lin等（2007）、Beckman 等（2004）研究了联盟网络的类型及其对知识共享的促进作用，发现设计开发式联盟网络和探索式联盟网络有利于企业利用现有知识或开拓新知识，增强知识的共享和整合，从而提高联盟短期的创新绩效；宋志红等（2013）对索尼公司案例进行研究，分析了联盟网络的联系特征与知识共享之间的动态匹配关系。此外，一些学者还发现知识本身属性（包括知识类别及价值、个人动机、共享的机会）和外部环境因素（包括企业文化、高关怀氛围、信任度和互助意愿）对知识共享规则设计有显著影响（Zárraga and Bonache，2003；商淑秀和张再生，2015）。

综上，企业技术标准联盟的构建方式与企业间合作共建和利益协商共享的方式紧密相关，其中联盟伙伴选择和知识共享是“共建”和“共享”的核心规则，尤其是 Beckman 等（2004）、Lin 等（2007）以网络视角研究网络属性对联盟伙伴间的合作绩效和创新产出的影响。事实上，网络视角的研究是以网络成员的同质性为假设前提的，而在面向“一带一路”的企业技术标准联盟中，存在着来自完全差异化的联盟成员，包括不同的文化背景、不同的参与动机、不同的制度规范等。同时，以往在参与全球化发展的过程中，中国企业大多是以参与者角色加入国际技术标准联盟，在“一带一路”框架下中国企业将逐步成为技术标准联盟建设的主导力量。基于上述研究情景和背景的变化，也有必要从理论上构建面向“一带一路”的企业技术标准联盟发展新范式，这有利于分析多功能、多利益和多角色主题参与下的发展模式，探究“伙伴选择和协调”“知识共享”等共建、共享机制。

2. 企业技术标准联盟的组织构成与模式创新

组织机制是指各构成单元设置和调整的功能体系。企业技术标准联盟的组织构成主要由技术研发平台、“标准化 + ”建设平台、成果转化平台组成。首先，企业学习来自外部的知识和技术，进行自主技术研发与能力积累，建设技术研发平台有助于促进以企业为主体的自主创新，有助于技术标准联盟的组织（李晓丹等，2018；Kale and Singh，2007）。其次，技术标准联盟是推动标准快速发展的重要形式。企业实施标准化战略，建设“标准化 + ”平台可以提高企业利润，获取专利转让费，降低生产成本，增强企业竞争力（王珊珊等，2012；吴文华和张琰飞，2006；王耀中等，2008；曾德明等，2016）。最后，企业是科技成果转化的主体，企业技术标准联盟中成果的转化是复杂系统工程，联盟建立成果转化平台，可以提高企业的创新能力，降低转化风险，实现成果转化的规模效应（傅毓维等，2006）。

组建企业技术标准联盟的目标在于通过联盟使得企业在技术创新过程中发挥各自的优势，提升联盟合作企业的自主创新能力（原长弘等，2006；王安宇和赵武阳，2008）。因而在组织机制的研究中，符合技术创新规律、促进创新活动开展的模式一直都是重要的研究内容（Stuart，2000）。依据现有研究，这类模式可以分为基于交易关系的商业模式和基于协作关系的组织与运营模式。关于基于交易关系的商业模式的研究集中在企业商业模式的典型特征和商业模式创新的途径，具体包括产品或服务的创新（欧阳桃花，2007）、价值网络的创新与重构（王琴，2011；程立茹，2013；吴晓云和张欣妍，2015）、联盟网络的构建（李明星等，2016）；而基于协作关系的组织与运营模式则主要针对组织模式（罗炜和唐元虎，2001）、运营模式（李海波等，2009）、管理模式（王玉晶和陈伟，2010）等，探讨联盟内部的组织模式、联盟成员间依赖关系（沈灏和李垣，2010），企业间的信任机制和激励机制（Gnyawali and Park，2011），以及联盟外部政府的政策引导和保障机制（潘和平等，2013）对技术合作、信息共享和创新活动的影响。

综上，技术研发平台、“标准化＋”建设平台、成果转化平台等是联盟组织机制中促成标准开发、推广、获益的重要构件，保障了联盟内“技术标准化”活动螺旋演进的闭环。联盟不断通过基于交易关系和协作关系的模式创新改进组织机制，协调成员企业关系，发挥成员企业在技术创新过程中的各自优势。在“一带一路”倡议情境下，机制仍处在理论探索阶段。因此，可致力于进一步研究和设计中国企业主导的技术标准联盟组织机制，同时探索面向“一带一路”的企业技术标准联盟模式创新与发展路径，这将有助于加快推进面向“一带一路”的企业技术标准联盟成熟，实现组织机制创建与模式创新同步。

3. 企业技术标准联盟的运行机制与风险控制

现阶段关于技术标准联盟运行机制的研究主要从市场主导和政府主导两方面展开。市场主导的技术标准联盟运行机制主要关注联盟的竞合关系、风险共担（张帏，2012）、知识产权（孙耀吾等，2008）、利益分配（张捍东等，2009）等。很多学者还结合实际案例分析了技术标准联盟的市场运行机制，发现公平合理的利益分配机制有助于实现企业技术标准联盟高效运作和整体协同。技术标准联盟的创建离不开政府的政策支持。企业标准化的过程还需要政府参与，政府的介入程度和方式取决于标准的影响力、竞争程度等诸多因素（王珊珊等，2012）；政府优惠政策和措施可以鼓励企业进行技术创新，有助于推进技术标准的实施，对于技术标准联盟的形成起着重要作用（邓颖，2015）。

企业技术联盟内部的风险控制对联盟运行机制是十分必要的。技术标准联盟的运行风险主要包括共担技术标准化的风险、产品/技术使用者的顾虑消除等（Yoshino and Rangan，1995；曾德明等，2007）。其中，风险识别与评价是主要研究领域。一是企业知识风险识别。企业知识风险在企业风险中占据非常大的比重，具有复杂性、隐含性和难度量性，产生的原因主要包括环境的不确定性、知识产出的不确定性、知识的溢出效应等。根据知识风险的表示形式分为显性知识风险和隐性知识风险（Bustinza et al.，2019）。二是技术标准联盟的风险评价与控制。技术标准联盟中存在的风险可以分为管理风险、资源风险、能力风险、道德风险等。在对技术标准联盟进行风险识别与评估的基础上，学者分析了联盟中企业存在风险的原因，建立风险防范体系框架，探讨风险控制机制并进行实证分析（黄俊等，2012）。相关研究发现，对伙伴信任和联盟合作等风险的感知，会影响风险控制机制的选择（殷群和贾玲艳，2013），联盟管理者需要对联盟价值和风险进行定量评估（Wu and Olson，2010），构建风险规避体系，设计相关风险控制方法和策略。

综上所述，国内外学者普遍关注技术标准联盟的竞合关系、风险共担、知识产权、利益分配等要素。其中，潘和平等（2013）以博弈视角分析技术标准联盟成员间的竞合和共担关系的形成与运行，王珊珊等（2012）关注政府在技术标准联盟运行中的介入程度和对技术标准联盟稳定运行的作用，都具有重要的理论意义。在“一带一路”背景下，涉及的创新主体和政府具有的差异化和高异质性等特征，形成了多重嵌入、多重功能角色和多重发展途径的运行模式，传统的研究显然对此无法提供有效的解释能力。秉承“一带一路”倡议的基本理念，可进一步从共享视角研究标准联盟运行的内在机理，并在典型案例分析的基础上归纳总结面向“一带一路”企业技术标准联盟发展范式的共享机制；还可以从治理视角出发，剖析知识分享过程中可能存在的机会主义行为等知识风险因素和标准实施过程中成员企业间的冲突风险，尤其是“一带一路”背景下文化制度差异可能对上述风险因素带来的潜在影响，设计联盟治理机制，提出控制风险的策略。

4. 企业技术标准联盟治理机制与治理结构

企业技术标准联盟通过成员的利益合理分配促进了企业联盟的积极性，实现更好的联盟绩效，联盟治理是该目标实现的重要保障。关于联盟治理的研究主要从交易成本理论、资源依赖理论、企业学习能力理论和社会关系理论等角度进行，关注联盟治理的结构与机制（Morrow et al.，2007）。其中治理结构包括专利技术所有企业、技术标准管理机构和标准使用者三大主体（黄玉杰等，2008）。企业技术标准联盟的治理机制包括联盟企业间的谈判协商机制、决策机制、信任机制和信息共享机制（龙勇和王炳杨，2011；陈国青等，2018）。

（1）联盟治理结构的研究主要是基于Das和Teng（1996）的股权—非股权二分法展开的，其中资源互补性被认为是决定联盟治理形式的关键（Das and Teng，2000a）。治理结构的问题主要呈现技术标准联盟结构松散、机会主义行为严重、伙伴间不信任、生命周期短等情况（徐亮等，2009）。针对这些问题，张利飞等（2007）、张运生和张利飞（2007）提出了技术标准联盟治理的框架，认为技术标准联盟的治理结构本质上是一种准市场式的契约型治理结构，解释了选择契约型治理结构的优越性。

（2）治理机制的研究主要从三个方面展开。基于产业类型和规模视角，研究认为高科技产业的治理机制包括技术标准化战略选择机制、联盟伙伴选择机制和租金分享机制等，而中小企业技术标准联盟宜采用以联盟标准的制定与推广为主要内容的多元主体共同参与的治理模式（李庆满和杨皎平，2012）。基于过程及控制的视角，共同控制和正式-非正式治理的选择应作为治理模式关注的重点（龙勇和郑景丽，2013）。基于成员关系的视角，发起人制度、成员结构、成员关系强度等问题备受关注，重点提炼了声誉机制、信任机制和协商机制来协调成员关系（解学梅和孙科杰，2018；Lee，2010）。此外，学者还发现联盟的治理模式与联盟标准发起企业的特征和属性密切相关（Duysters and Lokshin，2011；李薇，2016）。

综上所述，关于联盟治理的研究主要集中于治理结构和机制等方面，并取得了丰硕的成果。相关研究从早期的 Das 和 Teng（1996）对联盟风险的研究开始，张利飞等（2007）分析了技术标准联盟的本质和治理框架，分别从股权与非股权的差异、准市场式的契约型治理等视角入手，最终提出技术标准联盟治理的机制类型（龙勇和王炳杨，2011），并强调基于多元主体共同参与的治理模式（李庆满和杨皎平，2012）。然而，由于我国技术标准联盟治理的研究起步较晚，且与“一带一路”沿线国家企业共建的技术标准联盟仍在不断发展的过程中，当前研究尚无法对多文化背景和多政府介入为特征的面向“一带一路”的企业技术标准联盟提出有效的治理模式。因此，可进一步从多重嵌入视角出发，剖析面向“一带一路”的企业技术标准联盟面临的复杂治理问题，设计跨文化背景下联盟治理的新机制，并进一步研究有助于实现治理机制的迭代、优化的动态治理策略。

21.2.4 企业技术标准联盟的研究热点和前沿

新时代企业技术标准联盟将逐步形成与完善以共赢、共享为联盟目标的价值共创机制，并最终实现企业技术标准联盟的生态系统。

1. 企业技术标准联盟的价值共创机理与实现机制

价值共创思想最早可以追溯到 19 世纪，Storch 在研究服务业对经济的贡献时曾经指出“服务过程需要生产者和消费者之间的合作”。Ramirez（1999）进一步诠释了价值共创的思想，认为价值共创是指生产者和消费者共同决定服务结果和创造服务价值。随着企业间竞争日趋激烈，各企业逐渐意识到通过组建联盟整合外部知识和资源创造的价值远超过单个企业创造的价值，因此联盟的价值共创研究逐步成为热点。在价值共创理论发展过程中产生了两个重要的观点：一是由 Prahalad 和 Ramaswamy（2004a）提出的基于消费者体验的价值共创理论，二是由 Vargo 和 Lusch（2004）提出的基于服务主导逻辑的价值共创理论。国内外学者在这两种观点的基础上，从传统企业和顾客二元视角、顾客独创价值、网络系统等视角对价值共创理论进行了深入的研究与分析。

关于企业联盟与价值共创关系，学者首先认同价值共创对联盟的积极作用。众多研究发现，联盟价值共创有助于企业发挥各自优势，通过合作获取合作伙伴的优势能力，实现技术突破，并且联盟为技术创新的扩散提供了重要平台，促使科技成果产业化，并对联盟组合多样性与创新绩效具有调节作用（原长弘等，2006；王安宇和赵武阳，2008；曾德明等，2016）。其次，在联盟如何实现价值共创方面，曾德明等（2007）认为技术标准联盟内各成员可以利用化敌为友创造价值、综合利用创造价值和学习内化创造价值三种路径来提高自身和联盟的竞争力。李力等（2015）以开放性创新联盟为研究背景，深入分析了开放创新联盟信息技术价值共创的含义和产生机制，并构建了其信息技术价值共创的理论模型。胡艳玲等（2018）基于服务主导逻辑的视角构建了大数据联盟数据服务创新超网络模型，并从资源—能力—关系协同维度揭示了其价值共创机理。Han 和 Hong（2017）以数字生活网络联盟（digital living network alliance，DLNA）为例，将服务主导逻辑的观点集成到三螺旋演化模型中，对联盟动态环境中行为者如何合作创造价值给出了合理的解释。此外，在联盟价值共创的影响因素方面，研究发现联盟内企业资源共同专有化和相互依赖，以及租金分配、伙伴关系质量等网络嵌入性因素对价值共创存在较大影响（武柏宇和彭本红，2018；周青等，2020）。

综上所述，关于价值共创的国内外研究已经相对成熟，企业战略联盟价值共创的相关研究也揭示了价值联盟的重要作用，分析了联盟价值共创的实现机制和影响因素。早期的价值共创聚焦消费者与企业协同产生价值的机制（Prahalad and Ramaswamy，2004b），相关研究逐步转向联盟中各主体间协同而形成价值的机理（李力等，2015）。理论上，与其他形式的战略联盟相比，技术标准联盟价值共创的过程和方式存在许多不同之处，而面向“一带一路”企业技术标准联盟价值共创则是技术标准的主导者、跟随者、应用者之间相互适应的过程，发生在标准研制、标准应用和主导设计形成等各个环节，这都需要开展针对性研究；实践中，基于“共商共建共享”理念，面向“一带一路”企业技术标准联盟价值共创机制的模式、机制，以及与组织、运行、治理机制的协同优化等关键问题尚待进一步分析和明确。

2. 企业技术标准联盟生态系统

企业技术标准联盟生态系统是技术标准联盟与生态学相结合发展而来的一种新概念。在之前的演化发展过程中，经历了研发联盟、专利联盟、技术联盟等阶段，相应的研究关注点从知识产权管理、专利许可方式到技术扩散、知识转移等（李薇，2014；黄少卿等，2016）。21世纪初，以无线通信产业的技术标准联盟为代表性研究对象，学术界认为以拥有较强研发实力和关键技术的企业为核心，以共同发起技术标准并将标准进行市场扩散为目标而形成的联盟组织开始占主流地位（Ram et al.，2018）。现有研究主要集中在技术标准联盟的特征与分类、形成动因、绩效和治理机制等方面（杜伟锦等，2010；Zhou et al.，2017）。

技术标准联盟生态系统是随着技术标准联盟深度发展所呈现出的新形态。生物学隐喻在经济社会研究中再度复兴始于 20 世纪 70 年代，之后扩散至技术经济领域，产生了以 TD-SCDMA 联盟为代表的技术标准型联盟生态系统（张运生和邹思明，2010；谭劲松和林润辉，2006）。从技术创新视角看，技术标准生态系统是典型的复杂系统，创新主体之间具有共生耦合、竞争合作等非线性交互关系和复杂网络特征（陈畴镛等，2010）。创新主体与创新环境之间还存在相互作用。创新环境不仅包括经济环境，还包括社会和自然环境，为创新主体与创新行为提供资源支持，并受到创新主体的影响（赵放和曾国屏，2014）。从标准视角看，专利技术所有企业、技术标准管理机构和标准使用者等主体与其外部生态、社会环境等组成的一个整体，包括基础设施、流动的知识、资本和文化等多种要素，系统内各成员借助能量流动、物质循环和信息传递而相互联系与相互依存，呈现出创新性、系统性和生态性等特征（张琰飞和吴文华，2010）。从演化视角来看，系统内合作共生、相互竞争和相互制约等三种生态关系并存，组织资源、网络资源、系统资源相互作用，存在代际演进和代内演进两种路径（李恒毅和宋娟，2014），而联盟成员、联盟管理和联盟环境是标准演化过程的重要影响因素（谭劲松和林润辉，2006）。

综上，企业技术标准联盟生态系统是在技术标准联盟的基础上发展而来的，它从生态理论的视角进一步拓展了技术标准联盟的研究范围，更清晰地描述了联盟内各参与主体的功能定位以及相互间的协同竞争与互惠共生关系，强调联盟主体间的互动和依存关系及其演进方式，联盟环境对标准创新、实施的重要作用等关键因素，为技术标准联盟在“一带一路”情境下的未来发展趋势提供了预见和启示。现有理论成果为未来研究提供了重要基础，进一步研究可重点关注面向“一带一路”企业技术标准联盟生态系统的创新发展与管理。

3. 企业技术标准联盟国际化发展

技术标准国际化是世界经济一体化发展的必然产物。一方面，技术标准国际化有助于解决不同国家和地区产品、服务之间的互联性与兼容性，避免技术不兼容导致的市场锁定问题，促进不同产品的兼容与协作、通过技术标准的专业性与规范性释放规模效应（Tassey，2000）。另一方面，技术标准国际化有利于对产品质量与性能进行“符号显示”，从而保障产品质量与性能可靠，降低出口国的信息成本与交易成本，使得国际贸易双方能够了解和确认产品特性等信息（Xie et al.，2016）。此外，随着全球一体化，技术标准国际化也成为建立国际竞争优势的重要方式（ANSI，2000；赵曙明等，2010）。国内学者关注技术标准国际化与企业国际化发展（孙耀吾和陈娴，2013；孙耀吾和蒋文兵，2013），分析了中国装备制造业“走出去”过程中遭遇的技术标准国际化难题（刘淑春，2018）。然而，在国际贸易保护主义逐渐盛行的背景下，过度标准化很可能成为贸易保护主义的重要盾牌，致使外国产品进入进口国面临无形的技术障碍。因而，组建跨国企业技术标准联盟将是技术标准国际化的一种重要形式。

企业技术标准联盟国际化是技术标准国际化的重要途径。随着经济与贸易的全球化进程加快，企业真正的国际化不仅仅是指走出国门，而是要实现经营的全球化，国际战略联盟作为一种有效的形式，有利于综合外部资源，促进企业进行全球学习，培养企业核心竞争力和适应迅速变化的环境（Franco and Haase，2016）；陈劲等（2003）认为在国际化起步阶段建立研发联盟更容易获得技术转让。反过来，国际化市场对联盟也有促进作用，国际化市场使联盟间成员交流更加便捷，从而促进联盟的发展，鼓励联盟成员开拓更大的市场基础。对于联盟国际化的实现，集群内创业联盟的国际化主要来自模仿行为（Delerue and Lejeune，2012），中国企业需要适时与国外公司建立各种形式的战略联盟，充分利用各种资源提升国际实力和竞争力；Duysters 等（2015）通过分析印度和中国企业，发现兼并、收购和战略技术联盟是其国际化战略的核心；Lee 和 Park（2006）研究得出多元化程度越高的最高管理团队（top management team，TMT）将利用更多国际联盟实现更高程度的企业国际化。

综上，随着全球一体化，组建跨国企业技术标准联盟是促进技术标准国际化，进而强化企业、产业甚至国家竞争优势的重要方式。现阶段有关企业技术联盟国际化发展的研究成果较为丰富，而针对企业技术标准联盟国际化发展的理论研究相对较少。实际上，跨国企业技术标准联盟既是技术标准国际化的一种重要形式，也是全球化进程中企业技术标准联盟发展的必然走向。因此，可进一步研究分析由中国企业参与和主导的技术标准联盟国际化的典型案例，逐步建设和完善面向“一带一路”企业技术标准联盟决策支持系统的应用案例库，为推动技术标准联盟国际化提供解决方案，也使理论上推进企业技术标准联盟的研究成为可能。

21.2.5 “一带一路”倡议下企业技术标准联盟的实践与理论发展

引导更多企业参与国际技术标准创建与制定，组建面向“一带一路”建设的企业技术标准联盟是当前中国企业主导产业标准国际化进程、提出技术标准中国方案的重要途径和方式。

1. 面向“一带一路”企业技术标准联盟是技术标准联盟国际化的重要组成

面向“一带一路”建设的企业技术标准联盟应包括多类参与主体。参与主体可吸纳沿线国家相关产业企业，与供应链上下游企业、生产互补产品、技术关联密切的企业组成技术标准联盟进入所在国市场。从市场贸易结构上看，中国与沿线国家的贸易互补性强（李敬等，2017），尤其是机电、办公通信设备、纺织服装制品、钢铁制品等（徐梁，2016）。与上述企业联合推动产品生产和技术标准的“本地化”，能够有效促进技术标准在所在国市场内循环，进而有利于技术标准联盟的形成。另外，以标准开发和技术资源整合为目标的技术标准联盟也是重要形式（表 21.3），这有利于形成多边共赢的国际合作局面。

表 21.3　面向“一带一路”建设的企业技术标准联盟建设的参与主体

联盟类型	参与主体
市场拓展导向的企业技术标准联盟	供应商技术标准联盟
	与产品用户企业组成的技术标准联盟
	拥有先进技术的企业与拥有市场优势的企业联盟
	与生产互补产品、技术关联密切的企业组成技术标准联盟
标准研发导向的企业技术标准联盟	同行业企业为开拓共性技术而成立的标准联盟
	处于不同行业的企业进行技术资源组合
	企业共同提供新技术或合理调配技术资源，开发新产品

2. 面向“一带一路”企业技术标准联盟的特征与机理

面向“一带一路”建设的企业技术标准联盟建设具有互补性强、风险多的特征。一方面，产业层面互补性强。在“一带一路”沿线 65 个国家中，有 44 个国家的工业化水平低于中国，多是资源输出型国家。在工业化方面，相对于这些国家，中国有技术优势和产业配套优势，也有更丰富的发展经验。中国与沿线国家贸易产品的互补性也较强，开展产业层面合作空间巨大，有利于技术标准联盟的形成。另一方面，须充分考虑存在的风险。现阶段，由于“一带一路”沿线大多数国家都处于工业化、城市化的进程之中，中国在“一带一路”建设初期开展了大量的基础设施投资建设项目，遭遇了政治冲突（杨连星等，2016）、文化冲突（杨柏等，2016）、“逆全球化”（王建秀等，2018）等诸多风险和问题。在产业、科研合作和技术标准联盟的形成过程中，上述风险控制是重要的研究问题。

3. 面向“一带一路”企业技术标准联盟的战略价值与模式创新

面向“一带一路”建设的企业技术标准联盟建设具有重要意义，是引导联盟模式创新的重要理论突破点。

（1）促进全球治理格局优化。当前的全球治理格局依然是以第二次世界大战后形成的全球治理架构为基本框架，但美国等西方发达国家的贸易保护主义抬头，弱化了其在全球治理架构中的主导地位。以中国为代表的新兴国家经济实力不断上升，积极成立金砖国家开发银行、亚洲基础设施投资银行等区域治理机构，但受制于规则制定能力、成员国之间利益冲突等因素，在全球经济治理中的话语权还不足。面向“一带一路”组建的企业技术标准联盟，从企业、产业层面逐步实现“国家间标准互换互认”，实现“中国标准国际影响力提升”的目标，有利于提升在全球治理格局中的话语权。

（2）抓住各国产业发展的机遇。当前，“一带一路”沿线许多国家都面临着基础设施建设滞后和融资困难等问题，均对产业完善、基础设施建设具有巨大需求。抓住各国产业发展机遇，以“需求导向、工程牵引”的方式，推动中国优势产能与装备制造重点领域的国内领军企业、行业骨干企业及“一带一路”沿线国家企业组建技术标准联盟，从而提升标准化合作层次和水平，促进沿线国家产业共同提升。

（3）保障中国产业的国际化发展。产业的国际化发展依赖于政策、规则、标准等方面的“软联通”，中国提出“加强标准体系兼容”和“一带一路”软力量建设的新要求。作为重要载体，面向“一带一路”建设的企业技术标准联盟能够通过推动中国标准“走出去”，带动中国装备、技术、产品和服务走向沿线国家，从而进一步培育和提升中国标准、中国产品的国际品牌形象，保障中国产业的国际化发展。

综上所述，“一带一路”倡议提出以来，基础设施投资、软力量建设等方面的实践为企业技术标准联盟的创建提供了宝贵的经验；同时，跨国合作中关于各国比较优势、产业互补性的分析，针对政治关系、文化冲突、制度差异影响“一带一路”建设的研究也为技术标准联盟建设奠定了重要的基础。目前出台的面向“一带一路”标准化建设的各项政策为企业技术标准联盟创建提出了要求①，进一步通过理论和典型案例分析，研究面向“一带一路”企业技术标准联盟的规则创建，分析面向“一带一路”的联盟机制设计、模式创新、价值共创网络形成的机理，进而提出相应的对策建议。

21.3　面向“一带一路”企业技术标准联盟的研究方向与趋势

20 世纪 90 年代，技术标准联盟在欧美发达国家广泛出现，对全球技术创新

① 包括《标准联通共建“一带一路”行动计划（2018—2020 年）》、《工业和信息化部关于工业通信业标准化工作服务于“一带一路”建设的实施意见》等政策要求。

体系和商业模式产生了重要的影响。2000 年前后，这一现象逐渐受到学者的关注。2008 年全球金融危机爆发以及危机后各国经济并未能实现根本性复苏，引发了贸易保护主义的抬头。标准联盟的“标准壁垒”又引发了国内监管部门和学术界对于欧美国家跨国技术标准联盟的忧虑，并吸引了广泛的研究。2013 年习近平提出的“一带一路”倡议成为实现国内经济整体转型提升、中国企业跨国贸易投资便利化、产业标准对接融合的重要契机，面向“一带一路”的企业技术标准联盟建设已经成为一项重要任务。通过对企业技术标准联盟研究现有文献的系统梳理，对企业技术标准联盟的内涵、形成机制、发展趋势和“一带一路”建设背景下的企业技术标准联盟相关研究等问题进行了全面的回顾和评述。据此，面向“一带一路”企业技术标准联盟的未来研究方向可着重围绕以下几个方面展开。

（1）全面深化剖析面向“一带一路”企业技术标准联盟内涵、属性与范式。面向“一带一路”企业技术标准联盟具有很强的时代背景和中国情景特征，需要更加有效地识别中国企业参与组建技术标准联盟的动因、特征和普遍问题，发展更适合中国企业国际化情境、面向“一带一路”建设的中国企业主导的技术标准联盟研究体系和理论分析框架。全面提炼与归纳面向“一带一路”企业技术标准联盟的驱动因素，基于“共商共建共享”和“互联互通”的发展理念，分析面向“一带一路”企业技术标准联盟的全新内涵。

（2）探索面向“一带一路”企业技术标准联盟创建、运行与治理的机制。一是全面深入研究面向“一带一路”的企业技术标准联盟的形成机制。面向“一带一路”企业技术标准联盟是“共商共建共享”发展理念的重大遵循和落地实践，必然催生新的形成机理与路径，需要从“共商共建共享”发展理念着手重点研究面向“一带一路”企业技术标准联盟的形成机制。二是研究“一带一路”情境下中国企业主导技术标准联盟的运行机制。面向“一带一路”的企业技术标准联盟发起方主要是中国企业，通过与发达国家发起、中国企业参与的技术标准联盟进行比较研究，可以全面把握影响面向“一带一路”的企业技术标准联盟的创建、组织和运行的主要因素，设计面向“一带一路”企业技术标准联盟的规则创建方案和发展模式。三是重点关注面向“一带一路”企业技术标准联盟参与全球治理的新方略。面向“一带一路”企业技术标准联盟的形成与发展，离不开有效的管理与治理。现有联盟管理方法与治理模式更多聚焦于双边联盟中伙伴选择、冲突化解和遏制机会主义风险，因而如何管理和治理面向“一带一路”企业技术标准联盟成为重要的理论和实践问题。

（3）系统揭示面向“一带一路”企业技术标准联盟生态系统内在机理。一方面，面向“一带一路”企业技术标准联盟迥异于国内的标准联盟，而是一个更加复杂的技术—社会生态系统，需要一个新的理论范式打开这一复杂生态系统的“黑箱”，揭示其内在规律，凝练和构架科学合理的面向“一带一路”企业技术标准联盟生态系统。另一方面，面向“一带一路”企业技术标准联盟生态系统是遵循“共商共建共享”发展理念，顺应新时代发展特征的必然产物，实现价值共创共享是生态系统的目标，但如何推进面向“一带一路”企业技术标准联盟生态系统高效发展和运行是研究的重点与难点。如何提高标准体系的兼容性，支持基础设施互联互通和投资贸易便利化，合理设计价值共创机制，化解“一带一路”建设难题等，均是具有挑战性的研究问题。

（4）研究推进面向“一带一路”企业技术标准联盟创新发展政策，为标准联通共建“一带一路”提供解决方案与行动路线。面向“一带一路”的企业技术标准联盟尚处于发展起步阶段，关于联盟建设方案、发展模式和管理治理策略等实践问题亟待深入探索。需要以“中国方案与中国智慧”为出发点，重点研究和提出推进面向“一带一路”企业技术标准联盟创新发展引导政策，为面向“一带一路”企业技术标准联盟规则设计与组织构建提供基本原则和实施重点，为联盟形成和优化建设方案提供科学依据。

第22章　面向“一带一路”企业技术标准联盟的内涵与驱动研究

基于国内外文献梳理与总结，分析面向“一带一路”企业技术标准联盟的内涵和特征，利用中国一带一路网和一带一路数据库公开发布的782条有效案例数据，运用扎根理论分析面向“一带一路”企业技术标准联盟的驱动因素。在此基础上，总结提炼面向“一带一路”企业技术标准联盟驱动因素体系模型，以期拓展面向“一带一路”企业技术标准联盟管理领域研究的新视野。

22.1　面向“一带一路”企业技术标准联盟内涵与特征

面向“一带一路”企业技术标准联盟伴随着共建“一带一路”倡议应运而生，它是由中国企业与“一带一路”沿线国家（地区）企业共同组建，以标准与创新融合发展为手段，是技术标准联盟发展的新形式。在共建“一带一路”倡议的时代背景下，面向“一带一路”企业技术标准联盟具有明显的时代特征。①具有互补性强、风险多的特征（周青等，2019）。互补性强主要体现在资源、技术及经验等方面，在“一带一路”沿线65个国家中，有44个国家的工业化水平低于中国，多是资源输出型国家。相较而言，中国企业具有领先的技术水平、发展经验和制造能力。风险多指的是联盟企业在进行国际扩张时会遇到贸易壁垒、文化冲突等问题，这为联盟国际化带来了一定的风险与阻力。②由中国企业主导。在面向“一带一路”企业技术标准联盟组建和发展过程中，联盟是在“一带一路”倡议的时代背景下创建的，而且中国企业相对于“一带一路”沿线国家企业具有先进的专利技术、丰富的发展经验，因此中国企业在联盟中占据主导地位，这就决定了该联盟有其自身独特的组织架构和运营模式。③联盟的发展理念与载体。面向“一带一路”企业技术标准联盟是以“一带一路”倡议及“共商共建共享”发展理念为指引，以“一带一路”技术联盟项目为载体来展开合作的。区别于跨国企业战略联盟，面向“一带一路”企业技术标准联盟不再将重心放在国外优势资源的获取和先进技术标准的共享上，而是强调通过中国企业与“一带一路”沿线企业共商创新策略，共建“一带一路”技术标准联盟项目，最终实现共享技术标准成果的战略目标。④联盟的主要目标。面向“一带一路”企业技术标准联盟是以中国技术标准融入“一带一路”建设为主要目标，改变以往引进国外先进标准的战略联盟模式，强调“中国标准”走出去，通过中国企业“组团出海”实现中国标准深度融入“一带一路”沿线市场，从而实现中国企业与“一带一路”沿线企业共同发展的共赢局面。

总的来讲，面向“一带一路”企业技术标准联盟是适应“一带一路”倡议新时代的产物，联盟成员通过协作研发形成共享的技术成果，共同推进技术的专利化和产业化，进而面向市场需求组建联盟，实现技术标准的确立与推广，达到成员共赢的战略目标。通过与企业战略联盟、跨国企业战略联盟和企业技术标准联盟的内涵与特征进行对比，可以更好地理解面向“一带一路”企业技术标准联盟的基本概念、内涵和特征，具体如表 22.1 所示。

表 22.1　相关概念、内涵与特征比较

概念	内涵	特征
企业战略联盟	由两个或两个以上有着共同战略利益的企业，为达到共有市场、资源，通过合作协议而结成的优势互补、风险共担、生产要素水平双向或多向流动的企业合作模式（Dussauge et al.，2004）	（1）成员企业战略独立；（2）统一的决策中心；（3）冲突与不稳定性（Das and Teng，2000a，2000b；王飞绒和陈劲，2010；辛德强和党兴华，2017）
跨国企业战略联盟	两个及以上国家的多个企业为实现战略目标，在国际范围内通过各种协议、契约而组成的全球性资源共享、风险共担的一种松散的合作性利益共同体（李垣等，2006）	（1）跨国性；（2）不对称性；（3）跨国公司占据主导地位；（4）受到不同国家文化、制度差异的影响（Choi and Contractor，2016；宋斐然和利龑，2016；王安宇和赵武阳，2008）
企业技术标准联盟	多家企业以共同发起一项技术标准并将标准进行市场扩散为战略目标而形成的联盟组织，其中以拥有较强研发实力和关键技术知识产权的企业为核心（Hemphill，2009；Roijakkers and Hagedoorn，2006）	（1）结构的半开放性、联盟的契约性、竞争的双重性及网络的外部性；（2）联盟成员较高的异质性；（3）产出是技术规范或标准；（4）明确的联盟规则（杜伟锦等，2010；Blind and Mangelsdorf，2016；李再扬和杨少华，2003）
面向“一带一路”企业技术标准联盟	中国企业与“一带一路”沿线国家（或地区）企业共同组建，以创建符合各方战略利益的技术标准为目标的战略联盟	（1）互补性强、风险多；（2）由中国企业主导；（3）以“一带一路”倡议及“共商共建共享”发展理念为指引；（4）以“一带一路”技术联盟项目为载体；（5）以中国技术标准融入“一带一路”建设为主要目标

基于表 22.1 所展示的研究脉络，可以发现面向“一带一路”企业技术标准联盟是在传统企业技术标准联盟的基础上发展而来的，二者都是以技术标准为核心。但在联盟成员企业构成、联盟主导企业及联盟实现方式等方面存在差异，在联盟成员结构上，面向“一带一路”企业技术标准联盟成员限定中国企业与“一带一路”沿线企业，且由中国企业主导，传统企业技术标准联盟对成员则无限定条件；在联盟实现方式上，面向“一带一路”企业技术标准联盟以“一带一路”技术联盟项目为载体，通过项目合作得以实现，联盟的动因、合作模式及绩效等属性均

来自联盟合作项目，传统企业技术标准联盟则通过专利池，以专利技术的创新组合而实现。

22.2　企业技术标准联盟驱动因素理论分析

企业技术标准联盟的驱动因素的理论研究已取得了一定的成果，为本书奠定了重要的理论基础。通过国内外相关文献梳理，对文献中有关联盟驱动因素的研究观点与结论进行了挖掘与收集，并按照驱动因素类别进行罗列，初步得到了 85 个联盟驱动因素，但是这些因素普遍存在冗余、重复等问题，按照相近、类属等关系，通过合并同类项、删除重复项等操作，对这些驱动因素进行分析处理，最终得到 15 个驱动因素，处理过程如图 22.1 所示。

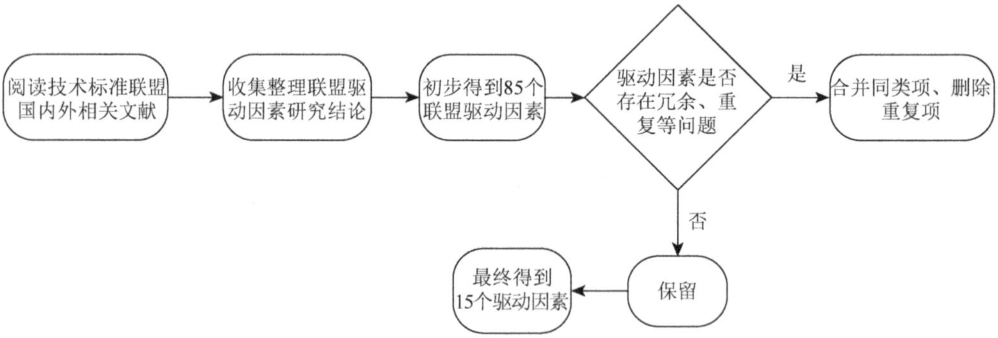

图 22.1　企业技术标准联盟驱动因素的识别流程

进一步，按如下方法对识别出的 15 个驱动因素进行分类整合。将 15 个驱动因素划分为内部驱动与外部驱动（外部环境驱动）两个维度。内部驱动因素又可以根据联盟技术标准化过程，即协作研发—联盟创建—标准确立与扩散，划分为知识获取和技术开发驱动、标准研制和扩散驱动、核心能力提升驱动三个维度。其中，知识获取和技术开发驱动作用于技术标准化的上游，驱动着企业间开展协作研发等创新活动，追求技术专利化、产业化；标准研制和扩散驱动作用于技术标准化的下游，驱动着标准的确立与扩散过程；核心能力提升驱动作用于技术标准化的中游，驱动着企业组建联盟，以此达到增强企业实力的目的。三个驱动维度紧密相连、环环相扣，共同作用于技术标准化过程的不同环节。

（1）企业技术标准联盟的知识获取和技术开发驱动因素理论分析。许多学者从推进创新的角度研究了企业参与联盟的驱动因素，包括合作研发新技术、创造新知识（知识溢出效应）、激发顺轨创新效应三个方面（Hagedoorn，1993；曾德明等，2007；苏中锋等，2007）。联盟企业间的互动促进知识在联盟内部流动，产生知识溢出效应。联盟企业间合作弥补了单个企业研发能力的缺陷（曾德明等，2007）。通过联盟，企业可以尽早明确技术创新框架，优化资源配置，有计划地开展研发活动，实现顺轨创新。企业技术标准联盟的知识获取和技术开发驱动因素研究现状如表 22.2 所示。

表 22.2　企业技术标准联盟的知识获取和技术开发驱动因素研究现状

驱动维度	驱动因素	驱动机理	主要研究者
知识获取和技术开发驱动	创造新知识	联盟成员通过知识转移、知识溢出效应，创造新知识	曾德明等（2007）；苏中锋等（2007）；李庆满等（2018）
	激发顺轨创新效应	通过联盟，尽早明确技术框架，拟定技术轨道，有计划地进行研发	曾德明等（2007）
	合作研发新技术	企业通过联盟的形式，共商研发策略，进行研发创新活动	Hagedoorn（1993）；Eisenhardt 和 Schoonhoven（1996）

（2）企业技术标准联盟的标准研制和扩散驱动因素理论分析。制定标准是企业组建技术标准联盟的最终目的，是驱动联盟形成的重要因素。标准制定对联盟的驱动主要体现在竞争与合作两个层面，标准竞争指的是争夺标准制定的主导地位，标准合作指的是追求标准兼容性、共建专利池（曾德明等，2007；李庆满和杨皎平，2012；张帆，2014；张琰飞和吴文华，2007）。标准竞争主要存在于联盟外部，优势企业要想争夺标准制定的主导地位，必须通过结盟的方式，扩大企业用户基础，再结合企业本身的优势资源和研发实力，打造事实标准。标准合作主要存在于联盟内部，成员企业共享优势资源和先进技术，共同参与标准的制定，并在成员企业的通力合作下，实现标准的扩散和商业化。企业技术标准联盟的标准研制和扩散驱动因素研究现状如表 22.3 所示。

表 22.3　企业技术标准联盟的标准研制和扩散驱动因素研究现状

驱动维度	驱动因素	驱动机理	主要研究者
标准研制和扩散驱动	追求标准兼容性	联盟可以促进竞争、供需、互补关系企业的技术标准兼容	Axelrod 等（1995）；Mitsuhashi 和 Greve（2009）
	争夺标准制定的主导地位	优势企业利用先发优势扩大用户基础，打造事实标准	李庆满和杨皎平（2012）；张帆（2014）
	共建专利池	联盟可以聚集企业核心专利技术，形成"专利池"	曾德明等（2007）；Hagedoorn（1993）

（3）企业技术标准联盟的核心能力提升驱动因素理论分析。追求企业自身发展是企业参与联盟构建的根本动因，创新和标准的制定与共享都是为了企业的进

步与发展。根据以往研究，核心能力提升驱动的具体因素可以分为以下方面：增强核心竞争优势、实现战略意图、共享资源及分散风险（曾德明等，2007；李庆满和杨皎平，2012；Suarez，2004；何亢川和吴能全，2006）。对于中小企业而言，参与联盟组建最直接的好处就是弥补企业技术和人才等资源的不足，分散研发风险，集中企业的优势资源增强核心竞争优势，保持自身战略轨道的一致性。企业技术标准联盟的核心能力提升驱动因素研究现状如表 22.4 所示。

表 22.4　企业技术标准联盟的核心能力提升驱动因素研究现状

驱动维度	驱动因素	驱动机理	主要研究者
核心能力提升驱动	增强核心竞争优势	企业通过联盟开展标准合作，取得标准竞争优势，增强核心竞争优势	何亢川和吴能全（2006）；Steensma 等（2000）；Suarez（2004）
	实现战略意图	企业通过联盟实现特定的战略部署和目标	谭静（2000）；张帆（2014）；Suarez（2004）
	共享资源	企业通过联盟获得技术、知识、人才等资源以弥补自身的不足	Suarez（2004）；Eisenhardt 和 Schoonhoven（1996）
	分散风险	企业通过联盟分散研发成本高、创新周期长等风险	李庆满和杨皎平（2012）；杨震宁等（2015）

（4）企业技术标准联盟的外部环境驱动因素理论分析。联盟所处的宏观与微观环境从外部影响企业技术标准联盟的组建，在联盟创建过程中发挥着至关重要的作用。国内外学者主要从经济环境、产业环境、市场环境、文化环境、制度环境五个维度进行研究。经济环境主要体现在参与经济全球化、促进我国经济转型升级、形成规模经济等方面（Steensma et al.，2000；李大庆和李庆满，2017）。产业环境主要包括优化产业布局、加强对外联系、推动产业升级等（李庆满和杨皎平，2012；张帆，2014；Suarez，2004）。市场环境主要有获得国际市场准入、网络效应、集成用户安装基础、消除消费者顾虑等（曾德明等，2007；Suarez，2004；谭静，2000）。文化环境主要体现在联盟成员文化差异导致商业伦理的异质性，文化异质性对联盟组建产生影响。制度环境则是以政府政策、制度与法律为导向的环境因素（张帆，2014；Suarez，2004）。企业技术标准联盟的外部环境驱动因素研究现状如表 22.5 所示。

表 22.5　企业技术标准联盟的外部环境驱动因素研究现状

驱动维度	驱动因素	驱动机理	主要研究者
外部环境驱动	经济环境	企业通过联盟更易于参与国际竞争，统一标准，促进我国经济转型升级	张帆（2014）；李大庆和李庆满（2017）；孙耀吾等（2008）
	产业环境	联盟通过统一标准，可以实现优化产业竞争格局，加强企业对外联系，推动产业升级	Steensma 等（2000）；Suarez（2004）；Hagedoorn（1993）

续表

驱动维度	驱动因素	驱动机理	主要研究者
外部环境驱动	市场环境	中国企业可通过联盟获得其他国家的市场准入，通过市场网络形成马太效应	谭静（2000）；何亢川和吴能全（2006）；祝鑫梅等（2018）
	文化环境	国家文化直接或间接地影响联盟的形成	Steensma 等（2000）；李大庆和李庆满（2017）
	制度环境	国家政策制度对联盟的创建具有直接的推动或阻碍作用	Suarez（2004）；Eisenhardt 和 Schoonhoven（1996）

从以上学者的研究观点可以看出，企业组建联盟的意愿源自多个方面，从企业所处政治、经济等环境的复杂性，到行业、市场环境的竞争性，再到企业内部技术、系统的专有性，形成了企业组建联盟的驱动因素。通过对联盟驱动因素相关领域的文献梳理，总共得到了四个驱动维度和 15 个驱动因素，表 22.6 是四个驱动维度作用方式比较。

表 22.6　驱动维度作用方式比较

驱动维度	驱动因素	作用机理	驱动环节	价值实现
知识获取和技术开发驱动	创造新知识 激发顺轨创新效应 合作研发新技术	追求研发过程中的创新成果，以技术专利化为目标	企业协作研发 技术专利化、产业化	新知识、新技术等创新成果
标准研制和扩散驱动	追求标准兼容性 争夺标准制定的主导地位 共建专利池	合作制定标准，并借助联盟优势实现标准的扩散	标准确立与扩散	标准制定与共享
核心能力提升驱动	增强核心竞争优势 实现战略意图 共享资源 分散风险	以参与组建联盟的方式追求企业自身的发展	面向“一带一路”企业技术标准联盟的创建	企业核心能力的提升
外部环境驱动	经济环境 产业环境 市场环境 文化环境 制度环境	从经济、制度、文化等宏观环境，到产业、市场等中观环境，从不同方面直接推动或阻碍联盟的组建	技术标准化全过程	由被动适应环境转变为主动影响环境

22.3　范畴提炼和模型构建

22.3.1　研究方法与数据来源

1. 研究方法与思路

面向“一带一路”企业技术标准联盟驱动因素伴随着“一带一路”倡议走

深走实，具有明显的现实背景和时代特征，结合现实问题以扎根理论为研究方法进行探索性理论构建。由 Glaser 和 Strauss 在 1967 年提出的扎根理论最初运用于社会学领域，目前逐渐为国际主流学界认同和关注。扎根理论是一种归纳现象的研究方法，旨在将原始资料发展为理论，其精髓在于通过归纳、对比、分析，螺旋式循环地逐渐提升概念及其关系的抽象层次，最终形成新的概念或理论（Glaser and Strauss，1967；Parry，1998）。研究者在研究开始之前一般没有理论假设，直接从实际观察入手，从原始资料中归纳出经验概括，然后上升到理论。这是一种从下往上建立实质理论的方法（李研等，2018）。为了保证数据分析过程的系统性与科学性，本研究以人工编码为主，借助 Nvivo11.0 软件辅助编码，通过对收集的数据资料进行开放式编码、主轴编码、选择性编码三个步骤来探索面向“一带一路”企业技术标准联盟驱动因素的理论模型，提炼相应的研究结论。

2. 数据收集与整理

通过挖掘“一带一路”建设过程中中外企业或其他机构间的合作新闻获取本书的数据资料。战略联盟本质上是组织间的合作关系（Das and Teng，2000b），分析合作新闻可以帮助我们确定合作主体、合作内容、时间和一些重要事件。在缺乏现成数据库的情况下，技术管理和创新管理领域不少学者已经基于合作新闻开展数据挖掘和研究（Yoon，2012；Gök et al.，2015）。因此，本书也使用了基于新闻的文本挖掘分析方法。

本书数据收集的具体过程如下。

（1）使用信息采集软件收集了中国一带一路网“新闻资讯”和“企业风采”两个栏目下的新闻。中国一带一路网由国家推进“一带一路”建设工作领导小组办公室指导、国家信息中心主办，是全面推介一带一路相关信息的官方权威网站，从该网站获取资料具有高度的可靠性和相关性。此外，课题组还对其他重要媒体和相关新闻数据库进行了检索，以补充、验证收集到的新闻数据。收集新闻过程中课题组进行了初筛，只保留反映中外企业或组织机构间开展合作的相关新闻，共 7284 条。

（2）通过计算机匹配和人工处理相结合的方式，对新闻数据进行清洗。一是将报道同一合作事项的不同新闻进行整合，二是进一步剔除不符合本书对象的数据，包括：①政府部门或非营利组织间的合作事件，以及具体合作主体属性难以准确确定的事件；②单纯的文化交流、金融投资等与技术活动关联较弱的合作；③没有体现合作开发技术标准或中国标准在“一带一路”沿线国家的应用。

（3）整理出 782 项体现“一带一路”企业技术标准联盟属性的合作项目，作为研究样本。从研究样本看，“一带一路”合作项目涉及以工程建设为主的多个领域，面向“一带一路”企业技术标准联盟的项目合作领域分布情况及相应的典型案例项目如表 22.7 所示。

表 22.7　面向“一带一路”企业技术标准联盟的项目合作领域分布情况及典型案例

合作领域	项目数量/个	所占比例/%	典型案例项目		
			项目名称	联盟主体	技术标准活动
工程建设	617	78.90	越南河静钢铁项目	中国冶金科工集团 台塑集团	中国高炉核心技术、标准规范
制造业	42	5.37	塞尔维亚电力机车项目	中车株洲电力机车有限公司 尼古拉特斯拉火电厂	中车先进的设计平台、标准轨距，结合欧洲标准
信息产业	17	2.17	马来西亚“城市大脑”项目	阿里巴巴网络技术有限公司 马来西亚数字经济发展机构 吉隆坡市政厅	中国云计算、大数据和人工智能技术
科技服务业	12	1.54	尼泊尔农业技术合作项目	袁隆平高科技股份有限公司 尼泊尔农业与土地管理合作部	中国杂交水稻、玉米品种试验及示范推广及相关技术
其他	94	12.02	共建国际联合眼库项目	厦门眼科中心 斯里兰卡眼捐献协会	中国角膜捐献和眼库技术

22.3.2　开放式编码

开放式编码是实施扎根理论的第一阶段，是指对研究所获得的原始资料逐词逐句地进行比较分析，从中产生原始概念。由于原始概念数量庞大且语义交叉，通过概念之间的再分析比较，剔除重复频次少于两次及相互矛盾的无效原始概念，仅保留重复频次在三次及以上的有效原始概念，提炼出更高一级的概念范畴，从而实现原始数据资料的概念化、范畴化。在进行开放式编码的过程中，本书遵循客观公正的原则，不带有个人的偏见、刻板印象等，对概念和范畴进行反复的比较分析，以避免偏差对最终理论构建的影响。本书最终从 2/3（521 条）的原始数据中获得 57 个概念，经范畴化，共提炼出 18 个范畴，分别为：创造新知识、激发顺轨创新效应、合作研发新技术、追求标准兼容性、争夺标准制定的主导地位、共建专利池、增强核心竞争优势、实现战略意图、共享资源、分散风险、经济环境、产业环境、市场环境、文化环境、制度环境、互联互通、国际竞争力、互利共赢。为了避免原始概念冗余与不足两种极端现象的影响，每个范畴仅收纳 2～4 个概念和原始语句，具体的概念范畴划分过程如表 22.8 所示。表 22.8 中列出创造新知识、激发顺轨创新效应和合作研发新技术三个范畴，其他范畴按照同样的编码提取逻辑得出。

表 22.8　创造新知识、激发顺轨创新效应与合作研发新技术范畴的开放式编码

原始语句	概念化	范畴化
在与中国合作中，卡南加拉才第一次真正地操作桥吊，学习到专业知识，接触到先进操作系统	知识获取	创造新知识
海阳燃煤电厂同样将国内的优秀经验知识带出国门，与当地企业共享	经验传递	
中国路桥与肯尼亚铁路局及铁路培训学校达成共识，由西南交通大学派遣优秀教师到肯尼亚授课，同时资助铁路培训学校教师赴中国短期培训，共享技术知识	进行培训	
中国国家电力投资集团在与马耳他能源公司合作中，不仅为马耳他贡献了全岛首台天然气机组，还对内燃机进行改造，对烟气系统进行了升级，全厂效率大大提升	产品创新	激发顺轨创新效应
长虹与巴基斯坦 RUBA 集团达成战略合作协议，成立长虹 RUBA 合资公司，以技术创新打造核心竞争力，依托总部国家级企业技术中心，使公司在节能、变频等多个领域取得突破性成果	技术创新	
为防范潜在风险，钢铁企业高效“走出去”，迫切需要创新模式、加强与当地企业的合作研发，创新模式是指采取股权合作、矿权合作等多种方式，实施灵活管理	模式创新	
中国钢铁企业在与越南钢铁企业合作中，迫切需要更新观念，新的观念包括现代化的视野、本土化的运作、国际化的标准和多元化的输出	观念创新	
中国能源建设集团有限公司近年来牵头完成了“一带一路”能源合作、中国与周边国家电力互联互通等多个规划研究	合作规划研究	合作研发新技术
港口城项目是中斯两国在“一带一路”建设中务实对接的重点项目，由中国交通建设股份有限公司与斯里兰卡政府共同开发	共同开发	

22.3.3　主轴编码

主轴编码是实施扎根理论的第二阶段，在开放式编码所获得的 18 个范畴的基础上，不断地分析和挖掘各范畴之间显性的和隐性的逻辑关系，根据类属关系和相关关系将相近驱动因素的范畴归纳抽象为更高一级的主范畴，共得到五个主范畴：知识获取和技术开发驱动、标准研制和扩散驱动、核心能力提升驱动、外部环境驱动、国家利益驱动。各主范畴及其对应的范畴如表 22.9 所示。

表 22.9　主轴编码

主范畴	对应范畴	范畴的内涵
知识获取和技术开发驱动	创造新知识	通过知识、经验的传递创造新知识的需求驱动联盟的形成
	激发顺轨创新效应	产品、技术、模式与观念等方面的全过程创新均会驱动联盟的形成
	合作研发新技术	合作规划研究、共同开发等目的驱动企业参与联盟的组建

续表

主范畴	对应范畴	范畴的内涵
标准研制和扩散驱动	追求标准兼容性	通过互补性合作来达到统一标准的目的驱动联盟的形成
	争夺标准制定的主导地位	标准国际化与扩散、提高标准竞争力等目的驱动联盟的形成
	共建专利池	获取技术标准、共同贡献技术专利是通过联盟的组建来实现的
核心能力提升驱动	增强核心竞争优势	提高企业声誉与技术水平、形成规模经济、高效整合产业链等提升竞争力的目的驱动企业组建联盟
	实现战略意图	中国企业成功走出去的需要驱动企业组建联盟
	共享资源	开展培训、共享知识技术与整合优势资源等目的驱动联盟的形成
	分散风险	合资经营、分摊风险与成本等目的驱动联盟的组建
外部环境驱动	经济环境	促进经贸合作、优化经济结构、推动经济发展、发展外向型经济等经济目的驱动联盟的组建
	产业环境	加强供应链合作、形成产业集群、调整和升级产业结构、带动相关产业发展等目的驱动联盟的形成
	市场环境	市场扩张、降低国际市场进入壁垒、影响消费者预期及网络效应等目的驱动联盟的形成
	文化环境	文化、风俗习惯、宗教信仰等文化异质性影响联盟的形成
	制度环境	政策机遇、当地政府的支持在联盟的形成中发挥重要作用
国家利益驱动	互联互通	促进双边关系发展与加强贸易互通、设施联通、民心相通等国家战略目标驱动联盟的创建
	国际竞争力	提升国际影响力、国家经济实力与树立良好的国家形象等国家战略目标驱动联盟的创建
	互利共赢	国家标准战略对接和互认、互补性合作等共赢目标驱动联盟的创建

22.3.4 选择性编码

选择性编码是实施扎根理论的第三阶段，其主要目的是通过对主范畴进行归纳、抽象，最终得到能够涵盖所有范畴的核心范畴，并建立核心范畴、主范畴与其他范畴之间的联系，以“故事线”的方式来描述现象及其背后的驱动因素，从而发展成为一个新的、完整的理论框架。在确定核心范畴的时候，要遵循以下原则：①核心性，即这样的变量应尽可能多地与其他数据及其属性相关联；②解释力，即能够解释大部分研究对象的行为模式；③频繁重现性，即这样的变量是经常出现的；④易于与其他变量产生联系并具有意义（贾旭东和谭新辉，2010）。通过前面的开放式编码和主轴编码等资料处理过程，提炼出知识获取和技术开发驱动、标准研制和扩散驱动、核心能力提升驱动、外部环境驱动、国家利益驱动五个主范畴，它们之间的典型关系结构如表22.10所示。

表 22.10 主范畴的典型关系结构

典型关系结构	关系结构的内涵
知识获取和技术开发驱动→面向"一带一路"企业技术标准联盟	创造新知识、激发顺轨创新效应与合作研发新技术等创新需要驱动面向"一带一路"企业技术标准联盟的形成，作用于联盟企业协作研发过程
标准研制和扩散驱动→面向"一带一路"企业技术标准联盟	追求标准兼容性、争夺标准制定的主导地位与共建专利池等驱动面向"一带一路"企业技术标准联盟的形成，作用于联盟标准确立与扩散过程
核心能力提升驱动→面向"一带一路"企业技术标准联盟	增强核心竞争优势、实现战略意图、共享资源与分散风险驱动面向"一带一路"企业技术标准联盟的形成，作用于以企业为单元共建联盟过程
外部环境驱动→面向"一带一路"企业技术标准联盟	经济、产业、市场、文化与制度等环境因素影响面向"一带一路"企业技术标准联盟的形成，它们从外部影响联盟的组建
国家利益驱动→面向"一带一路"企业技术标准联盟	互联互通、国际竞争力与互利共赢等国家战略目标影响面向"一带一路"企业技术标准联盟的形成，它们从外部主导联盟的组建

在此基础上，可以提炼出技术标准联盟驱动因素体系这一核心范畴，围绕核心范畴的故事线可以描述为：外部环境驱动和国家利益驱动是联盟组建的外部驱动因素；知识获取和技术开发驱动是联盟企业协作研发过程的驱动因素；核心能力提升驱动是以企业为单元共建联盟过程的驱动因素；标准研制和扩散驱动则是联盟标准确立与扩散过程的驱动因素。在此"故事线"的基础上，构建出面向"一带一路"企业技术标准联盟驱动因素体系模型，如图 22.2 所示。

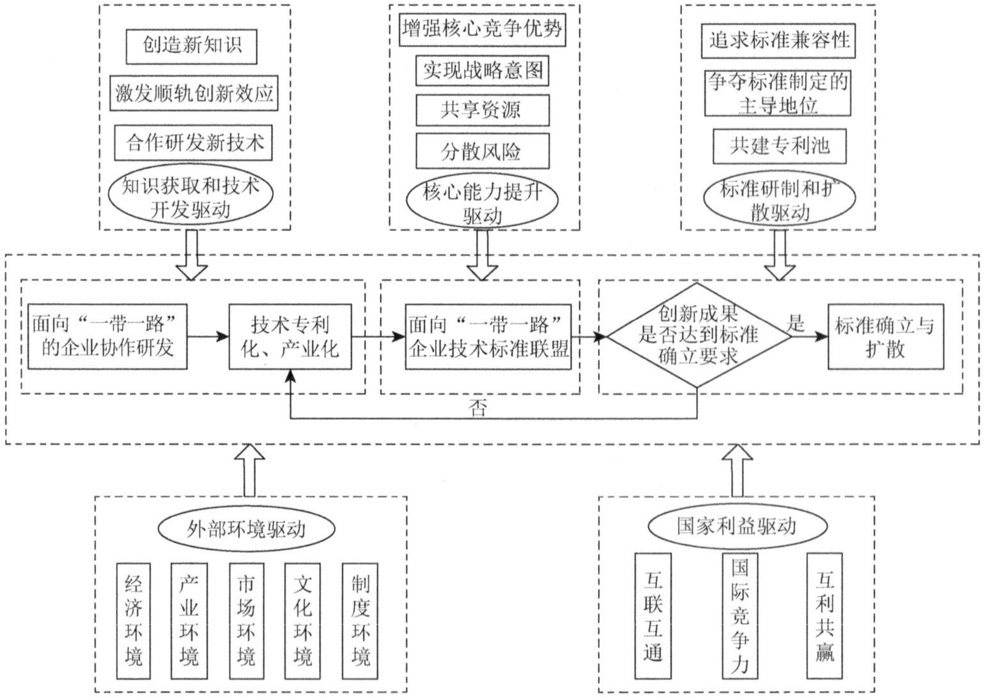

图 22.2 面向"一带一路"企业技术标准联盟驱动因素体系模型

22.3.5 理论饱和度检验

在扎根理论的最后一个阶段，利用另外 1/3（261 条）的案例数据对理论饱和度进行检验。经过开放式编码分析，共获得了 26 个概念，经范畴化，发现新提炼的范畴均与研究得到的 18 个副范畴重合，模型中的各个范畴已经发展得非常丰富。对于驱动面向“一带一路”企业技术标准联盟形成的五个主范畴：知识获取和技术开发驱动、标准研制和扩散驱动、核心能力提升驱动、外部环境驱动和国家利益驱动，均没有出现新的重要概念、范畴及关系，五个主范畴内部也没有发现新的构成因子。因此认为，面向“一带一路”企业技术标准联盟驱动模型的理论饱和度较好。

22.4 研究发现

通过以上的编码过程，提炼出了相应的主范畴和核心范畴，并在此基础上构建面向“一带一路”企业技术标准联盟驱动因素体系模型。研究结果表明，联盟驱动因素主要划分为五个维度：知识获取和技术开发驱动、标准研制和扩散驱动、核心能力提升驱动、外部环境驱动和国家利益驱动。其中，外部环境驱动和国家利益驱动构成了促进面向“一带一路”企业技术标准联盟形成的外部驱动因素，知识获取和技术开发驱动、标准研制和扩散驱动、核心能力提升驱动构成了面向“一带一路”企业技术标准联盟的内部驱动因素。五个驱动维度对面向“一带一路”企业技术标准联盟的作用机制如图 22.3 所示，下面将具体阐释各驱动维度对联盟组建的作用机制。

22.4.1 面向“一带一路”企业技术标准联盟的内部驱动机制

知识获取和技术开发驱动、核心能力提升驱动、标准研制和扩散驱动构成了面向“一带一路”企业技术标准联盟的内部驱动因素，同时也是技术标准化过程的驱动因素，分别影响联盟创建的不同环节。知识获取和技术开发驱动主要包括创造新知识、激发顺轨创新效应与合作研发新技术等内容，创新是面向“一带一路”企业协作研发过程的驱动因素。企业为了满足创新需求，会以参与创建联盟的形式与联盟伙伴合作研发，通过知识外溢效应实现过程与结果创新。联盟企业合作研发的成果通过创新实现技术专利化与产业化，在此基础上，成员企业为了自身的发展需求共建面向“一带一路”企业技术标准联盟。核心能力提升驱动因素主要包括增强核心竞争优势、实现战略意图、共享资源与分散风险，作为构建

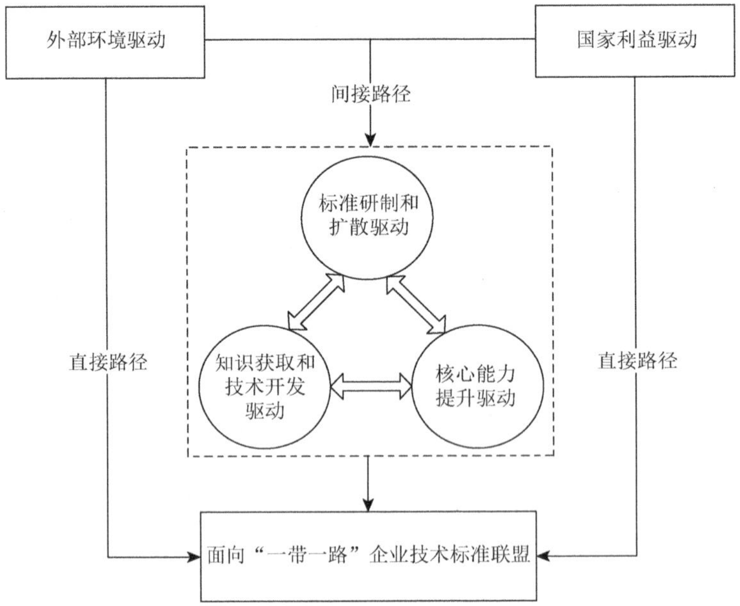

图 22.3　面向“一带一路”企业技术标准联盟驱动因素作用机制

面向“一带一路”企业技术标准联盟的基本单位，企业在参与联盟组建时有其自身的利益诉求。组建联盟并不是最终目的，而是以面向“一带一路”企业技术标准联盟为载体，实现标准的确立与扩散，所以共享标准成果是企业参与联盟组建的最终目的。标准研制和扩散驱动因素主要包括追求标准兼容性、争夺标准制定的主导地位与共建专利池，联盟内部通过合作实现标准的确立，再通过联盟外部的竞争关系，争夺标准的主导地位，最终实现共享标准成果的目的。

知识获取和技术开发驱动、核心能力提升驱动、标准研制和扩散驱动在共同驱动面向“一带一路”企业技术标准联盟组建的同时也存在相互作用关系。企业在追求自身发展的过程中，由于资源、技术受限而无法开展创新活动时，核心能力提升驱动与知识获取和技术开发驱动会共同作用于联盟的组建，其中，知识获取和技术开发驱动是基本目的，核心能力提升驱动是根本目的，企业的发展是在创新过程中实现的；相反，企业的创新水平又受企业自身实力的影响。联盟企业共同创新的成果是技术专利化、产业化，进而借助联盟优势实现标准的确立与扩散，这是技术标准化过程的最后步骤，所以，标准研制和扩散驱动是联盟组建的最终目的。一方面，标准的确立通过研发、创新活动得以实现，同时又对企业的发展产生积极影响，企业通过共享标准成果增强自身的核心竞争优势，推动自身的发展；另一方面，标准的确立与扩散满足了企业的创新需求，增强了企业的创新实力，企业核心能力的提升反过来也会加强自身的资源、技术实力，并作用于标准的制定。优势企业在联盟的创建与运行过程中占据主导地位，在提升联盟整体实力的同时，也推动企业技术标准转变为事实标准。

22.4.2　面向“一带一路”企业技术标准联盟的外部驱动机制

外部环境驱动和国家利益驱动构成了促进面向“一带一路”企业技术标准联盟形成的外部驱动因素。它们对联盟的组建有两条驱动路径，一是直接驱动联盟的组建，二是通过影响创新、企业、标准等驱动维度间接驱动联盟的组建。外部环境驱动因素包括经济环境、产业环境、市场环境、文化环境和制度环境，一方面联盟所处的宏观、中观、微观环境可以直接作用于联盟的创建，另一方面环境因素又会通过影响创新、企业、标准等驱动维度间接影响联盟的创建（李薇，2012）。创新、企业、标准三个驱动维度并不是孤立存在的，它们会受各种环境因素的影响。企业战略导向、创新过程、标准确立与扩散既受国家政策、制度、文化、经济等宏观环境的调控，也受产业、市场环境的直接影响。所以环境因素借助创新、企业、标准三个中介驱动因素，进一步对联盟的创建产生间接作用。国家利益驱动因素包括促进国家互联互通、互利共赢与提升国际竞争力。

不同于一般意义上的技术标准联盟，面向“一带一路”企业技术标准联盟与国家的战略和利益密切相关，国家利益直接主导联盟的组建。此外，国家利益驱动因素也通过创新、企业、标准等中介驱动因素间接发挥作用。互联互通的需求推动“中国标准”走出去，推动中国企业争夺标准制定的主导地位，并最终实现标准的推广；提高整个国家的国际竞争力需要通过发展壮大中国企业得以实现，即中国企业走出去需要增强企业的核心竞争优势；实现国家间互利共赢的目标则促进了标准的确立与扩散和标准成果的共享，主导了一系列标准化行为。所以，国家利益驱动一方面直接对联盟的创建发挥主导作用，另一方面，通过创新、企业、标准等中介驱动因素对联盟的创建产生间接驱动作用。

22.5　研 究 结 论

本节以公开发布的“一带一路”项目合作案例为研究对象进行扎根理论分析，提炼了面向“一带一路”企业技术标准联盟驱动因素体系模型，主要研究结论如下。

（1）面向“一带一路”企业技术标准联盟是由中国企业与“一带一路”沿线国家（地区）企业共同组建的，以制定符合各方利益的技术标准为目标的战略联盟。联盟具有互补性强、风险多的特征，主要由中国企业主导，以“一带一路”倡议及“共商共建共享”发展理念为指引，以“一带一路”技术联盟项目为载体，以中国技术标准融入“一带一路”建设为主要目标，最终实现中国企业与“一带一路”沿线企业共同发展的共赢局面。

（2）外部环境驱动与国家利益驱动是面向“一带一路”企业技术标准联盟组建的重要外部驱动因素。无论是企业所处的经济、制度、文化等宏观环境，还是对企业产生直接影响的产业、市场环境，都对联盟组建存在直接或间接的推动（阻碍）作用。面向“一带一路”企业技术标准联盟在国家政策背景下产生，国家利益主导联盟的创建，互联互通、互利共赢、提升国际竞争力的战略目的推动联盟的组建。

（3）知识获取和技术开发驱动、标准研制和扩散驱动、核心能力提升驱动共同推动面向“一带一路”企业技术标准联盟的形成，它们作用于协作研发—技术专利化、产业化—企业技术标准联盟组建—联盟标准确立与扩散的过程。首先，创新目标驱动成员企业沟通反馈、合作研发，实现技术专利化、产业化；其次，企业为了追求自身的发展，会积极地参与联盟的组建；最后，成员企业借助联盟优势推动标准的确立与扩散，达到共享标准成果的目的。

（4）知识获取和技术开发驱动、标准研制和扩散驱动、核心能力提升驱动、外部环境驱动、国家利益驱动在共同驱动面向“一带一路”企业技术标准联盟组建的同时也存在相互作用关系。其中，知识获取和技术开发驱动、标准研制和扩散驱动、核心能力提升驱动之间相互影响、相互促进，三者之间存在正向的相互作用关系；外部环境驱动和国家利益驱动一方面直接驱动联盟的组建，另一方面通过影响创新、企业、标准等驱动维度间接驱动联盟的组建。

本篇主要参考文献

常绍舜. 2015. 浅论协同创新的自组织机制[J]. 系统科学学报，23（3）：1-3.
陈畤镛，胡枭峰，周青. 2010. 区域技术创新生态系统的小世界特征分析[J]. 科学管理研究，28（5）：17-20.
陈国青，吴刚，顾远东，等. 2018. 管理决策情境下大数据驱动的研究和应用挑战——范式转变与研究方向[J]. 管理科学学报，21（7）：1-10.
陈劲，景劲松，吴沧澜，等. 2003. 我国企业技术创新国际化的模式及其动态演化[J]. 科学学研究，21（3）：315-320.
陈劲，阳银娟. 2012. 协同创新的理论基础与内涵[J]. 科学学研究，30（2）：161-164.
陈劲. 2013. 构筑组织的生态体系[J]. 管理学家：实践版，10：104-105.
程立茹. 2013. 互联网经济下企业价值网络创新研究[J]. 中国工业经济，（9）：82-94.
程强，石琳娜. 2016. 基于自组织理论的产学研协同创新的协同演化机理研究[J]. 软科学，30（4）：22-26.
戴海闻，曾德明，张运生. 2017. 标准联盟组合嵌入性社会资本对企业创新绩效的影响研究[J]. 研究与发展管理，29（2）：93-101.
邓颖. 2015. 高技术企业技术标准联盟稳定性控制研究[D]. 长沙：湖南大学.
杜伟锦，韩文慧，周青. 2010. 技术标准联盟形成发展的障碍及对策分析[J]. 科研管理，31（5）：96-101.
付睿臣，毕克新. 2009. 企业信息能力到技术创新能力的传导机制研究[J]. 科学学研究，27（10）：1576-1583.
傅毓维，杨贵彬，尹航. 2006. 科技成果转化实施企业的评价与选择研究[J]. 科技进步与对策，23（10）：134-136.
龚艳萍，董媛. 2010. 技术标准联盟生命周期中的伙伴选择[J]. 科技进步与对策，27（16）：13-16.
辜胜阻，曹冬梅，李睿. 2016. 让“互联网＋”行动计划引领新一轮创业浪潮[J]. 科学学研究，34（2）：161-165.
何亢川，吴能全. 2006. 网络经济中企业组建标准联盟的动因探析[J]. 现代管理科学，（1）：9-10.
何郁冰. 2012. 产学研协同创新的理论模式[J]. 科学学研究，30（2）：165-174.
贺新闻，辛吉勋. 2015. 跨组织横向协同创新研究综述[J]. 科学管理研究，33（2）：9-11.
洪银兴. 2014. 产学研协同创新的经济学分析[J]. 经济科学，1：56-64.
胡艳玲，高长元，翟丽丽，等. 2018. 服务主导逻辑下大数据联盟数据服务创新价值共创机理[J]. 情报理论与实践，41（10）：28-33.
黄璜. 2015. 互联网＋、国家治理与公共政策[J]. 电子政务，7：54-65.
黄俊，罗丽娜，陈宗霞. 2012. 联盟契约控制与研发联盟风险——共同信任的中介效应研究[J]. 科学学研究，30（10）：1573-1578.
黄鲁成. 2003. 论区域技术创新生态系统的生存机制[J]. 研究与发展管理，21（2）：47-51
黄少卿，从佳佳，巢宏. 2016. 研发联盟组织治理研究述评及未来展望[J]. 外国经济与管理，38（6）：63-81，99.
黄玉杰，万迪昉，汪应洛. 2008. 我国高技术企业联盟治理结构选择的实证研究[J]. 管理工程学报，22（4）：100-104.
黄紫微，刘伟. 2016. 价值网视角下创客空间与创客协同创新的三阶段演化[J]. 科技进步与对策，33（14）：6-9.
贾旭东，谭新辉. 2010. 经典扎根理论及其精神对中国管理研究的现实价值[J]. 管理学报，7（5）：656-665.
蒋德嵩. 2013. 拥抱创新 3. 0[N]. 哈佛商业评论，2013-01-05.
金惠红，薛希鹏，雷文瑜. 2015. 产学研协同创新的运行机制探讨[J]. 科技管理研究，35（5）：21-25.
李大庆，李庆满. 2017. 产业集群环境下企业技术标准扩散模式及路径研究[J]. 科技进步与对策，34（23）：77-83.
李海波，刘则渊，王贤文. 2009. 生存系统模型：企业创新的组织运行模式研究[J]. 科技进步与对策，26（1）：83-86.
李恒毅，宋娟. 2014. 新技术创新生态系统资源整合及其演化关系的案例研究[J]. 中国软科学，（6）：129-141.
李敬，陈旎，万广华，等. 2017. “一带一路”沿线国家货物贸易的竞争互补关系及动态变化——基于网络分析方法[J]. 管理世界，（4）：10-19.
李力，孙璐，王加阳. 2015. 开放创新联盟 IT 价值共创实证研究[J]. 科学学与科学技术管理，36（3）：23-36.
李明星，梦娟，胡成，等. 2016. 知识产权密集型产业专利联盟运营模式创新研究[J]. 科技进步与对策，33（22）：64-68.
李庆满，杨皎平，赵宏霞. 2018. 集群内外竞争、标准网络外部性对标准联盟组建意愿和创新绩效的影响[J]. 管理科学，31（2）：45-58.
李庆满，杨皎平. 2012. 集群视角下中小企业技术标准联盟的构建与治理研究[J]. 科技进步与对策，29（23）：80-84.
李斯特. 2013. 政治经济学的国民体系[M]. 邱伟立，译. 北京：华夏出版社.
李万，常静，王敏杰，等. 2014. 创新 3.0 与创新生态系统[J]. 科学学研究，32（12）：1761-1770.
李薇. 2012. 中国制度环境下的技术标准战略及其联盟机制[J]. 华东经济管理，26（10）：111-116.
李薇. 2014. 技术标准联盟的本质：基于对 R&D 联盟和专利联盟的辨析[J]. 科研管理，35（10）：49-56.
李薇. 2016. 技术标准联盟的组织与治理[M]. 北京：科学出版社.
李湘桔，詹勇飞. 2008. 创新生态系统—创新管理的新思路[J]. 电子科技大学学报（社会科学版），10（1）：45-48.
李晓丹，刘向阳，刘洋. 2018. 国际研发联盟中依赖关系、技术知识获取与产品创新[J]. 科学学研究，36（9）：1632-1641.
李研，金慧贞，李东进. 2018. 社交网络情境下消费者口碑生成的影响因素模型：基于真实口碑文本的扎根研究[J]. 南开管理评论，21（6）：83-94.
李垣，谢恩，廖貅武. 2006. 个人关系，联盟制度化程度与战略联盟控制——针对中国企业联盟实践的分析[J]. 管理科学学报，（6）：73-81.
李再扬，杨少华. 2003. GSM：技术标准化联盟的成功案例[J]. 中国工业经济，（7）：89-95.
李钟文. 2002. 硅谷优势：创新与创业精神的栖息地[M]. 北京：人民出版社.
刘丹，闫长乐. 2013. 协同创新网络结构与机理研究[J]. 管理世界，（12）：1-4.
刘淑春. 2018. 技术标准化、标准国际化与中国装备制造走出去[J]. 浙江社会科学，（8）：16-26.
刘渊. 2016. 推动“互联网＋”行动计划的关键节点[R]. 光明日报. 2016-1-21.
柳卸林，马雪梅，高雨辰，等. 2016. 企业创新生态战略与创新绩效关系的研究[J]. 科学学与科学技术管理，37（8）：102-115.
柳洲. 2015. “互联网＋”与产业集群互联网化升级研究[J]. 科学学与科学技术管理，36（8）：73-82.
龙勇，王炳杨. 2011. 基于产业角度对联盟风险以及联盟治理机制的研究[J]. 软科学，25（12）：1-6.
龙勇，郑景丽. 2013. 联盟过程管理视角的联盟能力与联盟治理关系研究[J]. 管理世界，（1）：182-183.
罗珉，李亮宇. 2015. 互联网时代的商业模式创新：价值创造视角[J]. 中国工业经济，57（1）：95-107.
罗炜，唐元虎. 2001. 企业合作创新的组织模式及其选择[J]. 科学学研究，19（4）：103-108.
吕铁. 2005. 论技术标准化与产业标准战略[J]. 中国工业经济，（7）：43-49.
吕一博，蓝清，韩少杰. 2005. 开放式创新生态系统的成长基因—基于 iOS、Android 和 Symbian 的多案例研究[J]. 中国工业经济，（5）：148-160.
马化腾，张晓峰，杜军. 2015. 互联网＋：国家战略行动路线图[M]. 北京：中信出版社.
梅亮，陈劲，刘洋. 2014. 创新生态系统：源起、知识演进和理论框架[J]. 科学学研究，32（12）：1771-1780.
欧阳桃花，丁玲，郭瑞杰. 2012. 组织边界跨越与 IT 能力的协同演化：海尔信息系统案例[J]. 中国工业经济，（12）：128-140.
欧阳桃花，胡京波，李洋，等. 2015. DFH 小卫星复杂产品创新生态系统的动态演化研究：战略逻辑和组织合作适配性视角[J]. 管理学报，12（4）：546-557.
欧阳桃花. 2007. 中国企业产品创新管理模式研究（二）——以海尔模块经理为例[J]. 管理世界，（10）：130-138.

潘和平，洪洁银，孙道胜. 2013. 博弈视角下联盟创新合作稳态运行机制构建[J]. 科技进步与对策，30（13）：24-28.
冉龙，陈劲，董富全. 2013. 企业网络能力、创新结构与复杂产品系统创新关系研究[J]. 科研管理，34（8）：1-8.
商淑秀，张再生. 2015. 虚拟企业知识共享演化博弈分析[J]. 中国软科学，（3）：150-157.
沈灏，李垣. 2010. 联盟关系、环境动态性对创新绩效的影响研究[J]. 科研管理，31（1）：77-85.
宋斐然，利龑. 2016. 博弈视角下的跨国公司联盟稳定性研究[J]. 经济与管理评论，32（1）：72-78.
宋志红，李常洪，李冬梅. 2013. 技术联盟网络与知识管理动机的匹配性——基于 1995—2011 年索尼公司的案例研究[J]. 科学学研究，31（1）：104-114.
苏中锋，谢恩，李垣. 2007. 基于不同动机的联盟控制方式选择及其对联盟绩效的影响——中国企业联盟的实证分析[J]. 南开管理评论，（5）：4-11.
孙耀吾，曾科，赵雅. 2008. 基于专利组合的高技术企业技术标准联盟动力与策略研究[J]. 中国软科学，（11）：123-132.
孙耀吾，陈娴. 2013. 基于技术标准的高技术企业国际化效率测度研究[J]. 科技进步与对策，30（6）：113-117.
孙耀吾，蒋文兵. 2013. 基于技术标准的企业国际化路径选择研究[J]. 华东经济管理，27（6）：118-122.
谭劲松，林润辉. 2006. TD-SCDMA 与电信行业标准竞争的战略选择[J]. 管理世界，（6）：71-84，173.
谭静. 2000. 论企业标准联盟的动机[J]. 决策借鉴，（5）：7-9.
唐兴通. 2015. 引爆社群：移动互联网时代的新 4C 法则[M]. 北京：机械工业出版社.
唐震，汪洁，王洪亮. 2015. EIT 产学研协同创新平台运行机制案例研究[J]. 科学学研究，33（1）：154-160.
涂振洲，顾新. 2013. 基于知识流动的产学研协同创新过程研究[J]. 科学学研究，31（9）：1381-1390.
王安宇，赵武阳. 2008. 国内技术联盟研究新进展[J]. 研究与发展管理，（3）：58-64.
王道平，韦小彦，方放. 2015. 基于技术标准特征的标准研发联盟合作伙伴选择研究[J]. 科研管理，36（1）：81-89.
王道平，韦小彦，邹思明，等. 2017. 技术标准联盟主导企业标准化能力研究[J]. 中国科技论坛，（2）：92-97.
王飞绒，陈劲. 2010. 技术联盟与创新关系研究述评[J]. 科研管理，31（2）：9-17.
王建秀，邵利敏，任建辉. 2018. “一带一路”国家逆全球化遭遇程度抑制了中国对外直接投资吗？[J]. 中国软科学，（7）：117-128.
王九云，白莽，王晓红. 2005. 技术标准的国际发展趋势与启示[J]. 管理世界，（2）：160-161.
王琴. 2011. 基于价值网络重构的企业商业模式创新[J]. 中国工业经济，（1）：79-88.
王珊珊，王宏起，邓敬斐. 2012. 产业联盟技术标准化过程及政府支持策略研究[J]. 科学学研究，30（3）：380-386.
王耀中，刘冰，侯俊军. 2008. 网络效应下技术进步企业标准化和差异化战略的选择[J]. 系统工程，26（4）：1-5.
王玉晶，陈伟. 2010. 基于价值链优化的装备制造企业管理模式创新[J]. 科技管理研究，30（1）：127-129.
韦小彦，方放. 2015. 基于技术标准特征的标准研发联盟合作伙伴选择研究[J]. 科研管理，36（1）：81-89.
韦小彦. 2013. 高科技企业创新生态系统技术标准许可定价研究[D]. 长沙：湖南大学.
魏如清，唐方成. 2016. “互联网＋”背景下用户价值创新的挖掘[J]. 中国地质大学学报（社会科学版），2：134-141.
乌家培. 2000. 论管理科学的发展[J]. 南开管理评论，3（6）：6-8.
吴金希. 2014. 创新生态体系的内涵、特征及其政策含义[J]. 科学学研究，32（1）：46-53，93
吴文华，张琰飞. 2006. 技术标准联盟对技术标准确立与扩散的影响研究[J]. 科学学与科学技术管理，27（4）：44-47.
吴晓云，张欣妍. 2015. 企业能力、技术创新和价值网络合作创新与企业绩效[J]. 管理科学，28（6）：12-26.
吴瑶，肖静华，谢康，等. 2017. 从价值提供到价值共创的营销转型—企业与消费者协同演化视角的双案例研究[J]. 管理世界，（4）：138-157.
武柏宇，彭本红. 2018. 服务主导逻辑、网络嵌入与网络平台的价值共创：动态能力的中介作用[J]. 研究与发展管理，30（1）：138-150.
解学梅，方良秀. 2015. 国外协同创新研究述评与展望[J]. 研究与发展管理，27（4）：16-24.

解学梅，孙科杰. 2018. 产业技术创新战略联盟长效合作机制：基于 144 家联盟的实证研究[J]. 系统管理学报，27（3）：401-413.

解学梅，徐茂元. 2014. 协同创新机制、协同创新氛围与创新绩效——以协同网络为中介变量[J]. 科研管理，35（12）：9-16.

辛德强，党兴华，魏龙. 2017. 双元导向创新独占机制、知识流动与联盟绩效[J]. 科学学研究，35（6）：931-939.

辛德强，党兴华. 2017. 创新联盟双元独占的治理研究[J]. 科学学与科学技术管理，38（6）：121-132.

徐建中，王纯旭. 2016. 基于粒子群算法的产业技术创新生态系统运行稳定性组合评价研究——以电信产业为例[J]. 预测，35（5）：30-36.

徐梁. 2016. 基于中国与"一带一路"国家比较优势的动态分析[J]. 管理世界，2：170-171.

徐亮，龙勇，张宗益，等. 2009. 信任对联盟治理模式的影响：基于中国四联的案例分析[J]. 管理评论，21（7）：121-128.

徐小三，赵顺龙. 2010. 知识基础互补性对技术联盟的形成和伙伴选择的影响[J]. 科学学与科学技术管理，31（3）：101-106.

严清清，胡建绩. 2007. 技术标准联盟及其支撑理论研究[J]. 研究与发展管理，19（1）：100-104.

杨柏，陈伟，林川，等. 2016. "一带一路"战略下中国企业跨国经营的文化冲突策略分析[J]. 管理世界，9：174-175.

杨连星，刘晓光，张杰. 2016. 双边政治关系如何影响对外直接投资——基于二元边际和投资成败视角[J]. 中国工业经济，（11）：56-72.

杨伟，周青，郑登攀. 2018. "互联网＋"创新生态系统：内涵特征与形成机理[J]. 技术经济，37（7）：10-15.

杨震宁，范黎波，曾丽华. 2015. 跨国技术战略联盟合作、战略动机与联盟稳定[J]. 科学学研究，33（8）：1161-1173.

叶伟巍，梅亮，李文，等. 2014. 协同创新的动态机制与激励政策——基于复杂系统理论视角[J]. 管理世界，（6）：79-91.

殷群，贾玲艳. 2013. 产业技术创新联盟内部风险管理研究——基于问卷调查的分析[J]. 科学学研究，31（12）：1848-1853.

游五洋. 2015. "互联网＋"——驱动传统产业转型升级[J]. 统计科学与实践，（7）：4-8.

余东华，芮明杰. 2007. 基于模块化网络组织的知识流动研究[J]. 南开管理评论，（4）：11-16.

原长弘，刘凌，王晓云. 2006. 国内技术联盟学术研究脉络：1995—2004[J]. 科学学研究，24（4）：559-562.

曾德明，戴海闻，张裕中. 2016. 基于网络结构与资源禀赋的企业对标准化影响力研究[J]. 管理学报，13（1）：59-66.

曾德明，方放，王道平. 2007. 技术标准联盟的构建动因及模式研究[J]. 科学管理研究，25（1）：37-40.

曾国屏，苟尤钊，刘磊. 2013. 从"创新系统"到"创新生态系统"[J]. 科学学研究，31（1）：4-12.

张帆. 2014. 传统产业集群联盟标准的形成动因[J]. 改革与战略，30（4）：132-135.

张国昌，胡赤弟. 2017. 场域视角下的高校协同创新模式分析[J]. 教育研究，38（5）：55-61.

张捍东，严钟，方大春. 2009. 应用 ANP 的 Shapley 值法动态联盟利益分配策略[J]. 系统工程学报，24（2）：205-211.

张利飞，曾德明，李大平，等. 2007. 技术标准联盟治理的本质分析[J]. 科学学研究，25（4）：687-690.

张帏. 2012. 基于与大企业联盟的技术创业企业成长机制[J]. 科研管理，33（2）：97-106.

张笑楠. 2016a. 基于创新模式的企业技术创新动力测度研究[J]. 技术经济与管理研究，（4）：36-39.

张笑楠. 2016b. 战略性新兴产业创新生态系统构建与运行机制研究[J]. 技术与创新管理，37（6）：595-600，618.

张妍，魏江，彭雪蓉. 2015. 组织间网络与创新关系研究述评[J]. 研究与发展管理，27（2）：34-42.

张琰飞，吴文华. 2007. 信息产业技术标准联盟发展阶段理论研究[J]. 科学学与科学技术管理，（10）：15-19.

张琰飞，吴文华. 2010. 信息产业技术标准联盟生态属性研究[J]. 科技进步与对策，27（8）：88-92.

张运生，张利飞. 2007. 高技术产业技术标准联盟治理模式分析[J]. 科研管理，28（6）：93-97，129.

张运生，邹思明. 2010. 高科技企业创新生态系统治理机制研究[J]. 科学学研究，28（5）：785-792.

张运生. 2009. 高科技产业创新生态系统耦合战略研究[J]. 中国软科学，（1）：134-143.

张治栋，唐宏骏. 2015. 物联网产业协同创新模型与运行机制研究[J]. 科技管理研究，35（8）：1-5.

赵放，曾国屏. 2014. 多重视角下的创新生态系统[J]. 科学学研究，32（12）：1781-1788，1796.

赵曙明，高素英，周建，等. 2010. 企业国际化的条件、路径、模式及其启示[J]. 科学学与科学技术管理，31（1）：116-122.

郑向杰，赵炎. 2013. 联盟创新网络中企业间知识共享的博弈分析[J]. 软科学，27（10）：83-86.

周大铭.，2014. 企业技术创新生态系统运行风险评价研究[J]. 科技管理研究，34（8）：48-51.

周青，王东鹏，孙耀吾，等. 2019. 面向“一带一路”企业技术标准联盟的理论溯源与研究趋势[J]. 信息与管理研究，4（1）：51-66.

周青，吴云，方刚. 2015. 新常态下企业微创新的特征与类型[J]. 科学学研究，33（8）：1232-1239，1250.

周青，武健. 2018. 推进“标准化＋浙江制造”参与“一带一路”建设[N]. 浙江日报，2018-12-18.

周青，姚景辉，杨伟. 2020. 基于服务主导逻辑的“互联网＋”企业创新生态系统价值共创模式[J]. 电子科技大学学报社科版，22（2）：1-10.

周青. 2012. 技术联盟与创新绩效：理论分析与实证检验[M]. 北京：科学出版社.

周青. 2016. 以“互联网＋”推动供给侧改革[N]. 浙江日报理论版，2016-8-16（15）.

周青. 2020. 数字浙江建设迸发的强大战疫效能[N]. 光明日报，2020-5-11（5）.

朱良杰，何佳讯，黄海洋. 2017. 数字世界的价值共创：构念、主题与研究展望[J]. 经济管理，39（1）：195-208.

祝鑫梅，余晓，刘文婷，等. 2018. 市场、政策和成员网络驱动技术标准联盟发展—浙江省泵阀联盟的实证[J]. 科技管理研究，38（16）：177-182.

Adner R，Kapoor R. 2010. Value creation in innovation ecosystems：how the structure of technological interdependence affects firm performance in new technology generations[J]. Strategic Management Journal，31（3）：306-333.

Agostini L，Nosella A，Soranzo B. 2015. The impact of formal and informal appropriability regimes on SME profitability in medium high-tech industries[J]. Technology Analysis & Strategic Management，27（4）：405-419.

Almirall E，Lee M，Majchrzak A. 2014. Open innovation requires integrated competition community ecosystems：Lessons learned from civic open innovation [J]. Business Horizons，57（3）：391-400.

ANSI. 2000. National Standards Strategy for the United States[R]. Washington，DC.

Arthur W B. 2018. Self-Reinforcing Mechanisms in Economics [M]. The Economy as an Evolving Complex System. CRC Press：9-31.

Avlonitis G J，Karayanni D A. 2000. The impact of internet use on business-to-business marketing：Examples from American and European companies[J]. Industrial Marketing Management，29（5）：441-459.

Axelrod R，Mitchell W，Thomas R E，et al. 1995. Coalition formation in standard-setting alliances [J]. Management Science，41（9）：1493-1508.

Battistella C，Colucci K，De Toni A F，et al. 2013. Methodology of business ecosystems network analysis：A case study in Telecom Italia Future Centre [J]. Technological Forecasting and Social Change，80（6）：1194-1210.

Baum J A C，Calabrese T，Silverman B S. 2000. Don’t go it alone：Alliance network composition and startups’ performance in Canadian biotechnology [J]. Strategic Management Journal，21（3）：267-294.

Beckman C M，Haunschild P R，Phillips D J. 2004. Friends or strangers？Firm-specific uncertainty，market uncertainty，and network partner selection [J]. Organization Science，15（3）：259-275.

Berger P L，Luckmann T. 1991. The Social Construction of Reality：A Treatise in the Sociology of Knowledge[M]. Newbury Park，CA：Sage Publications.

Best M H. 2015. Greater Boston′ s industrial ecosystem：A manufactory of sectors [J]. Technovation，39-40：4-13.

Blind K，Mangelsdorf A. 2016. Motives to standardize：Empirical evidence from Germany [J]. Technovation，48/49：13-24.

Borgh M V D，Cloodt M，Romme A G L. 2012. Value creation by knowledge-based ecosystems：Evidence from a field study[J]. R&D Management，42（2）：150-169.

Boschsijtsema P M，Bosch J. 2015. Plays nice with others？Multiple ecosystems，various roles and divergent engagement models[J]. Technology Analysis and Strategic Management，27（8）：960-974.

Brem A，Nylund P，Schuster G. 2016. Innovation and de facto standardization：The influence of dominant design on innovative performance，radical innovation，and process innovation [J]. Technovation，50：79-88.

Brouthers K D，Brouthers L E，Wilkinson T J. 1995. Strategic alliances：Choose your partners [J]. Long Range Planning，28（3）：2-25.

Bustinza O F，Gomes E，Vendrell-Herrero F，et al. 2019. Product-service innovation and performance：The role of collaborative partnerships and R&D intensity [J]. R&D Management，49（1）：33-45.

Cabral L，Salant D. 2014. Evolving technologies and standards regulation [J]. International Journal of Industrial Organization，36：48-56.

Chan P S，Heide D. 1993. Strategic alliances in technology：Key competitive weapon [J]. SAM Advanced Management Journal，58（4）：9-17.

Chen S H，Wang P W，Chen C M，et al. 2010. An analytic hierarchy process approach with linguistic variables for selection of an R&D strategic alliance partner [J]. Computers and Industrial Engineering，58（2）：278-287.

Choi J，Contractor F J. 2016. Choosing an appropriate alliance governance mode：The role of institutional，cultural and geographical distance in international research & development（R&D）collaborations[J]. Journal of International Business Studies，47（2）：210-232.

Chung D，Kim M J，Kang J N. 2019. Influence of alliance portfolio diversity on innovation performance：The role of internal capabilities of value creation [J]. Review of Managerial Science，13（5）：1093-1120.

Clarysse B，Wright M，Bruneel J，et al. 2014. Creating value in ecosystems：Crossing the chasm between knowledge and business ecosystems[J]. Research Policy，43（7）：1164-1176.

Corsaro D，Snehota I. 2011. Alignment and misalignment in business relationships[J]. Industrial Marketing Management，40（6）：1042-1054.

Daellenbach U S，Davenport S J. 2004. Establishing trust during the formation of technology alliances [J]. The Journal of Technology Transfer，29（2）：187-202.

Das T K，Teng B S. 1996. Risk types and interfirm alliance structures [J]. Journal of Management Studies，33（6）：827-843.

Das T K，Teng B S. 2000a. A resource-based theory of strategic alliances[J]. Journal of Management，26（1）：31-61.

Das T K，Teng B S. 2000b. Instabilities of strategic alliances：An internal tensions perspective [J]. Organization Science，11（1）：77-101.

Das T K，Teng B S. 2002. The dynamics of alliance conditions in the alliance development process[J]. Journal of Management Studies，39（5）：725-746.

De Vasconcelos Gomes L A，Facin A L F，Salerno M S，et al. 2018. Unpacking the innovation ecosystem construct：Evolution，gaps and trends[J]. Technological Forecasting & Social Change，136：30-48.

de Vries H J，Slob F J C. 2006. Best practice in company standardization [J]. International Journal of IT Standards and Standardization Research，4（1）：62-85.

Dedehayir O，Seppänen M. 2015. Birth and expansion of innovation ecosystems：A case study of copper production[J].

Journal of Technology Management and Innovation，10（2）：145-154.

Delerue H，Lejeune A. 2012. Internationalization of biotechnology start-ups：Geographic location and mimetic behaviour [J]. International Small Business Journal，30（4）：388-405.

Dell Era C，Verganti R. 2010. Collaborative strategies in design-intensive industries：Knowledge diversity and innovation [J]. Long Range Planning，43（1）：123-141.

Dingler A，Enkel E. 2016. Socialization and innovation：Insights from collaboration across industry boundaries[J]. Technological Forecasting and Social Change，109：50-60.

Durmusoglu S S，Barczak G. 2011. The use of information technology tools in new product development phases：Analysis of effects on new product innovativeness，quality，and market performance[J]. Industrial Marketing Management，40（2），321-330.

Dussauge P，Garrette B，Mitchell W. 2004. Asymmetric performance：The market share impact of scale and link alliances in the global auto industry[J]. Strategic Management Journal，25（7）：701-711.

Duysters G，Cloodt M，Schoenmakers W，et al. 2015. Internationalisation efforts of Chinese and Indian companies：An empirical perspective [J]. Journal of Economic and Social Geography，106（2）：169-186.

Duysters G，Lokshin B. 2011. Determinants of alliance portfolio complexity and its effect on innovative performance of companies [J]. Journal of Product Innovation Management，28（4）：570-585.

Eisenhardt K M，Martin J A. 2000. Dynamic capabilities：What are they? [J]. Strategic Management Journal，21（10/11）：1105-1121.

Eisenhardt K M，Schoonhoven C B. 1996. Resource-based view of strategic alliance formation：strategic and social effects in entrepreneurial firms[J]. Organization Science，7（2）：136-150.

Fabrizio K R，Poczter S，Zelner B A. 2017. Does innovation policy attract international competition? Evidence from energy storage [J]. Research Policy，46（6）：1106-1117.

Fernandez M A，Ferreras-Mendez A J，Chiva R. 2014. IT competency and the commercial success of innovation[J]. Industrial Management and Data Systems，114（4）：550-567.

Foss N J，Lindenberg S. 2013. Microfoundations for strategy：A goal-framing perspective on the drivers of value creation[J]. Academy of Management Perspectives，27（2）：85-102.

Franco M，Haase H. 2016. Internationalisation of born globals：The role of strategic alliances [J]. European Journal of International Management，10（2）：181-201.

Freeman C. 1987. Technical Innovation，Diffusion，and Long Cycles of Economic Development[M]. Berlin，Heidelberg：Springer：295-309.

Fukuda K，Watanabe C. 2008. Japanese and US perspectives on the National innovation ecosystem[J]. Technology in Society，30（1）：49-63.

Gastaldi L，Appio F P，Martini A，et al. 2015. Academics as orchestrators of continuous innovation ecosystems：Towards a fourth generation of CI initiatives[J]. International Journal of Technology Management，68（1-2）：1-20.

Gawer A，Cusumano M A. 2014. Industry platforms and ecosystem innovation[J]. Journal of Product Innovation Management，31（3）：417-433.

Gawer A. 2014. Bridging differing perspectives on technological platforms：Toward an integrative framework[J]. Research Policy，43（7）：1239-1249.

Gebauer J，Füller J，Pezzei R. 2013. The dark and the bright side of co-creation：Triggers of member behavior in online innovation communities[J]. Journal of Business Research，66（9）：1516-1527.

Glaister K W，Buckley P J. 1994. UK international joint ventures：An analysis of patterns of activity and distribution[J].

British Journal of Management，5（1）：33-51.

Glaser B G，Strauss A L. 1967. The Discovery of Grounded Theory：Strategies for Qualitative Research[M]. New York：Aldine.

Gnyawali D R，Park B J R. 2011. Co-opetition between giants：Collaboration with competitors for technological innovation [J]. Research Policy，40（5）：650-663.

Gök A，Waterworth A，Shapira P. 2015. Use of web mining in studying innovation[J]. Scientometrics，102（1）：653-671.

Gómez-Uranga M，Miguel J C，Zabala-Iturriagagoitia J M. 2014. Epigenetic economic dynamics：The evolution of big internet business ecosystems，evidence for patents[J]. Technovation，34（3）：177-189.

Graham J L，Badaracco J L. 1993. The knowledge link：How firms compete through strategic alliances [J]. Journal of Marketing，57（4）：149-151.

Gressgard L J，Amundsen O，Aasen T M，et al. 2014. Use of information and communication technology to support employee driven innovation in organizations：A knowledge management perspective[J]. Journal of Knowledge Management，18（4）：633-650.

Gulati R. 1995. Does familiarity breed trust? The implications of repeated ties for contractual choice in alliances [J]. Academy of Management Journal，38（1）：85-112.

Gupta S，Kim H W. 2004. Virtual community：Concepts，implications，and future research directions[C]. Proceedings of the Tenth American Conference on Information Systems：2679-2687.

Hagedoorn J，Link A N，Vonortas N S. 2000. Research partnerships [J]. Research Policy，29（4-5）：567-586.

Hagedoorn J. 1993. Understanding the rationale of strategic technology partnering：Inter-organizational modes of cooperation and sectoral differences [J]. Strategic Management Journal，14（5）：371-385.

Hagedoorn J. 1996. Trends and patterns in strategic technology partnering since the early seventies [J]. Review of Industrial Organization，11（5）：601-616.

Hamel G. 1991. Competition for competence and interpartner learning within international strategic alliances [J]. Strategic Management Journal，12（S1）：83-103.

Han E，Hong S. 2017. A conceptual framework for value co-creation in an innovation ecosystem：The case of technology-based collaboration network [J]. Journal of the Korea Industrial Information Systems Research，22（4）：29-43.

Hannan M T，Freeman J. 1977. The population ecology of organizations[J]. American Journal of Sociology，82（5）：929-964.

Hargrave T J，van de Ven A H. 2006. A collective action model of institutional innovation [J]. Academy of Management Review，31（4）：864-888.

Harrigan K R. 1988. Joint ventures and competitive strategy [J]. Strategic Management Journal，9（2）：141-158.

Hatch M J，Schultz M. 2010. Toward a theory of brand co-creation with implications for brand governance[J]. Journal of Brand Management，17（8）：590-604.

Haupt R，Kloyer M，Lange M. 2007. Patent indicators for the technology life cycle development [J]. Research Policy，36（3）：387-398.

Heinonen K，Strandvik T，Mickelsson K J，et al. 2010. A customer-dominant logic of service[J]. Journal of Service Management，21（4）：531-548.

Hemphill T A. 2009. Technology standards-setting in the US wireless telecommunications industry：A study of three generations of digital standards development[J]. Telematics and Informatics，26（1）：103-124.

Héroux S，Fortin A. 2016. Antecedents of innovation：The influence of diversity and IT competence of Boards of directors and executive management[J]. International Journal of Organizational Innovation，8（3）：18-43.

Hienerth C，Keinz P，Lettl C. 2011. Exploring the nature and implementation process of user-centric business models[J]. Long Range Planning，44（5/6）：344-374.

Hitt M A，Ahlstrom D，Dacin M T，et al. 2004. The institutional effects on strategic alliance partner selection in transition economies：China vs. Russia [J]. Organization Science，15（2）：173-185.

Hood N，Young S. 1979. The Economics of Multinational Enterprise [M]. London：Longman Group.

Howell S T. 2018. Joint ventures and technology adoption：A Chinese industrial policy that backfired [J]. Research Policy，47（8）：1448-1462.

Iansiti M，Lakhani K R. 2014. Digital ubiquity：How connections，sensors，and data are revolutionizing business[J]. Harvard Business Review，92（11）：90-99.

Iansiti M，Levien R. 2004. Strategy as ecology[J]. Harvard Business Review，82（3）：68-81.

Isckia T，Lescop D. 2014. Platform-based ecosystems：Leveraging network-centric innovation[J]. Proceedings of the 2nd International Conference on Innovation and Entrepreneurship：89-95.

Isckia T. 2009. Amazon's evolving ecosystem：A cyber-bookstore and Application Service Provider[J]. Revue Canadienne des Sciences de l'Administration，26（4）：332-343.

Jackson A，Ladley D. 2012. Market ecologies：The interaction and profitability of technical trading strategies[J]. Available at SSRN 2188917.

Johnsen T，Ford D. 2000. Managing collaborative innovation in complex networks：Findings from exploratory interviews[C]//16th Annual IMP Conference. Citeseer：613-629.

Kale P，Singh H. 2007. Building firm capabilities through learning：The role of the alliance learning process in alliance capability and firm-level alliance success [J]. Strategic Management Journal，28（10）：981-1000.

Kandiah G，Gossain S. 1998. Reinventing value：The new business ecosystem[J]. Strategy and Leadership，26（5）：28-33.

Kapoor R，Lee J M. 2013. Coordinating and competing in ecosystems：How organizational forms shape new technology investments[J]. Strategic Management Journal，34（3）：274-296.

Katz M L，Shapiro C. 1985. Network externalities，competition，and compatibility [J]. The American Economic Review，75（3）：424-440.

Ketonen-Oksi S，Valkokari K. 2019. Innovation ecosystems as structures for value co-creation[J]. Technology Innovation Management Review，9（2）：25-35.

Kim E，Lee D，Kim J H. 2016. How collaboration networks affect innovation in Korea's information and communication technology industry in the era of Internet of Things[J]. Asian Journal of Technology Innovation，24（2）：202-221.

Krammer S M. 2016. The role of diversification profiles and dyadic characteristics in the formation of technological alliances：Differences between exploitation and exploration in a low-tech industry [J]. Research Policy，45（2）：517-532.

Kucuk U S. 2011. Towards integrated e-marketing value creation process[J]. Journal of Direct Data and Digital Marketing Practice，12（4）：345-363.

Lavie D，Miller S R. 2008. Alliance portfolio internationalization and firm performance [J]. Organization Science，19（4）：623-646.

Lee H U，Park J H. 2006. Top team diversity，internationalization and the mediating effect of international alliances [J]. British Journal of Management，17（3）：195-213.

Lee J，Berente N. 2012. Digital innovation and the division of innovative labor：Digital controls in the automobile industry[J]. Organization Science，23（5）：1428-1447.

Lee S Y. 2010. Economics of Guanxi as an interpersonal investment game[J]. Review of Development Economics，14（2）：333-342.

Letaifa S B. 2014. The uneasy transition from supply chains to ecosystems[J]. Management Decision，52（2）：278-295.

Levine S S，Prietula M J. 2014. Open collaboration for innovation：principles and performance[J]. Organization Science，25（5）：1287-1571.

Li L，Qian G M，Qian Z M. 2013. Do partners in international strategic alliances share resources，costs，and risks？[J]. Journal of Business Research，66（4）：489-498.

Li Y R. 2009. The technological roadmap of Cisco's business ecosystem[J]. Technovation，29（5）：379-386.

Lin Z，Yang H，Demirkan I. 2007. The performance consequences of ambidexterity in strategic alliance formations：Empirical investigation and computational theorizing [J]. Management Science，53（10）：1645-1658.

Lindgren R，Eriksson O，Lyytinen K. 2015. Managing identity tensions during mobile ecosystem evolution[J]. Journal of Information Technology，30（3）：229-244.

Liu L，Chen G，Niu X G. 2015. Game analysis of the knowledge sharing mechanism for the supply chain collaborative innovation[J]. Journal of Industrial Engineering and Management，8（1）：152-169.

Loebbecke C，Picot A. 2015. Reflections on societal and business model transformation arising from digitization and big data analytics：A research agenda[J]. Journal of Strategic Information Systems，24（3）：149-157.

Lundvall B Å. 1992. National Systems of Innovation：Towards a Theory of Innovation and Interaction Learning [M]. London and New York：Pinter.

Macdonald E K，Uncles M D. 2007. Consumer savvy：Conceptualisation and measurement[J]. Journal of Marketing Management，23（5-6）：497-517.

Madsen T L，Macgregor N. 2013. Recovery following disruption to an ecosystem：The effects of the internet bust on community evolution[J]. Journal of Leadership and Organizational Studies，20（4）：465-478.

Mäkinen S J，Kanniainen J，Peltola I. 2014. Investigating adoption of free beta applications in a platform-based business ecosystem[J]. Journal of Product Innovation Management，31（3）：451-465.

Manser K，Hillebrand B，Driessen P H，et al. 2015. Activity sets in multi-organizational ecologies：A project-level perspective on sustainable energy innovations[J]. Technological Forecasting and Social Change，90：444-455.

Mantovani A，Ruiz-Aliseda F. 2016. Equilibrium innovation ecosystems：The dark side of collaborating with complementors[J]. Management Science，62（2）：534-549.

Mellewigt T，Thomas A，Weller I，et al. 2017. Alliance or acquisition？A mechanisms-based，policy-capturing analysis [J]. Strategic Management Journal，38（12）：2353-2369.

Mercier-Laurent E. 2011. Knowledge management：Collective human-machine intelligence[J]. Innovation Ecosystem，（232）：115-142.

Minbaeva D B. 2007. Knowledge transfer in multinational corporations [J]. Management International Review，47（4）：567-593.

Mitsuhashi H，Greve H R. 2009. A matching theory of alliance formation and organization success：Complementarities and compatibilities[J]. Academy of Management Journal，52（5）：975-995.

Moore M，Hamalai L. 1993. Economic liberalization，political pluralism and business associations in developing countries[J]. World Development，21（12）：1895-1912.

Morrow J L，Sirmon D G，Hitt M A，et al. 2007. Creating value in the face of declining performance：Firm strategies and organization recovery [J]. Strategic Management Journal，28（3）：271-283.

Nambisan S，Baron R A. 2013. Entrepreneurship in innovation ecosystems：Entrepreneurs' self-regulatory processes and their implications for new venture success[J]. Entrepreneurship Theory and Practice，37（5）：1071-1097.

Ordanini A，Rubera G. 2010. How does the application of an IT service innovation affect firm performance? A theoretical framework and empirical analysis on E-commerce[J]. Information and Management，47（1），60-67.

Overholm H. 2015. Collectively created opportunities in emerging ecosystems：The case of solar service ventures[J]. Technovation，39-40：14-25.

Parry K W. 1998. Grounded theory and social process：A new direction for leadership research[J]. The Leadership Quarterly，9（1）：85-105.

Prahalad C K，Ramaswamy V. 2004a. Cocreation experiences：The next practice in value creation[J]. Journal of Interactive Marketing，18（3）：5-14.

Prahalad C K，Ramaswamy V. 2004b. Co-creating unique value with customers[J]. Strategy and Leadership，32（3）：4-9.

Ram R，Anindya G，Lon R. 2018. Competition-cooperation interplay during multifirm technology coordination：The effect of firm heterogeneity on conflict and consensus in a technology standards organization [J]. Strategic Management Journal，39（12）：3193-3221.

Ramaswamy V，Gouillart F J. 2010. The Power of Co-creation：Build It with Them to Boost Growth，Productivity，and Profits[M]. New York：Free Press.

Ramaswamy V，Ozcan K. 2014. The Co-creation Paradigm[M]. Stanford，California：Stanford University Press.

Ramirez R. 1999. Value co-production：Intellectual origins and implications for practice and research [J]. Strategic Management Journal，20（1）：49-65.

Rehm S V，Goel L. 2017. Using information systems to achieve complementarity in SME innovation networks[J]. Information and Management，54（4）：438-451.

Roijakkers N，Hagedoorn J. 2006. Inter-firm R&D partnering in pharmaceutical biotechnology since 1975：Trends，patterns，and networks [J]. Research Policy，35（3）：431-446.

Rong K，Wu J X，Shi Y J，et al. 2015. Nurturing business ecosystems for growth in a foreign market：Incubating，identifying and integrating stakeholders[J]. Journal of International Management，21（4）：293-308.

Rothaermel F T. 2001. Incumbent's advantage through exploiting complementary assets via interfirm cooperation [J]. Strategic Management Journal，22（6-7）：687-699.

Ruokolainen T，Kutvonen L. 2006. Interoperability in service-based communities[C]//International Conference on Business Process Management. Springer，Berlin，Heidelberg：317-328.

Saarijärvi H，Kannan P K，Kuusela H. 2013. Value co-creation：Theoretical approaches and practical implications[J]. European Business Review，25（1）：6-19.

Sahay A. 2017. Looking at Business Model Innovation and Innovation Ecosystems and How They Are Evolving[M]. Palgrave Macmillan UK：Revolution of Innovation Management：105-143.

Sampson R C. 2007. R&D alliances and firm performance：The impact of technological diversity and alliance organization on innovation [J]. Academy of Management Journal，50（2）：364-386.

Sarkar M，Echambadi R，Cavusgil S T，et al. 2001. The influence of complementarity，compatibility，and relationship capital on alliance performance [J]. Journal of the Academy of Marketing Science，29（4）：358-373.

Scheeren A W，Fontes F J R，Tavares E. 2013. Impacts of a relationship model of informational technology governance：An analysis of managerial perceptions in Brazil[J]. Journal of Information Systems of Technology and Management，10（3）：621-642.

Schilling M A. 2015. Technology shocks，technological collaboration，and innovation outcomes[J]. Organization Science，26（3）：668-686.

Schleimer S C，Faems D. 2016. Connecting interfirm and intrafirm collaboration in NPD projects：Does innovation context matter? [J]. Journal of Product Innovation Management，33（2）：154-165.

Schumpeter J A. 2017. Theory of Economic Development[M]. Taylor and Francis.

Serrano V，Fischer T. 2007. Collaborative innovation in ubiquitous systems[J]. Journal of Intelligent Manufacturing，18（5）：599-615.

Shan W，Walker G，Kogut B. 1994. Interfirm cooperation and startup innovation in the biotechnology industry [J]. Strategic Management Journal，15（5）：387-394.

Skålén P，Pace S，Cova B. 2015. Firm-brand community value co-creation as alignment of practices[J]. European Journal of Marketing，49（3/4）：596-620.

Solee R V，Valverde S，Casals M R，et al. 2013. The evolutionary ecology of technological innovations[J]. Complexity，18（4）：15-27.

Steensma H K，Marino L，Weaver K M，et al. 2000. The influence of national culture on the formation of technology alliances by entrepreneurial firms[J]. The Academy of Management Journal，43（5）：951-973.

Stuart T E. 2000. Interorganizational alliances and the performance of firms：A study of growth and innovation rates in a high-technology industry [J]. Strategic Management Journal，21（8）：791-811.

Suarez F F. 2004. Battles for technological dominance：An integrative framework[J]. Research Policy，33（2）：271-286.

Tassey G. 2000. Standardization in technology-based markets [J]. Research Policy，29（4-5）：587-602.

Teece D J. 2010. Business models，business strategy and innovation[J]. Long Range Planning，43（2-3）：172-194.

Timmers P. 1998. Business models for electronic markets[J]. Electronic Markets，8（2）：3-8.

Vanhaverbeke W，Duysters G，Noorderhaven N. 2002. External technology sourcing through alliances or acquisitions：An analysis of the application-specific integrated circuits industry [J]. Organization Science，13（6）：714-733.

Vargo S L，Lusch R F. 2004. Evolving to a new dominant logic for marketing [J]. Journal of Marketing，68（1）：1-17.

Vargo S L，Lusch R F. 2008. Service-dominant logic：continuing the evolution[J]. Journal of the Academy of Marketing Science，36（1）：1-10.

Vargo S L，Lusch R F. 2016. Institutions and axioms：An extension and update of service-dominant logic[J]. Journal of the Academy of Marketing Science，44（1）：5-23.

Vargo S L，Wieland H，Akaka M A. 2015. Innovation through institutionalization：A service ecosystems perspective [J]. Industrial Marketing Management，44：63-72.

Veugelers R. 2016. Eco-systems for young digital innovators[J]. The Journal of Technology Transfer，12：1-17.

Wareham J，Fox P B，Cano G J L. 2014. Technology ecosystem governance[J]. Organization Science，25（4）：1195-1215.

Wernerfelt B. 1984. A resource-based view of the firm [J]. Strategic Management Journal，5（2）：171-180.

Williamson P J，De Meyer A. 2012. Ecosystem advantage：How to successfully harness the power of partners[J]. California Management Review，55（1）：24-46.

Wu D，Olson D L. 2010. Enterprise risk management：Coping with model risk in a large bank [J]. Journal of the Operational Research Society，61（2）：179-190.

Wu J，Wu Z F，Si S. 2016. The influences of Internet-based collaboration and intimate interactions in buyer-supplier relationship on product innovation[J]. Journal of Business Research，69（9）：3780-3787.

Wuenderlich N V，Heinonen K，Ostrom A L，et al. 2015. "Futurizing" smart service：Implications for service researchers and managers[J]. Journal of Services Marketing，29（6/7）：442-447.

Xie Z，Hall J，McCarthy I P，et al. 2016. Standardization efforts：The relationship between knowledge dimensions，search processes and innovation outcomes [J]. Technovation，48/49：69-78.

Yayavaram S，Srivastava M K，Sarkar M B. 2018. Role of search for domain knowledge and architectural knowledge in alliance partner selection [J]. Strategic Management Journal，39（8）：2277-2302.

Yayla A A，Hu Q. 2014. The effect of board of directors' IT awareness on CIO compensation and firm performance[J]. Decision Sciences，45（3）：401-436.

Yeh C H，Lee G G，Pai J C. 2012. How information system capability affects e-business information technology strategy implementation[J]. Business Process Management Journal，18（2）：197-218.

Yi Y，Gong T. 2013. Customer value co-creation behavior：Scale development and validation[J]. Journal of Business Research，66（9）：1279-1284.

Yoo Y，Henfridsson O，Lyytinen K. 2010. The new organizing logic of digital innovation：An agenda for information systems research[J]. Information Systems Research，21（4），724-735.

Yoon J. 2012. Detecting weak signals for long-term business opportunities using text mining of web news[J]. Expert Systems with Applications，39（16）：12543-12550.

Yoshino M Y，Rangan U S. 1995. Strategic Alliances：An Entrepreneurial Approach to Globalization[J]. Long Range Planning，29（6）：1241.

Zárraga C，Bonache J. 2003. Assessing the team environment for knowledge sharing：An empirical analysis [J]. International Journal of Human Resource Management，14（7）：1227-1245.

Zhou K Z，Li C B. 2012. How knowledge affects radical innovation：Knowledge base，market knowledge acquisition，and internal knowledge sharing[J]. Strategic Management Journal，33（9），1090-1102.

Zhou Q，Fang G，Yang W，et al. 2017. The performance effect of micro-innovation in SMEs：Evidence from China[J]. Chinese Management Studies，11（1）：123-138

Zwass V. 2010. Co-Creation：Toward a taxonomy and an integrated research perspective[J]. International Journal of Electronic Commerce，15（1）：11-48.